RÉPERTOIRE DE JURISPRUDENCE

EN MATIÈRE

DE TRANSPORTS

TOME III

RETARDS - LAISSÉS POUR COMPTE

(avec une illustration)

PAR

CH. ACKERMANN

Expert-Conseil en Transports. — Genève

S. A. DU RECUEIL SIREY
22, Rue Soufflot, 22
PARIS (V^e)

GEORG & Co S. A.
Libraires-Éditeurs
GENÈVE

1930

Banque
de
Genève.
Fondée en 1878
Siège : 4 & 6, Rue du Commerce
Agence : 2, Rond Point de Plainpalais

Traite toutes opérations
de banque
aux meilleures
conditions

RÉPERTOIRE
DE JURISPRUDENCE
EN MATIÈRE
DE TRANSPORTS

RÉPERTOIRE DE JURISPRUDENCE

EN MATIÈRE

DE TRANSPORTS

TOME III

RETARDS - LAISSÉS POUR COMPTE

(avec une illustration)

PAR

CH. ACKERMANN

Expert-Conseil en Transports. — Genève

<table>
<tr><td>S. A. DU RECUEIL SIREY
22, Rue Soufflot, 22
PARIS (Vᵉ)</td><td>GEORG & Co S. A.
Libraires-Éditeurs
GENÈVE</td></tr>
</table>

1930

Imprimé en Suisse

TABLE DES MATIÈRES

Ire Partie

IIme Partie

Le présent tome termine la première partie du Répertoire. Les 3 volumes actuellement parus traitent des dommages pouvant atteindre les marchandises en cours de transport :

I. Avaries. II. Manquants, pertes et déchets. III. Retards ; ils forment UN TOUT qui, nous l'espérons, rendra aux intéressés les services qu'ils en attendaient.

Nous nous proposons de publier ultérieurement une seconde partie concernant des questions générales de transport, telles, entre autres que : contrat de transport, contentieux, conditionnement des marchandises, tarifs, détaxes, trop-perçus, itinéraires, expertises, vice-propre, faute grave, procès-verbaux de constatation, réexpéditions, acceptation au transport, réserves, etc. ;

Wagons (wagons-réservoirs, particuliers, de groupage, défectueux, tarage, commande, fourniture, immatriculation, plombage, désinfection, etc.) ; Commissionnaires de transports (droits et devoirs, leur rôle dans l'économie publique et leur histoire dès les temps anciens), etc.

ABRÉVIATIONS :

BT :	Bulletin des transports (Lamy à Paris).
BTI :	Bulletin des transports internationaux, Berne.
C. Comm. :	Code de Commerce français.
C. Civ. :	Code civil français.
CO :	Code des Obligations (Suisse).
RT :	Règlement de transport suisse (1894).
LT :	Loi de transport suisse (1893).
CI :	Convention internationale de Berne, 1890.
PV :	Petite vitesse.
GV :	Grande vitesse.
CIM :	Convention Internationale pour le transport des marchandises 1924, remplaçant la CI 1890 dès le 1er octobre 1928.
CIV :	Convention Internationale. Voyageurs et Bagages.

BIBLIOGRAPHIE :

Consulter les Volumes I et II du Répertoire (RJT).

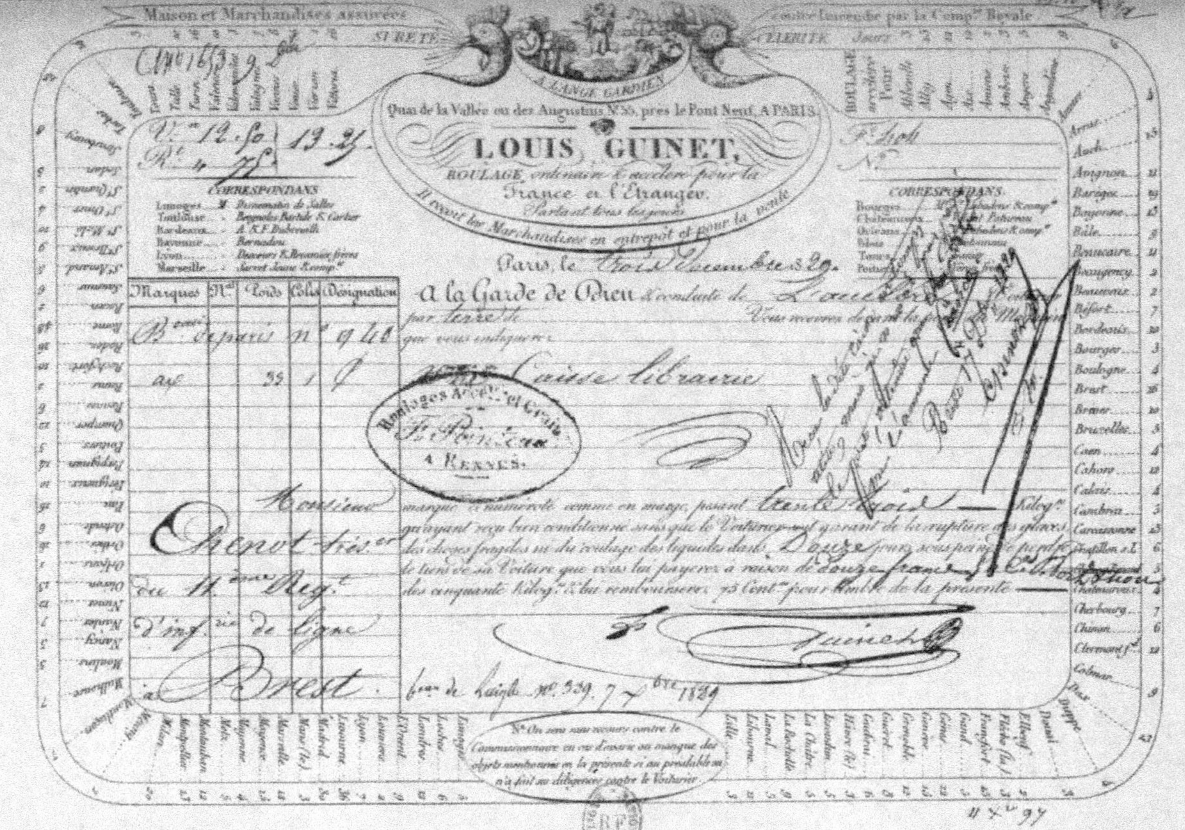

L'original est marqué au dos du timbre fiscal de 35 centimes. En 1829, le voiturier mettait 15 jours pour transporter des marchandises de Paris à Genève; en 1929, le chemin de fer a encore droit à 13 jours.

PREMIÈRE PARTIE

RETARDS

RETARDS

Les numéros précédés de la lettre A renvoient aux articles analytiques du début du livre.

INDEX DES ARRÊTS

RETARDS

Il y a retard lorsque les délais légaux, c'est-à-dire les délais fixés par les lois nationales, Conventions internationales, Règlements de Transports, arrêtés ministériels, tarifs, etc., sont dépassés.

La Loi fédérale de Transport, art. 39, qualifie le retard « d'inobservation des délais de livraison ».

Les retards proviennent le plus souvent d'inattention, de négligence, d'oublis de la part des agents des chemins de fer : oubli de charger les marchandises en wagon, ou de les transborder quand elles doivent continuer avec un autre train.

Un jurisconsulte français, Pardessus, disait dans son cours de droit commercial en 1825 : (T. II, p. 589, art. 544) : « Les voituriers sont responsables du défaut d'arrivée dans le délai fixé par la lettre de voiture ; celui à qui la marchandise est expédiée a droit à des dommages-intérêts.» Ce texte s'explique par le fait qu'en France les lettres de voiture ont toujours mentionné le délai dans lequel un envoi doit être livré.

Nous verrons plus loin qu'en matière d'indemnisation pour retard, la législation (et par suite la doctrine) française diffère de celle des autres pays.

Le retard est une faute, laquelle entraîne, pour celui qui l'a commise, l'obligation de réparer.

France

Les commentateurs français exposent divers points de vue : E. Hennequin : « Le code civil (art. 1142), pose en principe que toute obligation de faire ou de ne pas faire se résout en dommages-intérêts, en cas d'inexécution de la part du débiteur.

Le C. commerce 104 dit que si par l'effet de la force majeure le transport n'est pas effectué dans le délai convenu, il n'y a pas lieu à indemnité contre le voiturier pour cause de retard. « Ce qui revient à dire, ajoute Hennequin, que lorsque le colis a été livré en retard et que ce retard n'est pas dû à un cas de force majeure, les transporteurs sont en faute et doivent une indemnité ».

R. Roger : « Un simple retard ne peut, en l'absence de toute justification, constituer une cause de dommages-intérêts ; le voiturier ne répond que du préjudice qu'il a pu prévoir au moment de la formation du contrat. »

Lyon-Caen : « Il y a un retard lorsque le transport n'a pas été effectué dans le délai convenu ou fixé par l'usage. 593 C.

comm. 103/104 : Les voituriers sont responsables en cas de
perte, avarie et retard.

« Un principe qui s'applique dans tous les cas, c'est que l'o-
bligation de payer une indemnité suppose un préjudice causé ».

« Un dommage moral consistant dans des ennuis ou des préoc-
cupations peut être suffisant. »

Observations

De ce qui précède, il est facile de comprendre que le destinataire d'une marchandise arrivée en retard, a, en trafic interne français, toutes les peines du monde à obtenir du chemin
de fer un dédommagement pour retard. Aussi l'emploi de la
lettre de voiture internationale est-il recommandé pour les
transports France-Genève ou vice-versa pour lesquels l'envoyeur a le choix entre la lettre de voiture interne française
(récépissé au destinataire) et la lettre de voiture internationale.
Aux XVIIe et XVIIIe siècles les lettres de voiture portaient
la mention « qu'en cas de retard » le voiturier perdait le 1/3 de
sa voiture (des frais de transport qu'il avait à percevoir).

En fait de progrès dûs au chemin de fer, nous constatons
donc un recul dans la réglementation ferroviaire concernant
le retard.

Et cependant, les voituriers et rouliers avaient à surmonter
des dangers et des difficultés nombreuses lors des passages par
les cols des montagnes et pendant le trajet sur des routes peu
sûres, rudimentaires, quasi inexistantes.

D'où vient que les chemins de fer, qui n'ont à affronter aucune de ces difficultés, bénéficient actuellement de tant de bienveillance ?

Simplement parce que jadis les gouvernements défendaient
les intérêts du public contre les voituriers[1], tandis qu'actuellement ils sont devenus propriétaires ou commanditaires des chemins de fer et, juges et partie, défendent les intérêts de ces derniers.

Il en est résulté que les voyageurs de marchandises ont beaucoup de peine à faire valoir leurs droits en cas de retard et que
les Compagnies ont dans leur sac à procédure une quantité d'arguments pour s'exonérer de leur responsabilité.

Bien plus, elles font souvent montre d'une mauvaise volonté
évidente au point de prétendre n'avoir pas à livrer une marchandise arrivée à destination parce que les délais de livraison
ne sont pas encore expirés.

C'est là, ou de la méchanceté ou de la bêtise et c'est contraire
aux déclarations des chemins de fer (pour obtenir le droit de

---

[1] V. les discussions soulevées en Suisse en 1862 et 1873 par divers can-
tons à l'occasion de l'élaboration du règlement suisse de transport.

XVI

percevoir des frais de magasinage) qu'on doit débarrasser au plus vite leurs gares pour en éviter l'encombrement. Nous reproduisons plus loin un article « Un piège tendu à la bonne foi », signé par un spécialiste connu qui montrera à quel point les Compagnies méconnaissent les intérêts du public. Ce dernier se voit donc trop souvent obligé de plaider pour obtenir réparation du préjudice causé. Les Compagnies, comptant pour se tirer des mauvais pas, sur la répulsion du commerce à entamer des procès, n'hésitent pas à accumuler des arguments sans valeur et à exposer les faits d'une façon tendencieuse et mensongère aux Tribunaux.

Ceux-ci, éclairés par des spécialistes, ne se laissent cependant plus si facilement endormir et ont dégagé certaines preuves du dommage occasionné aux destinataires ou aux envoyeurs de marchandises :

1º Marchandise devant être vendue à l'arrivée. — Retard. — Baisse des cours.

Chemin de fer condamné à payer la différence entre le prix qu'aurait eu la marchandise arrivée sans retard et le prix plus bas du jour de l'arrivée.

Pau 22 novembre 1921.

2º Maquette pour concours pour érection d'un monument. — Retard. — Arrivée après les opérations du jury. — Chemin de fer condamné à des dommages-intérêts correspondant au préjudice causé ; le voiturier n'ignorant pas le désir de l'envoyeur de participer au concours.

Paris 23 mai 1905.

3º Idem pour produits destinés à une foire, etc., etc.

Par contre les tribunaux ont exonéré les compagnies pour des raisons que nous avouons ne pas comprendre, dans des cas comme ceux-ci :

1º Cheval devant participer aux courses. — Retard. — Empêchement de courir. — Le chemin de fer ne peut être condamné à des dommages-intérêts correspondant à la perte subie et au gain manqué si l'on ne prouve pas que la compagnie connaissait le but du voyage et a pu prévoir les risques qu'il comportait.

2º Le chemin de fer ne doit pas de dommages-intérêts pour les avantages d'un marché quand rien ni dans la lettre de voiture, ni dans la correspondance, ni dans le mode de transport choisi ne prouve que la marchandise était destinée à consacrer ce marché[1]. Le règlement des dommages pour retard survenu à

---

[1] Les anciens règlements suisses de transport 1862 à 1873 décidaient que tout retard survenu à des envois grande vitesse obligeaient les chemins de fer au paiement d'une indemnité, sans que l'ayant-droit ait à fournir la preuve du préjudice causé.

des bagages de voyageurs n'a pas été traité de même que pour les marchandises.

Les tribunaux se montrent en général plus sévères vis-à-vis des compagnies quand les bagages des voyageurs arrivent en retard ou pas du tout.

Réglementations Suisses et Internationales.

La Loi suisse des transports (art. 14 à 39) et le règlement suisse de transport (art.69, 93/97, 100.) La Convention internationale de Berne 1890 (39/42, 44, 48). La CIM. 1924 (11, 33 36/49. La CIV. 1924 (34/37/42.) non seulement admettent le principe de la responsabilité du chemin de fer en cas de retard, mais octroient une indemnité sans qu'il y ait à prouver le dommage causé par ce retard.

Dans ce cas il est alloué 1/10 ; 2/10, 3/10, etc., (avec maximum de la moitié) des frais de transports ; nous en revenons à la législation du 18e siècle qui prévoyait le 1/3.

De plus ces lois et Conventions accordent comme indemnité la totalité des frais de transport si le dommage peut être prouvé ; mais comment apporter cette preuve ? ce n'est pas toujours facile.

Il nous souvient d'un cas typique :

Un négociant en fournitures de bureau avait commandé des calendriers destinés à être distribués gratuitement aux bureaux importants d'affaires tels que banques — régies — grands commerces, etc.

Ces calendriers portaient la réclame du négociant en question, (lequel escomptait le bénéfice de cette publicité) et devaient arriver à Genève à fin novembre pour permettre leur empaquetage et leur distribution dans les premiers jours de décembre.

L'envoi ne parvint à Genève qu'à fin décembre et la distribution ne put se faire qu'après le nouvel an, c'est-à-dire trop tard pour que la publicité produise son effet (achat des agendas, livres comptables, etc., pour la nouvelle année).

Le négociant a ainsi perdu tout le fruit de son initiative et des centaines de francs d'achat des calendriers ont donc été vainement dépensées ; le chemin de fer a offert comme indemnité, pour les quinze jours de retard, tout ou partie des frais de transport, c'est-à-dire 40 ou 50 francs !

Se trouve-t-il quelqu'un pour prétender, en toute conscience, que c'est juste ?

Les dites Lois, Conventions et Règlements prévoient une limitation de responsabilité lorsque les envoyeurs de marchandises revendiquent l'application de certains tarifs spéciaux offrant des prix réduits.

En trafic international la nouvelle convention CIV. (qui est entrée en vigueur le 10 octobre 1928) pour le transport des bagages a prévu à l'art. 34 un règlement spécial des indemnités de retard :

a) sans qu'il y ait à prouver le dommage :

10 centimes par kilog de poids brut de bagage en retard et par période de 24 heures ; maximum 14 jours à compter de la demande de livraison (mise en demeure de livrer) ;

b) Dommage prouvé : indemnité maximum 40 centimes par kilog brut et par 24 heures.

L'indemnité de retard ne peut être cumulée avec elle pour perte totale, partielle ou avarie.

La Convention de Berne 1890 ne traitait pas des bagages. La (CI) Convention de Berne 1890 et la CIM nouvelle Convention Internationale pour marchandises entrée en vigueur le 1er octobre 1928 et qui remplace la CI. prévoient le paiement d'indemnité pour retard dans les mêmes mesures et aux mêmes conditions que les lois et règlementations suisses précitées.

Nous avons cherché à démontrer dans une brochure (Conv. Internat. de transport des voyageurs et bagages par chemins de fer CIV. 1929), que l'indemnité prévue pour retard de bagages est absolument dérisoire.

Intérêt à la livraison :

En transport interne suisse et en transport international, il existe une assurance contre les conséquences des retards. Moyennant une taxe calculée d'après la somme assurée et la distance à parcourir par la marchandise ou les bagages, le chemin de fer paie ;

a) sans qu'il y ait à fournir de preuve de dommage, le double environ de l'indemnité prévue pour retard non assuré.

b) en cas de dommage prouvé, l'indemnité peut aller jusqu'à la somme assurée.

Un commerçant qui s'est engagé à payer une dédite en cas de non livraison ou de livraison tardive peut en conséquence s'assurer pour le montant de cette dédite, ce qui est un avantage pour lui.

Nous ne pouvons cependant nous empêcher de relever divers points concernant cette assurance :

Son existence même :

Son prix exhorbitant, avoué par un des délégués à la conférence internationale des chemins de fer de 1923 (CIM. et CIV.)

Les chemins de fer ont le monopole des transports par voie ferrée ; ils se font payer leur travail ; ils devraient être responsables de la bienfacture de ce travail.

Les codes de tous les pays civilisés ne décident-ils pas d'autre part que quiconque cause à autrui un dommage est tenu de le réparer ?

Les envoyeurs de marchandises ne devraient-ils pas, par

conséquent, être indemnisés de toutes pertes et de tous dommages que leur cause un retard, dès l'instant que le chemin de fer a encaissé les frais de transport ?

En instituant l'intérêt à la livraison, les compagnies augmentent les frais de transport et font payer à l'envoyeur ou au destinataire une prime destinée à couvrir leurs propres négligences et fautes.

D'habitude c'est celui qui encourt une responsabilité qui s'assure, et à ses frais et non pas à ceux de la partie adverse.

Un propriétaire d'immeuble craignant qu'une tuile, une cheminée, un bloc de pierre ne blessent un passant par leur chute, s'assurera pour couvrir sa responsabilité civile ; il n'aurait pas l'idée de faire payer des primes par le public ! c'est ce que fait le chemin de fer.

Est-ce, par suite, trop dire que le principe de l'intérêt à la livraison, tel qu'il est imposé au public par les compagnies, est inéquitable et contraire au bon sens.

Se rend-on compte ensuite, de l'augmentation importante des frais de transport, provoquée par cette assurance.

Prenons des exemples :

Pour assurer les délais de livraison de :

Genève à Zurich 271 kilomètres on paiera pour 1000 fr. fr. 6.50 ; Genève à Paris 534 kilomètres on paiera pour 1000 fr. 13 fr. 25. Si encore cette assurance garantissait à l'assuré un réglement prompt et correct du dommage ! mais tel n'est pas le cas ; la mentalité procédurière des compagnies s'exerce aussi bien lors des réclamations concernant les envois assurés que ceux qui ne le sont pas.

Si l'assurance par le chemin de fer n'était applicable qu'aux dommages de perte ou avarie, il faudrait la laisser de côté, les compagnies privées d'assurance-transports pratiquant pour ces risques des taux, souvent 20 fois meilleur marché que ceux des chemins de fer :

Exemple : Genève à Zurich ; Genève Paris-Berlin-Bruxelles, etc., pour mille francs = 50 centimes.

Ce n'est donc que pour couvrir les dommages de retard que le public a intérêt à en passer par les exigences des compagnies de chemin de fer ; quand donc les compagnies privées d'assurances créeront-elles des assurances-transports couvrant le retard ?

Nous ne terminerons pas ce rapide exposé sans constater une fois de plus que les Conventions Internationales de transport sont imposées au public, usager et client des chemins de fer, par des conférences où le public n'est pas représenté et où n'assistent que des fonctionnaires ou des créatures des administrations ferroviaires.

Aussi la réaction n'a-t-elle pas tardé à se produire ; grâce au transport automobile, le public a pu s'affranchir des chemins de fer.

xx

Les fonctionnaires de ces dernières en restent abasourdis, ils voient leurs victimes leur échapper ; ils pleurent devant la concurrence qu'ils cherchent à détruire !

C'est trop tard !

Qu'ils fassent ce qu'ils voudront, ils n'empêcheront pas le progrès.

Si l'on tient compte du chemin parcouru depuis 78 ans (création des premiers chemins de fer) à nos jours, est-il osé de prétendre que dans 50 ans on mettre au vieux fer une bonne partie du matériel des chemins de fer et que par suite, on inscrira dans notre grand livre suisse, par exemple, une perte de deux milliards pour amortissement de ce matériel ? Le licenciement de quelques 30.000 fonctionnaires apportera il est vrai, une diminution de dépenses qui, petit à petit, éteindra la dette.

Il est évident que les administrations des chemins de fer de tous les pays auraient retardé l'événement ou l'extension du trafic automobile si elles avaient traité leur clientèle plus correctement et plus commercialement.

Malheureusement la mentalité bureaucratique a toujours existé et a continuellement ruiné les pays qui en étaient infectés.

Principales causes de retards :

Délais dans l'expédition par le chemin de fer,

dévoyé (fausse direction donnée aux envois),

souffrance en douane (pendant les opérations),

oublis (des colis sur les quais de gares, dans les wagons; etc.)

saisie, inondations, accidents de la voie ou des tunnels,

chauffage d'essieux obligeant le transbordement des marchandises en cours de route,

perte de la lettre de voiture par le chemin de fer, etc. etc.

Arguments des compagnies pour tenter de s'exonérer :

Nous ne prétendons pas donner ici toutes les excuses, valables ou non, avancées par les chemins de fer pour justifier les retards, l'imagination des contentieux à ce sujet est inépuisable.

Voici quelques formules des compagnies pour appuyer leurs fins de non recevoir :

1° Le destinataire n'était pas si pressé de recevoir sa marchandise puisqu'il ne l'a pas même réclamée, alors qu'il la savait en route ; il n'a pas mis le chemin de fer en demeure de la lui livrer à l'expiration des délais.

(Or l'expéditeur ne peut savoir quand la marchandise sera arrivée à destination ; le destinataire qui n'a pas participé au contrat de transport, ne peut en accepter les clauses que lorsqu'il aura en mains la lettre de voiture, mais alors il est trop tard pour mettre le chemin de fer en demeure de livrer.

2) Force majeure :

Grèves, inondations, chutes de neige, pluies abondantes,

éboulements (qui ont obligé le chemin de fer à arrêter les envois ou à leur faire suivre un itinéraire détourné et plus long), guerre, révolution.

3. Encombrement de gare, trafic intense et trépident entraînant une insuffisance de matériel, trafic imprévu, etc.

4. Vice propre de la chose ou nature inhérente de la marchandise.

5. Chargement défectueux par l'envoyeur.

6. Dommages imprévisibles ou non justifiés.

7. Itinéraire défectueux demandé par l'envoyeur.

8. Limitation de responsabilité fixée par les tarifs spéciaux (alors même que l'envoyeur ne les a pas revendiqués).

9. Adresse insuffisante sur la lettre de voiture, ou déclaration inexacte du contenu.

10. Opérations de douane en cours de route.

11. Pas droit d'actionner de la part du réclamant ou incompétence du tribunal requis de statuer.

12. Ensemble des délais observés.

13. Prescription de la réclamation (réclamation tardive) voir plus loin les détails).

14. Le chemin de fer, parfois, ne fait même pas tant de façons ; nous avons oublié de charger, c'est vrai, mais il n'y a pas de quoi se plaindre tant «errere humanum est» ; c'est simple mais pas de bon goût.

L'Office central des transports internationaux par chemins de fer à Berne, rouage centralisateur des compagnies (et contraire aux intérêts des usagers, puisqu'il se refuse à leur donner des conseils en cas de discussion avec les compagnies) publie un bulletin mensuel.

Celui de 1912 publie aux pages 268 et 306 une étude sur l'allongement des délais de livraison qu'on lira plus loin à la suite de l'arrêt n° 96 ; c'est la manière de voir administrative qu'il ne faut pas adopter.

Nous devons ajouter que ces divers arguments (surtout les n° 1 à 3) mis en avant par les Contentieux de chemins de fer, ne sont pas admis tels quels par les tribunaux, lesquels ont condamné les compagnies avec des considérants peu flatteurs.

Et cependant elles recommencent toujours !!!

Elles comptent sur la lassitude des usagers des chemins de fer, sur leur ignorance des lois, sur leur crainte de procès et des frais qui en découlent ; or, le public doit savoir que les procès perdus par les chemins de fer se comptent par milliers et que, dans ces cas, c'est le chemin de fer qui paie tous les frais.

Il faut donc, lorsqu'on a des droits à faire valoir contre les chemins de fer, faire examiner son cas par un expert en matière de transports et se faire donner un rapport qui facilitera la tâche du juriste choisi pour attaquer le chemin de fer et qui éveillera l'attention du juge.

XXII

LOIS ET RÈGLEMENTS FERROVIAIRES CONCERNANT LES RETARDS

Loi fédérale suisse de transports par chemins de fer 1893

RETARDS

Art. 14. — Le délai (délai de livraison) dans lequel le transport de la marchandise doit être effectué, ainsi que le calcul de ce délai, est fixé par le règlement d'exploitation.

Art. 39. — Le chemin de fer est responsable du dommage occasionné par l'inobservation des délais de livraison (art. 14), à moins qu'il ne prouve que le retard provient d'une circonstance indépendante de sa volonté et de son fait.

Art. 40. — En cas de retard dans la livraison, il pourra être réclamé sans qu'il y ait à prouver qu'un dommage soit résulté de ce retard :

a) le quart du prix de transport pour un retard égal ou inférieur au quart du délai de transport.

b) la 1/2 du prix de transport pour chaque retard dépassant la 1/2 du délai.

c) la totalité du prix de transport pour chaque retard dépassant la 1/2 du délai.

Si la preuve d'un dommage est fournie, on peut réclamer le montant du dommage. Il ne devra toutefois pas dépasser la valeur de la marchandise.

S'il y a eu déclaration de l'intérêt à la livraison, il pourra être réclamé, sans qu'il y ait à prouver qu'un dommage soit résulté de ce retard :

a) la 1/2 du prix de transport pour chaque retard égal ou inférieur à un quart du délai de transport.

b) la totalité du prix de transport pour chaque retard dépassant le quart du délai.

Si la preuve est fournie qu'un dommage est résulté de ce retard, il pourra être alloué le montant de ce dommage qui ne pourra dépasser la somme déclarée. Même texte RT 95.

Art. 41. — Le paiement de l'indemnité pleine et entière, comprenant les dommages et intérêts, pourra être demandé dans tous les cas où le dommage aurait pour cause un dol ou une faute grave de la part du chemin de fer.

Art. 42. — L'ayant-droit pourra demander des intérêts à raison de 6 % de la somme fixée comme indemnité ; ces intérêts commencent à courir à partir du jour de la demande.

Art. 44. — La paiement du prix de transport et des autres frais à la charge de la marchandise, et la réception de la marchandise éteignent contre le chemin de fer, toute action provenant du contrat de transport, sauf ;

2° en cas de retard, si la demande est faite à l'une des administrations désignées comme responsables par l'art. 27 al. 3, DANS UN DÉLAI NE DÉPASSANT PAS SEPT JOURS, non compris celui de la réception.

Art. 45. — Les actions en indemnités pour retard dans la livraison sont prescrites par un an, lorsque l'indemnité n'a pas déjà été fixée par une reconnaissance du chemin de fer, par une transaction ou par un jugement. La prescription est de 3 ans s'il s'agit d'une action en dommages-intérêts en cas de dol ou faute grave.

Règlement suisse de transport 1894.

Art. 69. —Délais de livraison.:

1. Les délais de livraison sont publiés dans les tarifs ; ils se décomposent en délais d'expédition et délais de transport, et ne doivent pas excéder les termes maxima suivants :

a) Pour les marchandises en grande vitesse :

1. Délai d'expédition : les marchandises en grande vitesse sont expédiées par le premier train de voyageurs affecté aux transports de GV., qui part après la consignation, moyennant qu'elles aient été remises, dans les gares principales, au moins deux heures, et dans les gares intermédiaires, au moins une heure avant le départ de ce train.

2. Délai de transport pour chaque parcours indivisible de 250 kilomètres, longueur effective, un jour.

Si le transport a lieu au moyen de train de marchandises (5-53, 1, a) le délai de transport commence néanmoins à courir dès le départ du prochain train de voyageurs qui fait règle pour le délai d'expédition (alin. a, 1).

b) pour les marchandises en petite vitesse :

1° délai d'expédition, deux jours.

2° délai de transport, pour chaque parcours indivisible de 125 km., longueur effective, 1 jour.

Le délai de transport est calculé d'après la totalité des distances depuis le point de départ au point d'arrivée. Le délai, pour les transports en PV, ne peut être calculé qu'une fois, quel que soit le nombre des administrations qui participent au transport.

2) Le Conseil fédéral peut accorder des délais supplémentaires dans les cas suivants :

2

a) aux époques de trafic extraordinaire ;

b) lors de transbordement sur des lignes dont l'écartement des rails est différent ou sur des bateaux à vapeur ;

c) pour les marchandises qui sont transportées à des prix exceptionnellement réduits.

Ces délais supplémentaires doivent être publiés.

3) Dans des circonstances exceptionnelles et après avoir entendu les administrations, le Conseil fédéral a le droit de raccourcir les délais de livraison pour certaines relations.

4) Le délai de livraison pour les colis grande vitesse, commence sous réserve de consignation en temps utile, au moment du plus prochain train de voyageurs transportant des colis en GV ; pour les colis en PV, ce délai commence à courir dès minuit qui suit l'heure où la lettre de voiture a été timbrée. Le délai de livraison est considéré comme observé, par les gares qui ont un service de camionnage, lorsqu'avant son expiration la marchandise est livrée au destinataire ou à la personne en droit d'en prendre livraison, à domicile ou au bureau (ou magasin). Dans les gares qui n'ont pas de service de camionnage, ou lorsque l'on a expressément décliné le transport à domicile ou au bureau (ou magasin) (§ 74, al. 9), ce délai de livraison est observé si, avant son expiration, un avis écrit d'arrivée de la marchandise en gare a été remis à la poste pour le destinataire, ou que cet avis lui soit effectivement parvenu d'une autre manière.

5) Pour les marchandises adressées gare restante, le délai de livraison est observé, lorsque avant son expiration la marchandise est, à la gare destinataire, mise à la disposition pour enlèvement.

6) Le temps nécessaire à l'accomplissement des formalités de douane ou d'octroi n'est pas compris dans le compte des délais ; ne sont pas non plus comptés, pour les marchandises en PV, les dimanches et jours de fêtes générales (Nouvel-An, Vendredi Saint, Ascension et Noël), pendant lesquels le service des marchandises est suspendu.

7) En outre, dans le calcul des délais pour les marchandises en PV qui, la veille d'un jour férié légalement reconnu dans un canton, comme il est indiqué au § 55, 3me alin., sont remises à l'expédition sans pouvoir être chargées, ou parviennent à destination mais ne peuvent être délivrées, ce jour férié n'est pas compté.

Règlement de transport, § 93. — Déclaration de l'intérêt à la livraison.

1. — S'il y a une déclaration d'intérêt à la livraison, il pourra être alloué, en cas de perte totale ou partielle, en outre de l'indemnité fixée par le § 89 et, en cas d'avarie en outre de l'indemnité fixée d'après le § 92 ; des dommages-intérêts, qui ne pour-

ront pas dépasser la somme fixée par la déclaration à charge par l'ayant droit d'établir l'existence et le montant du dommage.

2. — La valeur représentant l'intérêt à la livraison devra être inscrite en toutes lettres à la place réservée à cet effet sur la lettre de voiture.

3. — La taxe supplémentaire, pour déclaration de l'intérêt à la livraison, est fixée au 5 %₀₀ de la somme déclarée, pour chaque fraction indivisible de 200 km. distance de tarif, avec arrondissement aux 5 cent. supérieurs. Elle est calculée d'après les distances (kilomètres de tarif) qui servent pour chaque section à l'application du prix de transport et qui doivent être indiquées dans la lettre de voiture, sans arrondir chacune des distances partielles à 200 km. et sans compter pour chacune un minimum de taxe. Elle est assimilée aux autres frais de transport et, par conséquent, perçue de l'expéditeur si l'envoi est affranchi, et du destinataire si l'envoi est en port dû.

4. — Le minimum de taxe supplémentaire à percevoir est de cinquante centimes.

5. — Pour les expéditions effectuées au bénéfice de tarifs spéciaux (exceptionnels) pour lesquels les chemins de fer ont fixé, conformément au § 90, un maximum d'indemnité à payer en cas de perte ou d'avarie, la déclaration d'un intérêt à la livraison n'est admise que jusqu'à concurrence de cette somme maximum.

Règlement de transport § 94. — Responsabilité en cas de retard dans la livraison.

1. — Le chemin de fer est responsable du dommage occasionné par l'inobservation des délais de livraison (§ 69), à moins qu'il ne prouve que le retard provient d'une circonstance indépendante de sa volonté et de son fait.

2. — Les délais de livraison se rapportent toujours à la totalité du parcours ; les réclamations concernant les délais de livraison afférents au parcours partiels ne sont donc pas admises si le délai total n'a pas été dépassé.

Règlement de transport § 95. — Montant de l'indemnité en cas de retard dans la livraison.

1. — En cas de retard dans la livraison, il pourra être réclamé, sans qu'il y ait à prouver qu'un dommage soit résulté de ce retard :

a) Le quart du prix de transport pour un retard égal ou inférieur au quart du délai de transport.

b) La moitié du prix de transport pour chaque retard supérieur au quart jusque et y compris la moitié du délai de transport.

c) La totalité du prix de transport pour chaque retard dépassant la moitié du délai de transport.

2. — Si la preuve d'un dommage est fournie, on peut réclamer le montant du dommage. Il ne devra toutefois pas dépasser la valeur de la marchandise.

3. — S'il y a eu déclaration de l'intérêt à la livraison, il pourra être réclamé, sans qu'il y ait à prouver qu'un dommage soit résulté de ce retard :

a) La moitié du prix de transport pour chaque retard égal ou inférieur à un quart du délai de transport.

b) La totalité du prix de transport pour chaque retard dépassant le quart du délai de transport.

4. — Si la preuve est fournie qu'un dommage est résulté de ce retard, il pourra être alloué le montant de ce dommage, qui ne pourra pas dépasser la somme déclarée.

Art. 96. — Indemnité en cas de dol ou de faute grave : Le paiement de l'indemnité pleine et entière, comprenant les dommages et intérêts, pourra être demandé dans tous les cas où le dommage aurait pour cause un dol ou une faute grave de la part du chemin de fer.

Art. 97. — L'ayant droit pourra demander des intérêts à raison de 6% de la somme fixée comme indemnité. Ces intérêts commencent à courir à partir du jour de la demande.

Règlement de transport § 100. — Prescription.

1. — Les actions en indemnités pour perte totale ou partielle, avarie de la marchandise ou retard dans sa livraison, sont prescrites par un an, lorsque l'indemnité n'a pas déjà été fixée par une reconnaissance du chemin de fer, par transaction ou par un jugement. La prescription est de trois ans s'il s'agit d'une action en dommages-intérêts prévue au § 99, 1er alinéa, lettre a. (dol).

2. — En cas d'avarie ou de perte partielle, la prescription court à partir du jour de la livraison ; en cas de perte totale de la marchandise ou de retard dans la livraison, la prescription court à partir du jour où expire le délai de livraison.

3. — Cette prescription est interrompue non seulement par une action intentée, mais aussi par une réclamation écrite, émanée de l'expéditeur ou du destinataire, de telle sorte que, tant que la réclamation reste en suspens, la prescription cesse de courir.

4. — Si la réclamation est repoussée, une nouvelle prescription d'un an commence à courir à partir du moment où le chemin de fer a restitué les pièces à l'appui à lui confiées (lettres de voiture, procès-verbaux, etc.) et permis ainsi de commencer utilement une poursuite judiciaire. La prescription de l'action n'est pas alors interrompue par une nouvelle réclamation formulée contre ce refus.

5. — Les chemins de fer doivent examiner les réclamations qui leur sont adressées par écrit et y répondre dans le délai le plus bref possible.

Code de Commerce français. Section III. — Des commissionnaires pour les transports par terre et par eau.
Art. 97. — Il est garant de l'arrivée des marchandises et effets dans le délai déterminé par la lettre de voiture, hors les cas de la force majeure légalement constatée. C. civil 1784.
Art. 104. — Si, par l'effet de la force majeure, le transport n'est pas effectué dans le délai convenu, il n'y a pas lieu à indemnité contre le voiturier pour cause de retard. C. civ. 1315.
Art. — 108. Les actions pour avaries, pertes ou retards, auxquelles peut donner lieu contre le voiturier le contrat de transport, sont prescrites dans le délai d'un an, sans préjudice des cas de fraude ou d'infidélité. Le délai de prescription est compté du jour où la remise de la marchandise aurait dû être effectuée et, dans tous les autres cas, du jour où la marchandise aura été remise ou offerte au destinataire.

Règlement de transport allemand (BTI 1909 annexe pages 19 et ss), traite aux § 37 du retard des bagages et au § 94 du retard des marchandises.
Il a beaucoup de ressemblance avec le règlement de transports suisse.

Convention internationale de Berne 1890 ([1]).
Art. 39. — Responsabilité en cas de retard dans la livraison. 1. Le chemin de fer est responsable du dommage occasionné par l'inobservation des délais de livraison (art. 14), à moins qu'il ne prouve que le retard provient d'une circonstance indépendante de sa volonté et de son fait.
Condition complémentaire. — Les délais de livraison s'appliquent toujours au parcours entier ; dès lors, les réclamations concernant le délai afférent à des parcours partiels sont inadmissibles, si le délai total n'a pas été dépassé.
Art. 40. — Indemnité en cas de retard dans la livraison. En cas de retard dans la livraison, il pourra être réclamé, sans qu'il y ait à prouver qu'un dommage soit résulté de ce retard :
1/10 du prix transp. pour un retard égal ou inf. à 1/10 dél. liv.

2/10	»	»	»	»	à 2/10	»
3/10	»	»	»	»	à 3/10	»
4/10	»	»	»	»	à 4/10	»
5/10	»	»	tout retard supérieur		à 4/10	»

([1]) Cette Convention n'en plus en vigueur depuis le 1er octobre 1928 et a été remplacée par la CIM.

2. Si ladite preuve est fournie, il pourra être alloué, à titre de dommages-intérêts, une somme qui ne devra pas toutefois dépasser le prix du transport.

3. S'il y a eu déclaration de l'intérêt à la livraison, il pourra être réclamé, sans qu'il y ait à prouver qu'un dommage soit résulté de ce retard :

2/10 du prix transp. pr un retard égal ou inf. à 1/10 dél. liv.
4/10　　 »　　　 »　　　　　 »　　　　　　 »　　　　2/10　 »
6/10　　 »　　　 »　　　　　 »　　　　　　 »　　　　3/10　 »
8/10　　 »　　　 »　　　　　 »　　　　　　 »　　　　4/10　 »
10/10　　 »　　　 »　　 pour tout retard supér. à　　4/10　 »

4. Si la preuve est fournie qu'un dommage est résulté de ce retard, il pourra être alloué le montant de ce dommage. Dans l'un et l'autre cas, le montant de l'indemnité ne pourra pas dépasser la somme déclarée. Toutefois, si la somme déclarée est inférieure au prix de transport qui pourrait être restitué dans le cas de l'alinéa 2 s'il n'y avait pas eu déclaration d'intérêt, le montant de l'indemnité pourra atteindre le prix de transport.

Art. 41. — Indemnité en cas de dol ou de faute grave. Le paiement de l'indemnité pleine et entière, comprenant les dommages et intérêts, pourra être demandé dans tous les cas où le dommage aurait pour cause un dol ou une faute grave de la part du chemin de fer.

Art. 48. — Recours des chemins de fer entre eux en cas de retard dans la livraison. — 1. Les règles énoncées dans l'article 47 seront appliquées en cas de retard. Si le retard a eu pour cause une faute collective de plusieurs chemins de fer, l'indemnité sera mise à la charge desdits chemins de fer proportionnellement à la durée du retard sur leurs réseaux respectifs.

2. A défaut de conventions spéciales, les dispositions réglementaires déterminent la manière dont le délai de livraison doit être réparti entre les divers chemins de fer qui participent au transport.

§ 10 des dispositions réglementaires pour l'exécution de la Convention internationale.

1. A défaut de conventions spéciales, les délais de livraison déterminés par l'article 14 de la Convention et le § 6 des présentes dispositions réglementaires, seront partagés entre les différents chemins de fer qui auront pris part au transport de la manière suivante :

1° Entre deux chemins de fer voisins :

a) Le délai de l'expédition, en deux parties égales.

b) Le délai de transport, en raison des distances d'application parcourues sur chacun des deux chemins de fer.

2° Entre trois chemins de fer ou plus :

a) Le premier et le dernier reçoivent d'abord chacun 12 heures de délai d'expédition pour la petite vitesse, et 6 heures pour la grande vitesse.

b) Le reste du délai d'expédition et un tiers du délai de transport sont partagés par parts égales entre les chemins de fer parcourus.

c) Les deux autres tiers du délai de transport sont partagés en raison des distances d'application parcourues sur chacun de ces chemins de fer.

2. Les délais supplémentaires auxquels un chemin de fer aurait droit, en vertu des dispositions spéciales de son règlement d'exploitation, seront attribués à ce chemin de fer.

3. L'intervalle entre le moment où la marchandise est remise au premier chemin de fer, et celui auquel le délai commence à courir reste exclusivement à la disposition de ce chemin de fer.

4. Le partage dont il est question ci-dessus n'est pas pris en considération, si le délai de livraison total est observé.

Nouvelle Convention internationale 1924 pour le transport des marchandises par chemins de fer C. I. M. (qui a remplacé la Convention de Berne depuis le 1er octobre 1928.

Art. 11. — Délais de livraison.

§ 1. Les délais de livraison ne doivent pas dépasser les maxima suivants :

a) pour la grande vitesse :

1° délai d'expédition : 1 jour.

2° délai de transport, par fraction indivisible de 250 km. de distances d'application des tarifs : 1 jour.

b) Pour la petite vitesse :

1° délai d'expédition : 2 jours.

2° délai de transport, par fraction indivisible de 250 km. de distances d'application des tarifs : 2 jours.

§ 2. Lorsque l'envoi emprunte plusieurs réseaux reliés par rails, le délai de transport est calculé sur la distance totale entre la gare expéditrice et la gare destinataire ; le délai d'expédition n'est compté qu'une seule fois, quel que soit le nombre des réseaux empruntés.

§ 3. Les lois et règlements de chaque Etat déterminent dans quelle mesure les chemins de fer soumis à leur autorité ont la faculté de fixer des délais supplémentaires dans les cas suivants :

a) pour les transports qui empruntent :

soit la mer ou les voies navigables intérieures par bac ou par bateau,

soit une route ne comportant pas de voie ferrée,

soit certains raccordements reliant deux lignes d'un même réseau ou de réseaux différents,

soit une ligne secondaire,

soit une ligne dont les rails n'ont pas l'écartement normal ;

b) à l'occasion de circonstances extraordinaires de nature à déterminer :

soit un développement anormal du trafic,

soit des difficultés anormales pour l'exploitation.

Les délais supplémentaires doivent dans tous les cas être fixés en jours.

§ 4. Les délais supplémentaires motivés par les circonstances mentionnées sous la lettre *a*) du § 3 ci-dessus doivent figurer dans les tarifs.

Les délais supplémentaires prévus sous la lettre *b*) du § 3 doivent être publiés et ne peuvent entrer en vigueur avant leur publication.

§ 5. Le délai de livraison prend cours à partir de l'heure de minuit après l'acceptation au transport de la marchandise, prévue à l'article 8, § 1.

§ 6. Le délai est observé si, avant son expiration, la marchandise est remise ou son arrivée notifiée soit au destinataire, soit à la personne autorisée à la recevoir en vertu des règlements du chemin de fer qui doit effectuer la livraison. Les lois et règlements de chaque État déterminent les formes dans lesquelles la remise de la lettre d'avis est constatée.

Pour les envois qui ne sont pas livrés à domicile par le chemin de fer et qui ne doivent pas faire l'objet d'un avis d'arrivée, le délai de livraison est observé si, avant son expiration, la marchandise est à la disposition du destinataire, à la gare destinataire.

§ 7. Les délais de livraison cessent de courir pendant tout le séjour qu'entraîne l'accomplissement des formalités exigées par les douanes, octrois, autorités fiscales ou de police et autres autorités administratives, ainsi que pendant toute interruption du trafic empêchant temporairement de commencer ou de continuer le transport et ne résultant pas d'une faute imputable au chemin de fer.

Les délais cessent également de courir pendant l'exécution des opérations prévues aux §§ 2 et 3 de l'article 7 et pendant la durée d'un arrêt causé par une modification du contrat de transport ordonnée par l'expéditeur en vertu de l'article 21.

En outre, pour le transport des animaux vivants, les délais de livraison cessent de courir pendant la durée :

a) du séjour de ces animaux dans les gares-abreuvoirs ;

b) des arrêts résultant d'une mesure de police ;

c) de la visite vétérinaire.

§ 8. Pour les envois en petite vitesse les délais de livraison cessent de courir les dimanches et jours fériés légaux. Pour les envois en grande vitesse, lorsque le jour qui suit celui de l'acceptation au transport est un dimanche ou un jour férié légal, le délai commence à courir un jour plus tard. De même, lorsque le dernier jour du délai de livraison est un dimanche ou un jour férié légal, le délai n'expire que le lendemain. Toutefois, ces dispositions ne s'appliquent pas aux envois de grande vitesse pour lesquels les gares sont ouvertes, soit dans le pays expéditeur, soit dans le pays destinataire, les dimanches et jours fériés.

§ 9. Lorsque dans un Etat les lois ou les règlements édictent l'interruption totale ou partielle du transport en grande vitesse des marchandises le dimanche et certains jours fériés légaux, les délais de livraison sont augmentés en conséquence.

§ 10. Lorsque, d'après les lois et règlements d'un Etat, il peut être créé des tarifs spéciaux ou exceptionnels à prix réduits et à délais allongés, les chemins de fer de cet Etat peuvent aussi appliquer ces tarifs à délais allongés dans le trafic international.

C. I. M. Article 33. — Montant de l'indemnité pour retard à la livraison.

§ 1. En cas de dépassement du délai de livraison, si l'ayant droit ne prouve pas qu'un dommage soit résulté de ce retard, le chemin de fer est tenu de payer :

1/10 du prix de transport, pour un retard ne dépassant pas 1/10 du délai de livraison.

2/10 du prix de transport, pour un retard supérieur à 1/10 et ne dépassant pas 2/10 du délai de livraison ;

3/10 du prix de transport, pour un retard supérieur à 2/10 et ne dépassant pas 3/10 du délai de livraison ;

4/10 du prix de transport, pour un retard supérieur à 3/10 et ne dépassant pas 4/10 du délai de livraison ;

5/10 du prix de transport, pour tout retard supérieur à 4/10 du délai de livraison.

§ 2. Si la preuve est fournie qu'un dommage est résulté du retard, il est payé, pour ce dommage, une indemnité qui ne peut pas dépasser le prix de transport.

§ 3. Les indemnités prévues aux paragraphes 1 et 2 du présent article ne peuvent pas se cumuler avec celles qui seraient dues pour perte totale de la marchandise.

En cas de perte partielle, elles sont payées, s'il y a lieu, pour la partie non perdue de l'expédition.

En cas d'avarie, elles se cumulent, s'il y a lieu, avec l'indemnité prévue à l'article 32.

C. I. M. Article 34. — Limitation de l'indemnité en vertu de certains tarifs.

Lorsque le chemin de fer offre au public des conditions particulières de transport (tarifs spéciaux et exceptionnels) comportant une réduction sur le prix total calculé d'après les conditions ordinaires (tarifs généraux), il peut limiter par un maximum l'indemnité due à l'ayant droit, en cas d'avarie, de perte ou de retard.

Lorsque le maximum ainsi fixé résulte d'un tarif appliqué seulement sur une fraction du parcours, il ne peut être invoqué que si le fait générateur de l'indemnité s'est produit sur cette partie du parcours.

C. I. M. Article 35. — Déclaration d'intérêt à la livraison.

§ 1. Toute expédition peut faire l'objet d'une déclaration d'intérêt à la livraison, inscrite sur la lettre de voiture comme il est dit à l'article 6, § 6, lettre k).

Le montant de l'intérêt déclaré doit être indiqué en monnaie de l'Etat de départ, en francs or ou en toute autre monnaie qui serait fixée par les tarifs.

§ 2. Il est perçu une taxe supplémentaire d'un quart pour mille de la somme déclarée, par fraction indivisible de 10 km.

Les tarifs peuvent réduire cette taxe et fixer un minimum de perception.

§ 3. S'il n'y a eu déclaration d'intérêt à la livraison, il peut être réclamé en cas de retard :

a) s'il n'est pas prouvé qu'un dommage est résulté de ce retard et dans les limites de l'intérêt déclaré :

2/10 du prix de transport, pour un retard ne dépassant pas 1/10 du délai de livraison ;

4/10 du prix de transport, pour un retard supérieur à 1/10 et ne dépassant pas 2/10 du délai de livraison ;

6/10 du prix de transport, pour un retard supérieur à 2/10 et ne dépassant pas 3/10 du délai de livraison ;

8/10 du prix de transport, pour un retard supérieur à 3/10 et ne dépassant pas 4/10 du délai de livraison ;

la totalité du prix de transport, pour tout retard supérieur à 4/10 du délai de livraison.

b) Si la preuve est fournie qu'un dommage est résulté du retard : une indemnité pouvant s'élever jusqu'au montant de l'intérêt déclaré.

Lorsque le montant de l'intérêt déclaré est inférieur aux indemnités prévues à l'article 33, celles-ci peuvent être réclamées au lieu des indemnités prévues sous les lettres a) et b).

§ 4. Si la preuve est fournie qu'un dommage est résulté de la perte totale ou partielle de l'avarie de la marchandise ayant fait l'objet de la déclaration d'intérêt à la livraison, il peut être alloué en sus des indemnités prévues aux articles 29 et 32 ou s'il y a lieu à l'article 34, des dommages-intérêts supplémentaires jusqu'à concurrence du montant de la somme déclarée.

11

C. I. M. Article 36. — Montant de l'indemnité en cas de dol ou de faute lourde imputable au chemin de fer.

Dans tous les cas où la perte totale ou partielle, l'avarie ou le retard subis par la marchandise, a pour cause un dol ou une faute lourde imputable au chemin de fer, l'ayant droit doit être complètement indemnisé pour le préjudice prouvé, jusqu'à concurrence du double des maxima prévus aux articles 29, 32, 33, 34 et 35, suivant le cas.

C. I. M. Article 37. — Intérêts de l'indemnité.

L'ayant droit peut demander des intérêts, à raison de six pour cent de l'indemnité allouée sur une lettre de voiture, lorsque cette indemnité dépasse dix francs. Ces intérêts courent du jour de la réclamation administrative prévue à l'article 40, ou, s'il n'y a pas eu de réclamation, du jour de la demande en justice.

C. I. M. Article 39. — Responsabilité du chemin de fer pour ses agents.

Le chemin de fer est responsable des agents attachés à son service et des autres personnes qu'il emploie pour l'exécution d'un transport dont il est chargé.

Toutefois si, à la demande de l'intéressé, les agents du chemin de fer établissent les lettres de voiture, font des traductions ou rendent d'autres services qui n'incombent pas aux chemins de fer, ils sont considérés comme agissant pour le compte de la personne à laquelle ils rendent des services.

C. I. M. Article 49. — Recours en cas d'indemnité pour retard à la livraison.

§ 1. Les règles énoncées dans l'article 48 sont appliquées en cas d'indemnité payée pour retard. Si le retard a eu pour cause des irrégularités constatées sur plusieurs chemins de fer, la charge de l'indemnité est répartie entre ces chemins de fer proportionnellement à la durée du retard sur leurs réseaux respectifs.

§ 2. Les délais de livraison déterminés par l'article 11 de la présente Convention sont partagés entre les différents chemins de fer qui ont pris part au transport de la manière suivante :

1. Entre deux chemins de fer voisins :

a) le délai d'expédition est partagé également ;

b) le délai de transport est partagé proportionnellement au nombre de kilomètres des distances d'application des tarifs sur chacun des deux chemins de fer ;

2° Entre trois chemins de fer ou plus :

a) il est attribué d'abord, sur le délai d'expédition, au premier, d'une part, et au dernier, d'autre part, douze heures pour la petite vitesse et six heures pour la grande vitesse ;

b) Le reste du délai d'expédition et un tiers du délai de transport sont partagés par parts égales entre tous les chemins de fer participants ;

c) les deux autres tiers du délai de transport sont partagés proportionnellement au nombre de kilomètres des distances d'application des tarifs sur chacun de ces chemins de fer.

§ 3. Les délais supplémentaires auxquels un chemin de fer a droit sont attribués à ce chemin de fer.

§ 4. L'intervalle entre le moment où la marchandise est remise au premier chemin de fer et celui auquel le délai commence à courir reste exclusivement à la disposition de ce chemin de fer.

§ 5. Le partage dont il est question ci-dessus n'est pris en considération que dans le cas où le délai de livraison total n'a pas été observé.

DOCTRINE FRANÇAISE

Droit commercial. — A. Boistel. Paris 1890. — § 1er. — Responsabilité du commissionnaire et du voiturier.

559. — En cas de retard, a-t-on droit à une indemnité pour le seul fait du retard sans prouver qu'on ait subi un préjudice ? Nous décidons pour la négative en vertu des principes généraux (art. 1382 C. civ.) auxquels il n'est pas assez formellement dérogé ici.

Souvent il y a dans les lettres de voiture un forfait pour les cas de retard, qui fixe l'indemnité à 1/3 du prix de transport ; c'est là un usage constant qui supplée à la cause prévue par l'art. 102, al. 11, et qui fait la loi dans le silence des parties. Dès lors on a droit à cette indemnité, sans prouver la quotité du dommage, et, en principe, on n'a pas droit à une indemnité plus forte, quand même le dommage serait plus considérable, car c'est une clause pénale. (C. civ., art. 1152).

§ 2. — Moyens de défense du voiturier et du commissionnaire.

560. — Il résulte des articles 97, 98, 103, 104, ainsi que de l'art. 1784 C. civ., que l'obligation aux dommages-intérêts incombe en principe au commissionnaire et au voiturier, par le seul fait de la perte, de l'avarie ou du retard, sans qu'on ait à

Voir aussi Dalloz T 44, Ch. 7, voirie par chemin de fer, art. 415 et suiv. et suppl. T 19, art. 589 et s., lequel cite à la page 945 l'indemnité due en 1863 par le transporteur, en cas de retard :

Allemagne (Etats de Zollverein) : 1/2 de la voiture (frais de transport) pour 2 jours de retard, sans preuve de préjudice ; totalité de la voiture, pour plus de 2 jours, sans preuve de préjudice.

Autriche : 1/4 de la voiture pour 1 à 3 jours de retard ; 1/3 et 1/2 de la voiture pour 3 à 8 jours de retard, plus des dommages-intérêts en cas de préjudice prouvé.

prouver qu'il y a une faute de leur part. Ce sera au contraire à eux de faire la preuve des faits qui peuvent les décharger de cette responsabilité. Il existe en résumé contre eux une double présomption : 1° la présomption que le fait dommageable a eu lieu pendant que l'objet a été entre leurs mains ; en cas de perte ou de retard, la conformité de cette présomption avec les faits est évidente ; en cas d'avarie, la présomption est fondée sur ce qu'ils n'ont pas dû se charger d'un colis, sans en vérifier le bon état ; 2° présomption que le fait dommageable a eu lieu par leur faute.

565. — Supposons que le voiturier ou le commissionnaire s'exonère de la responsabilité. Sur qui retombera la perte ? Sur le destinataire ou sur l'expéditeur ? L'art. 100 répond : sur le propriétaire. Mais cet article est peu catégorique ; il s'agit encore de savoir qui est propriétaire de la marchandise.

Voici ce qui résulte des principes déjà posés par nous (n. 451) :

Si les marchandises ne sont pas vendues au destinataire, mais envoyées en dépôt ou en consignation, l'expéditeur en est toujours propriétaire ; — si elles sont vendues et sont des corps certains, le destinataire en est devenu propriétaire dès la vente ; — si elles ne sont pas des corps certains et étaient livrables chez l'acheteur, c'est l'expéditeur qui est propriétaire jusqu'à l'arrivée ; — si elles étaient livrables chez le vendeur ou entre les mains de l'agent du transport, c'est le destinataire qui est propriétaire dès le jour de l'expédition, pourvu seulement que la marchandise soit conforme à la commande ? C'est cette dernière forme de livraison qui doit toujours se présumer dans le silence des parties : — c'est le cas habituel—; cela a été dit dans les travaux préparatoires.

Le Commerce, Paris, avril 1925. — *Retard*

Les compagnies ne sont responsables que si elles ont dépassé le délai total qui leur est accordé pour l'ensemble des opérations qui leur incombent : chargement, expédition, transport, déchargement, livraison. En particulier, dans le cas de transport empruntant plusieurs réseaux, les délais afférents au parcours sur chaque réseau se totalisent et c'est le total qui sert à déterminer s'ils y a ou s'il n'y a pas retard.

Pour la détermination du retard, il convient de distinguer si la marchandise est livrable à domicile ou en gare.

Inutilité des réserves en matière de retard. — Lorsque la marchandise est livrée en retard, il n'est pas nécessaire de faire des réserves au moment de la livraison. Il suffit de bien indiquer sur le registre de livraison de la gare ou le bordereau de ré-

V. Code comm. français, 97, 102, 104.

14

ception du camionneur, la date de la livraison pour les marchandises en petite vitesse, la date et l'heure pour les marchandises en grande vitesse. Cette constatation de fait suffira pour établir la preuve du retard. Le destinataire aura ensuite toute latitude pour présenter sa demande d'indemnité en raison du préjudice éprouvé. Il sera bon d'adresser immédiatement cette demande au chef de gare par lettre recommandée et dans les délais prévus par la CI, la CIM, le RT, pour les réclamations pour retard.

Limitation de la responsabilité en cas de retard. — L'article 1152 du Code civil spécifie que « lorsque la convention porte que celui qui manquera de l'exécuter paiera une certaine somme à titre de dommage-intérêts, il ne peut être alloué à l'autre partie une somme plus forte ni moindre. » Cet article a permis aux Compagnies de faire homologuer par le ministre, pour certains tarifs, une limitation de l'indemnité à allouer pour retard. C'est ainsi, par exemple, que le tarif G. V. 3-103 relatif aux denrées en grande vitesse stipule qu'en cas de retard effectivement préjudiciable aux expéditeurs ou aux destinataires, l'indemnité consistera en une remise d'une fraction ou de la totalité des frais de transport pour les retards ne dépassant pas 12 heures.

DOMMAGES-INTERETS POUR RETARD
A L'EXPORTATION

On connaît la démarche formulée, au nom des Chambres de commerce adhérentes, par l'Office des transports du Centre-Ouest.

Cet Office, s'appuyant sur l'article 38 de la Convention internationale de Berne, désirerait que, pour les envois à exporter par des ports français ou par des ports ou par des points frontières, avec un pays non adhérent à la dite convention, on accorde aux expéditeurs la possibilité de faire une déclaration d'intérêt à la livraison. Cette faculté permet à l'ayant droit d'obtenir, en cas de retard dans la livraison, une indemnité qui peut égaler la somme déclarée, et ce en conformité de l'article 40 de la dite convention.

Or, si on s'explique la demande de l'Office des transports du Centre-Ouest pour les envois à destination des ports français, on se l'explique moins pour les envois à destination de l'Espagne, ou du Portugal, par exemple, qui n'ont pas adhéré à la Convention de Berne, et qui ne voudront pas, certainement, par une voie détournée, accorder à notre pays un régime de responsabilité, en cas de retard, qu'ils n'ont pas voulu accorder aux nations qui ont signé l'accord de Berne.

Nous avions demandé, depuis déjà quelque temps, que le régime de la déclaration d'intérêt à la livraison, qui vient d'être accordé — il faut le dire — depuis fin janvier 1926, aux colis-postaux du service continental fût étendu à tous les envois français.

L'Office des transports du Centre-Ouest reprend cette demande, mais la limite aux envois destinés à l'exportation.

L'Office fait observer que les exportateurs qui utilisent, pour les envois, le régime de la Convention de Berne, pour leurs exportations, c'est-à-dire, par exemple, qui vont faire embarquer leurs envois au port d'Anvers, sont favorisés par rapport à des exportateurs qui font embarquer dans les ports français.

Tout est relatif, surtout en matière de transports de cette nature.

Un exportateur a-t-il intérêt, lorsqu'il est dans le Centre, par exemple, à envoyer sa marchandise sur Anvers, qui jouit du bénéfice de la Convention de Berne, au lieu de la faire acheminer sur Saint-Nazaire, le Havre, Cherbourg, ou la Rochelle, et même Bordeaux, qui ne jouissent pas de la disposition de l'article 38 de la Convention de Berne ?

Tout est relatif, avons-nous dit, et nous le maintenons, car nous estimons que les délais de transport accordés sur Anvers ou sur les ports français, sont favorables à ces derniers, et que nous ne voyons pas bien quels avantages peut retirer un exportateur qui va faire embarquer sa marchandise au lieu de l'acheminer sur le port le plus proche de son domicile ?

L'Office des transports du Centre-Ouest dit ce qui suit : « Cette inégalité présente de sérieux inconvénients lorsqu'il s'agit d'expéditions devant être chargées sur un paquebot désigné à l'avance par le destinataire. Cette pratique est courante lorsqu'il s'agit d'envois sur l'Amérique. »

Nous ne saisissons pas l'importance que peut avoir cette désignation du navire transporteur ; au contraire, il peut y avoir un avantage.

Le navire transporteur étant désigné, l'exportateur sait, par avance, quel sera son jour de départ ; il aura donc à prendre, par avance, ses dispositions pour que la marchandise soit au port d'embarquement au moment opportun. Il n'attendra pas à la dernière minute pour faire son expédition.

Avec la déclaration d'intérêt à la livraison, il est à craindre que l'exportateur ne remettra la marchandise qu'au dernier moment, c'est-à-dire que dans le laps de temps réglementaire accordé au chemin de fer pour acheminer la marchandise.

Que dit l'Office des transports du Centre-Ouest ?

« Au cas du dépassement des délais réglementaires, l'expéditeur subit un préjudice considérable qui consiste souvent dans

16

l'annulation du marché. Or, l'indemnité qu'il peut obtenir est, la plupart du temps, insignifiante, car le chemin de fer n'est tenu qu'à des dommages et intérêts prévus, ou qu'on a pu prévoir, lors du contrat de transport (article 1150 du Code civil »).

L'Office des transports cite, en la circonstance, un cas d'espèce. Toutefois, nous ne voyons pas pourquoi la limitation de la déclaration d'intérêt à la livraison aux seuls envois destinés à l'exportation.

Le cas prévu par l'Office des transports se rencontre également dans les envois effectués de France à France. Aussi, pour qu'il n'y ait pas deux poids et deux mesures, nous ne pouvons, en la circonstance, que renouveler notre demande fort ancienne et tendant à obtenir des Compagnies de chemins de fer l'inscription, dans les conditions d'application des tarifs, d'une disposition autorisant les expéditeurs à faire « ad libitum », une déclaration d'intérêt à la livraison, semblable à celle prévue par l'article 38 de la Convention internationale de Berne.

Non seulement, cette addition à la réglementation rendrait service aux expéditeurs qui en useraient, mais encore aux Compagnies de chemins de fer auxquelles elle procurerait une augmentation de recettes appréciable.

Les grands réseaux auraient intérêt à réaliser, dès que possible, cette amélioration. Auguste CARDON.

Droit à dommages-intérêts en cas de retard à la livraison

Question. — Un de nos fournisseurs nous a expédié, de Strasbourg-Port, un envoi d'acier, 4 barres de longueur courante, qui n'est pas encore parvenu à destination.

Nous l'avons réclamé au chef de la gare d'arrivée, par deux fois à 15 jours d'intervalle, cette seconde réclamation par lettre recommandée, en faisant nos réserves.

Aujourd'hui, dix jours après notre seconde réclamation, nous sommes sans nouvelles du chef de gare, et n'avons pas reçu avis d'arrivée de ces marchandises.

Nos clients nous menaçant d'annuler leur commande, nous sommes obligés de recommander à nouveau à notre fournisseur le même matériel et, par conséquent, obligés d'emprunter la grande vitesse pour son envoi.

Si nous recevons le premier envoi avant ou après la réception de la seconde commande identique, que devons-nous faire ?

Réponse. — Le retard n'ouvre pas par lui-même contre le transporteur une action en dommages-intérêts ; il faut, pour qu'il donne lieu à réparation, qu'il ait causé un préjudice.

De plus, conformément à l'article 1150 du Code civil, le transporteur n'est tenu que des dommages-intérêts qui ont été prévus ou qu'on a pu prévoir.

17

D'autre part, l'article 1151 du Code civil stipule que « dans le cas même ou l'inexécution de la convention résulte du dol du débiteur les dommages et intérêts ne doivent compendre à l'égard de la perte éprouvée par le créancier et du gain dont il a été privé, que ce qui est une suite immédiate et directe de l'inexécution de la convention.

Cependant, d'après l'article 1149 les dommages et intérêts dus au créancier sont en général de la perte qu'il a faite et du gain dont il a été privé.

Partant de ces principes vous ne pouvez réclamer au transporteur à titre de dommages-intérêts, en cas de retard à la livraison, que le préjudice causé par suite de privation de gain, perte éprouvée par suite de différence de cours sur la marchandise de remplacement, arrêt d'atelier, et., à condition que le montant des dommages soit justifiable.

Vous basant sur ceci, vous pouvez commander une marchandise de remplacement, mais par contre il vous sera difficile de refuser le premier envoi après ou avant livraison de la seconde commande, attendu que le laissé-pour-compte n'est admis que dans certains cas et spécialement pour denrées périssables, marchandises inutilisables par suite d'avaries, par suite de double emploi, ce dernier cas s'appliquant par exemple à un particulier faisant bâtir et dont certains matériaux seraient inutiles à sa bâtisse du fait du double emploi ou marchandise de construction tout à fait spéciale et de vente nulle dans le commerce sauf cas trés spéciaux.

MANQUANTS ET RETARDS

Actions en justice contre le transporteur. — Il faut prendre garde à la prescription d'un an. — Renonciation à la prescription.

L'article 108 du Code de commerce dispose que « les actions pour avaries, perte ou retards, auxquelles peut donner lieu contre le voiturier le contrat de transport, sont prescrites dans le délai d'un an ». Le commerçant qui se trouve en discussion avec les compagnies de chemins de fer au sujet de retards, manquants, avaries ou pertes, doit veiller strictement à introduire son action dans ce délai exceptionnel et ne pas s'en laisser distraire par les atermoiements et les lenteurs. Les compagnies ne manquent pas d'invoquer, lorsqu'il est possible, cette prescription qui les met définitivement à l'abri de toute réclamation, si justifiée au fond qu'elle puisse être.

Pourtant il ne faut pas oublier que d'autre part, d'après l'article 2218 du Code civil, la prescription est interrompue par la reconnaissance que le débiteur ou le possesseur fait du droit de celui contre lequel il prescrivait. Par application de cette règle, la reconnaissance, par le chemin de fer, de son obligation de réparer le dommage résultant de l'inexécution du contrat de transport, doit avoir pour effet de substituer à la prescription d'un an de l'article 108 la prescription ordinaire de trente ans.

L'affaire suivante en fournit un exemple caractéristique. Nous l'exposerons brièvement avec les dates :

Le 13 septembre 1919, M. F., a fait remettre à la Compagnie des chemins de fer des Pyrénées-Orientales un wagon rempli de vin pour être expédié de Rivesaltes à Paris en gare de Bercy-Rapée.

Suivant le calcul de l'expédition, le délai de transport expirait le 30 septembre 1919. Sur réclamation, en date du 14 octobre, contenant des réserves faites par F... à la Compagnie PLM, dernier transporteur, cette compagnie répondit que le wagon n'était pas arrivé et qu'elle prescrivait d'actives recherches. Par lettre du 21 octobre 1919, F..., après avoir reçu la marchandise, confirmait ses réserves tendant à la réparation du préjudice causé par le retard de livraison et pour un manquant de 460 litres.

Par exploit du 9 mars 1922, F... assignait la Société des chemins de fer des Pyrénées-Orientales en paiement de 8.034 fr. 30 de dommages-intérêts pour réparer le préjudice résultant d'un manquant de 460 litres de vin et d'un retard de 30 jours dans la livraison.

Cette assignation ayant été délivrée plus d'une année après le paiement des frais de transport et la livraison de la marchandise, le tribunal a admis la perscription opposée par le transporteur, le demandeur, M. F..., ne justifiant alors ni de reconnaissance ni d'un acte interruptif de prescription.

Mais devant la Cour, M. F... qui avait fait appel put présenter un moyen nouveau. Il versa aux débats une lettre du chef de gare de Bercy-Rapée, en date du 8 février 1922, aux termes de laquelle ce préposé de la Compagnie l'avisait qu'il contestait la durée du retard ; qu'il estimait que la Compagnie n'était pas responsable des conséquences de ce retard, lequel aurait été occasionné par des avaries survenues au wagon en cours de route et imputables au propriétaire du wagon, mais qu'il maintenait les offres faites verbalement de payer à F... la somme de 578 fr. 15 représentant la valeur de la vidange ainsi que les frais de transport y afférents.

La Cour d'appel (Cour de Paris, 5e Chambre, 9 juillet 1926) a jugé que cette offre constituait de la part de la Compagnie une reconnaissance de sa responsabilité concernant le manquant, et une reconnaissance de dette ; que par suite le moyen tiré de la prescription ne pouvait pas être accepté pour écarter la demande en paiement d'indemnité pour manquant. En conséquence, la Cour a condamné la Compagnie à payer les dommages-intérêts réclamés pour le manquant, la prescription demeurant opposable pour le préjudice résultant du retard.

Par la lettre du 8 février 1922, le transporteur, en la personne de son préposé, n'avait évidemment pas pu interrompre une prescription déjà acquise, mais la Compagnie se trouvait avoir, par cette lettre, tacitement renoncé à cette prescription, tout au moins jusqu'à concurrence de son offre et pour la cause (le manquant) qui l'avait motivée.

Raymond GUÉRILLON.
Docteur en droit.
Avocat à la Cour d'appel.

Transports. — Des indemnités en cas de retard

Voici un jugement se rapportant à un litige entre Compagnies de chemins de fer et le public.

Une fabrique de chocolat a expédié 310 kilos de cette denrée à un épicier. L'épicier, qui en avait un besoin pressant, en a réclamé la livraison sans pouvoir l'obtenir. L'envoi est enfin arrivé à destination, mais avec neuf jours de retard. La Compagnie en reconnaît trois mais se trompe pour tromper les juges. Le mensonge lui est une habitude. Le tribunal incertain fait une cote mal taillée entre les 125 francs que réclame le destinataire et les 50 francs offerts par la Compagnie qui est finalement condamnée à lui payer 100 fr.

La Compagnie n'a pas perdu son temps ; elle a fait réduire de 25 francs la demande de son adversaire et créé dans l'esprit du tribunal, en le trompant, l'impresssion que, la demande étant exagérée, elle a eu raison de se défendre.

L'esprit de généralisation lui est familier :

« Par cet exemple, jugez des autres, ira-t-elle criant dans tous les prétoires. Toutes les demandes dont les Compagnies sont assaillies sont excessives. Qu'adviendrait-il si elles ne se défendaient pas. Leurs recettes seraient au pillage, etc..., etc... » Voilà avec quoi elles impressionnent les tribunaux en leur faveur. Sont-elles sincères ? Non ; elles jouent la comédie. Nous verrons comment tout à l'heure. En attendant, commençons par mettre le document sous les yeux de nos lecteurs.

C'est un jugement du tribunal de commerce de Chaumont du 16 mai 1924.

Flizot contre Chemin de fer de l'Est.

Le tribunal,

Considérant que Flizot prétend qu'à la date du 27 septembre 1923, la chocolaterie d'Asnières remettait en gare de Bécon-les-Bruyères, à destination dudit Flizot, en gare de Chaumont PV, cinq colis du poids total de 310 kil. ; que cette marchandise subit un retard important et n'arriva à Chaumont que le 13 octobre 1923, soit 16 jours après sa remise en gare ; qu'en conséquence, Flizot réclame, par application de l'article 104 du C. Com. la condamnation de la Compagnie de l'Est au paiement de la somme de 125 fr. à titre de dommages-intérêts, et 30 francs de dommages-intérêts judiciaires.

Considérant qu'en réponse à cette demande la Compagnie de l'Est soutient que le retard dans l'envoi des colis n'excède pas trois jours, Flizot n'ayant pas réclamé que les dits colis lui fussent livrés avant le 9 octobre, tandis qu'ils sont parvenus à Chaumont le 12 du même mois ; que d'autre part la demande en 125 francs de dommages-intérêts formée par Flizot ne serait en tout cas justifiée que jusqu'à concurrence de 70 fr. 50 ; mais que cette somme elle-même ne peut être admise par le Tribunal, la Compagnie transporteur n'ayant pu prévoir que Flizot destinait ce chocolat au 20e tirailleurs algérien avec lequel il avait passé un marché ; que ladite Compagnie ne peut être déclarée responsable aux termes de l'article 1150 C. civ. du préjudice éventuel et indirect du retard constaté ; que la somme de 50 francs dont la Compagnie fait offre est donc suffisante pour indemniser Flizot ;

Mais considérant que l'article 1150 C. civ. ne peut recevoir son application qu'autant qu'il s'agit de dommages-intérêts extrinsèques ce qui n'est incontestablement pas le cas ; qu'il est bien évident que la Compagnie ne pouvait ignorer que l'expédition faite par la Chocolaterie d'Asnières de la quantité de 300 kg. de chocolat était destinée à un épicier ; que si pareille commande était passée par Flizot, c'est qu'elle lui était demandée ; que ce dernier ne réclame donc que la réparation directe du préjudice que lui a causé le retard apporté par la Compagnie de l'Est dans cette expédition ;

Considérant, enfin, qu'il y a lieu de tenir compte à Flizot des demandes inutiles qu'il a dû faire à la gare de Chaumont, de la perte de temps qu'il a subie, du remplacement de la marchandise non livrée, par une marchandise de même nature mais plus chère, enfin de tous les ennuis causés par ce retard ; que le tribunal possède les éléments suffisants pour fixer le montant de l'indemnité due au demandeur ;

Considérant, quant aux dépens, qu'ils sont à la charge de la partie qui succombe ;

Par ces motifs :

Déclare insuffisante l'offre de 50 francs faite par la compagnie de l'Est ; la condamne en conséquence à payer à Flizot pour les dommages indiqués, plus haut, la somme de 100 france avec intérêts au taux de 6 % l'an du jour de la demande en justice ; la condamne en outre aux dépens.

Ainsi qu'on l'a vu, à la lecture de ce jugement, il s'agit d'une expédition de petite vitesse : de quels délais les transporteurs disposaient-ils pour remplir leur obligation de transport ? C'est la première question qui se pose.

La marchandise a été remise le 27 septembre à la gare de Bécon ; le jour de la remise ne compte pas. Nous poursuivons :

Délai d'expédition : 1 jour, 28 septembre ; délai de transport de Bécon à Batignolles (6 kilom.), 1 jour, 29 septembre ; délai de transport et transmission sur le chemin de ceinture de Paris (7 kilom.), 2 jours, 30 septembre, 1er octobre ; — délai de transport de la Villette à Chaumont (261 kilom.), 2 jours, 2 et 3 octobre. Les délais de transport expirant à minuit dans la nuit du 3 au 4 octobre, la marchandise devait par lettre d'avis — la lettre d'avis étant obligatoire depuis le 25 septembre 1923 — être mise à la disposition du destinataire dans la journée du 4 octobre (arrêté ministériel du 12 juin 1866. — Circ. min. du 20 août 1860).

Or, elle n'est parvenue à destination que le 13 octobre, le retard était donc de 9 jours.

Sans doute la Compagnie a soutenu que le retard n'était que de 3 jours parce que le destinataire n'a réclamé la livraison que le 6. D'abord le retard était au moins de 4 jours parce que 9 + 4 = 13. Mais sa prétention est à peine justifiable avant que l'avis d'arrivée fût obligatoire, ne l'est plus depuis que l'envoi de cet avis l'est devenu, car, de même que tout débiteur, les Compagnies de chemins de fer sont passibles de dommages-intérêts lorsqu'elles ont laissé passer le temps dans lequel l'obligation prise devait être exécutée (art. 1164, C. Civ.) ; le retard courait donc à partir de l'expiration des délais réglementaires du 4 octobre, et dès lors, il est incontestable qu'il était de 9 jours, parce que 4 + 9 = 13.

Voilà vidée la question du retard. De ses discussions, la sincérité de la Compagnie ne sort pas particulièrement éblouissante. Passons à une autre.

Le demandeur invoquait, pour justifier sa demande, un marché passé avec le 20e régiment de tirailleurs : C'était du surcroît.

Avec raison le tribunal a jugé qu'il suffisait pour condamner la Compagnie sans sortir des prévisions du contrat de transport de considérer la qualité de l'expéditeur — une chocolaterie — et la profession du destinataire — un épicier — et de réfléchir que si celui-ci avait commandé à celle-là, une telle quantité de chocolat, c'est qu'il entre dans sa profession d'épicier de se procurer les objets d'alimentation, et notamment du chocolat dans la mesure des besoins auxquels il doit pourvoir.

Un épicier ne commande pas du chocolat pour le regarder

moisir. Toute commande suppose un besoin à satisfaire. Et si les obligations que fait naître ce besoin ne sont pas exécutées dans le temps où elles doivent l'être, soit par le vendeur, soit par le transporteur il tombe sous le sens que leur inexécution est en relation de cause à effet avec le dommage qui en résulte. Le dommage à réparer par celui qui manque à son obligation est dès lors un dommage direct au sens de l'article 1150 du Code civil.

DOCTRINE FRANÇAISE
Denrées retardées et avariées

Procédure à suivre par le destinataire pour réserver ses droits

Le retard est devenu la règle des transports par chemins de fer. Tous les jours à Paris, le service d'hygiène saisit aux Halles des denrées, viandes, fruits, légumes ou poissons que leur état rend impropres à la consommation. L'événement n'arrive pas qu'à Paris. De toutes parts, on nous demande quelles formalités le destinataire doit remplir pour réserver ses droits et recourir contre le chemin de fer.

Le chemin de fer est responsable des avaries qui sont la conséquence du retard ; c'est un point qui n'est pas contesté. Mais il n'est responsable que du dommage établi et prouvé. Il est donc indispensable qu'avant de prendre livraison de denrées défraîchies, détériorées ou partiellement avariées, le destinataire fasse établir la dépréciation et évaluer le dommage qui en résulte.

L'opération peut être faite soit par expertise judiciaire — c'est le moyen le plus sûr — soit par expertise amiable, soit même par une vérification contradictoire si la gare s'y prête.

Mais quel que soit le moyen adopté, le destinataire doit en confirmer le résultat par lettre recommandée, dans les trois jours qui suivent la livraison pour ne pas s'exposer à la chicane.

Dans les chef-lieux de canton, l'expertise judiciaire peut être obtenue immédiatement, le juge de paix étant à la porte voisine. Requête qui est présentée sur une feuille de timbre à 2 fr. 40 avec un exposé sommaire du litige pour qu'il désigne une personne de la partie — homme ou femme — avec la mission de vérifier l'état de la marchandise litigieuse, d'entendre les observations des parties, d'évaluer le dommage et d'en dresser procès-verbal pour valoir ce que de droit. Porteur de sa requête, au bas de laquelle le juge a rendu son ordonnance, le destinataire se présente chez la personne désignée, se rend à la gare avec elle et, en présence du chef de gare, procède à la vérification ordonnée et en dresse procès-verbal.

L'expertise amiable est plus expéditive encore puisqu'elle supprime l'intervention du juge si les parties tombent d'accord sur l'expert proposé et acceptent de s'en rapporter à son appréciation.

La vérification contradictoire entre le destinataire et le représentant de la Compagnie reste le moyen le plus simple ; mais il faut que le représentant de la Compagnie s'y prête de bonne foi, ce qui est rare.

Cette procédure est à suivre lorsque la marchandise est simplement détériorée ou partiellement avariée. Si elle est en totalité gravement avariée, d'un débit impossible ou même difficile, elle doit être refusée, l'état dans lequel elle est offerte justifiant le refus. — En ce cas le destinataire doit confirmer son refus en le motivant, — réclamer le paiement de la marchandise et des dommages-intérêts équivalents au bénéfice qu'il aurait réalisé si la marchandise lui avait été livrée en bon état.

Marchandises expédiées par tarif G. V. 14. — Montant des indemnités forfaitaires prévues.

Aux termes du tarif G. V. n° 14, relatif au transport en grande vitesse par chemin de fer de marchandises, en cas de retard de plus de trois heures effectivement préjudiciables aux expéditeurs ou aux destinataires, il est fait une réduction sur le prix de transport, pour un retard de plus de six heures, la totalité de prix de transport pourra être retenue. Les droits des expéditeurs et des destinataires sont réservés dans le cas où le retard excéderait douze heures.

La réduction sur le prix de transport ainsi stipulée est une indemnité forfaitaire pour le préjudice causé par le retard et il n'y a lieu à l'allocation d'une somme supérieure correspondant au préjudice réel que si le retard excède douze heures.

A la date du 31 mai dernier la Cour de Cassation a confirmé ces principes en déclarant que « la réduction sur le prix de transport est une indemnité forfaitaire pour le préjudice causé par le retard, et qu'il n'y a lieu à l'allocation d'une somme supérieure correspondant au préjudice réel que si le retard excède douze heures ».

Rappelons ici qu'il n'est dû aucune indemnité au destinataire lorsque le retard ne dépasse pas 3 heures.

Pour un retard de 3 à 4 heures l'indemnité est du tiers des frais de transport ; elle est portée aux 2/3 pour un retard de 4 à 6 heures et à la totalité des frais de transport pour un retard de 6 à 12 heures.

(Extrait du *Moniteur du Commerce et de l'Industrie*).

UN PIEGE TENDU A LA BONNE FOI

Exportateur français, 7/8 1924.

Nous avons reçu d'un de nos abonnés une lettre de laquelle nous extrayons les passages suivants :

« Avisée par une de mes employées, dont le mari est préposé à l'arrivage de la P. V. en gare de Vierzon, qu'une expédition de six caisses de machines était arrivée à mon adresse, je me suis présenté à la gare pour procéder à l'enlèvement. Ces colis occupaient trois wagons plates-formes. La gare me répondit qu'en effet elle avait sous hangar les caisses indiquées, mais qu'elle ne pouvait me les délivrer, les délais de transport n'étant pas expirés. J'invoquai en vain l'avantage qu'aurait la Compagnie de trouver trois wagons privés de leur charge et j'exhibai le texte d'un arrêt ministériel du 12 juin 1886 qui oblige les Compagnies à mettre à la disposition du destinataire une expédition dans le jour qui suivra celui de son arrivée effective en gare. Ce fut peine perdue ; j'ai dépensé inutilement deux heures en conciliabules. J'ai dérangé quatre camions, et je dus attendre quarante-huit heures pour faire prendre une marchandise qui, si elle m'avait été livrée du suite, m'eût permis de toucher une prime grâce à la rapidité avec laquelle mes machines eussent été fournies... C'est là ce qu'on appelle encourager le commerce. »

Si l'on se fie aux termes même de l'arrêté ministériel invoqué par le destinataire, on peut croire en effet que les Compagnies sont obligées de respecter ce texte. Il n'en est absolument rien, car la Cour suprême a jugé (Cass. 24 juillet 1877) qu'une Compagnie peut refuser de livrer une marchandise qui se trouve sur les quais d'arrivée lorsque les délais réglementaires fixés pour son transport et sa livraison ne sont pas expirés.

D'autre part, en vue de l'article XI du même arrêté ministériel, la Cour de Cassation a jugé que l'on doit faire un total des délais accordés au chemin de fer pour recevoir, transporter et livrer, et que si les délais résultant de l'addition ne sont pas expirés quand la mise à disposition a lieu, celle-ci est faite dans les délais réglementaires, quel que soit le temps pendant lequel la marchandise a séjourné dans la gare destinataire. (Cass. 25 avril 1877.)

Cet article est donc illusoire, d'autant plus que l'article XI du même arrêt déclare en substance ; Le délai total résultant des divers articles homologués relatifs aux délais de transport sera seul obligatoire pour les Compagnies.

Ceci revient donc à dire que les Compagnies ne sont pas tenues de livrer avant l'expiration des délais réglementaires totaux les marchandises dont elles assurent le transport. (C. Cassation, 29 mars et 3 août 1908.)

Ces délais, nul n'est sensé les ignorer, ainsi le 21 janvier 1901 en a jugé la Cour de Cassation dans les attendus suivants :

Attendu que le délai de transport par chemin de fer sont établis par des arrêts ministériels, rendus publics, ayant force de loi, auxquels il ne peut être dérogé, et que nul n'est censé ignorer ;

Attendu qu'un défendeur ne peut légalement prétendre qu'il ait été induit en erreur sur les conditions des délais de transport par les renseignements émanés d'un employé ;

Attendu que les délais inscrits sur les récépissés par les agents de chemin de fer n'engagent leur Compagnie qu'autant qu'ils sont conformes à ceux fixés par les arrêtés ministériels et les tarifs. (Cour Cassation, 3 novembre 1909) ;

Ainsi, les délais présentent un caractère d'indivisibilité, puisque leur limite doit être considérée dans son ensemble de la prise de possession par le voiturier jusqu'à la livraison ou à la mise à disposition du destinataire. Par conséquent, la livraison ne pourra être exigée que lorsque ce délai aura été observé, et on ne le saura qu'en comparant la durée du trajet qui aura été effectué au total des divers délais qui étaient accordés aux diverses compagnies prenant part au contrat de transport.

En somme cette règle s'explique facilement. Le destinataire ne subit aucun retard dans l'une des opérations partielles du transport, si ce retard est compensé, et du moment qu'en fin de compte le trajet total dure juste le temps prévu par les arrêtés ministériels.

Il est donc logique de n'ouvrir l'action aux clients du voiturier que lorsque le transport est terminé et qu'il est alors facile de constater s'il y a eu retard et si ce retard leur a causé un préjudice.

C'est donc le cas d'appliquer l'adage : Sans intérêt, pas d'action.

En thèse générale, tout retard doit être pris en considération comme impliquant inexécution d'une obligation essentielle. Aucune réserve ne saurait se déduire de la part des Compagnies de ce que le retard est faible, notamment inférieur à 15 minutes.

De ce que les règlements obligent les Compagnies à inscrire sur un registre spécial les retards supérieurs à 15 minutes, celles-ci ont essayé d'en tirer conclusion que tout retard de moins d'un quart d'heure n'engageait pas leur responsabilité. C'est une erreur, l'inscription des retards constitue une formalité administrative n'ayant absolument aucun rapport avec les obligations qui résultent du contrat de transport parmi lesquels figure l'exactitude dans la livraison.

Donc, il y a toujours lieu de s'en tenir aux termes mêmes des conditions générales des tarifs de petite et de grande vitesse, et l'on ne sera en droit d'exiger la livraison d'une marchandise que lorsque les délais totaux seront expirés.

A l'expiration de ceux-ci, il n'y aura pas lieu de conclure obligatoirement à réparation de la part du voiturier, car le retard dans le transport ne donne lieu à des dommages-intérêts que s'il a causé préjudice, c'est là un point de droit qui ne saurait être mis en doute. (Cour Cassation, Chambre civile, 5 mars 1913.

Il est cependant stipulé quelquefois dans les tarifs homologués qu'une indemnité sera due par le seul fait du retard, cette indemnité est alors fixée selon l'importance de ce retard, mais en fait les compagnies ont soin, dans leurs tarifs réglant l'indemnité de retard, de stipuler que celui-ci doit être effectivement préjudiciable ; le règlement à forfait de l'indemnité se fait donc à leur seul bénéfice. Il est vrai que c'est la compensation des avantages que l'expéditeur retire des tarifs où sont inscrites ces clauses.

Le texte de l'article X précité semble donc un piège tendu à la bonne foi, puisqu'il ne peut être appliqué que lorsque le total des délais est complètement épuisé, du reste une délivrance de colis faite en conformité de cet article mettrait la Compagnie en contravention avec l'article 50 du 15 novembre 1846, confirmé par l'article 69 du décret du 11 novembre 1917 ainsi conçu : Les compagnies sont tenues d'effectuer avec soin, exactitude et célérité, et sans tour de faveur, les transports des marchandises qui leur sont confiées.

Et voilà pourquoi le refus de la gare de livrer les colis arrivés à votre adresse n'est pas répréhensible. Par complaisance, il était loisible de vous autoriser à déconsigner les quais et hangars d'arrivée; comme vous le dites d'autre part, on eût pu faire remettre en service quatre plates-formes qui étaient peut-être requises par des expéditeurs de votre ville, mais la complaisance n'est pas citée dans les textes ministériels, fort heureusement, trop d'abus seraient constatés en son nom, surtout que complaisance est presque synonyme de passe-droit. M. de Quevanne.

Opinion de Lamy, Paris 23/9 1925.

En jurisprudence française, le simple retard, indépendamment de tout préjudice souffert, ne constitue pas une cause de condamnation à des dommages-intérêts contre le transporteur.

Cassation, Ch. des requêtes 1er août 1904. — Ch. civile 26/X 1904. — 5 mars 1913-18/2 1914 (v. BT. 1904/191-1913/58 et 1914/57.

Il ne suffit pas d'ailleurs, pour avoir droit à une indemnité, d'alléguer que le retard aurait causé un préjudice ; il faut justifier qu'il y a relation de cause à effet entre « la faute de la compagnie » c'est-à-dire le retard et le préjudice dont on demande la réparation. Cassation Req. 19/2 B. T. 1918/88.

C'est au réclamant à établir l'existence du retard qu'il allègue et à justifier du préjudice qui lui a été causé par ce retard. — Cassation 18/7 1876-20/6, 1882-10/6, 1884-11/2, 1885-2/2, 1887.

Conseils de Lamy :

Formalités à remplir en cas de retards. —

Bien que les compagnies soient aujourd'hui tenues, en principe, d'aviser les destinataires de la mise à disposition de leurs expéditions livrables en gare, il est toujours prudent, de la part de ceux-ci, d'aller ou d'envoyer réclamer nommément la livraison desdites expéditions dès l'expiration des délais réglementaires. Si la marchandise qu'ils attendent ne peut leur être livrée, ils doivent signaler le fait par une lettre recommandée conforme à ce modèle :

Monsieur le chef de gare,

J'ai l'honneur de vous rappeler que je me suis présenté (ou que l'on s'est présenté de ma part, ce jour... à... heure, à votre gare, pour demander la livraison d'une expédition de..... (nature de la marchandise, poids, nombre de colis ou de wagons), expédition qui m'a été adressée en (P. V. ou G. V.) le...... par M..... de la gare de ..... et qu'il m'a été répondu que cette expédition n'était pas arrivée.

Je fais toutes mes réserves au sujet du préjudice que me cause d'ores et déjà le retard et qui ne pourra que s'aggraver par la suite.

Ainsi se trouveront établis, et le retard, et l'intérêt qu'a le destinataire a obtenir promptement livraison.

La démarche que nous venons de recommander est toujours utile ; elle devient absolument indispensable, pour établir le retard et servir de base, le cas échéant, à une demande d'indemnité, lorsque la gare d'arrivée appartient à un réseau secondaire sur lequel la lettre d'avis n'est pas obligatoire, ou encore lorsque cette gare, quoiqu'elle appartienne à un réseau sur lequel la lettre d'avis est obligatoire, a été dispensée, par le destinataire d'envoyer cet avis : il a été jugé maintes fois, en effet, que si la gare d'arrivée n'est pas tenue d'aviser le destinataire, il s'ensuit que le retard susceptible de donner lieu à indemnité ne commence à courir qu'à partir de la demande de livraison, précise, dûment établie et formulée après l'expiration des délais...

D'autre part, les frais de magasinage ou de stationnement courent, en cas de dispense d'avis, dès le lendemain du jour où « d'après les documents du chemin de fer », les marchandises ont été, le matin à l'ouverture de la gare, à la disposition de l'intéressé.

28

Le destinataire qui a dispensé la gare de l'aviser doit donc se rendre ou envoyer tous les matins à la gare et s'y enquérir des marchandises ou wagons mis à sa disposition. Il constatera ensuite de façon indéniable, par exemple au moyen d'une inscription sur le livre de plaintes coté et paraphé par l'inspecteur du contrôle, soit la consistance et l'individualité des expéditions mises ce jour-là à sa disposition, soit qu'il ne lui en est offert aucune, en ayant soin, en outre, de préciser nommément celles des expéditions qu'il présume en retard et qu'il a en vain individuellement réclamées.

En cas de retard, les dommages et intérêts dus par les Compagnies doivent être égaux à la perte subie par l'ayant droit et au gain dont il a été privé, mais à la condition : 1º qu'ils ne comprennent que ce qui est une suite immédiate et directe du retard ; 2º qu'ils aient été prévus ou qu'on ait pu les prévoir lors du contrat ; 3º que leur importance soit justifiée par le réclamant.

C. Comm. 11/6 1924.

LE RETARD DANS LA LIVRAISON
DES MARCHANDISES

Le contrat de transport, passé entre un expéditeur et une compagnie de chemins de fer, prend naissance à une date fixée dans un lieu pour se terminer, à une autre date, dans un autre lieu. Telle est l'origine du délai de transport.

Si le délai de transport tel qu'il est fixé par les règlements, aussi bien en GV qu'en PV, a été dépassé, les transporteurs sont responsables non pas du retard, mais du préjudice que le retard a pu causer aux ayants droit.

On trouve ce principe de responsabilité dans l'article 1147 du Code civil : « Le débiteur est condamné, s'il y a lieu, au paiement des dommages et intérêts, soit à raison du retard dans l'exécution, toutes les fois qu'il ne justifie pas que l'inexécution provient d'une cause étrangère qui ne peut lui être imputée, encore qu'il n'y ait aucune mauvaise foi de sa part. »

En ce qui concerne spécialement le concessionnaire de transports, l'article 97 du Code de commerce dit ce qui suit :

« Il est garant de l'arrivée des marchandises et effets dans le délai déterminé par la lettre de voiture, hors le cas de force majeure légalement constaté. »

Et le voiturier se voit appliquer, le cas échéant, les dispositions suivantes de l'article 104 du Code de commerce :

« Si par l'effet de la force majeure, le transport n'est pas effectué dans le délai convenu, il n'y a pas lieu à indemnité contre le voiturier pour cause de retard. »

En principe, si on se reporte à l'article 1315 du Code civil, « celui qui réclame l'exécution d'une obligation doit la prouver ; mais, réciproquement, celui qui prétend se libérer doit justifier le paiement ou le fait qui a produit l'extinction de son obligation. »

Cette règle est absolue ; elle s'applique aussi bien dans l'arrivée tardive d'un voyageur à destination, que dans le retard apporté dans la présentation au destinataire des objets qui devaient lui être remis au domicile (la livraison sur embranchement particulier est considérée faite à domicile). Par suite, en calculant, dans un cas comme dans l'autre, le délai légal, si celui-ci a été dépassé, la responsabilité du transporteur est en jeu ; lorsque le demandeur a prouvé le dépassement de ce délai.

Mais, lorsque les objets doivent être livrés en gare, et par conséquent, bureau restant, l'ayant droit devra prouver que le voiturier, invité par une mise en demeure, après les délais légaux, à lui livrer les marchandises « n'a pu le faire ou ne l'a pas voulu. »

Quoi qu'il en soit, en cas de livraison tardive, le transporteur est toujours présumé en faute, tant qu'il n'a pas administré la preuve, pour se libérer, qu'il y a exonération du fait :

1° De la force majeure, et, par conséquent, du cas fortuit (C. com., art. 97 et 104) ;

2° Que le retard, reproché au voiturier, provient « d'une cause étrangère qui ne peut lui être imputée (C. civ., art. 1147).

D'autre part, un récent arrêt de la Cour de cassation (Ch. civ., 13 avril 1923) a sanctionné « qu'une compagnie de chemins de fer, devant, par son cahier des charges, recevoir les marchandises qui lui sont présentées en vue du transport, sauf à se prévaloir ensuite d'un cas fortuit ou de la force majeure, n'est obligée, par aucun texte, à avertir l'expéditeur de l'impossibilité dans laquelle elle peut être, par suite de circonstances particulières, d'effectuer le transport dans les délais réglementaires. »

Mais, en cas de retard prouvé, quel est le montant de l'indemnité à laquelle peut avoir droit le demandeur ?

Si on consulte l'article 102 du Code de commerce, on trouve que la lettre de voiture énonce, entre autres indications, « l'indemnité due pour cause de retard. »

Cette disposition, il faut le reconnaître, est tombée en désuétude ; elle avait d'ailleurs plutôt l'allure d'une pénalité que d'une réparation, puisque le demandeur, du fait du simple retard, avait droit automatiquement, sans qu'il ait à prouver un préjudice, au paiement de cette indemnité, dont le quantum ne pouvait être dépassé, quel que fût le montant du préjudice.

Certains tarifs spéciaux, notamment en grande vitesse, fixent, dans leurs conditions particulières, forfaitairement « l'indemnité due pour cause de retard. » Cette disposition ne saurait recevoir une portée plus étendue ; c'est une indemnité qui, sous une forme déguisée, accorde une réduction du prix de transport en compensation à un allongement de délai.

Toutefois, cette clause ne saurait faire échec à la responsabilité du voiturier lorsqu'il y a faute de sa part, car dans ce cas, elle serait, à notre avis, contraire aux articles 1131 et 1133 du Code civil :

« Art. 1131. — L'obligation sans cause, ou sur une fausse cause, ou sur une cause illicite, ne peut avoir aucun effet.

« Art. 1133. — La cause est illicite, quand elle est prohibée par la loi, quand elle est contraire aux bonnes mœurs ou à l'ordre public. »

Dans le retard justifié, il appartient au demandeur de prouver, par des pièces probantes, le préjudice qu'il a éprouvé. Il est facile, par exemple, de démontrer que la marchandise a subi une dépréciation du fait du retard ; mais il est peut-être un peu plus compliqué de fixer la perte que l'ayant droit a faite ou le gain dont il a été privé.

La jurisprudence n'admet pas, en effet, que le simple retard puisse donner lieu à ouverture de dommages-intérêts ; le préjudice prouvé est donc obligatoire.

Quant au laissé pour compte, s'il peut également être ordonné, ce n'est que dans des cas exceptionnels et seulement lorsque la marchandise ne peut plus être utilisée, soit à cause de l'avarie produite par le retard, soit à cause de l'époque tardive où elle a été mise à la disposition du demandeur.

Les litiges qui naissent d'une livraison tardive sont, en matière de transports par voies ferrées, des plus difficiles à régler : le demandeur doit calculer avec tact et mesure le montant des dommages : l'exagération, surtout dans ce cas, est un grave défaut. Courrier du Commerce 11/6. 1924   Auguste CARDON.

Chemins de fer de Paris à Lyon et à la Méditerranée.
Dossier 410 1/569   Paris, le 22 février 1924.

J'ai l'honneur de vous faire connaître que, sauf dispositions particulières insérées dans certains tarifs spéciaux, la responsabilité des chemins de fer français en cas de retard, pour les envois du trafic interne, est régie par le droit commun français, notamment par les articles 1150 et 1151 du Code civil.

LES RETARDS ET LA LETTRE D'AVIS OBLIGATOIRE
BT, 7/1925.
Notre thèse confirmée

Nos adhérents liront avec un vif intérêt et une réelle satisfaction, dans la revue de jurisprudence du présent numéro, un jugement du tribunal de Tulle, du 5 mai 1924, qui consacre, en termes exprès, la thèse que nous avons constamment soutenue en ce qui concerne les effets de l'obligation, pour le chemin de fer, d'aviser les destinataires des envois stipulés livrables en gare :

Attendu, dit ce jugement, que la Compagnie oppose encore qu'elle ne saurait être tenue des conséquences dommageables de ce retard, puisqu'il n'y a pas eu retard légal, aucune réclamation n'ayant été adressée à la gare destinataire à l'expiration des délais de transport...

Attendu que, sous l'empire de ce nouveau règlement (l'article 51 bis des tarifs GV, homologué le 9 août 1923), le destinataire ne saurait plus être tenu d'adresser une mise en demeure de livrer au transporteur, ce dernier étant obligatoirement tenu lui-même d'aviser le destinataire ;

Que le destinataire n'a pas eu en effet à réclamer en gare une expédition qu'il savait d'avance ne pas être parvenue, puisque, dans le cas contraire, avis lui en aurait été donné ; qu'il y a donc lieu, sur ce point, de décider que le retard est opposable aux compagnies de transport dès l'expiration des délais et sans qu'il soit besoin de mise en demeure de livrer.

Cette opinion est celle que nous avons soutenue le 1er octobre 1923, puis les 1er septembre 1924, 1er janvier et 1er février 1925, dans les articles où nous réfutions les objections présentées par des juristes un peu trop imbus du sacro-saint principe de l'article 1146 du Code civil : nous avons été heureux de la trouver confirmée par une étude parue dans les *Annales de Droit commercial français, étranger et international* (Rousseau et Cie, éditeurs, livraison n° 1 de 1925), sous la signature de M. Victor Mittre, inspecteur principal de l'exploitation commerciale des chemins de fer, auteur de l'ouvrage *Droit commercial des chemins de fer.*

Sans reprendre nos propres arguments M. Victor Mittre arrive exactement aux mêmes conclusions pratiques.

La constatation légale du retard, dit-il, résultera, le cas échéant, de la date même de l'envoi de l'avis d'arrivée ; la démarche que le destinataire devait faire en gare devient inutile : il ne s'y présentera qu'à bon escient. La situation des expéditions livrables en gare est ainsi comparable, pour ce qui est de

la constatation des retards, à celle des expéditions livrables à
domicile : pour les unes comme pour les autres, conformément
à la jurisprudence de l'arrêt du 28 mai 1913 cité plus haut, les
compagnies n'ont d'autres obligations que de mettre les marchandises à la disposition des destinataires, soit en gare, soit à
domicile, à l'expiration des délais correspondant à chacune d'elles ; mais, de même que, pour les expéditions à domicile, le retard résulte de la présentation à domicile après cette expiration, il résultera pour les expéditions livrables en gare, de l'envoi
de l'avis réglementaire postérieurement à même expiration.

Et M. Victor Mittre termine en ces termes :

On se refuse à croire que les administrations des grands réseaux aient présenté leurs propositions du 5 décembre 1922 uniquement dans la crainte de se voir imposer par une loi l'obligation d'envoyer les avis d'arrivée, et avec l'arrière-pensée de
pouvoir, par la suite, rendre inefficace la réforme devant résulter de l'homologation de ces propositions. Les instructions
auxquelles il a été fait allusion plus haut témoignent de la pureté
et de la sincérité de leurs intentions ; les mots « mise en demeure » n'y figurent point et il y est dit ceci, qui fixe l'attitude
que doivent tenir les gares, en présence des réclamations pour
retard, lorsque la mise à disposition est postérieure à l'expiration des délais réglementaires :

« Si le destinataire s'est borné à attendre la lettre d'avis, son
silence antérieur tend à démontrer qu'il n'avait pas un besoin
urgent de la marchandise et, dans tous les cas, on ne doit pas
manquer, dans la discussion, de tirer parti de cette particularité
et de l'absence de préjudice qu'elle permet de présumer ; mais
la demande d'indemnité ne doit pas être écartée par le seul motif que le destinataire n'a pas réclamé antérieurement sa marchandise. »

Ces instructions, où ne craint pas de se manifester la solli-
citude de l'entrepreneur de transport pour les intérêts matériels
de son commerce, n'en consacrent pas moins une manière de
voir conforme aux conclusions qu'on a tirées, dans l'étude qui
précède, de l'examen des textes et de la nature du contrat de
transport : pourquoi ces conclusions ne seraient-elles pas adop-
tées par la doctrine comme elles l'ont été par certaines compagnies (sinon par toutes) et comme elles le seront, selon toute
vraisemblance, par la jurisprudence ?

Ce qu'on peut appeler sans irrespect le jansénisme juridique
n'est plus guère de mise aujourd'hui, au moment où l'on voit,
par exemple, la juridiction souveraine du Conseil d'Etat esti-
mer que les conditions de l'heure présente « doivent faire admettre » certaines présomptions qu'on ne trouve cependant
point dans la lettre de la loi (arrêt au contentieux du 22 décem-

3

bre 1924 ; les Travailleurs français contre Etat ; *Gazette du Palais*, 1-2 janvier 1925) : comment pourrait-on vouloir aujourd'hui, malgré les conséquences absurdes auxquelles on aboutirait dans la pratique, appliquer à la lettre et sans discernement les nébuleux principes que l'on dit inclus dans les articles 1139 et 1146 du Code civil, à une sorte de contrat, le contrat d'expédition par chemin de fer, que n'ont certainement envisagé ni les auteurs de ces articles, ni les juristes qui en ont jusqu'ici fixé l'interprétation ?

C'est comme quelqu'un l'a dit, une question de bon sens plus encore qu'une question de droit : *littera enim occidit, spiritus autem vivificat.*

« La lettre tue, mais l'esprit vivifie » : on ne saurait trop répéter ces sages paroles de l'Apôtre des Gentils, aux « juristes ou soi-disant tels » dont nous parlions le mois dernier, qui semblent compliquer à plaisir les questions les plus simples et « finalement répandent jusque dans les prétoires le doute et l'obscurité, au grand profit des pêcheurs en eau trouble que sont les services de contentieux des compagnies. »   LAMY, Paris

A propos de l'envoi obligatoire des lettres d'avis et des actions pour retard. — Multiples erreurs. — Principes généraux. — Le retard, faute contractuelle, a, sur les chemins de fer, un caractère délictuel. — Conclusion. — BT, IX/1924.

Nous avons consacré, dans notre numéro du 1er octobre 1923, une assez longue étude à l'examen des conséquences que devait avoir la récente homologation du texte rendant obligatoire l'envoi des lettres d'avis d'arrivée, pour les expéditions livrables en gare « : Les effets des dispositions nouvelles, disions-nous, doivent être exactement ceux indiqués, soit par M. Dominique Delahaye dans l'exposé des motifs dont nous avons donné plus haut d'importants extraits, soit par nous-mêmes dans notre étude de 1903 : la date du premier avis adressé au destinataire pourra servir de base, le cas échéant, à une action en indemnité pour retard. »

Le retard dans l'envoi de l'avis, avait dit notre étude de 1923, aurait les mêmes effets que le retard constaté dans l'arrivée de la marchandise, et les compagnies ne pourraient plus, par conséquent, se soustraire, comme elles le font si souvent aujourd'hui, à la réparation du préjudice que ce retard aurait causé.

Et l'exposé des motifs de la proposition Dominique Delahaye :

... Avec le régime actuel, des destinataires trop nombreux comptent à tort sur la lettre d'avis que la compagnie leur envoie d'habitude sans qu'il y ait, pour elle, aucune obligation de le faire ; ils sont fort marris d'apprendre à leurs propres dé-

34

pens, lorsqu'un retard s'est produit, qu'aucune indemnité ne leur sera allouée, à cause du caractère facultatif de la lettre d'avis et de l'obligation où ils étaient eux-mêmes, pour s'assurer la réparation du préjudice résultant du retard, d'aller réclamer leurs colis en gare, à l'expiration ou après l'expiration des délais ; cela ne serait plus possible et lesdits destinataires pourraient attendre en toute sécurité un avis que les gares seraient tenues de leur envoyer et dont l'envoi tardif suffirait à établir le retard.

. . . .

Ce système suffit, pour que le destinataire n'ait plus, désormais, à se déranger en vain ; il attendra, chez lui, la lettre d'avis et si, pressé de sa marchandise, il ne voit rien venir, il ne sera pas pour cela tenu, comme aujourd'hui, d'aller à la gare la réclamer ; il pourra, par exemple, se contenter d'écrire, d'envoyer au besoin une lettre recommandée chiffrant le préjudice que lui cause chaque jour de retard ; il n'aura d'ailleurs plus à mettre le chemin de fer en demeure, puisque l'exécution complète des obligations du voiturier comportera l'envoi d'une lettre d'avis mise à disposition, et que, par conséquent, sauf convention contraire expressément stipulée, la dette ne deviendra quérable qu'après cet envoi ; la situation du destinataire d'une expédition livrable en gare sera, à ce point de vue, absolument assimilable à la situation actuelle du destinataire d'une expédition livrable à domicile...

A cette époque la question paraissait ne devoir faire aucun doute pour personne.

Mais à partir du moment où se précisa, puis se réalisa, l'intention des compagnies d'éviter le vote de la proposition Delahaye en prenant elles-mêmes l'initiative d'inscrire dans les tarifs l'obligation d'envoyer une lettre d'avis d'arrivée, un phénomène des plus curieux, — et des plus significatifs, — se produisit : dans certains groupements qui se disent indépendants mais qui, en réalité, subissent plus ou moins directement l'influence desdites compagnies, on manifesta la crainte que l'obligation de la lettre d'avis ne donnât au commerce une satisfaction purement platonique, si elle n'était complétée par une disposition spéciale exemptant les destinataires de la mise en demeure prévue par l'art. 1146 du Code civil : cette crainte se manifesta même officiellement par une observation du rapporteur de proposition des compagnies devant le Conseil supérieur des chemins de fer (M. Coignet, président de la chambre de commerce de Lyon) : à la même époque la Cour de cassation adoptait tout à coup une terminologie nouvelle, comme si elle voulait alimenter et justifier les craintes que nous venons de rappeler, et la « mise en demeure », dont elle n'avait jusque là presque jamais parlé, sinon de façon tout à fait incidente et accessoire, devenait à ses yeux d'une impérieuse nécessité.

On peut citer comme exemple l'arrêt de la chambre civile, du 13 avril 1923, que nous avons publié la même année, page 69, et celui du 18 octobre 1923 (Cie d'Orléans contre Courset) que nous avons publié le 1er janvier 1924, page 9. Ce dernier, ainsi que nous l'avons fait remarquer dans le même numéro, sous le titre « Fantaisies juridiques », offre ceci de piquant que, tout en condamnant la prétention de la compagnie en cause, il consacre implicitement, — à sa grande satisfaction et d'ailleurs à son instigation, — la thèse que nous trouvons exposée en ces termes dans le *Bulletin annoté des chemins de fer* (1923, II, p. 120, note sous l'arrêt du 13 avril 1923) :

La règle formulée par l'art. 1146 du C. civ., que « les dommages-intérêts ne sont dus que lorsque le débiteur est en demeure de remplir son obligation » est général, et s'explique, dès lors, qu'il y ait retard dans l'exécution d'une obligation conventionnelle ou qu'il y ait inexécution, qu'il s'agisse, en d'autres termes, de dommages-intérêts moratoires ou de dommages-intérêts compensatoires. En outre, les dommages-intérêts ne courent qu'à propos du préjudice subi depuis la mise en demeure. Ces solutions ont prévalu dans la doctrine et la jurisprudence.

Et après avoir ainsi posé le principe général, l'annotateur, faisant application de ce principe à l'espèce qu'il envisageait, ajoute :

L'arrêt attaqué avait admis à tort que l'expéditeur était dispensé de recourir à la mise en demeure. Cette distinction entre l'expéditeur et le destinataire était arbitraire ; l'expéditeur, par cela même qu'il est demandeur en dommages-intérêts, doit avoir au préalable mis la compagnie en demeure d'exécuter son obligation.

Multiples erreurs

L'auteur de cette note commet là une première erreur, dont il est facile de se rendre compte en se reportant, page 69 du *Bulletin des Transports* de 1923, au texte même de l'arrêt du 13 avril 1923 : l'administration des chemins de fer en cause ne soutient nullement, en effet, que l'expéditeur, demandeur en dommages-intérêts, dut l' « avoir au préalable mise en demeure d'exécuter son obligation » ; elle soutenait seulement « ne pas devoir de dommages-intérêts, parce qu'elle n'avait pas été mise en demeure de livrer les marchandises à l'expiration des délais de transport », ce qui était à la fois bien différent et bien plus raisonnable...

Mais cette erreur du *Bulletin annoté* n'est pas la seule que nous ayons à relever ; la même revue a, en effet, publié (1924, I, 42)

36

en note sous la décision homologative des nouveaux art. 51 *bis*
des tarifs généraux P. V. et 54 bis des tarifs généraux G. V.,
un « commentaire de ce texte » paru dans la *Gazette Dalloz*
(numéro d'avril 1924, p. 53-54) et portant pour titre : De la
mise en demeure du voiturier sous le nouveau régime de la
livraison par chemins de fer. Or, le titre même de ce commentaire est erroné : il n'y est nullement question du voiturier en
général, mais seulement des administrations de chemins de fer ;
il ne s'agit pas d'un « nouveau régime de la livraison » mais
bien d'un nouveau régime pour la mise à disposition des expéditions adressées en gare. Quant à la conclusion dudit commentaire, elle est empruntée à une note du *Bulletin annoté* lui-même
qui est ainsi conçue :

D'après le droit commun (art. 1146 C. civ.), il faut que la
compagnie soit mise en demeure ; mais il n'y a pas à cet égard
de formalités sacramentelles ; par conséquent, une lettre, recommandée ou non, adressée au représentant de la compagnie ayant
qualité pour la recevoir, suffit, pourvu que par sa teneur elle
constitue une mise en demeure.

Nous verrons tout à l'heure que la « mise en demeure » n'est
nullement nécessaire et que, d'autre part, si elle l'était, elle ne
pourrait être constituée par une lettre.

Règles générales concernant « la mise en demeure »

Que dit exactement l'art. 1146 du Code civil ?

ART. 1146. — Les dommages et intérêts ne sont dus que
lorsque le débiteur est en demeure de remplir son obligation,
excepté néanmoins lorsque la chose que le débiteur s'était
obligé de donner ou de faire ne pouvait être donnée ou faite que
dans un certain temps qu'il a laissé passer.

Reportons-nous maintenant à la *Jurisprudence générale Dalloz*,
Nouveau code civil, édition 1901-1905, page 1.032, col. 3 ; voici
ce que nous y lisons :

8. — Le mot demeure éveille l'idée de retard (*mora*). — Larombière, t. I, art. 1139, n° 1.

9. — Mais toute partie en retard relativement à l'exécution
d'une obligation n'est pas par cela même en demeure ; la demeure est la constatation légale du retard. — Larombière, t.
I, art. 1139, n° 3 ; Laurent, I, 16, n° 233 ; Baudry-Lacantinerie
et Barde, t. II, n°s 426 et 468 ; Planiol, op. cit., 2me édit., t.
II, n° 258.

10. — La mise en demeure peut résulter soit d'une sommation
soit d'un acte équivalent. — V. *suprà*, art. 1139, texte et n°s
1 à 31.

11. — Elle peut être aussi la conséquence d'une convention
lorsqu'il est stipulé que, sans qu'il soit besoin d'acte, et par la

seule échéance du terme, le débiteur sera en demeure. — V. *suprà*, art. 1139, texte et n°s 32 à 69.

12. — Cette convention est sous-entendue lorsque, l'obligation ne pouvant être exécutée utilement que dans un certain délai, ce délai est expiré sans qu'elle ait été exécutée et aussi dans tous les cas où l'inexécution serait devenue impossible par le fait du débiteur. — J. G. Obligat., 752 et 759. — V. *suprà* art. 1139, n°s 45 à 57.

13. — La mise en demeure peut enfin s'effectuer de plein droit en vertu d'une disposition expresse de la loi. — V. le numéro suivant, avec le renvoi.

14. — Ainsi, lorsqu'il s'agit d'une obligation de ne pas faire, elle résulte *ipso facto* de toute contravention à cette obligation — V. *suprà* art. 1139, n° 58, art. 1145, et texte n°s 1 à 5.

. . . .

17. — La règle posée par l'art. 1146 et suivant laquelle, en principe, « les dommages et intérêts ne sont dus que lorsque le débiteur est en demeure de remplir son obligation », ne s'applique qu'aux obligations nées d'un contrat : la mise en demeure n'est pas nécessaire lorsque les dommages-intérêts sont dus à raison d'un délit ou d'un quasi-délit. — J. G. Obligat., 767. — J. G. *cod.* v°, 244. — Civ. 30 nov. 1858, D. P. 59.1.20. — En ce sens : Larombière, t. II, art. 1146, n°4 ; Demolombe, t. XXIV, n° 545 ; Huc, t. VII, n° 120, Baudry-Lacantinière et Barde, t. I, n° 473. — V. *suprà*, n° 6 et *infra* art. 1382 et 1383.

Eclairons ce résumé de la doctrine par le texte de l'art. 1139 :

ART. 1139. — Le débiteur est constitué en demeure soit par une sommation ou par autre acte équivalent, soit par l'effet de la convention, lorsqu'elle porte que, sans qu'il soit besoin d'acte et par la seule échéance du terme, le débiteur sera en demeure.

Ajoutons enfin, pour satisfaire les amateurs d'archéologie, ces deux extraits des travaux préparatoires de l'actuel Code civil :

Rapport fait au tribunal par le tribun Favard, au nom de la section de législation, sur la loi relative aux contrats ou aux obligations conventionnelles en général (séance du 13 pluviôse an XII). Quel est l'effet de l'obligation de faire ou de ne pas faire ? Le débiteur encourt les dommages-intérêts s'il a été mis en demeure, soit par le créancier, soit par la lettre de son contrat qui détermine le temps où l'obligation doit être exécutée. — Mais dans l'un et l'autre cas il en est affranchi s'il a été empêché d'exécuter l'obligation, soit par une cause qui lui est étrangère, soit par une force majeure ou un cas fortuit. — Il en est autrement s'il avait agi en contravention à l'obligation, car on sent qu'aucune chose ne l'y a pu contraindre.

Discours prononcé au corps législatif par le tribun Mouricault, l'un des orateurs chargés de présenter le vœu du tribunal sur la loi relative aux contrats ou obligations conventionnelles en général (séance du 17 pluviôse an XII). — J'observe ici que l'usage s'était abusivement établi, parmi nous, de ne réputer le débiteur en demeure que par une sommation ou par un acte équivalent, et cela, même lorsqu'il y avait un terme stipulé dans la convention, quoiqu'il semblât que l'expiration de ce terme, sans exécution de l'engagement, dût suffire. Il résultait de cet usage des délais et des frais inutiles. Le projet a sagement fait, en statuant que la demeure résulte immédiatement de l'expiration du terme fixé par la convention, lorsqu'elle en contient la stipulation expresse.

Voilà, espérons-nous une documentation qui nous permettra d'étayer solidement la discussion qui va suivre et de remettre sous son vrai jour une question volontairement obscurcie par les compagnies et leurs amis, avec le concours des demi-savants qui se sont laissé prendre à leurs subtilités et à leurs arguties.

Contrat de transport en général. — Le retard dans le transport est une faute.

Mais, d'après l'art. 98 du Code de commerce, le commissionnaire qui s'est chargé d'un transport est « garant de l'arrivée des marchandises et effets dans le délai déterminé par la lettre de voiture, hors le cas de force majeure légalement constaté ».

D'autre part, l'art. 102 fait figurer, parmi les énonciations que la lettre de voiture « doit exprimer », « l'identité due pour cause de retard ».

Enfin l'art. 104 ajoute :

Si, par l'effet de la force majeure, le transport n'est pas effectué dans le délai convenu, il n'y a pas lieu à l'indemnité contre le voiturier pour cause de retard.

Le « retard » n'apparaît-il pas ici avec un tout autre caractère que dans la doctrine, résumée plus haut, qui interprète les art. 1146 et 1139 du Code civil ? Il ne s'agit plus d'une obligation d'un caractère instantané, comme, par exemple, la prise de possession juridique d'un immeuble, mais bien d'une obligation telle, qu'une stipulation de délai est nécessaire et en deviendra, par conséquent, l'une des conditions essentielles ?

Le contrat de transport ne comporte pas seulement le déplacement d'un objet de A en B, sans cela il serait inexistant, puisque le débiteur pourrait mettre l'éternité à l'accomplir: il comporte également une durée, qui doit être fixée par les parties et dont la plus ou moins grande étendue sera l'un des éléments qui serviront à déterminer le prix applicable au service rendu. Cette durée c'est le « délai », qu'il ne faut point confondre avec un « terme », ce dernier étant constitué par un événement jusqu'à l'arrivée duquel l'exercice résultant de l'obligation est suspendu. On sait que le terme affecte l'exercice, mais non l'existence du droit auquel il s'applique : ce droit existe à l'instant même où la cause civile de l'obligation s'est réalisée, mais l'exigibilité en est différée jusqu'à l'époque prévue ; le délai de transport, est au contraire, l'un des éléments essentiels du contrat de transport, lequel, conclu sans stipulation (expresse ou implicite) de délai, serait une obligation « sans cause » et ne pourrait « avoir aucun effet » (C. civ., art. 1131).

Dès lors, le dépassement du délai n'est pas un « retard dans l'exécution du contrat », mais une « contravention à l'obligation », dans le sens que le tribun Favard donnait à cette expression, dans le passage de son rapport que nous avons cité plus haut.

La mise en demeure est impossible

Les remarques qui précèdent suffiraient déjà à nous amener à conclure que l'art. 1146 du Code civil n'est pas applicable au contrat de transport, tout au moins, en ce qui concerne le dépassement du délai convenu ; une telle conclusion, bien qu'allant à l'encontre des idées généralement répandues et même admises, un peu légèrement peut-être et sans examen suffisant, par la Cour de cassation, ne peut qu'être confirmée par cette autre remarque, non moins déterminante, que la « constitution en demeure », exigée par ledit art. 1146 et réglementée par l'art. 1139, ne peut être réalisée, lorsqu'il s'agit d'un retard dans le transport d'un envoi adressé bureau restant (ou en gare), par aucun des contractants : ni par l'expéditeur, ni par le destinataire.

Ni par l'expéditeur :

Le contrat de transport, étant un contrat à la fois consensuel et réel, se forme par l'accord des parties et la remise des objets à transporter ; cette remise constitue le voiturier dépositaire de l'objet et se trouve ainsi marquer du même coup et la conclusion du contrat et un commencement d'exécution : il ne saurait donc être question pour l'expéditeur de mettre le voiturier en demeure d'exécuter une convention dont l'exécution a déjà commencé. Quand l'expéditeur a remis sa marchandise au voiturier, que lui reste-t-il à faire ? Plus rien, car il a stipulé au profit d'un tiers (le destinataire) et c'est à ce tiers qu'il appartiendra de recevoir l'expédition et d'en donner décharge ; quant à lui, expéditeur, un long temps pourra s'écouler avant qu'il soit mis au courant des incidents qui auront pu survenir, et cependant, si un préjudice lui a été occasionné, il ne sera que juste qu'il en soit indemnisé.

Ni par le destinataire :

Comment celui-ci pourrait-il mettre le voiturier en demeure

d'exécuter un contrat auquel il n'a pas participé ? Il n'a aucun titre entre les mains, ni même aucun pouvoir d'agir, tant qu'il n'a pas accepté ledit contrat (C. civ., art. 1121), et il ne pourra connaître cette acceptation qu'après avoir vérifié la marchandise, donc après que celle-ci lui aura été présentée... Il sera bien temps, en vérité, à ce moment, de mettre le voiturier en demeure !

Mais, dira-t-on, le destinataire est prévenu par l'expéditeur, qui peut même lui envoyer la copie qu'il a reçue de la lettre de voiture (ou du récépissé) ?

La lettre de voiture est une lettre ouverte que l'expéditeur adresse au destinataire, par l'intermédiaire du voiturier, à l'effet de constater l'existence, l'objet et les conditions du contrat de transport.

Restant entre les mains du voiturier, la lettre de voiture suivra l'expédition afin de permettre, en cours de route, d'en vérifier à chaque instant la composition et l'identité, et de lui donner les soins nécessaires.

Elle fournira au destinataire, lors de la livraison, le moyen de reconnaître les colis et de s'assurer que toutes les conditions du contrat ont bien été remplies.

Enfin, si un double, revêtu du visa du voiturier, a été conservé par l'expéditeur, ce sera le titre au moyen duquel celui-ci, ou son représentant, pourra poursuivre l'exécution du contrat (Victor Mittre, Droit commercial des chemins de fer, n° 24).

Sur les chemins de fer le récépissé remplit exactement le même rôle que la lettre de voiture ; l'art. 10 de la loi du 13 mai 1863, après avoir constaté l'obligation, pour les administrations de chemins de fer, de délivrer un récépissé à l'expéditeur, ajoute :

Un double du récépissé accompagnera l'expédition et sera remis au destinataire.

D'où il résulte que ce dernier, tant qu'il n'a pas été mis en présence de la marchandise et en possession de la lettre de voiture ou du récépissé, est sans titre et sans droit, et ne peut, par conséquent, procéder utilement à aucune mise en demeure.

La prétendue mise en demeure par lettre

D'après une jurisprudence constante plus particulièrement applicable aux chemins de fer, mais dont la portée est générale, lorsque rien n'oblige le voiturier à envoyer un avis d'arrivée au destinataire des marchandises adressées bureau restant ou en gare, son rôle est terminé dès que ces marchandises sont rendues dans le bureau ou sur le quai où le destinataire doit venir les prendre. La démarche de celui-ci ne sera point une réquisition, qu'aucun titre ne lui donne le droit d'adresser, mais seulement une demande de livraison ; il ne dira pas au voiturier : « J'attends telle marchandise ; je vous requiers de me la livrer » ; il lui dira : « Je suis un tel ; voyez mes pièces d'identité ; j'attends telle marchandise ; si elle est là, ayez l'obligeance de me mettre en sa présence, pour que je puisse la reconnaître et l'emporter ». Et si la marchandise n'est pas encore arrivée, le destinataire ne pourra que constater son absence, constatation qui servira ultérieurement, s'il y a lieu, à établir le retard, mais qui, en aucune façon, ne peut être assimilée ni même comparée à la mise en demeure.

Quant à la prétendue mise en demeure par lettre « recommandée ou non » qui fait la joie du commentateur du Dalloz et de l'annotateur du Bulletin annoté, c'est de la fantaisie pure, ainsi que nous l'avons du reste, démontré dans notre numéro du 1er janvier dernier, page 2 : on ne saurait réclamer par lettre une livraison qui doit être faite bureau restant ou en gare.

Et c'est tellement vrai, que le tribunal de commerce de la Seine, dans un jugement du 13 décembre 1921 que la cour d'appel a confirmé le 8 mai dernier et qui compte le retard depuis la réception par la gare d'une lettre destinée à « servir de mise en demeure », s'exprime ainsi à ce sujet :

Attendu qu'il ressort d'une lettre en date du 26 avril adressée à la compagnie pour servir de mise en demeure..... que V... s'est présenté à la gare pour réclamer son wagon...

La lettre en question ne pouvait valoir, en effet, qu'en tant que constatant une démarche infructueuse effectuée en gare : c'est cette démarche, seule, qui, si une mise en demeure était nécessaire, pourrait en tenir lieu.

Une demande de livraison faite par lettre ne peut avoir quelque effet qu'à la condition de contenir en même temps une stipulation de livraison à domicile ; mais ceci est une autre histoire et la stipulation de livraison à domicile, formulée par le destinataire pour un envoi que l'expéditeur lui a adressé en gare, entraîne une novation par substitution de dette : elle pourra servir à établir le retard, mais elle ne pourra, en aucun cas, être assimilée ni même comparée à une mise en demeure, pour laquelle, nous le répétons, le destinataire est toujours sans titre et sans droit.

Première conclusion. —

En fin de compte, nous pouvons d'ores et déjà conclure hardiment, sur ce premier point, que, s'agissant d'un transport quelconque par terre ou par eau, *aucune mise en demeure préalable n'est nécessaire à la validité de l'action basée sur le dépassement du délai convenu pour la mise à disposition bureau restant ou en gare des objets transportés* : le voiturier « est en demeure », comme l'exige l'art. 1146, par le seul effet de la convention.

La disposition finale de l'article 1146.

Au surplus, si une mise en demeure était nécessaire en prin-

cipe, ne devrait-on pas admettre que le retard dans le transport
en est dispensé par la disposition finale de l'art. 1146 :

...excepté néanmoins, dit cette disposition, lorsque la chose
que le débiteur s'était obligé de donner ou de faire ne pouvait
être donnée ou faite que dans un certain temps qu'il a laissé
passer.

Ainsi que nous l'avons déjà dit, le facteur durée est essentiel
dans un contrat de transport aussi bien qu'en mécanique : de
même que la puissance d'une machine s'évalue au moyen du
travail qu'elle produit et du temps qu'elle met à le produire, la
valeur d'un transport est fonction à la fois, et de la distance à
parcourir, et du temps employé à l'opération ; le voiturier qui
a dépassé le délai de transport convenu n'a donc pas donné
tout ce qu'il devait donner et *il n'a plus la possibilité de le donner*;
s'il devait livrer dans les trois jours et que nous soyons au qua-
trième, il ne peut plus s'acquitter intégralement de son obligation : il a laissé passer le temps pendant lequel il pouvait le faire.

Dans ces conditions, il n'est point nécessaire qu'il soit constitué en demeure : les dommages et intérêts sont dus depuis
l'instant où les délais convenus sont expirés, puisque dès ce
moment il est dans l'impossibilité de tenir intégralement les
engagements qu'il avait pris.

La doctrine résumée plus haut (citations du Dalloz N° 11 et
12) a d'ailleurs soin d'assimiler à l'obligation dont l'exécution
est devenue impossible celle qui ne pouvait « être exécutée
utilement que dans un certain délai » : n'est-ce pas très souvent
le cas et le voiturier ne doit-il pas toujours supposer que c'est
peut-être le cas, pour le transport qu'il a accepté ? L'art. 108
du Code de commerce, en faisant courir la prescription pour
perte, du jour de l'expiration des délais, ne donne-t-il pas ainsi
à cette expiration le caractère d'un événement fatal après lequel
l'exécution du contrat ne sera plus possible ?

Pour l'admission de la prescription, dit un arrêt de la chambre
civile du 7 janvier 1874, l'art. 108 n'exige pas qu'il soit prouvé
par le voiturier ou reconnu par le propriétaire de la marchandise
réclamée que celle-ci est réellement perdue. Au contraire, en
faisant courir la prescription *du jour où le transport aurait dû
être effectué*, il indique clairement que *le destinataire ou l'expéditeur sont en demeure d'agir* par le seul fait que la livraison n'a
pas lieu, quelle qu'en soit la cause...

La seule expiration des délais met l'expéditeur et le destinataire en demeure d'agir pour perte et elle serait impuissante à
mettre le voiturier en demeure de livrer ! Voilà une situation
qui serait pour le moins originale !

Transports par chemins de fer.

Tout ce que nous avons dit du contrat de transport en général s'applique *a fortiori* aux transports par chemins de fer, parce que les obligations des concessionnaires sont, à cet égard, beaucoup plus rigoureuses que celles des voituriers ordinaires.

Le principe qu'aucune mise en demeure ne saurait être exigée du destinataire a été consacrée en ces termes, *à la demande de la compagnie en cause*, par un jugement du tribunal de commerce de Lille, au sujet de la perte d'un colis de grande vitesse :

Sur les frais de sommation :

Attendu que cet acte a été délivré à la compagnie défenderesse le 23 mars 1891, c'est-à-dire postérieurement aux délais réglementaires pour la livraison ; que, *les dommages-intérêts étant dus dès l'expiration de ces délais et sans qu'il soit besoin de mise en demeure*, c'est à tort que le demandeur a fait précéder son instance de cet acte extra-judiciaire (Jugement du 19 mai 1891 ; *Bulletin annoté des chemins de fer*, 1891, p. 143).

La Cour de cassation elle-même avait déjà posé ce principe au sujet d'un refus d'expédier, et dans des termes tels, qu'il s'applique tant au destinataire qu'à l'expéditeur :

Attendu, a-t-elle dit, que d'après les lois et les règlements de la matière, notamment l'art. 49 du cahier des charges, une compagnie de chemin de fer est obligée de recevoir les marchandises régulièrement présentées à l'expédition et d'en effectuer le transport, avec exactitude et célérité, *dans un délai strictement déterminé* : d'où il suit que, par son seul refus de recevoir une expédition, elle contrevient à son cahier des charges et que, *du moment où le délai prescrit pour le transport est écoulé, la compagnie a laissé passer le temps fixé pour l'exécution de son obligation et devient passible de dommages-intérêts*, sans qu'aucun acte extrajudiciaire soit nécessaire pour la mettre en demeure ; que de ce qui précède il résulte que l'arrêt attaqué, loin d'avoir violé ledit art. 1146 (du Code civil), l'a sainement appliqué et s'est conformé aux règles de la matière. (Arrêt de la ch. des req. du 31 mars 1875 ; *Bulletin annoté des chemins de fer*, 1875, pp. 246-248.)

Enfin, la chambre civile, dans un arrêt du 3 mars 1902 que le *Bulletin des Transports* a publié le 1er avril suivant (1902, p. 1078), a parfaitement admis la condamnation d'une compagnie à des dommages-intérêts pour retard dans le transport, alors qu'il était seulement établi que les marchandises étaient arrivées après l'expiration des délais réglementaires et bien que ladite compagnie prétendit avoir livré ces marchandises au destinataire dès la première demande de celui-ci.

Caractère délictueux de toute infraction aux délais réglementaires.

Les administrations de chemins de fer, en effet, ne sont pas des voituriers libres de traiter ou de ne pas traiter avec les expé-

44

diteurs qui se présentent dans leurs gares : l'art. 69 du décret
du 11 novembre 1917 (ancienne ordonnance de 1846) et l'art. 49
du cahier des charges annexe de la loi de concession, leur font
une obligation d'accepter et d'exécuter, dans les conditions
prévues aux tarifs, toutes les expéditions qui leur sont présentées régulièrement ; suivant une jurisprudence aussi formelle
que constante, les mesures ordonnées par l'autorité compétente
pour garantir la fidèle perception des tarifs, doivent être obéies
aussi bien par les expéditeurs que par les compagnies fermières
ou concessionnaires, et elles sont également protégées par la
loi pénale (voir notre *Manuel pratique*, pp. 145-146) ; les infractions ne sont d'ailleurs pas des « délits » (au sens restreint du
mot), pour l'existence desquels une intention frauduleuse est
nécessaire, mais des « délits-contraventions », pour lesquels la
constatation matérielle suffit, sans que le juge ait à rechercher
l'intention du prévenu. (*Ibidem*, p. 167)

Qu'est-ce à dire, sinon que tout dépassement des délais fixés
par un arrêté ministériel et repris dans les tarifs homologués,
est juridiquement susceptible de motiver des poursuites correc-
tionnelles et donne, par suite, ouverture à l'action en responsabilité basée sur les art. 1382 et suivants du Code civil.

Or, on sait (v. plus haut citation du Dalloz, N° 17) que les
actions de cette nature sont dispensées de toute mise en demeure préalable et l'on trouvera plus loin le texte même de
l'arrêt du 30 novembre 1858 qui a posé ce principe.

L'art. 1146 peut-il mettre obstacle à son application sous
prétexte qu'il s'agit d'un contrat ? Ne doit-on pas faire application de la jurisprudence des arrêts auxquels renvoie l'article
de notre éminent collaborateur Sauvage concernant les transports par eau, qui est publié plus loin dans le présent numéro ?
Alors que ces arrêts refusent à l'action d'un expéditeur ou d'un
destinataire le bénéfice des prescriptions applicables aux délits
et aux quasi-délits, parce que la base de cette action est un
contrat, ne faut-il pas exiger, pour cette même action, en matière
de mise en demeure, l'application de la règle résultant de l'art.
1146 du Code civil au lieu de l'exonération résultant de ce qu'il
s'agirait d'une action pouvant trouver sa base dans les art.
1382 et suivants ?

Nullement :

— Parce que le dépassement des délais est, sur les chemins
de fer, un délit (au sens général du mot) incontestable et nettement caractérisé ;

— Parce que les prescriptions de l'art. 108 du Code de commerce s'appliquent expressément au contrat de transport tandis
qu'il n'en est pas de même de celles de l'art. 1146 du Code civil;

— Parce que ces mêmes prescriptions de l'art. 108 sont

d'ordre public, tandis qu'il n'en est encore pas de même de l'art. 1146, et que, sur les chemins de fer, ce sont les délais qui sont d'ordre public ;

— Parce qu'enfin, même en l'absence de tout contrat, celui qui aurait souffert un préjudice par suite du dépassement des délais aurait droit à réparation en vertu des art. 1382 et suivants, et que, dès lors, à défaut d'une stipulation expresse de la loi, il serait contraire à tout bon sens de refuser le bénéfice des mêmes articles à celui qui s'est lié à l'administration du chemin de fer par un contrat.

Effets de l'obligation, pour les chemins de fer, d'envoyer un avis d'arrivée.

Nous n'avions point fait état, jusqu'ici, de l'obligation où se trouvent les chemins de fer, en vertu des nouveaux art. 51 bis des tarifs généraux P. V. et 54 bis des tarifs généraux G. V., d'envoyer un avis d'arrivée aux destinataires de marchandises adressées en gare, dès que ces marchandises peuvent être mises à leur disposition. Tout ce que nous avons dit s'applique aux voituriers libres et aux chemins de fer lorsque ceux-ci ne sont pas tenus d'aviser les destinataires d'expéditions livrables en gare.

Le tout s'applique aussi, bien entendu, et sans qu'il soit besoin d'ajouter aucune explication à ce sujet, aux chemins de fer, dans le cas où ils sont tenus d'aviser les destinataires ; mais, dans ce dernier cas, un argument nouveau et des plus puissants vient corroborer ceux que nous avons déjà exposés : c'est que que le contrat de transport comporte alors non seulement la mise à disposition en gare, dans les délais réglementaires, mais l'envoi d'un avis « dès que la mise à disposition est possible ».

Cette obligation, comme toutes les autres conditions des tarifs applicables, est l'une des clauses du contrat et, par suite, la dette du chemin de fer n'est plus quérable ; elle ne le deviendra qu'après réception, par le destinataire, de l'avis d'arrivée, et celui-ci est portable.

Voyez le jugement du tribunal de commerce d'Anduze qui est publié plus loin, et qui a été cassé par la chambre civile, le 13 février 1923 ; il y est constaté notamment ce fait que :

Le 11 février, après l'arrivée du train, vers 11 heures, il (le demandeur) se présenta vainement en gare de Montpellier, où il lui fut répondu que le wagon n'était pas arrivé, mais qu'on l'aviserait dès son arrivée...

Et l'on était à une époque où la lettre d'avis n'était pas obligatoire : qu'aurait-on répondu si elle l'avait été ?

Il est évident que l'envoi obligatoire de la lettre de voiture doit avoir pour effet, comme il a pour but, de dispenser les

46

destinataires de se déranger en vain ; mais cet effet serait purement illusoire, et le commentateur du Dalloz comme l'annotateur du Bulletin annoté l'ont parfaitement compris, si l'intéressé ne pouvait s'assurer des dommages et intérêts, en cas de retard, qu'en adressant au chemin de fer, fût-ce par simple lettre, une mise en demeure.

Conclusion

Nous pourrions nous étendre longuement encore sur ce sujet et apporter à l'appui de notre manière de voir de nombreux arguments ; nous n'en ajouterons qu'un seul, qui sera de nature, espérons-le, à convaincre les contradicteurs les plus endurcis : ce sont les instructions ci-après que certaines compagnies ont données à leurs gares en commentaire des dispositions nouvelles imposant l'envoi des avis d'arrivée :

Marchandises non à disposition lorsque le destinataire se présente en gare après y avoir été invité par une lettre d'avis. — Lorsqu'une expédition qui a fait l'objet d'une lettre d'avis n'est pas mise en temps voulu à la disposition du destinataire, il peut arriver que le destinataire demande une indemnité.

Deux cas sont à distinguer à l'égard de ces réclamations :

1º les délais légaux de transport ne sont pas expirés quand, après avoir été touché par l'avis d'arrivée, le destinataire se présente en gare pour prendre livraison et la marchandise n'est pas à disposition.

Le préjudice causé de ce chef ne peut consister alors que dans un déplacement inutile d'hommes, d'attelages, de camions, etc. En conséquence, on repousserait, en pareil cas, toute demande d'indemnité basée sur d'autres motifs (bénéfice manqué, clientèle perdue, privation de marchandise, etc.), en faisant observer au destinataire que le chemin de fer conserve toujours le droit d'utiliser entièrement les délais réglementaires de transport.

2º la lettre d'avis ayant été lancée, les délais de transport sont expirés quand la marchandise est mise à disposition.

a) la marchandise est à disposition quand le destinataire se présente après réception de la lettre d'avis.

Dans cette hypothèse, il existe un retard effectif susceptible de provoquer une demande d'indemnité.

Si, sans attendre l'arrivée de la lettre d'avis, le destinataire est déjà venu en gare ou a écrit à la gare pour réclamer la livraison, l'existence d'un préjudice est présumable et la demande d'indemnité sera examinée sur productions de justifications d'usage. A cet effet, les gares ou stations auront soin de noter les démarches et de conserver les lettres par lesquelles les destinataires réclameraient les marchandises.

Si le destinataire s'est borné à attendre la lettre d'avis, son silence antérieur tend à démontrer qu'il n'avait pas un besoin

urgent de la marchandise et, dans tous les cas, on ne doit pas
manquer, dans la discussion, de tirer parti de cette particularité
et de l'absence de préjudice qu'elle permet de présumer ; *mais
la demande d'indemnité ne doit pas être écartée par le seul motif
que le destinataire n'a pas réclamé antérieurement sa marchandise.*

b) la marchandise n'a pas été à disposition quand le destinataire s'est présenté une première fois, après réception de la
lettre d'avis.

Le cas échéant, à l'indemnité correspondant au préjudice
causé par le retard (paragraphe *a* ci-dessus), pourra s'ajouter
une indemnité correspondant au déplacement inutile (1° ci-
dessus) ; s'il n'y a pas de préjudice causé par le retard, il n'y
aura à régler éventuellement que l'indemnité correspondant au
déplacement inutile.

Marchandise non à disposition lorsque le destinataire se présente spontanément en gare, avant d'y avoir été invité par la
lettre d'avis. — Il peut arriver que le destinataire se présente
pour réclamer sa marchandise et qu'elle ne puisse être mise à
sa disposition, sans qu'elle ait encore fait l'objet de l'envoi de
la lettre d'avis, ou que la lettre d'avis envoyée ait encore pu
toucher le destinataire.

*Si les délais de transport sont expirés, le cas doit être traité
comme dans l'hypothèse qui fait l'objet du paragraphe* a *du* 2°
ci-dessus.

Voilà, ma foi, bien de bonne prose et nous ne saurions donner
à notre article une meilleure conclusion.

Espérons que si jamais la Cour de cassation a à se prononcer
sur la question que nous venons de traiter, elle ne se montrera
pas plus compagniste que les compagnies elles-mêmes.

BI. 9/1924. *Karnix.*

LES RETARDS ET LA LETTRE D'AVIS OBLIGATOIRE

*Un commentateur qui prend ses désirs pour des réalités et ses
opinions pour paroles d'évangile*

On trouvera dans la *Revue de jurisprudence*, un arrêt de la
cour d'appel de Rennes qui n'offre rien de bien remarquable,
mais que nous avons recueilli chez un de nos confrères, parce
que celui-ci le fait précéder des sommaires suivants :

1° Agissant d'un transport par voie ferrée effectué en janvier 1921, le défaut de livraison dans les délais n'implique,
de la part de l'administration des chemins de fer, une faute
génératrice de dommages-intérêts qu'à la double condition
que les délais réglementaires soient expirés et que le destinataire ait requis la marchandise passé ce délai.

Le destinataire doit donc justifier s'être présenté inutilement à la gare après l'expiration des délais réglementaires de transport pour y retirer la marchandise.

2° S'agissant d'un transport effectué après la mise en application des nouveaux articles 54 bis des conditions d'application des tarifs de grande vitesse et 51 bis des conditions des tarifs de petite vitesse, le destinataire est-il dans l'obligation de mettre le chemin de fer en demeure pour pouvoir obtenir des dommages-intérêts ? — V. la note.

3° Le chemin de fer peut faire procéder sans formalités judiciaires à la vente de la partie encore utilisable de marchandises périssables, avariées à la suite du transport.

Et dans la note qui suit on lit :

Au surplus, si depuis la modification sus-indiquée des conditions d'application, le destinataire, à l'expiration des délais de transport, n'a certainement plus à requérir en gare la mise à sa disposition des marchandises transportées, puisque tel a été précisément l'objet de cette modification, il n'en doit pas moins, s'il veut se réserver le droit d'obtenir des dommages-intérêts, mettre le chemin de fer en demeure de livrer. V. en ce sens trib. com. Seine, 8 avril 1924 (D. 1924, 2, 136).

Or, si l'on se rapporte au texte même de cet arrêt, on constatera :

— Qu'il concerne exclusivement une expédition antérieure à la mise en vigueur des articles 51 bis des tarifs généraux PV et 54 bis des tarifs généraux GV ;

— Que les mots « mise en demeure » n'y figurent point ;

— Que le 2° des sommaires ne résulte donc nullement dudit arrêt et ne s'y rapporte en rien ;

— Que le 1° même est présenté sous un jour qui n'est pas rigoureusement exact.

Sans doute nos adhérents connaissent, par les articles que nous avons publiés en 1925, pages 2, 17 et 75, ou antérieurement, les effets qui doivent être attribués à l'obligation où sont aujourd'hui les chemins de fer d'adresser, aux destinataires d'expéditions livrables en gare, une lettre d'arrivée. Il nous a paru néanmoins nécessaire de relever les sommaires et la note de notre confrère, parce qu'ils pourraient induire en erreur le lecteur non prévenu, en lui laissant supposer que le principe énoncé dans ces sommaires et cette note est consacré par l'arrêt rapporté. Il ne s'agit en somme, que d'une enquête, que d'une opinion, qu'aucune jurisprudence décisive n'a consacrée et en faveur de laquelle on ne saurait en aucune façon, invoquer l'arrêt de la cour d'appel de Rennes du 3 juin 1925.

49

Quelques bonnes décisions

Par contre on pourra invoquer, à l'appui de la thèse que nous avons constamment soutenue en ce qui concerne les effets de l'obligation, pour le chemin de fer, d'aviser les destinataires des envois stipulés, au départ, livrables en gare, le jugement du tribunal de commerce de Tulle, du 5 mai 1924, que nous avons commenté, dans notre numéro du 1er juillet 1925, page 75, et dans lequel on lit ce qui suit :

Le destinataire ne saurait plus être tenu d'adresser une mise en demeure de livrer au transporteur, ce dernier étant obligatoirement tenu lui-même d'aviser ce destinataire ; le destinataire n'a pas eu en effet à réclamer en gare une expédition qu'il savait d'avance ne pas être parvenue, puisque, dans le cas contraire, avis lui en aurait été donné ; il y a donc lieu, sur ce point, de décider que le retard est opposable aux compagnies de transport dès l'expiration des délais et sans qu'il soit besoin de mise en demeure de livrer.

A ce que nous avons dit de cette décision le 1er juillet, nous sommes heureux de pouvoir ajouter, aujourd'hui, que l'administration des Chemins de fer de l'Etat, après d'assez longues hésitations qui sembleraient indiquer qu'elle s'est concertée avec les autres grands réseaux, s'est finalement résignée à accepter la condamnation prononcée contre elle et en a payé tant le principal que les frais.

De même la Cie du Midi a payé le montant des condamnations prononcées contre elle par un jugement du tribunal de commerce de la Seine, du 27 décembre 1924, dans lequel un retard est compté depuis le 13 octobre 1923, date du lendemain de l'expiration des délais, et cela bien que la réclamation par lettre recommandée mentionnée audit jugement n'eût été envoyée que le 16 octobre.

Il est vrai que la même compagnie a interjeté appel d'un jugement du tribunal de commerce de la Seine, du 21 janvier 1925, que nous publions aussi dans la Revue de jurisprudence du présent numéro ; mais tout porte à croire que, si elle ne se désiste pas spontanément de son appel, la Cour se chargera de lui faire le sort qu'il mérite : on trouvera en effet, également dans la Revue de juriprusdence du présent numéro, un jugement du tribunal de commerce de la Seine du 18 mai 1922 et un arrêt confirmatif du 27 février où est posé le principe, — à l'occasion, il est vrai, d'un litige tout à fait différent de ceux dont nous venons de parler, — que « la responsabilité du transporteur ne comporte aucune mise en demeure pour que le retard dont il répond puisse donner lieu à dommages-intérêts. »

En définitive, nous pouvons espérer que, peut-être, sans même qu'il soit besoin d'épuiser toutes les juridictions, les compagnies, qui ont manifesté des velléités de s'insurger contre les conséquences naturelles à tirer de l'envoi obligatoire des lettres d'avis, comprendront la nécessité de se soumettre.

S'il en est ainsi, l'on pourra dire que, pour une fois, elles seront bien inspirées.

Conseils pratiques

Mais cela ne doit pas faire oublier aux intéressés cette recommandation, qu'ont faite à leurs gares les compagnies dont nous avons publié les instructions dans notre numéro du 1er septembre 1924, p. 101, col. 1 et 2 :

Si le destinataire s'est borné à attendre la lettre d'avis (au lieu d'aller réclamer la livraison), son silence antérieur tend à démontrer qu'il n'avait pas un besoin urgent de la marchandise et, dans tous les cas, on ne doit pas manquer, dans la discussion, de tirer parti de cette particularité et de l'absence de préjudice qu'elle permet de présumer...

C'est clair, n'est-ce pas : les gares ne manqueront pas, le cas échéant, de discuter l'étendue du préjudice résultant d'un retard, en se fondant sur le défaut de réclamation antérieure du destinataire.

Sans doute ce moyen de défense n'aura, sauf de rares exceptions, qu'une très médiocre valeur ; mais il n'en sera pas moins de nature à impressionner soit le destinataire lui-même, soit les tribunaux, lorsque ceux-ci auront à se prononcer. Il est donc prudent, de la part des destinataires, de ne pas laisser ignorer aux gares l'intérêt qu'ils ont à une prompte livraison des expéditions qu'ils attendent. Pas n'est besoin du reste, pour cela (sauf en cas de dispense d'avis), de se rendre en gare ; une simple lettre suffit, recommandée ou non, pourvu qu'elle soit précise et explicite.

On pourrait par exemple la libeller dans les termes suivants :

Monsieur le chef de gare,

J'ai l'honneur de vous faire connaître que j'attends telle marchandise (indiquer sa nature et son poids approximatif) qui a dû m'être expédiée vers le..... de ..... par M.........

Je vous serai bien obligé de faire toutes diligences utiles pour m'aviser dès que ladite marchandise pourra être mise à ma disposition, car tout retard me causerait un préjudice considérable que je puis, d'ores et déjà, évaluer à...... francs au moins par jour.

Après l'envoi d'une telle lettre, on peut être tranquille : le chef de gare ne saurait, en cas de retard, essayer de « tirer parti », comme dit l'instruction dont extrait plus haut, du fait que l'expédition n'aurait pas été réclamée, pour soutenir que le retard n'a pas causé de préjudice au destinataire. B Γ, 1/1926.

LA CONVENTION DE BERNE
(*Les articles* 40, 41 *et* 42)

Trois articles de la Convention de Berne régissent plus particulièrement les retards de livraison dans les transports internationaux : ce sont les articles 40, 41 et 42. [1]

Aux termes de l'article 40 : « En cas de retard dans la livraison, il pourra être réclamé sans qu'il y ait à prouver qu'un dommage soit résulté de ce retard :

« 1/10 du prix de transport pour un retard égal ou inférieur à 1/10 du délai de livraison ;

« 2/10 du prix de transport pour un retard égal ou inférieur à 2/10 du prix de transport ;

. . . .

« 5/10 du prix de transport pour tout retard supérieur à 4/10 du délai de livraison.

« Si la dite preuve est fournie, il pourra être alloué à titre de dommages et intérêts une somme qui ne devra pas toutefois dépasser le prix du transport. »

. . . .

Aux termes de l'article 41 : « Le paiement de l'indemnité pleine et entière comprenant les dommages-intérêts pourra être demandé dans tous les cas où le dommage aurait pour cause un dol ou une faute grave de la part du chemin de fer. »

Aux termes de l'article 42 : « L'ayant droit pourra demander des intérêts à raison de 6 % de la somme fixée comme indemnité. Ces intérêts commenceront à courir à partir du jour de la demande. »

Le principe posé par la Convention de Berne est simple.

Le retard dans la livraison est compensé par une réduction du prix du transport sans que la preuve soit requise d'un dommage causé par le retard.

Le retard qui a pour cause un dol ou une faute grave de la Compagnie de chemin de fer motive l'allocation de dommages-intérêts qui peuvent comporter l'intérêt à 6% du jour de la demande.

*　*　*

Pour le fonctionnement de ce système forfaitaire et simple, une question se pose :

Dans quelles conditions le retard dans la livraison peut-il constituer la faute grave qui autorisera l'allocation de dommages-intérêts ? En d'autres termes, à qui incombe la charge de la preuve ? Qui devra prouver le fait générateur et la cause du retard ?

[1] Comp. art. 33-36-37 nouvelle convention Internat. CIM.

52

Une présomption pèse-t-elle sur la Compagnie de chemin de fer ?

L'expéditeur qui ne rapportera pas la preuve du motif du retard, susceptible d'être considéré comme une faute grave, serait-il privé du bénéfice de l'article 41 ?

La jurisprudence décide que le juge du fait doit préciser les faits constitutifs de la faute grave : qu'il ne suffit pas de constater l'importance du retard pour en conclure que la Compagnie de chemin de fer a commis une faute grave.

Pareille jurisprudence met les expéditeurs et les destinataires à la merci des Compagnies de chemin de fer, car ils n'ont aucun moyen de contraindre les Compagnies à les renseigner sur le sort de leurs marchandises entre la remise à la gare expéditrice et la livraison à destination.

Cependant, la Cour de cassation a sanctionné cette jurisprudence en 1913.

* * *

Par un arrêt de 1923, la Cour de cassation a abandonné ce système et a admis qu'un retard important pouvait constituer une faute grave, lorsque la Compagnie de chemin de fer ne fournit aucune explication satisfaisante.

C'est le renversement du fardeau de la preuve : c'est une situation avantageuse pour l'expéditeur ou pour le destinataire que crée cette nouvelle jurisprudence.

Cette solution, qui est encore celle des jurisprudences étrangères appelées à statuer sur l'interprétation des articles 40 et 41 de la Convention de Berne, vient d'être consacrée par un arrêt de la Cour de Paris, du 2 décembre 1924, rendu dans l'espèce suivante :

La Société des filatures d'Erstein se faisait expédier de Lyon à Erstein (Bas-Rhin) un colis de savon sous le régime de la Convention de Berne. L'expédition était faite le 2 décembre 1919 : les délais de transport expiraient le 14 décembre 1919.

Malgré réclamations et protestations, la livraison n'était opérée que le 15 avril 1920.

La Société assignait la Compagnie PLM, premier voiturier, en paiement de dommages-intérêts pour retard, devant le tribunal de commerce de la Seine et lui réclamait à ce titre 2.925 francs, outre intérêts à 6%.

Le tribunal allouait seulement à la Société 346 francs en vertu de l'article 40 de la Convention de Berne dont il faisait application.

Sur appel de la Société, la Cour de Paris réformait le jugement, allouait l'indemnité de 346 francs prévue par l'article 40 de la Convention de Berne, outre et non compris 2.925 francs avec intérêt à 6% par application des articles 41 et 42 de la Convention.

La Cour de Paris constate que le délai de transport était de 12 jours, que le retard apporté est de 4 mois, que la Compagnie PLM ne fournit aucune explication plausible, que le retard est imputable à la négligence des agents et au défaut de surveillance de leurs chefs, que de pareils faits sont constitutifs de la faute grave prévue par l'article 41 de la Convention de Berne, qui permet de demander et d'obtenir l'indemnité pleine et entière.

Cette jurisprudence, qui, fort justement, renverse le fardeau de la preuve, fait peser une présomption de faute sur la Compagnie de chemin de fer et n'astreint plus l'expéditeur ou destinataire à rapporter une preuve directe, mérite d'être signalée.

Courrier du commerce, Lyon 14/I/1925.

Amédée BUGAND,
Avocat à la Cour de Lyon.

COMMENT SE GARANTIR DES RETARDS DANS LE TRAFIC INTERNATIONAL

Un de nos lecteurs qui traite beaucoup avec l'étranger nous écrit entre autres : « Je suis commissionnaire et par conséquent je ne tire de bénéfice que des marchandises acceptées ferme par mes commettants. Pour que cette acceptation ait lieu, il faut deux conditions, la première dépendant de moi, condition de prix et de qualité ; la seconde indépendante de ma volonté, condition de délai de livraison. Aussi, ayant expédié à Hombourg-sur-Sarre 9 colis divers en GV, sept d'entre eux sont arrivés avec un retard de quelques jours, et les deux autres, ceux qui avaient la plus grande valeur, ne sont arrivés que quatre mois après. Mon client refusant la marchandise (15.000 fr.), je l'ai fait revenir, j'ai de ce fait perdu : ma commission, les frais de douane, la douane, les frais de retour, et sur ma réclamation la Compagnie ne consent, comme une faveur, qu'à me rembourser la moitié des frais de retour. Comment peut-on donc se protéger en cas de retard ? » La question étant d'importance mérite d'être traitée tout au long.

En matière de transports internationaux, le chemin de fer est responsable (art. 39 Conv. de Berne) du dommage occasionné par l'inobservation des délais de livraison, à moins qu'il ne prouve que le retard provient d'une circonstance indépendante de sa volonté et de son fait.

En cas de retard, quelqu'en puisse être la cause (art. 40, Conv. de Berne), il pourra être réclamé sans même avoir à prouver qu'un dommage est résulté de ce retard, un dixième du prix de transport pour tout retard égal à 1 dixième du délai de livraison avec un maximum de 5 dixièmes de remboursement. En tout cas, s'il peut être prouvé qu'un dommage résulte de ce retard, il sera alloué à titre de dommages-intérêts une somme maximum qui ne pourra pas dépasser le prix du transport.

Se rendant compte que cette indemnité est infime par rapport au préjudice causé, les signataires de la Convention de Berne ont donné à l'expéditeur la faculté d'étendre la responsabilité de la Compagnie à la valeur de la marchandise, en faisant une déclaration d'intérêt à la livraison, c'est-à-dire évaluer la marchandise en vue de réparations à obtenir, s'il y a lieu, pour le cas de livraison tardive, incomplète ou non livraison. Il s'agit en quelque sorte d'un contrat d'assurance où, moyennant une prime, la Compagnie indemnisera l'expéditeur du préjudice causé jusqu'à concurrence et dans la limite de la somme déclarée.

Dans le cas de déclaration d'intérêt, les quantums de remboursements prévus à l'article 40 pour simple retard sont doublés, et s'il est prévu qu'un dommage est subi, le montant de ce dommage est accordé.

Il convient d'ajouter que si la livraison n'a pas lieu dans les trente jours qui suivent l'expiration du délai fixé pour la livraison, l'ayant droit peut, sans avoir à fournir d'autre preuve, considérer la marchandise comme perdue (art. 33, Conv. de Berne) ; donc, dès ce moment s'ouvre le droit de réclamation pour perte totale, au lieu de celles relatives au retard.

L'article 41 de la Convention de Berne indique que le paiement de l'indemnité pleine et entière, comprenant les dommages et intérêts, pourra être demandé dans tous les cas où le dommage aurait pour cause un dol ou une faute grave de la part du chemin de fer. Dol et faute grave ayant dans ce texte exactement le même sens qu'en droit romain, c'est-à-dire que le dol est le fait dommageable commis sciemment et en connaissance de cause, la faute grave étant le résultat d'une négligence exagérée telle que l'homme réfléchi ou simplement attentif ne l'aurait pas commise.

La règle de cet article 41 s'applique bien aux avaries, retards, pertes, mais le demandeur doit apporter la preuve des fautes qu'il impute à la Compagnie, comme cette preuve est toujours difficile, il y a grand avantage pour l'expéditeur à recourir à la déclaration d'intérêt à la livraison.

Or, dans le fait même que nous soumet notre lecteur, nous considérons que seule une faute grave de la Compagnie peut empêcher neuf colis destinés à la même personne de se suivre, le fait de différer le chargement de deux colis, particulièrement ceux ayant le plus de valeur en un point quelconque du parcours, est bien le résultat d'une négligence exagérée telle que l'homme réfléchi ou simplement attentif ne l'aurait pas commise, et de fait, d'après une décision qui émane, il est vrai, d'une juridiction étrangère, un long retard, dant les causes sont restées inconnues, suffirait à constituer la faute grave.

« La disparition d'un colis, sa réapparition avec un retard de plus d'un mois, sans que la Compagnie qui seule est en mesure de procéder à une enquête ait pu en fournir une explication satisfaisante, constitue une faute grave à la charge de la Compagnie, qui, en l'espèce, n'indique aucun fait de nature à expliquer ou à atténuer l'incurie dont elle a fait preuve dans le transport dont s'agit (Cour de Justice civile de Genève, 28 mars 1908). Ainsi donc, en ce qui concerne notre lecteur, il est avéré que le dommage étant la résultante d'une faute grave, la Compagnie lui doit ; son manque à gagner en tant que commissionnaire et sa demande de 10% sur la valeur de la marchandise ne saurait être trouvée exagérée les frais qui résultent de la faute de la Compagnie : frais de douane, frais de retour, frais d'expédition, celle -ci ayant été faite sans but par la faute de la Compagnie.

Nous ne saurions donc, dans l'intérêt même de nos lecteurs, que leur conseiller de profiter du droit d'intérêt à la livraison, dont le montant atteint environ 0.0025 par fraction indivisible de 10 francs et de 10 kilomètres (majoration non comprise).

En tout cas, en cas de retard, le destinataire, pour sauvegarder ses droits, se rendra à l'expiration du délai de mise à disposition à la gare d'arrivée pour réclamer son envoi, en cas de non arrivée, il adressera immédiatement une lettre recommandée à la gare destinataire et formulera une réclamation pour retard et préjudice causé. Lorsque la marchandise sera remise, on en prendra livraison sous réserve pour cause de retard, et, à moins que la Compagnie n'excipe d'un cas de force majeure, le destinataire aura droit au remboursement du préjudice causé.

Rappelons brièvement que les délais de livraison en matière de transport internationaux sont les suivants pour la Grande Vitesse :

Délai d'expédition : 1 jour.

Délai de transport par fraction de 250 kilomètres : 1 jour.

Pour la PV. :

Délai d'expédition : 2 jours.

Délai de transport par fraction de 250 kilomètres : 2 jours.

Lorsque les marchandises changent de réseau, les délais de transport sont calculés sur la distance totale entre le point de départ et le lieu de destination, tandis que les délais d'expédition n'entrent en compte qu'une seule fois, quel que soit le nombre différent de réseaux parcourus.   M. de QUEVANNE.

Courrier du commerce, Lyon.

LES RETARDS DANS LES TRANSPORTS
INTERNATIONAUX

On sait que les transports internationaux entre les différents pays d'Europe, sont régis par une convention internationale, conclue à Berne, pour la première fois, le 14 octobre 1890, et ratifiée, en France, par une loi du 29 décembre 1891, homologuée le lendemain au *Journal officiel*.

Cette convention a, depuis cette date, subi des modifications qui ont toujours été approuvées par des lois, et, par suite, ses dispositions, même dérogeant avec les lois françaises, doivent être invoquées lorsqu'il s'agit d'un conflit né à la suite d'un contrat international.

Toutefois la Convention internationale ne joue qu'entre les pays d'Europe qui l'ont acceptée.

Nous avons été sollicités à différentes reprises, d'examiner les différentes dispositions de cette convention qui mériterait d'être introduites dans les conditions générales d'application des tarifs des grands réseaux — où elles seraient à même de rendre plus de services aux transporteurs et à leurs usagers que les dispositions de la législation française ; en ce sens qu'elles apporteraient plus de facilités pour le règlement de certains litiges.

Nous allons aborder la question de la responsabilité pour retards dans la livraison.

Dans la convention de Berne, le principe fondamental de la responsabilité pour retard est sensiblement le même que sous le régime des lois françaises. L'article 39 de la dite convention, dit : « Le chemin de fer est responsable du dommage occasionné par l'inobservation des délits de livraison, à moins qu'il ne prouve que le retard provient d'une circonstance indépendante de sa volonté et de son fait. »

Voilà le principe, mais il est immédiatement corrigé par l'article 40, aggravé sous un point, atténué sous un autre, au point qu'on doit retenir que la responsabilité du chemin de fer est dégagée, lorsqu'il prouve que les retards ont eu pour cause « une circonstance indépendante de sa volonté et de son fait ».

L'article 40 de la convention stipule, en effet, dans les termes suivants, la base de liquidation de l'indemnité qui sera due, à raison d'un retard « quelle qu'en puisse être la cause » à moins qu'il n'y ait eu déclaration d'intérêt à la livraison, ou dol ou faute grave du chemin de fer.

« 1º En cas de retard dans la livraison, il pourra être réclamé, sans qu'il y ait à prouver qu'un dommage soit résulté de ce retard :

« Un dixième du prix de transport pour un retard égal ou

inférieur à un dixième du délai de livraison. Deux dixièmes du prix de transport pour un retard égal ou inférieur à deux dixièmes du délai de livraison. Trois dixièmes du prix de transport pour un retard égal ou inférieur à trois dixièmes du délai de livraison. Quatre dixièmes du prix de transport pour un retard égal ou inférieur à quatre dixièmes du délai de livraison. Cinq dixièmes du prix de transport pour un retard supérieur à quatre dixièmes du délai de livraison.

« 2º Si la dite preuve est fournie, il pourra être alloué, à titre de dommages-intérêts, une somme qui ne devra pas toutefois dépasser le prix du transport. »

Le premier alinéa aggrave la responsabilité prévue à l'article 39, en ce sens qu'il accorde une indemnité, sans même que le retard n'ait occasionné aucun dommage ; il suffit, après avoir établi le délai de transport, qu'un retard soit dûment justifié pour que le chemin de fer soit tenu de payer l'indemnité prévue suivant le quantum du retard ; le chemin de fer ne peut esquiver ce paiement que s'il justifie que le retard est dû à « une circonstance indépendante de sa volonté et de son fait ».

Le second alinéa atténue, au contraire, dans une certaine mesure, le principe de l'article 39, tout en admettant la réparation de ce dommage au montant du prix de transport.

Il résulte de cette disposition que lorsque l'expéditeur justifierait d'un dommage, il ne pourrait recevoir qu'une indemnité insuffisante et même dérisoire, eu égard au préjudice éprouvé.

Pour parer à cette anomalie, la convention de Berne a mis à la disposition de l'expéditeur la faculté de faire une déclaration d'intérêt à la livraison.

Qu'appelle-t-on déclaration à la livraison ? La convention de Berne dit que c'est la mention portée par l'expéditeur sur la lettre de voiture, de la somme à laquelle il déclare évaluer, en vue de réparations éventuelles, le préjudice que pourra lui causer une livraison tardive ou incomplète ou la non livraison.

La déclaration d'intérêt à la livraison est, à notre avis, semblable à un contrat d'assurance par lequel, moyennant le paiement d'une prime déterminée, l'assureur garantit à l'assuré qu'en cas d'incendie, de grêle ou de tout autre risque, il le dédommagera, jusqu'à concurrence de la somme convenue, du préjudice que ces accidents lui auront causé. Partant du même principe les transporteurs, moyennant le paiement d'une taxe spéciale, garantissent à l'expéditeur qu'il aura droit, le cas échéant, au paiement jusqu'à concurrence du préjudice découlant de la perte, de l'avarie ou du retard, dans la limite de la somme déclarée.

Toutefois l'assimilation, entre les dispositions de la convention de Berne et un contrat d'assurance n'est pas complète :

en effet, le transporteur détient, nous pouvons le dire, le risque puisque le retard pourra être évité — suivant les soins qu'il apportera au transport — mais, dans la pratique, malgré tous les soins dont les Compagnies intéressées entourent les expéditions, il ne leur est pas possible d'éviter les retards ; aussi, comme nous le fixerons par la suite, la convention de Berne a prévu que certaines indemnités sont allouées pour le retard sans que le demandeur justifie d'aucun préjudice. Dans ce cas, la clause de l'intérêt à la livraison prend le caractère d'un forfait qui peut être avantageux pour les deux parties.

Le 2e alinéa de l'article 38 de la convention prévoit « que la taxe supplémentaire à percevoir en cas de déclaration d'intérêt à la livraison est calculée par fraction de 10 francs et de 10 kilomètres ».

Cette prime, est par suite, absolument indépendante du poids et de la nature de la marchandise, sa quotité déterminée par le montant de l'intérêt déclaré et par la longueur du trajet à parcourir.

Dans aucun cas, disent l'alinéa 2 de l'article 38 et l'alinéa 4 de l'article 40, les indemnités dues à raison d'une déclaration, ne peuvent dépasser le montant de la somme indiquée par l'expéditeur.

Les retards dans les transports internationaux.

Le 3e alinéa de l'article 40 de la Convention de Berne, dit qu'il peut être alloué en cas de retard « 1° Sans qu'il y ait à prouver qu'un dommage soit résulté de ce retard :

« Deux dixièmes du prix de transport pour un retard égal ou inférieur à un dixième du délai de livraison.

« Quatre dixièmes du prix de transport pour un retard égal ou inférieur à deux dixièmes du délai de livraison.

« Six dixièmes du prix de transport pour un retard égal ou inférieur à trois dixièmes du délai de livraison.

« Huit dixièmes du prix de transport pour un retard égal à quatre dixièmes du délai de livraison.

« La totalité du prix de transport pour un retard supérieur à quatre dixièmes du délai de livraison.

« 2° Si la preuve est fournie qu'un dommage est résulté du retard, le montant de ce dommage. »

Il demeure entendu que si l'indemnité résultant de la déclaration d'intérêt était inférieure à celle qui pourrait être réclamée en vertu du 2e alinéa de l'article 40, c'est cette dernière qui devait prévaloir (article 10 *in fine*).

L'indemnité payée pour le retard, lorsqu'il y a déclaration d'intérêt à la livraison, revêt toujours le caractère de dommages-intérêts et s'applique à un préjudice absolument distinct de celui résultant de la dépréciation ou de la perte matérielle de la marchandise transportée. Il s'agit donc d'une véritable indemnité pour retard, même quand elle est payée à la suite ou comme conséquence d'une perte ou d'une avarie ; elle correspond, en effet, dans tous les cas, à la réparation du préjudice éprouvé par l'ayant droit et résultant de la privation pendant un délai plus ou moins long, de tout ou partie des marchandises avariées ou perdues.

Aussi, nous estimons que, malgré la manière de voir contraire de quelques auteurs, rien ne s'oppose à ce que la déclaration d'intérêt à la livraison puisse être faite et produise son entier effet, alors même que les tarifs, sous l'empire desquels voyagent les marchandises, comportent des délais allongés ou une responsabilité limitée.

Cette procédure pour le règlement amiable des indemnités pour retard nous paraît être plus souple que celle employée dans le régime des transports intérieurs. Ne serait-il pas sage de mettre à l'étude les modalités à employer pour la faire admettre dans les transports français ? Si pour les expéditions internationales, on retire de son application, dans un sens comme dans l'autre, que des satisfactions, il semble que rien ne s'oppose à faire passer au trafic français un système qui a fait ses preuves.

Pour que la situation, en cas de retard soit dégagée de toute ambiguïté, il serait équitable de compléter les dispositions par celles qui figurent à l'article 33 de la Convention internationale de Berne disant que « si la livraison n'a pas eu lieu dans les trente jours qui suivent l'expiration du délai fixé pour la livraison l'ayant droit peut, sans avoir à fournir d'autre preuve, considérer la marchandise comme perdue ».

Dès ce moment par conséquent, s'ouvre pour l'ayant droit, le droit de réclamer les indemnités dues pour perte totale au lieu de celles prévues pour le retard ; toutefois, tant que le délai de trente jours au delà du délai réglementaire du délai de transport, n'est pas écoulé, le demandeur n'a pas le droit de considérer la marchandise comme perdue, à moins qu'il n'apporte la preuve de cette perte, il doit considérer que les colis sont égarés, qu'ils pourront être retrouvés, et le retard seul peut donner lieu à indemnité.

On sait que le 3e alinéa de l'article 108 du Code de commerce dit que « les marchandises, pour les destinataires, doivent être considérées comme perdues du moment qu'il ne les a pas reçues au jour où le transport devait être effectué ».

Mais dans la pratique, cette disposition ne veut pas dire que dès que le délai de transport est expiré, le chemin de fer soit tenu de rembourser au destinataire, qui en fait la demande, la valeur de la marchandise qui n'a pu être mise à sa disposition, augmentée, s'il y a lieu, des dommages-intérêts pour le préjudice éprouvé de ce chef.

Le destinataire formule sa réclamation ; le chemin de fer lui en accuse réception, en lui disant qu'il procède à une enquête et que dès que celle-ci sera terminée, on donnera à sa réclamation la suite qu'elle comporte. L'enquête est fort longue, des recherches sont ordonnées, non seulement sur les réseaux qui ont coopéré au transport, mais sur tous les réseaux, et ce n'est que si l'ensemble de ces résultats a donné un résultat négatif que la compagnie saisie de la réclamation règle le dommage.

Or, pendant ce laps de temps, le destinataire n'a pu, étant dans l'incertitude, commander à nouveau des marchandises en remplacement de celles qui ne lui ont pas été livrées.

L'incertitude peut durer des mois et gêner, dans certains cas, considérablement le demandeur. Avec la convention de Berne, qui limite le délai de retard à trente jours, [1] le demandeur, ce délai expiré, sait comment il doit opérer vis-à-vis du chemin de fer et de son expéditeur. Au premier, il formulera une réclamation pour perte ; au second, il présentera une nouvelle commande en remplacement de celle légalement perdue.

Il est de beaucoup préférable, à notre avis, de mettre fin à cet état d'incertitude, qui peut même parfois nuire aux rapports entre vendeurs et acheteurs.

Si l'acheteur désire malgré tout recevoir la marchandise, lors même qu'elle ne lui a pas été livrée dans les trente jours, il peut user de la faculté que lui donne l'article 36 de la Convention de Berne, en formulant dans la quittance de l'indemnité de perte « une réserve d'après laquelle si la marchandise est retrouvée dans les quatre mois de l'expiration du délai de livraison, il en soit avisé immédiatement ». Cette éventualité venant à se produire, le demandeur peut exiger que la marchandise lui soit « délivrée sans frais, à son choix, à la gare de départ ou à la gare de destination, moyennant restitution de l'indemnité qu'il a reçue », mais le paiement de celle à laquelle il a droit pour retard.

Les dispositions du régime international méritent, à notre avis, de retenir l'attention pour être adaptées au régime français.

Auguste Cardon.

Chemin de fer de Paris à Lyon et à la Méditerranée.
Paris, le 26 *septembre* 1928.

Monsieur,

En réponse à votre lettre du 15 septembre courant, j'ai l'honneur de vous faire connaître que les tarifs intérieurs français de petite vitesse ne comportent pas de clause d'intérêt à la livraison. 2588. 508/V.

---

[1] Modifié par la CIM.

RETARDS ET RECLAMATIONS

*Différence entre l'expédition livrable en gare et l'expédition à
domicile.*

J'ai expliqué à diverses reprises et récemment encore que le
destinataire d'une marchandise livrable en gare ne peut prétendre à des dommages-intérêts pour retard que si, après l'expiration du délai de transport, il a mis le chemin de fer en
demeure de livrer la marchandise.

Certains intéressés pensent cependant encore, et notre correspondance en fait foi, que cette règle, est périmée; que depuis
que les compagnies ont l'obligation d'adresser au destinataire
une lettre d'avis d'arrivée de la marchandise en gare, le destinataire se trouve dispensé de la formalité de la mise en demeure.
C'est là une grave erreur dont les conséquences peuvent être
très préjudiciables.

L'obligation pour la compagnie d'adresser la lettre d'avis
n'apporte aucune restriction au droit qu'à le transporteur de se
prévaloir, au cas de demande d'indemnité pour retard, de la
totalité des délais de transport et de livraison, et rien dans le
texte ne fait allusion aux règles relatives à la mise en demeure
qui demeure nécessaire pour justifier la demande de dommages-
intérêts pour le préjudice causé par le retard. C'est ainsi que la
jurisprudence décide ; la Cour d'appel de Paris le faisait encore
dernièrement en un arrêt du 28 janvier 1928.

Mais il peut en être autrement lorsqu'il s'agit non plus d'une
expédition livrable en gare, mais d'une expédition à domicile.
La Cour d'appel de Montpellier avait à trancher l'espèce et l'a
fait en un arrêt du 25 janvier 1928 fortement motivé :

La Compagnie du Midi prétendait que l'obligation de la mise
en demeure s'imposait au destinataire même en cas de livraison
à domicile ; la Cour a rejeté cette prétention.

La convention qui intervient entre expéditeur et transporteur par voie ferrée se forme de plein droit, sous l'empire de
tarifs homologués auxquels nulle partie ne saurait déroger. Des
tarifs prévoient des délais d'exécution du contrat; ce contrat
prend fin, pour une marchandise livrable en gare, lorsqu'elle y
est parvenue : de ce moment la compagnie n'a plus qu'un rôle
passif, qui justifie la nécessité d'une réclamation du destinataire pour faire naître, en cas de retard, son droit à des dommages-intérêts.

Au contraire, l'expédition à domicile n'est terminée pour la
compagnie des chemins de fer que par la présentation des marchandises à l'adresse du destinataire. Si cette livraison n'est pas

effectuée dans le délai réglementaire, l'expiration constitue le transporteur en demeure.

Cette décision de la Cour de Montpellier nous paraît devoir être suivie en jurisprudence. Elle mettra ainsi un frein, dans cette importante question des retards, aux prétentions excessives des compagnies de chemin de fer.   Raymond Guérillon,
docteur en droit.

LES RETARDS ET LA LETTRE D'AVIS OBLIGATOIRE
Notre thèse formellement confirmée une fois de plus.

Nous avons donné dans notre numéro du 1er décembre 1926, un jugement du tribunal de commerce de Milan et un jugement du tribunal de commerce de la Seine, qui ont statué en sens tout à fait opposé, en ce qui concerne les conséquences de l'obligation où sont aujourd'hui les transporteurs, d'aviser les destinataires, de l'arrivée des marchandises qui leur sont adressées en gare.

Nous avons appris depuis, quel jugement du tribunal de commerce de Millau, conforme à la thèse que nous avons constamment soutenue, avait été infirmé par un arrêt de la 3e chambre de la cour d'appel de Montpellier du 18 novembre 1925, mais il ne nous a pas paru utile de publier cet arrêt en vue de réfuter l'argumentation : nos lecteurs trouveront aussi bien cette réfutation dans un jugement de la 8e chambre du tribunal de commerce de la Seine, en date du 17 décembre 1926, que nous publierons ultérieurement.

L'avis d'arrivée devant suivre immédiatement l'instant où la mise à disposition est possible, il en résulte, dit le tribunal, deux conséquences : à savoir, d'une part, que le retard dans l'envoi de la lettre d'avis fait présumer le retard dans l'arrivée des marchandises et vaut constatation dudit retard, par aveu formel du transporteur, d'autre part, que le destinataire, n'ayant même plus le temps moral nécessaire à l'exécution de la démarche qui lui était seule imposée autrefois, ne saurait être tenu de procéder à une mise en demeure dans des formes plus solennelles.....

D'après un de nos confrères, qui commente ce jugement du 17 décembre 1925, le demandeur devrait, toutefois, « prouver que, par une simple lettre, il a informé son adversaire du retard »; mais c'est là une erreur capitale et il n'y a rien de semblable dans ce jugement. Ce que dit le tribunal de la Seine et ce que nous avons d'ailleurs toujours dit nous-mêmes, c'est que les réclamations du destinataire, bien que non nécessaires, sont du moins un élément d'appréciation des plus précieux pour établir l'importance du préjudice que le retard a causé.

Tel est bien, du reste, le sens des instructions que certaines compagnies ont données à leurs gares et dont nous avons publié un extrait, dans notre numéro du 1er septembre 1924, page 101 :

Si le destinataire, y est-il dit, s'est borné à attendre la lettre d'avis, son silence antérieur tend à démontrer qu'il n'avait pas un besoin urgent de la marchandise et, dans tous les cas, on ne doit pas manquer, dans la discussion, de tirer parti de cette particularité et de l'absence de préjudice qu'elle permet de présumer ; mais la demande d'indemnité ne doit pas être écartée par le seul motif que le destinataire n'a pas réclamé antérieurement sa marchandise. BT. 4/1927. K.

LES RETARDS ET LES RESTRICTIONS DE TRAFIC

On sait qu'en vertu de l'article 3 du décret du 15 octobre 1919, le Comité provisoire d'exploitation des grands réseaux a été investi du pouvoir de décider notamment la «fermeture totale ou partielle d'une ou plusieurs gares en cas d'encombrement actuel ou imminent ».

L'encombrement actuel ou imminent, personne ne le conteste, bien entendu, et la fermeture totale ou partielle des gares est tout simplement, entre les mains des compagnies, un moyen commode de supprimer telle ou telle partie du trafic qui les gêne et d'échapper à la responsabilité des retards.

En ce qui concerne ces derniers, elles soutiennent, en effet, que si une gare se trouve fermée aux arrivages de certaine nature au moment où doit régulièrement y parvenir une expédition de cette nature, celle-ci ne pourra être livrée au destinataire qu'après la réouverture à ce trafic de ladite gare.

En pareil cas, il appartient tout d'abord aux intéressés de s'assurer que la restriction de trafic invoquée a bien été édictée suivant les formes prévues par le décret, c'est-à-dire en vertu d'une décision du Comité provisoire d'exploitation des grands réseaux et «avec l'assentiment du commissaire du Gouvernement» (art. 10).

En second lieu, même si la gare se trouve régulièrement fermée aux arrivages, cela ne saurait suffire à justifier un retard dans la livraison.

De deux choses l'une, en effet : ou bien la fermeture avait été décrétée avant la réception de l'expédition par la gare de départ, ou bien elle ne l'a été qu'après... Dans le premier cas, la gare expéditrice, en acceptant l'expédition, a commis une faute dont elle doit supporter les conséquences : l'expéditeur, prévenu, aurait pris telle mesure qu'il aurait jugé utile à ses intérêts ; il aurait peut-être dirigé son envoi sur une autre gare, ouverte au trafic; employé un moyen de transport autre que le chemin de fer ; que sais-je ?... En tout cas l'acceptation de l'expédition par la gare de départ équivaut à un engagement de la livrer dans les délais et l'on ne saurait soutenir qu'un tel engagement est nul s'il se trouve en contradiction avec une décision du Comité provisoire d'exploitation, car les pouvoirs de celui-ci n'ont pas un caractère réglementaire qui permette de leur attribuer force de loi.

Que si la fermeture de la gare de destination est intervenue après l'acceptation de l'expédition par la gare de départ, elle peut bien moins encore avoir effet sur un contrat qui était déjà formé dans les conditions les plus régulières ; ce contrat doit être exécuté rigoureusement, sauf empêchement de force majeure, et il est bien évident que les décisions dudit Comité provisoire d'exploitation ne peuvent à aucun titre être considérées comme telles.

5

ARRÊTS

1. — 10 Oct. 1894. Cassation, Turin BTI. 1895/144 CI 39 et 44. — Livraison retardée. Action en dommages-intérêts. — extinction de l'action en l'absence du réserve à la livraison.

1bis. — 18 février 1893 et 22 janvier 1894. Trib. de Milan CI 39/40. — BTI. 1896/321. — Action en dommages-intérêts. — Retards dans la livraison.
Chemin de fer condamné à une réduction de prix de transport proportionnelle au retard subi.

2. — Lamé-Fleury 1896/268. Trib. Commerce Roubaix 9/1 1896. CI. 40/41 BTI. 1897/227.
Retard, faute grave du chemin de fer ; la marchandise est restée quatre jours en gare de départ avant d'être expédiée.

3. — BTI. 1898/407. — Obligation pour le chemin de fer d'indemniser pour retard dans la livraison. — Trib. Com. Wien 10/XI 1896. — CI. 39-40-44.
Retard d'un wagon de colza de plus du double du délai. — Le chemin de fer a remboursé les frais de stationnement et l'indemnité prévue à l'art. 40, mais refusa une indemnité pour introduction tardive de la réclamation. La demande a été repoussée parce que la réclamation, quoique envoyée à temps, est arrivée un jour trop tard, grâce à la poste.

3 bis. — 22/11 1896. Trib. arb. des chemins de fer Wien. — CI. 16, 19 BTI. 1896/428.
Retard dans la livraison de la marchandise après son arrivée au lieu de destination. Point de départ de l'action en réclamation.
Fûts vides avisés au destinataire comme arrivés mais ne purent lui être remis, le déchargement n'ayant pas été effectué. Le destinataire laisse les fûts et réclame au chemin de fer en

joignant la lettre de voiture. Au bout de la semaine, le chemin de fer lui retourne la lettre de voiture, mais les fûts étaient moisis, hors d'usage. Le chemin de fer actionné a été exonéré. Le destinataire devait enlever les fûts et réclamer ensuite ou dire dans sa réclamation que les fûts restaient en gare.

3 ter. — 19 juin 1896. — Trib. civ. Seine. — CI. 40/41. — BTI. 1896-429. — Retard dans la livraison. — Erreur de la compagnie.

Deux malles envoyées d'Anvers à Jersey en transit ; à la frontière française la compagnie a présenté à tort *à la douane* une déclaration d'importation pour consommation. Saisie des effets, restitution après explication et retard de treize jours.

Le tribunal n'a pas accepté la demande de 500 fr. de dommages-intérêts pour faute grave, attendu qu'il n'y a pas eu déclaration d'intérêt à la livraison prévue par l'art. 40. Que la compagnie avait offert 26 fr. 50, somme supérieure au montant des frais de transport ce qui était suffisant. Qu'il n'y avait eu *ni dol ni faute grave* au sens de l'art. 41 C. I.

4. — BTI. 1898/183. — Retard dans la livraison d'un colis livrable en gare. — Trib. Com. Amiens 8/6 1897. CI. 14 disp. règle 6.

Le client aurait dû venir lui-même en gare réclamer son colis avant l'expiration des délais et fournir la preuve qu'il y avait retard ; il ne l'a pas fait et perdu son procès contre le chemin de fer. (Ce système a changé depuis qu'en France, en 1923, l'avis d'arrivée est devenu obligatoire.)

5. — BTI. 1898/102. — Prescription. — Retard dans la livraison. — Bagatellger. Wien 14/4 1897. CI. 45.

D'après le règlement d'exploitation, le délai de prescription d'un an est à compter du jour de la livraison ou du jour où le délai de livraison est expiré.

6. — BTI 1898/446. Cassation Rome 21/XII 1897. CI. 40/41. Livraison tardive de la marchandise. Durée du contrat de transport. Celui-ci ne prend fin que par la livraison.

7. — BTI. 1898 (CI. 14.39). Trib. Com. Ostende 18/XI 1897. Envoi d'homards arrivé à destination deux jours avant les délais, ne furent pas remis au destinataire malgré sa demande. Quand enfin le chemin de fer voulut bien livrer l'envoi, la marchandise fut refusée. Le chemin de fer vendit la marchandise et le destinataire, en perte, n'obtint aucune indemnité parce que les délais de livraison n'avaient pas été dépassés.

8. — BTI. 1898/184. Cassation France 23/XI 1897. CI. 39. — Retard dans la livraison. — Non responsabilité du chemin de fer pour dommages-intérêts, non prévue lors de la conclusion du contrat de transport.

Dédit stipulé par le vendeur (7.000 fr.) sur un envoi de vers à soie. Le retard n'étant pas imputable à dol ou faute lourde de la compagnie, celle-ci n'est pas tenue à payer des dommages-intérêts. Rien n'avait, à la conclusion du contrat de transport, permis au P. L. M. de prévoir le préjudice résultant du dédit stipulé par l'expéditeur avec le destinataire. *Revue générale des Chemins de fer*, 1898/52).

Code civil. 1150. — Le débiteur n'est tenu que des dommages et intérêts qui ont été prévus ou qu'on a pu prévoir lors du contrat lorsque ce n'est point par son dol que l'obligation n'est point exécutée.

9. BTI. 1895/68. — Retard à un wagon de seigle de trois jours, par suite d'avarie au wagon et de neige amoncelée pendant ce temps. (CI. 39)

Chemin de fer condamné parce qu'il n'a pas pu prouver que le retard aurait pu être évité en donnant à la marchandise les soins qui incombent à un bon voiturier. (Röllsche Eisenbahnrecht Entscheid. 1894 N° 34, page 141. Pas de nom de tribunal.)

10. — BTI. 1899/601. — Retard dans la livraison. — Restriction de responsabilité du chemin de fer en cas d'application de tarifs spéciaux. — Cour d'appel Catanzaro 8/VII 1898. CI. 39.

Il s'agit d'une partition de théâtre arrivée avec un retard soi-disant causé par une inondation ayant obligé à un détournement de voie. Le tribunal a décidé que cela n'avait rien à voir avec un tarif spécial.

Le tarif G. V. 14 français prévoit une indemnité forfaitaire en cas de retard.

11. — BTI. 1899/98. — Retard d'échantillons. CI. 14 et 40. — Cassation de Florence. 18/7 1898.

La responsabilité du chemin de fer est limitée au remboursement du prix payé par les expéditeurs d'échantillons sans valeur déclarée, remis comme bagages ; ils sont de plein droit classés au tarif spécial des échantillons.

12. — BTI. 1898/408. Retard. — Trib. Com. Bruxelles 7/3 1898. CI. 40. — Transport de toiles Belgique-Angleterre.

La loi belge de 1891 dit que le chemin de fer peut décider qu'il ne répond des faits survenus hors du pays que dans les limites où les administrations étrangères en sont tenues vis-à-vis de lui dans le tarif anglo-belge 1/4 1894.

13. — BTI. 1898/440. Trib. Seine Com. 12/2 1898. CI. 14, 33, 40. —

Marchandise : broderies G.V. Paris-Odessa refusée pour retard — leur retour à Paris. Responsabilité de la compagnie.

13 bis. — Trib. régional de Lemberg 20/4 1899. CI. 42, 44 (1, 2) 45. — BTI. 1901/89.

Le droit d'action en dommages-intérêts pour retard dans la livraison ne dépend pas du fait de la solution à donner à une réclamation adressée au chemin de fer.

14. — Cassation de Florence 30/XII 1899. — BTI. 1900/128. CI. 45. — Retard dans la livraison.

L'action en indemnité pour retard et l'action en indemnité pour le dommage qui en est résulté, doivent être envisagées comme deux actions différentes. La prescription de l'une n'entraîne pas nécessairement celle de l'autre.

15. — BTI. 1900/408. — Trib. Com. Anvers 17/V 1900. CI. 44. — Envoi d'une caisse statue d'Anvers à Paris. — Retard dans la livraison. — Prescription du droit d'action.

L'expéditeur n'avait pas, sur le lettre de voiture, mentionné son adresse, ce qui a apporté un retard dans la demande de renseignements supplémentaires pour la livraison.

16. — BTI. 1900/287. — Responsabilité du chemin de fer pour retard. — Cassation de Paris 19/2 1900. CI. 39.

La prescription (invoquée par le chemin de fer) pour cause de perte ne pouvait pas être admise aussi longtemps que l'envoi ne pouvait être effectivement considéré comme perdu.

17. — BTI. 1900/372. Cour d'appel hongroise de Groswarden. CI. 44. — Ch. 1021. Ex. 1900. — Délai de réclamation pour retard dans la livraison, selon RT austro-hongrois.

18. — BTI. 1900/442. Bezirksger. Wien. 2/6 1900. CI. 39, 40, 42.

Interruption de trafic causée par l'éboulement d'un tunnel. Retard dans la livraison. Le chemin de fer doit prouver que la marchandise ne pouvait être rendue à la gare destinataire avant le jour auquel a été réellement effectuée la livraison.

Le chemin de fer a dû payer le retard dépassant trois jours accordés comme suite de cet éboulement.

19. — Droit d'action. — 3 octobre 1901. Trib. Com. Seine. BTI. 1902/191. — Envoi petite vitesse de trois caisses échantillons. Retard de 24 jours.

L'envoyeur, qui est voyageur de la maison L. M., actionne le chemin de fer en 160 fr.

La maison L. M. demande 3267 fr.

Le tribunal a accordé la demande du voyageur, mais a refusé celle de la maison. L'arrêt est d'accord avec celui de la Cassation 24/V 1897.

La maison invoquait un précédent arrêt de la Cassation, octobre 1896, qui avait accordé indemnité soit au voyageur, soit à la maison.

Mais on lui a objecté qu'il s'agissait alors d'un envoi d'échantillons en bagages et le bulletin ne portait point de nom d'expéditeur.

A ce sujet voir arrêts :

Trib. Com. Nantes 13/1 1894. BTI. 1895/144.

Trib. Com. Bruxelles 3/3 1900. BTI. 1900/367.

Cour sup. Autriche 11/5 1900. BTI. 1901/77.

Cour sup. Autriche 9/7 1894. BTI. 1896/392.

20. — 23/XII 1901. Cassation Florence. CI. 40/41. BTI. 1903/145. — Etendue de la responsabilité du chemin de fer en cas de retard dans la livraison en droit italien.

Le destinataire demandait remboursement du port et réparation du dommage subi qu'il a offert de prouver par témoin.

Le chemin de fer a été condamné en trois instances, d'après l'art. 403 Code commerce et art. 139 conditions générales des conditions d'application des tarifs le destinataire a droit, en cas de retard dans la livraison, à tout ou partie du transport et à la réparation du dommage effectif.

22. — 8 juin 1903. Cour d'appel Bruxelles. BTI. 1903/345. CI. 26, 39, 41. — Droit d'action. — Responsabilité du chemin de fer pour retard dans la livraison d'un envoi. — Faute grave du chemin de fer.

Un retard de 24 heures dans la livraison de la marchandise, malgré les réclamations réitérées des expéditeurs, constitue une faute grave. Refus de reconnaître au propriétaire de la marchandise ne figurant pas dans la lettre de voiture, le droit d'actionner le chemin de fer.

23. — BTI. 1904/355. Cassation de Paris 23/VII 1903. CI. 40-41. — Retard. — Défaut d'intérêt à la livraison. — Quotité de l'indemnité d'après la CI.

24. — BTI. 1907/428. — Etude du Dr E. Scheinemann sur la responsabilité du chemin de fer pour avaries de marchandises périssables, occasionnées par le dépassement du délai de livraison.

Carottes avariées déjà pendant le délai de livraison. Le chemin de fer a été condamné par le Trib. Royal de Budapest à payer l'indemnité pour retard, mais rien autre.

25. — Cour suprême de Vienne, 7 mai 1907. CI. 41, 44 (2) 1° et 2°. BTI. 1908/17.

Le droit d'intenter une action en indemnité pour dépassement du délai de livraison n'est pas lié au délai de 14 jours prescrit pour la présentation de la réclamation, s'il y a eu dol ou faute grave de la part du chemin de fer ; Règl. d'exploit. autrichien §§ 88 et 90 (2), chiffres 1 et 2. (Dévoyé = faute grave)

28. — BTI. 1908/357. Trib. Com. Wien 24/4 1908. CI. 5 (3/4), 30 (1), 31 (1-4). — De l'obligation du chemin de fer relativement à l'indemnisation du dommage résultant du retard à la livraison bien que dans les limites des délais maxima de marchandises énoncées au N° 4 de l'art. 31, alinéa 1, CI.

Il s'agit d'oies mortes. Le tribunal condamna le chemin de fer qui, tout en observant le délai réglementaire de livraison, n'est pas libéré de toute responsabilité pour les dommages survenus à la marchandise transportée. Des oies mortes à transporter pendant les chaleurs doivent être transportées et livrées le plus vite possible.

29. — Cour d'appel Chambéry 7/4 1908. BTI. 1909/102. — Obligation incombant au chemin de fer de compenser la valeur d'une marchandise présentée au destinataire après le délai de 30 jours prévu par l'art. 33 CI., mais non acceptée par lui.

Au bout de 30 jours, un envoi est considéré comme perdu et le chemin de fer doit payer.

30. — 1er février 1908. Cour cassation Naples. CI. 1908/389.

Le destinataire n'a pas droit d'action contre le chemin de fer, même s'il est muni du duplicata, tant qu'il n'a pas payé les frais de transport et autres grevant la marchandise et retiré la lettre de voiture. (Voir observ. de l'Office central à ce sujet 1908/391.)

31. — 18 mai 1909. Cour d'appel Bâle-Ville. BTI. 1909/445.

Le droit international part du principe qu'en cas de dépassement du délai de livraison, le chemin de fer doit être libéré d'une responsabilité qui surpasse le prix de transport lorsque le retard n'a pour cause qu'une erreur ou une méprise qui peut être prise pour une négligence, mais qui ne constitue pas un fait difficilement évitable pour un trafic développé de chemin de fer.

32. — Retard. — 25 janvier 1910. Cour suprême d'Autriche. CI. 30, 31, 37, 38, 39, 40. BTI. 1910/300. — Retard et intérêt à la livraison.

Le fait qu'une marchandise n'est arrivée que le 16 novembre, alors qu'aux termes du contrat, elle devait parvenir le 8 novembre, implique en soi une faute. Cette faute réside dans l'exécution anticontractuelle du transport, étant donné que d'après le § 1298 anc. CC. « quiconque prétend avoir été entravé sans qu'il y ait de sa faute, dans l'accomplissement de ses obligations contractuelles ou légales, doit en faire la preuve et, en outre, d'après le § 86 Règle d'exploitation » en cas de dépassement du délai de livraison, il appartient au chemin de fer de prouver sa non responsabilité, preuve qui au surplus est nettement limitée. Il faut enfin considérer que pour qu'il y ait application du § 77, al. 3, chaque faute suffit et qu'il n'est point besoin de *culpa lata*.

Responsabilité du chemin de fer à l'occasion d'une avarie survenue à une marchandise (mais sujette à détérioration facile et provoquée par le dépassement du délai de livraison. Conséquences d'une déclaration d'intérêt à la livraison).

33. — BT X/1921. CI. 2/17. 165. — Expédition ayant emprunté plusieurs réseaux. — Retard. — Action intentée contre la Compagnie destinataire. — Validité. — Trib. Comm. Annonay 16/6 1911. Clemençon c. PLM.

34. — BTI 1913/258. — Dommages-intérêts pour retard. — — Dénaturation des conclusions. — (Arrêt de la Chambre civile de la cour de cassation de France du 16 juillet 1912). — CI, art. 40 et 41.

Obs. — Le Tribunal de Commerce de Lyon avait interprété les conclusions de la Compagnie comme impliquant, de la part de celle-ci, la reconnaissance d'une faute lourde. C'est de ce chef que l'annulation de la décision des premiers juges a été prononcée.

35. — BTI 1913/145. — En cas de transport international effectué en vertu d'un contrat unique avec application des tarifs intérieurs de plusieurs administrations de chemin de fer, l'une d'elles ne peut être déclarée responsable d'un retard survenu sur son réseau si l'ensemble des délais résultant des tarifs appliqués n'a pas été dépassé pour le transport et la livraison. — Cassation France 28/2 1912 CI 14, 39 et disp. Règl. § 6 (2).

72

38. — 17/4 1913. — Tribunal Commerce Seine. BTI 1914/88. CI 41 et 44 (2). — 1° Retard. 75 jours dans la livraison causé par une fausse direction donnée par le chemin de fer et une négligence ultérieure de celui-ci. — Faute grave au sens de l'art. CI 41.

Le Tribunal parle d'une série de fautes lourdes, soit : a) fausse direction ; b) négligence du chemin de fer à réexpédier la marchandise après avoir eu connaissance de l'erreur initiale. Le PLM qui offrait fr. 36,50 a été condamné à fr. 1.000.

39. — BTI 1913/203. — En dehors de l'hypothèse de l'art. 33 CI, le juge ne peut condamner une Compagnie de chemin de fer pour retard dans la livraison, à des dommages-intérêts excédant les indemnités forfaitaires de l'art. 40 CI, qu'à la condition de relever, indépendamment du fait matériel de retard, les éléments constitutifs de la faute grave spécifiée par l'art. 41 CI.

(Arrêt de la Cour de cassation de France, du 22 avril 1913). CI, art. 33, 40 et 41.

40. — BTI 1914/212. Oberlandsger. Colmar 6/3 1913. CI 18, 30, 39. — Inondation comme motif d'exonération du chemin de fer en cas de retard dans la livraison. Obligation pour celui-ci de demander les instructions de l'expéditeur vu l'interruption du trafic et en l'absence d'une autre voie. En cas de retard à la livraison en trafic international, ce sont les dispositions de la CI qui sont applicables et non les prescriptions intérieures (Ex. les tarifs). Le chemin de fer est responsable du chauffage d'essieu d'un wagon-réservoir privé immatriculé dans son parc de wagons.

45. — BTI 1918/136. C. d'appel de Paris. 27/V 1916. CI 30 et 40. — L'action en indemnité pour retard dans la livraison n'exclut pas l'action en indemnité pour perte partielle ou avarie de a marchandise.

46. — BTI 1918/211. Oberlandsger. Colmar 30/X. CI 40/41. Régl. Transp. allemand, 94/95, voir BTI 1915/14. — De la question de savoir si, et dans quelle mesure le chemin de fer est responsable du dommage occasionné par un retard dans le transport alors que le délai de livraison a été observé. (En doctrine et en jurisprudence le chemin de fer n'est pas responsable du préjudice par retard quand le délai a été observé ; le chemin de fer suivant la nature de la marchandise doit veiller à ce que le danger ne s'aggrave pas.

47. — BTI 1916/105. Etude de Dr Max Reindl, Munich. — Sur le montant de l'indemnité pour retard en cas de déclaration de l'intérêt à la livraison d'après l'art. 40 CI, § 4.

48. — Dépréciation naturelle de la marchandise. — Pas de préjudice.

Pour que le retard dans la livraison puisse justifier une condamnation en dommages-intérêts, il faut qu'il en soit résulté un préjudice ; or, il n'y a pas de préjudice lorsque la dépréciation tient à la nature même de la marchandise et non pas au retard subi. — Cour de Pau, 13 novembre 1917.

49. — BTI 1918/105. Trib. Empire allemand 19/1 1917, CI 14 (1), 41. L'art. 41 CI n'est applicable que si l'obligation d'accorder une indemnité résulte des art. 30, 40 CI. Si le délai de livraison a été observé, le chemin de fer n'est pas responsable de la livraison induement retardée de la marchandise, après son arrivée à destination.

(Du moment que la marchandise a été livrée dans le délai, le chemin de fer n'a pas à payer la viande gâtée ayant voyagé cependant par erreur !)

50. — Arrêté du 31 mars 1915, art. 7. — Retard constaté sur le livre de sortie et sur le récépissé. — Réserves acceptées. — Lettre recommandée non envoyée dans les trois jours. — Forclusion. — Irresponsabilité. — BT, sept. 1918. — Jugement du tribunal de commerce de la Seine, du 16 avril 1918. — Hambach contre Chemin de fer de l'Etat

51. — BTI 1919, Avarie par suite de retard. C. Suprême d'Autriche 26/2 I 1918, CI 30/31. — L'observation du délai de livraison par le chemin de fer n'empêche pas l'intéressé d'évoquer la responsabilité de ce dernier pour perte totale ou partielle ou avarie d'après l'art. 84, Régl. autrichien.

51 bis. — Livraison au destinataire. — Action de l'expéditeur. — Validité. — La suspension des transports ne peut excuser le retard d'une expédition autorisée. — BT 5/1920. — Jugement du tribunal de commerce de Lyon, du 30 janvier 1919. (Résumé).

I. La livraison au destinataire de la marchandise transportée n'enlève pas à l'expéditeur le droit d'agir contre le transporteur en paiement de dommages-intérêts pour retard, lorsque expéditeur et destinataire ont entre eux les rapports de représentant ou de mandataire.

II. Une compagnie de chemins de fer ne saurait, pour excuser le retard mis par elle à la livraison, invoquer la suspension des transports commerciaux sur une ligne, lorsque le transport dont s'agit avait, par dérogation à la prohibition générale, été spécialement autorisé, et elle doit réparer les conséquences de la faute par elle commise, notamment en ne prévenant pas l'expéditeur des longs arrêts imposés à ses marchandises, alors qu'étant avisé, il aurait pu faire auprès des administrations compétentes le nécessaire pour qu'il y fût remédié. (*Gazette judiciaire et commerciale de Lyon*).

51 ter. — BT 5/1920. — Bagages d'un voyageur de commerce. — Retard. — Collection d'échantillons. — Tournée manquée. — Évaluation du préjudice. — Jugement du tribunal de commerce de Lyon du 19 septembre 1919. (Résumé).

Le voiturier est garant de la perte ou du retard à l'arrivée des objets à transporter, hors le cas de force majeure. Toutefois, s'il s'agit de bagages d'un commis-voyageur contenant ses échantillons, une compagnie de chemins de fer, sauf justifications contraires qui font défaut en l'espèce, ne doit que l'indemnité correspondant au temps nécessaire pour reconstituer la collection, et non la réparation de tout le préjudice résultant d'une tournée soi-disant manquée.

En conséquence, et s'agissant d'un retard à l'arrivée du colis litigieux qui correspond à quatorze jours, en tenant compte du temps nécessaire pour permettre de reconstituer la collection momentanément perdue, il sera fait une suffisante évaluation du préjudice par la fixation d'une indemnité journalière correspondante, mise à la charge du transporteur. (*Gazette judiciaire et commerciale de Lyon*).

52. — BTI 1922/4. C. d'Appel de Lyon, 5/XI 1919. — Avarie à 11 caisses d'escargots par suite de 20 jours de retard. La disposition de l'art. 37 CI n'est applicable qu'aux avaries qui tiennent à des causes inhérentes à la marchandise, telles que, les avaries de bris par suite d'un choc, de mouillure par la pluie, etc. ; elle ne peut être étendue aux avaries qui sont les suites d'un retard dans la livraison.

Mais en cas de retard, l'indemnité pleine et entière est due, d'après CI 41, lorsqu'une faute est relevée à la charge du chemin de fer.

La Cour a condamné le chemin de fer pour faute lourde parce que le PLM a refusé tout renseignement sur les causes du retard. Le PLM a recouru à la cassation, qui a confirmé la condamnation de la Compagnie ; celle-ci a dû payer la valeur de la marchandise, frais de transport et douane, camionnage, expertise, perte à la vente. Le tout à payer en argent suisse.

52 bis. — Arbustes vivants. — Retard de 33 jours. — Avaries. — Condamnation de la compagnie à une indemnité de 6.500 fr. — Jugement du tribunal de commerce de la Seine (2e Ch.), du 10 décembre 1919. — BT 5/1920. — Vallet contre Cie PLM.

Le tribunal,

Après en avoir délibéré conformément à la loi ;

Attendu qu'il est acquis aux débats que le 16 septembre 1918, le sieur Caufonnier a remis à la gare d'Hyères (réseau PLM), la quantité de 11.500 kg. d'arbustes vivants en mottes pour être expédiés à Vallet en gare de la Glacière-Gentilly ; que les dites marchandises n'ont été livrées à Vallet que le 9 novembre ;

Attendu que, compte tenu des délais de transport doublés par application de l'arrêté du 31 mars 1915, les marchandises dont il s'agit auraient dû être livrées le 6 octobre ; qu'elles ont ainsi subi un retard de 33 jours, lequel retard a eu pour effet la détérioration de la plus grande partie des arbustes transportés ;

Attendu que faute par la compagnie défenderesse de justifier d'aucun moyen susceptible de la dégager de ses obligations de transporteur, elle doit être tenue, aux termes de l'art. 5 de l'arrêté du 31 mars 1915, à indemniser le demandeur du montant de la dépréciation subie par la marchandise ;

Attendu que tenant compte d'une part de la minime quantité de marchandise sauvée, d'autre part de la perte du surplus des frais de port grevant la partie inutilisable, le tribunal trouve dans les faits de la cause les éléments d'appréciation suffisants pour lui permettre de fixer à la somme de 6.500 fr. le montant de l'indemnité à laquelle Vallet a droit : que c'est en conséquence à concurrence de ladite somme qu'il échet d'accueillir la demande ;

Par ces motifs :

Le tribunal, jugeant en dernier ressort ;

Condamne la compagnie des chemins de fer de Paris-Lyon-Méditerranée par les voies de droit à payer à Vallet la somme de 6.500 fr. à titre de dommages-intérêts ;

Déclare Vallet mal fondé en le surplus de sa demande, l'en déboute ;

Et condamne la compagnie défenderesse aux dépens. (Correspondance particulière du *Bulletin des Transports*).

53. — Chemin de fer. — Transport de marchandises. — Retard. — En cas de retard de 23 jours dans le transport d'une marchandise (dans l'espèce des pommes de terre), la Compagnie est responsable des avaries survenues par suite de ce retard ; peu importe que le destinataire ne se soit pas présenté pour obtenir livraison à l'expiration des délais de transport, dès lors qu'il est constant, en fait, que la marchandise n'est pas arrivée

à cette époque et n'est parvenue à destination que plusieurs
jours après. — Tribunal de commerce de Nantes, 7 février 1920.

55. — BTI 1921/139. Trib. Empire, 12/6 1920. CI 29, 30, 31
(4). — Le chemin de fer n'est pas responsable de l'avarie causée
à des marchandises périssables par un retard dans le transport,
si le délai de livraison a été observé.

56. — Avaries consécutives au retard. — Expédition livrable
en gare. — Demandes de livraison établies à la suite d'une enquête. — Expertise. — Réserves. — Responsabilité. — BT,
sept. 1920. — Jugement du tribunal de commerce d'Yvetot, du
7 août 1920. — Présidence de M. Beux. — Dorange contre Chemins de fer de l'Etat. (Extrait textuel).

En ce qui concerne la première expédition arrivée d'après
la demande avec un retard de 4 jours qui aurait occasionné l'a-
varie de la marchandise ;

Attendu que l'administration des chemins de fer de l'Etat ne
conteste ni l'existence ni l'étendue dudit retard, mais soutient
seulement que les réclamations dont ladite expédition a été
l'objet n'auraient pas été faites « de façon régulière » ; que,
d'ailleurs, Dorange aurait pris livraison « sans réserves » ;
qu'enfin il n'aurait pas établi que l'avarie prétendue soit le résultat du retard ;

Mais attendu qu'il résulte des débats et des pièces produites,
ainsi que de l'enquête à laquelle il a été procédé par le tribunal,
qu'un employé du demandeur a réclamé quotidiennement jusqu'à leur livraison, au chef de gare de Foucart-Alvimare les
expéditions attendues par Dorange auquel il a été invariable-
ment répondu : « Je n'ai rien reçu pour M. Dorange » ; que,
dès lors, aucune formule spéciale n'étant imposée aux demandes
de livraison, il échet de reconnaître que Dorange s'est présenté
à la gare après l'expiration du délai réglementaire et n'a pu obtenir livraison des colis qu'il a expressément réclamés, fait qui
suffit d'après la jurisprudence (Cassation, chambre civile, 23
juillet 1906, Cie d'Orléans contre Descadeillas, et 25 juillet 1916,
Cie d'Orléans contre Dufaut et Cie) pour établir le retard et la
responsabilité des transporteurs ;

Attendu d'autre part, que l'absence de réserves ne prive pas
le destinataire de la faculté de prouver, le cas échéant, que des
avaries existaient au moment où la livraison a été effectuée ;
que cela est si vrai que l'art. 105 du Code de commerce accorde
expressément audit destinataire, en cas d'avarie ou de perte
partielle, un délai de 3 jours pour formuler sa protestation ;

Attendu, au surplus, qu'il s'agit en l'espèce, non d'une avarie
qui a été la conséquence naturelle du retard ; qu'il y a donc lieu
de lui appliquer les règles concernant le retard ;

Qu'aucune réserve n'est nécessaire pour constater l'existence de celui-ci et que l'art. 105 du Code de commerce ne lui est pas applicable (Cassation, chambre civile, 5 mai 1903, Cie de l'Est contre Housset) ; qu'il suffit qu'il soit établi pour que le transporteur soit rendu responsable de ses conséquences ;

Attendu, à cet égard, que si Dorange n'a, il est vrai, fait procéder à aucune expertise, ni constatation, il a cependant, dès qu'il s'est aperçu en procédant au déballage, du mauvais état de sa marchandise, adressé au chef de gare une réclamation dont celui-ci a accusé réception sans contester le fait matériel de l'avarie et sans envoyer aucun agent en constater la réalité et l'importance ;

Attendu qu'aucune procédure spéciale n'est obligatoire en la matière ;

Que, notamment, l'art. 106 du Code de commerce ne pouvait trouver application, puisque la marchandise étant déjà entre les mains du destinataire, il ne pouvait y avoir ni refus, ni contestation pour la réception ;

Attendu que, dans ces conditions, il appartient au Tribunal d'apprécier, au moyen des éléments dont il dispose, dans quelle mesure Dorange justifie de l'existence et de l'étendue du préjudice dont il demande réparation. (Correspondance particulière du *Bulletin des Transports*).

57. — BT 3/1921. — Expédition en retard. — Transitaire figurant au contrat. — Prétendu défaut d'intérêt. — Action recevable concurremment avec celle des expéditeurs réels. — Jugement du tribunal de commerce de Marseille du 2 juin 1920. — Dor Reynaud et Cie et autres contre Cie PLM.

Le tribunal,

Attendu qu'à la date du 20 février 1919, M. Victor Camu, commissionnaire de transports à Rouen, a expédié par wagon n° 34523, plombé aux initiales A. L., 47 balles tissus à l'adresse de la Cie de Navigation Mixte à Cette pour MM. Dor Reynaud et Cie à Marseille ;

Attendu que ce wagon est arrivé à Clermont-Ferrand sans écriture à une date indéterminée, y a été déchargé, puis, sur le vu de l'étiquette de l'une des balles portant la mention « Constantine », la marchandise a été réembarquée sur le wagon n° 46700 et expédiée sur Marseille-Arenc, sans aucun ordre de l'expéditeur ;

Attendu que le nouveau wagon est arrivé à Marseille le 13 juillet où il a été reçu en service, c'est-à-dire sans application ;

Attendu que, malgré une lettre de réclamation en date du 4 avril adressée à la gare de Cette, la gare de Marseille n'en connaissait pas le destinataire lorsque, le 4 septembre, la gare de

Cette a reçu de M. Caffarel, agent de la cie de Navigation Mixte à Cette, l'ordre de faire livrer à Dor Reynaud et Cie le wagon qu'elle lui avait indiqué se trouver à Marseille ;

Attendu que, le 8 septembre, les marchadises ont été mises à la disposition des destinataires, mais que ceux-ci ont jugé prudent de n'en prendre possession qu'après avoir requis la nomination d'un expert a l'effet de voir les balles et dire si elles avaient subi une dépréciation et laquelle ;

Attendu que l'expert a déposé son rapport, lequel relate les diverses péripéties de l'expédition litigieuse et fait connaître que les balles n'ont subi ni avaries ni manquants ;

Qu'il suggère de tenir compte de l'intérêt des sommes représentant la valeur des marchandises du 7 mars au 8 septembre au taux des ouvertures de crédit, soit à raison de huit pour cent l'an ;

Qu'il propose aussi de tenir compte de la différence du coût du transport de Rouen à Cette avec celui de Rouen à Marseille que la Compagnie a perçu ;

Attendu que c'est en l'état de ces faits, qui sont constants, que Dor Reynaud et Cie ont assigné la Cie PLM en paiement : 1º de 6.724 fr. pour perte d'intérêts ; 2º de 8.000 fr. pour trouble commercial et manque à gagner ; 3º de 438 fr. 60 pour différence de prix de transport, avec intérêts de droit et dépens ;

Attendu qu'un grand nombre d'intéressés au transport litigieux ont déclaré par voie de conclusions à la barre se porter intervenants et ont requis l'adjudication des mêmes fins avec renvoi devant arbitre à l'effet de déterminer, eu égard à la proportion de l'intérêt dont chacun d'eux justifiera, leur participation dans le bénéfice de la condamnation à intervenir ;

Sur l'action principale de MM. Dor Reynaud et Cie ;

Attendu que la Compagnie fait plaider que cette action serait irrecevable à raison de ce que les demandeurs, simples mandataires, agissant en l'espèce comme commissionnaires de transport agissant pour le compte d'expéditeurs et de destinataires d'eux connus, seraient sans intérêt dans la cause et partant sans action ;

Attendu qu'un tel système n'est pas admissible ; qu'il tendrait pratiquement, s'il était admis, à rendre les compagnies irresponsables toutes les fois que l'expédition s'effectuerait de transitaire à transitaire ;

Attendu qu'en effet, si les expéditeurs initiaux ou les destinataires définitifs agissaient par voie d'action principale, la compagnie ne manquerait pas de plaider que n'étant pas partie au contrat de transport, ils sont sans qualité pour agir ;

Attendu que Dor Reynaud sont nécessairement pourvus d'une action, dès lors qu'ils figurent nominativement au récépissé comme seuls destinataires et que, d'autre part, en leur qualité de mandataires tenus de l'obligation de rendre compte, ils ont un intérêt évident et indéniable ;

Qu'ils sont en effet garants, dans la mesure où leurs diligences personnelles peuvent avoir des effets utiles, de la bonne exécution des transports qui leur sont confiés et pour lesquels ils sont dans la nécessité de se substituer pour partie les compagnies de chemins de fer ;

Qu'ils ont à la fois un intérêt moral et commercial certain ;

Attendu, au reste, qu'à l'unité de titre doit correspondre l'unité d'action ; que, par suite, l'action du destinataire transitaire figurant au titre de transport est le soutien nécessaire des interventions des véritables intéressés, ses mandants, qui, sans elle, ne seraient pas recevables ;

En ce qui concerne les intervenants :

Attendu que le moyen tiré par défaut de recevabilité de l'action principale tombe, dès lors que cette recevabilité est au contraire admise ;

Que par suite les intervenants sont également recevables puisqu'ils justifient en effet d'un intérêt, étant constant que les marchandises ont été expédiées pour leur compte ou qu'elles leur étaient en définitive destinées ;

Qu'ils sont les expéditeurs et les destinataires ne figurant pas au contrat avec la compagnie, mais que la convention recouvre ;

Qu'en leur qualité de mandants ou acceptants ils ont un intérêt et partant peuvent intervenir ;

Au fond :

Attendu que les marchandises n'ont été mises à la disposition de Dor Reynaud & Cie qu'avec un retard considérable, soit le 8 septembre, alors que la réclamation est du 4 avril, et que d'autre part, les marchandises ne sont parvenues à Marseille qu'après divers incidents et un si long trajet que Dor Reynaud et Cie auraient commis vis-à-vis de leurs mandants une faute grossière s'ils en avaient pris possession purement et simplement, sans faire procéder à une expertise régulière destinée à sauvegarder les droits de tous, le long séjour de la marchendise sur les voies et le retard considérable apporté à la mise à disposition, même si on le calcule légalement, autorisant les plus graves soupçons et nécessitant une vérification préalable à toute réception, étant donnée aussi la grande importance de la valeur de l'envoi (68.100 fr. 07) ;

Attendu au reste que si l'expertise n'a révélé ni manquant ni dommage, elle n'en a pas moins été utile pour l'éclaircissement du débat, l'expert Jaujon ayant fort à propos recherché et établi quel avait été le sort de l'expédition depuis son départ jusqu'à ce qu'elle ait été retrouvée et offerte ;

Sur le préjudice :

Attendu que le préjudice commercial souffert tant par Dor Reynaud et Cie que par les intervenants peut être évaluée globalement à la somme de 10.000 fr. pour la répartition de laquelle il y a lieu de renvoyer les parties devant arbitre, mais qu'il n'y a pas à tenir compte d'intérêts autres que ceux de droit, qui sont la seule réparation possible du dommage dans le retard apporté au règlement d'une somme d'argent ;

Attendu que Dor Reynaud et Cie peuvent revendiquer en outre l'allocation de la somme de 438 fr. 60 pour différence de frais de transport ;

Qu'il n'y a pas lieu, en effet, de tenir compte, comme ayant opéré une novation au contrat, de l'ordre donné le 4 septembre à la gare de Cette d'avoir à livrer à Marseille où les balles étaient déjà parvenues sans écriture et « en service » ;

Attendu que Dor Reynaud et Cie peuvent aussi réclamer les frais d'expertise qu'ils ont exposés et qui ont été indispensables à la conservation des droits éventuels de tous et à l'instruction de l'affaire ;

Par ces motifs :

Déclare l'action et les interventions recevables ;

Condamne la Cie PLM. à payer à Dor Reynaud et Cie et aux intervenants, globalement, la somme de 10.000 fr. à titre de dommages-intérêts, et pour la répartition entre eux du bénéfice de cette condamnation à proportion de l'intérêt dont chacun justifiera, les renvoie devant Me Léon Reyanud nommé arbitre-rapporteur ;

Condamne la Cie PLM. à payer d'autre part à Dor Reynaud et Cie : 1º la somme de 438 fr. 60 différence de prix de transport ; 2º les frais d'expertise s'élevant à 962 fr. 55 ;

Condamne la compagnie aux intérêts de droit et aux dépens.

Observations. — Ce jugement fait une application exacte des principes résultant de l'article 101 du code de commerce, aux termes duquel la lettre de voiture forme un contrat entre l'expéditeur, le commissionnaire et le voiturier. Le commissionnaire, étant partie au contrat, est incontestablement fondé à en réclamer l'exécution aux autres parties, chacune pour ce qui la concerne.

58. — Tribunal de commerce de la Seine (8e Ch.), 18 juin 1920. — 1º Vente commerciale. — Vente départ. — Franco de port. — Embranchement particulier. — Marchandise. — Propriété. — Transfert à l'acheteur. — Paiement immédiat. — 2º Chemins de fer. — Transport de marchandises. — Retard. — Laissé pour compte. — Marchandise inaltérable. — Perte de valeur (Ab-

6

sence de). — Destinataire. — Refus. — Faute. — Dommages-intérêts.

Le Tribunal,

Attendu qu'en exécution de partie d'un marché de septembre 1916, les Forges et Aciéries Paul Girod ont, à la date du 21 novembre 1918, remis au chemin de fer PLM. en gare d'Ugine (Savoie) pour être expédiés à Citroen, en petite vitesse, port payé, à Paris-Grenelle sur un embranchement particulier, 29 fûts de ferro-tungstène facturés 253.144 fr. 20.

Attendu que la marchandise n'ayant été mise à la disposition du destinataire que le 9 mai 1919, fut refusée par celui-ci pour cause de retard, et ensuite vendue le 7 novembre 1919, avec l'autorisation du tribunal aux enchères, par un courtier assermenté, pour la somme de 87.000 francs, aux Forges et Aciéries Paul Girod, les expéditeurs.

Attendu que, dans ces conditions de fait, les Forges Paul Girod, ont par exploit du 3 juin 1919, assigné Citroen en prise de livraison du lot de ferro-tungstène et en paiement de leur facture, soit 253.144 fr. 20.

Attendu qu'après la vente par commissaire-priseur les Forges Paul Girod, par exploit du 17 décembre 1919, agissant tant en leur nom personnel qu'au nom et comme exerçant les droits de Citroen contre la compagnie du PLM. requièrent le tribunal de déclarer leur action recevable et d'obliger la Cie PLM. à lui payer : 1º la somme de 166.144 francs ; 2º celle de 1.044 fr. 60, le tout à titre de dommages-intérêts ; et à leur restituer celle de 7.844 francs encaissée par la compagnie lors de la livraison de la marchandise litigieuse, pour frais de transport, magasinage et autres.

Attendu que, par exploit du 14 juin 1919, Citroen assign la compagnie PLM. lui demandant d'intervenir, dans l'instance et de l'indemniser des condamnations qui pourraient être prononcées contre lui au profit des Forges Paul Girod.

Attendu enfin que, par conclusions motivées, déposées le 30 janvier 1920, Citroen requiert le tribunal de déclarer non recevable la demande des Forges Paul Girod, et pour le cas où une condamnation interviendrait contre lui, d'obliger la Cie PLM. à lui rembourser le montant à titre de dommages-intérêts.

Joint les causes.

Sur la demande des Forges Paul Girod contre Citroen en paiement de leur facture, 253.144 fr. 20.

Attendu que, pour résister à la demande, Citroen soutient qu'il ne pourrait être tenu de payer des marchandises qui ne lui auraient pas été livrées.

Mais attendu que, si le ferro-tungstène était vendu (rendu en gare de Paris-Grenelle sur embranchement particulier) il résulte des conditions générales de vente de Paul Girod, imprimées en tête de ses factures, conditions bien connues de Citroen et acceptées par lui dans toutes les affaires précédentes, que, dès la sortie de l'usine d'Ugine, les produits sont aux risques et périls de l'acheteur, suivant clause copiée littéralement : (Nos produits sont vendus chargés sur wagons à notre embranchement particulier ou en gare d'Ugine et ils voyagent aux risques et périls des destinataires, alors même que les prix auraient été établis franco destination...) qu'ainsi, dès le chargement effectué à Ugine, les Forges Paul Girod ont rempli leur obligation de livrer la chose ; que Citroen en est devenu propriétaire et doit en payer le prix, soit la somme non contestée de 253.144 fr. 20, égale à la demande, qu'il convient d'accueillir.

Sur la demande des Forges Paul Girod contre la Cie PLM.

Attendu que d'une part, les Forges Paul Girod ne peuvent exercer les droits et actions de leur débiteur Citroen, du moment que celui-ci les exerce lui-même.

Attendu que d'autre, part, agissant en leur nom personnel, elles ne justifient d'aucun préjudice pouvant donner lieu à des dommages-intérêts ; qu'il échet de repousser la demande à toutes fins qu'elle comporte.

Sur la demande de Citroen contre la Cie PLM. en intervention et garantie ;

Attendu que, d'autre part, rien n'autorisait Citroen à laisser pour compte la marchandise au chemin de fer puisque, par sa nature, elle était à l'abri des altérations dérivant du retard et conservait encore une grosse valeur, comme en fait foi la vente à laquelle il a été prononcé.

Attendu que Citroen n'avait pas le droit de transformer en contrat de vente la convention de transport intervenue avec le chemin de fer ; qu'il a commis une faute en refusant la marchandise mise à sa disposition et ne peut s'en prendre qu'à lui-même des conséquences dommageables qu'a eu le retard dans la livraison depuis le jour de la mise à la disposition (9 mai 1919) jusqu'à la vente par autorisation de justice du 17 novembre 1919.

Attendu, en second lieu, que par son offre de 12.000 fr. plus 1 franc, la Cie PLM. reconnaît le principe de sa responsabilité dans le préjudice causé par le retard de près de cinq mois apportés, jusqu'à la mise à la disposition, dans l'exécution du contrat de transport ; qu'il échet seulement d'en fixer le quantum.

Et attendu que le tribunal, tenant compte de la différence des cours entre novembre 1918 et mai 1919 et du trouble commercial apporté à l'industrie Citroen par le défaut de ce wagon d'alliage, possède les éléments d'appréciation suffisants pour

fixer l'importance du dommage à la somme de 60.000 francs ;
que dès lors c'est à concurrence de cette somme qu'il échet d'accueillir la demande en garantie en déclarant insuffisantes les
offres de la compagnie du PLM.

Par ces motifs ;

Statuant sur les demandes des Forges et Aciéries Paul Girod.

Condamne Citroen à leur payer la somme de 253.144 fr. 20
avec intérêts de droit ; et le condamne aux dépens de cette
partie de la demande.

Déclare les Forges et Aciéries Paul Girod mal fondées en leur
demande contre la Compagnie PLM. à toutes fins qu'elle comporte ; les en déboute, et les condamne aux dépens de cette
seconde partie de l'instance.

Statuant sur la demande de Citroen contre la Cie PLM.

Déclare les offres insuffisantes ; condamne la Cie PLM. à
garantir et indemniser Citroen des condamnations ci-dessus
prononcées à concurrence toutefois de la somme de 60.000 francs
à titres de dommages-intérêts.

Déclare Citroen mal fondé en le surplus de sa demande ; l'en
déboute et condamne la Compagnie PLM. au surplus des dépens.

60. — Retard. — Expédition livrable en gare. — Absence
de réclamation du destinataire. — Grève des cheminots ; prétendue force majeure. — Irresponsabilité. — Arrêt de la Cour
d'appel de Toulouse (1re ch.), du 12 juillet 1921. —Delpesh
contre Cie d'Orléans. XI/1921.

La Cour,

Attendu que Delpesh n'a pas justifié d'une réclamation régulière entre le jour de l'expiration des délais et celui de la mise à
disposition du wagon ;

Attendu, au surplus, que si un retard pouvait être reproché à
la compagnie entre le 1er mai et le 11 juin 1920, ce retard serait
dû à la grève des agents de chemins de fer qui s'est imposée à la
compagnie intéressée comme aux autres réseaux français ;

Qu'il y a là un cas de force majeure ;

Par ces motifs et ceux non contraires des premiers juges,

La Cour,

Démet Delpesh de son appel,

Confirme la décision entreprise,

Condamne l'appelant à l'amende et aux dépens.

Observations. —On pense bien que nous ne donnons pas,
avec l'espoir de le voir faire jurisprudence, cet arrêt à l'éclat
tranchant d'un couperet de guillotine : le premier de ses motifs
étant amplement suffisant pour justifier le débouté (voir notamment à ce sujet l'article « Expéditions livrables en gare » paru

dans BT X/1921. p. 76) et éloigner, par conséquent, toute crainte
de cassation, le second aura pour effet que de fournir un argument
aux compagnies toutes les fois qu'elles pourront invoquer la
grève de 1920.

Aussi y a-t-il lieu de rappeler au bon souvenir des intéressés
(juges ou parties), à qui cet argument serait présenté, l'article
intitulé « La grève est-elle un cas de force majeure ? » que nous
avons publié en mai juin 1920, page 35 ; « Pour savoir, y est-il
dit, si la grève des cheminots a constitué un cas de force majeure
susceptible d'exonérer les administrations qu'elle a touchées,
il y a lieu de rechercher, dans chaque espèce, si cette grève a eu
pour origine une faute de ces administrations, si elle pouvait être
évitée ou arrêtée par elles, si, enfin, en admettant qu'elles aient
pu ni l'éviter, ni l'arrêter, elle a bien constitué un obstacle
insurmontable à l'exécution de leurs obligations légales ou contractuelles, envisagées exclusivement en ce qui concerne l'espèce
examinée (sic, Conseil d'Etat, 29 janvier 1909) ».

On ne peut donc pas dire, avec l'arrêt ci-dessus, que la grève
a été un cas de force majeure s'imposant à tous les réseaux français du 1er au 11 juin 1920.

Même s'il en était ainsi, il y aurait lieu, pour chaque espèce,
de n'admettre l'exonération de la compagnie en cause qu'autant
qu'elle aurait établi une relation de cause à effet entre la grève
et le fait dommageable dont réparation serait demandée.

Espérons qu'en coupant ainsi les ailes à ce canard... de Toulouse nous aurons contribué à restreindre le développement de
la brillante carrière que comptait sans doute pour lui les compagnies.   L.

61. — Retard d'un wagon particulier. — Condamnation de la
compagnie à payer au propriétaire 8.000 francs de dommages
et intérêts. — Jugement du tribunal de commerce de la Seine
(3e ch.), du 15 février 1921. — Aoust contre Cie du Midi. BT 2/1923.

Le tribunal,

Après en avoir délibéré conformément à la loi,

Attendu que le 28 septembre 1919, veuve Aoust a chargé la
Cie du Midi d'expédier, par petite vitesse, en port dû, de la gare
de Béziers à un sieur Lepeu à Torcy (Yonne), un wagon-plateforme n° 385.613 ;

Attendu qu'il appert, tant des dernières conclusions modifi-
catives de Veuve Aoust que des débats et des documents produits
que ce wagon-plateforme qui appartenait à Veuve Aoust a été
seulement remis au destinataire le 26 juin 1920, malgré les réclamations faites dès l'expiration des délais de transport ;

Attendu que, tenant compte des dits délais que nécessitait

l'expédition sus-visée eu égard au tarif revendiqué, le wagon dont s'agit a été délivré avec un retard justifié de 240 jours ;

Que la Cie du Midi, qui ne justifie d'aucun motif valable pouvant l'exonérer de sa responsabilité en l'espèce, doit être tenue de dédommager Veuve Aoust du préjudice résultant pour cette dernière de la privation de son wagon pendant cette période ;

Attendu que, tenant compte du prix de location journalier de ces wagons à l'époque dont s'agit et de la capacité de ce wagon, le tribunal fixe à la somme de 8.000 fr. l'importance dudit préjudice dont justifie Veuve Aoust ;

Qu'il convient d'obliger dès lors la Cie du Midi au paiement de ladite somme en accueillant la demande à due concurrence et en donnant à Veuve Aoust l'acte qu'elle requiert ;

Par ces motifs :

Le tribunal, jugeant en premier ressort, donne à Veuve Aoust l'acte qu'elle requiert ;

Condamne la Cie du Midi, par les voies de droit, à payer à Veuve Aoust la somme de 8.000 fr. à titre de dommages-intérêts.

Déclare Veuve Aoust mal fondée en le surplus de sa demande, l'en déboute ;

Et condamne la Cie PLM. aux dépens.

2me Arrêt de la cour d'appel de Paris (5e ch.), du 19 octobre 1922. — Cie du Midi contre Aoust.

La Cour,

Adoptant les motifs des premiers juges,

Et considérant que le préjudice apprécié par le tribunal se compose de deux éléments, savoir :

La privation du wagon litigieux pendant 240 jours et le trouble commercial apporté dans les affaires de la Veuve Aoust, propriétaire dudit wagon ;

Que, dès lors, les premiers juges ont fait une juste appréciation du dommage, et que la Cie n'apporte aucun élément de nature à justifier son appel ;

Par ces motifs :

Confirme le jugement,

Condamne la Cie du Midi à l'amende et en tous les dépens d'appel.

Observations. — L'intérêt de ces deux décisions réside surtout dans le fait qu'il s'agissait non d'un wagon chargé de marchandises, mais d'un wagon-plateforme vide : la cour d'appel aussi bien que le tribunal ont estimé qu'une indemnité de 8.000 fr. pour 240 jours de retard n'était pas trop élevée.

62. — Trib. de commerce de la Seine, 1er mars 1921. — Wagons de Nitrate de soude en retard de 57 jours. — Remplacement onéreux d'une partie de la marchandise. — Appréciation du dommage.

Le tribunal :

Après avoir délibéré conformément à la loi,

Attendu que suivant récépissé 737 du 3 décembre 1919, Godet a remis à la Cie du Nord en gare de Dunkerque pour être expédié à son adresse, en gare de Chatillon-St-Aubin, un wagon nitrate de soude du poids de 20.000 kg.

Que cette livraison n'a pu lui être faite qu'avec un retard ;

Attendu que c'est en raison de ce retard et du dommage qui en est résulté pour lui que Godet demande à la Cie des chemins de fer du Nord la somme de 5.480 fr. à titre de dommages-intérêts ;

Et attendu que des débats et des documents produits il résulte que les délais de livraison expiraient le 17 décembre 1919.

Qu'à partir du 30 décembre, Godet avait fait des démarches en gare de Châtillon-Saint-Aubin pour obtenir livraison de son wagon.

Que, par lettre du 6 janvier, il a confirmé ces démarches et mis la compagnie transporteur en demeure de lui faire sa livraison.

Attendu que le wagon litigieux n'a pu être mis à sa disposition que le 26 février, soit avec un retard justifié de 57 jours.

Attendu qu'en ne livrant pas dans les délais le wagon litigieux, la Cie des chemins de fer du Nord, laquelle n'allègue même pas un cas de force majeure, a manqué à ses obligations de transporteur,

Qu'elle doit à Godet réparation du préjudice qui en est résulté pour lui,

Et attendu que Godet justifie avoir acheté ces nitrates au prix de 86 fr. 50, il a dû se remplacer de 10.000 kg., au prix de 124 fr. soit avec une perte globale de 3.750 francs,

Qu'il a encore subi un trouble commercial,

Qu'ainsi le tribunal possède les éléments d'appréciation suffisants pour fixer à la somme de 4.000 fr. le montant du préjudice subi par Godet ;

Que c'est au paiement de cette somme qu'il convient d'obliger la Cie du chemin de fer du Nord en accueillant la demande à due concurrence ;

Par ces motifs,

Le Tribunal jugeant en premier ressort,

Condamne la Cie du chemin de fer du Nord par les voies de droit, à payer à Godet la somme de 4.000 francs, à titre de dommages-intérêts,

Déclare Godet mal fondé en le surplus de sa demande, l'en déboute,

Et condamne la Cie du Nord aux dépens.

63. — Retard d'un wagon de choux. — Avarie due à la durée anormale du transport. — Responsabilité de la compagnie. — Jugement du tribunal de commerce de la Seine (2e ch.), du 28 juin 1921. — Bousquet contre Cie P. L. M. — BT. 5/1922.

Le tribunal,

Après en avoir délibéré conformément à la loi,

Attendu qu'il ressort d'une déclaration d'expédition en date du 29 novembre 1919, qui porte le N° 444, qu'à ladite date un sieur Reboul, a expédié de Morlaix, à Bousquet, à Paris, un wagon de choux pesant 3.000 kg., au tarif dit des denrées accélérées, livrable en gare de Maisons-Alfort ;

Que ce wagon qui devait arriver à Paris le 9 décembre n'a été mis à la disposition de Bousquet que le 17 décembre, soit avec un retard de 8 jours ;

Que la marchandise était en complète putréfaction ;

Qu'elle a été refusée par Bousquet ;

Attendu que, résistant à la demande, la compagnie assignée soutient que l'envoi litigieux aurait été mis à la disposition de ce destinataire avant toute réclamation de sa part et qu'en conséquence elle ne serait pas en faute ;

Mais attendu qu'en admettant même que Bousquet ne se soit pas présenté à la gare après l'expiration des délais de transport pour réclamer l'envoi qu'il attendait, ce que ce demandeur conteste d'ailleurs, formellement, cette circonstance n'autorisait pas la compagnie à manquer au contrat intervenu en allongeant la durée du transport de 8 jours ;

Et attendu qu'il est établi que l'avarie survenue aux choux dont s'agit est uniquement due à la durée anormale du voyage ;

Qu'il convient de condamner la compagnie à réparer le préjudice né de sa faute ;

Et attendu que le préjudice subi par le demandeur découle pour lui de la perte de la marchandise et de la privation du bénéfice commercial sur lequel il était en droit de compter ;

Que ce tribunal trouve dans les documents soumis les éléments d'appréciation voulus pour fixer, toutes causes de dommages confondues, l'importance de ce préjudice à la somme de 878 fr. ;

Qu'il convient d'accueillir sa demande qui tend au paiement de cette somme ;

Par ces motifs :

Le tribunal, jugeant en dernier ressort ;

Condamne la Cie P. L. M. par les voies de droit à payer à Bousquet la somme de 878 fr. à titre de dommages-intérêts ;

Et la condamne aux dépens.

64. — Transport international. — Retard G. V. de 70 jours ; négligence au départ ; faute grave. — Art. 41 de la Convention de Berne. — Dommages et intérêts. — Jugement du tribunal de commerce de Toulouse du 25 avril 1921. — Dauban contre Cie du Midi. — BT. sept. 1921.

Trois balles de tissus. La compagnie offrait, d'après CI. 40, les 5/10 des frais de transport. Le tribunal estime que, vu le retard de 70 jours, c'est le 41 CI. qui doit être appliqué (faute grave).

65. — Fûts d'alcool. — Retard et avaries. — Refus suivi d'une expertise. — Formalités de l'art. 105 du Code de commerce non exigibles. — Cour d'appel de Paris (2e ch.) du 16 juillet 1921. — BT. 7/1921.

La Cour,

Vu la connexité, joint les causes,

Au fond :

Adoptant les motifs des premiers juges :

Et considérant qu'une expertise a été ordonnée à la suite du refus de prendre livraison.

Que ce refus constitue une intention certaine, de la part du destinataire, de formuler des réserves.

Que, dès lors, les formalités requises par la loi ayant été remplies, il n'y a pas lieu, sous peine de double emploi, de les renouveler après l'expertise ;

Considérant que les appels interjetés par Lemercier contre Borgeaud et Cie, et contre Bourdeaux, ont été rendus nécessaires par l'appel principal de la Compagnie du Nord, et qu'elle doit en supporter les frais.

Confirme le jugement du tribunal de commerce de la Seine, 5e chambre, du 5 mai 1920.

Déclare mal fondée l'exception d'irrecevabilité soulevée par la Compagnie du chemin de fer du Nord.

Et condamne cette dernière en tous les dépens d'appel, qui comprendront ceux des appels de Lemercier.

Rejette le surplus des conclusions.

Observations. — En fait, il avait été établi devant le tribunal de commerce que le destinataire avait tout d'abord refusé la marchandise, puis provoqué l'expertise prévue par l'article 106 du Code de commerce et averti le chef de gare, par lettre recommandée, qu'à la suite de cette expertise il prendrait le lendemain livraison des marchandises litigieuses, sous réserve des manquants constatés par l'expert. La Compagnie du Nord n'en persistait pas moins à soutenir que la demande était irrecevable, le dit destinataire n'ayant pas « rempli les formalités prescrites à peine de nullité par l'article 105 du Code de commerce ». On lui a bien fait voir ce que valait cette prétention.

66. — Transport international. — Retard et avaries ; refus du destinataire. — Application des art. 24 et 25 de la Convention de Berne. — Irresponsabilité. — Arrêt de la Cour de cassation (ch. civ.) du 14 juin 1921. — Cie du Sud de la France contre Giraud. — BT. 7/1921.

La Cour,

Sur le moyen unique :

Vu les art. 24 et 25 de la Convention de Berne relative aux transports de marchandises par chemins de fer, rendue exécutoire en France par la loi du 24 juillet 1907 et le décret du 17 octobre 1908 ;

Attendu qu'aux termes de ces textes, lorsqu'il se présente des empêchements à la livraison de la marchandise, la station chargée de la livraison doit en prévenir sans retard l'expéditeur par l'entremise de la gare d'expédition et demander ses instructions ;

Que si le destinataire refuse la marchandise, l'expéditeur a le droit d'en disposer ;

Qu'en cas d'avarie alléguée, le chemin de fer doit immédiatement dresser un procès-verbal pour constater l'état de la marchandise, le montant du dommage et, autant que possible, la cause de l'avarie et l'époque à laquelle elle remonte ;

Attendu que le 7 février 1913, Giraud a expédié de la gare de Gogolin une caisse de graines de vers à soie à l'adresse de la dame veuve Luchetti en gare d'Altapareis (Italie) ;

Que la destinataire, soutenant que la marchandise était arrivée tardivement et en état d'avarie, a refusé d'en prendre livraison ; que le chef de gare d'Altapareis a procédé, le 15 février, à la vérification de la marchandise et a aussitôt fait prévenir l'expéditeur, qui a déclaré laisser la marchandise pour compte à la compagnie ;

Attendu que, sans même constater que la marchandise fut avariée, le jugement attaqué a mis à la charge de la compagnie le préjudice que l'expéditeur avait subi par suite de la perte de la marchandise et de la privation de la somme de 480 fr., qui en représentait la valeur et a condamné la compagnie à lui payer cette somme à titre d'indemnité, outre celle forfaitaire de 2 fr. 10 pour retard, par ce motif que les articles 24 et 25 de la Convention de Berne n'avaient pas été observés ;

Mais attendu qu'en faisant immédiatement opérer la vérification de la marchandise en gare d'Altapareis et en avisant aussitôt l'expéditeur, la compagnie de chemins de fer s'est exactement conformée aux prescriptions des articles précités ;

Qu'ainsi, en statuant comme il l'a fait, le jugement attaqué n'a pas légalement justifié sa décision et a violé, par suite, les textes ci-dessus visés.

Par ces motifs :

Casse et annule le jugement rendu entre les parties par le tribunal de commerce de Saint-Tropez, le 4 février 1914 ; renvoie devant le tribunal de commerce de Fréjus.

Observations. — Il serait nécessaire d'avoir sous les yeux toutes les pièces du procès pour pouvoir apprécier le mérite de cet arrêt. Il semble bien, en tout cas, que si, peut-être, le tribunal de Saint-Tropez s'est montré sobre en ses motifs au point de mériter d'être taxé d'insuffisance à cet égard, rien, par ailleurs, ne démontre qu'il ait violé, comme le dit la Cour de cassation, les articles 24 et 25 de la Convention internationale de Berne : il suffit en effet de se reporter au texte même de ces articles, à la page 448 de notre *Manuel pratique des Transports*, pour se rendre compte qu'il n'est nullement établi que la gare destinataire ait rigoureusement et intégralement observé les prescriptions qui y sont contenues.   L.

67. — Retard de 78 jours dans le paiement d'un remboursement de 2.000 francs. — Condamnation de la compagnie à 400 francs de dommages-intérêts. — Jugement du tribunal de commerce de la Seine (9e ch.) du 4 mars 1921. — Ribeill contre Cie de l'Est. — BT. 3/1922.

Le tribunal,

Après en avoir délibéré conformément à la loi ;

Attendu qu'il résulte des débats et des pièces produites que le 28 août 1919, Ribeill a expédié de Port-Vendres à destination de Vitry-le-François, un wagon-réservoir contenant du vin, pesant 14.000 kg., et destiné à un sieur Vigy demeurant à Blacy-Biame ; que ladite expédition a été faite contre remboursement d'une somme de 18.971 fr. ; que ledit remboursement a été encaissé le 20 septembre ; que le règlement n'en a été opéré que le 14 décembre 1919 ;

Attendu qu'aux termes du paragraphe 3 du tarif spécial commun G. V. N° 115, le délai pour opérer le retour de remboursement est de 5 jours de gare à gare non compris le jour de l'encaissement par la compagnie destinataire ni celui du versement entre les mains de l'expéditeur ;

Attendu qu'à raison de l'application de ce tarif le retard dans le remboursement a été de 78 jours ;

Attendu que Ribeill demande à la Cie des chemins de fer de l'Est paiement d'une somme de 2.000 fr. à raison de ce retard ;

Attendu qu'il ne s'agit pas en l'espèce du paiement d'une somme d'argent tombant sous l'application de l'article 1153 du Code civil, mais du paiement de dommages-intérêts pour inexécution par la compagnie défenderesse des prescriptions d'un tarif homologué ayant force de loi ;

Attendu que le simple fait de ne pas s'être conformé audit tarif constitue une faute de la part de la compagnie, faute ayant causé un préjudice à Ribeill en le privant pendant 78 jours d'une somme importante dont il avait besoin pour ses opérations commerciales ;

Attendu que, tenant compte de ce qui précède, le tribunal a les éléments qui lui permettent de fixer à 400 fr. l'importance du préjudice subi par Ribeill, à la réparation duquel la compagnie défenderesse doit être tenue ; qu'il y a donc lieu d'accueillir la demande à due concurrence ;

Par ces motifs :

Le tribunal, jugeant en premier ressort,

Condamne la Cie de l'Est, par les voies de droit, à payer à Ribeill la somme de 400 fr. à titre de dommages-intérêts ;

Déclare Ribeill mal fondé en le surplus de sa demande ; l'en déboute ;

Et condamne la Cie de l'Est aux dépens.

Observations. — Ainsi qu'il est expliqué page 272 de la 9e édition de notre *Manuel pratique*, « il y a lieu de remarquer que « l'obligation contractée par la compagnie, en ce qui concerne « les envois contre remboursement, n'est pas simplement de « payer à l'expéditeur une certaine somme dans un certain délai...

« En pareil cas, il n'y a pas, à proprement parler, une « obli- « gation de sommes » mais bien un double contrat de transport, « tant pour la marchandise que pour le retour des fonds, et la « thèse nous paraît erronée qui consisterait à n'allouer jamais « que les intérêts moratoires du remboursement payé en retard « par la compagnie. S'agissant d'un retard dans l'exécution « d'un contrat de transport, les règles à suivre doivent, à notre « avis, être celles que nous avons exposées au chapitre IV », c'est-à-dire celles qui résultent des art. 1157 et 1151 du Code civil.

Ce sont ces principes qu'a consacrés le jugement ci-dessus, auquel la compagnie a, du reste, acquiescé.

68. — Tarif spécial G. V. 14. — Retard ; indemnité forfaitaire. — Application littérale de la clause y relative. — Arrêt de la Cour de cassation (ch. civ.) du 31 mai 1921. — Cie P. L. M. contre Veyssières. — BT. 7/1921.

La Cour,

Sur le moyen unique :

Vu le tarif spécial G. V. N° 14, lequel est ainsi conçu :

« Retards : En cas de retard de plus de trois heures effective- « ment préjudiciable aux expéditeurs ou aux destinataires, il « est fait une réduction sur les prix de transport dans les condi- « tions suivantes : pour un retard de trois à quatre heures, le

« tiers du prix de transport pourra être retenu ; pour un retard
« de plus de quatre heures, les deux tiers du prix de transport
« pourront être retenus ; pour un retard de plus de six heures,
« la totalité du prix de transport pourra être retenue.

« Les retards inférieurs à trois heures ne donnent lieu à aucune
« retenue. D'autre part, les droits des expéditeurs et des desti-
« nataires sont réservés dans le cas où le retard excéderait
« douze heures. »

Attendu qu'aux termes de ce tarif « en cas de retard de plus
« de trois heures effectivement préjudiciable aux expéditeurs ou
« aux destinataires, il est fait une réduction sur les prix de trans-
« port ; pour un retard de plus de six heures, la totalité du prix
« de transport pourra être retenue. Les droits des expéditeurs
« et des destinataires sont réservés dans le cas où le retard
« excéderait douze heures. »

Attendu que des colis expédiés au mois de juin 1911 à destination de la gare de Champignole étant parvenus avec un retard
de plus de six heures, mais n'excédant pas douze heures, la
Cie des chemins de fer P. L. M. a offert à Veyssières, destinataire, l'abandon de la totalité du prix de transport ; mais que
le jugement attaqué l'a condamnée à payer le montant des
marchandises, par le motif que le retard avait fait perdre à
Veyssières le bénéfice de la vente au marché, et que l'expression
« pourra » du tarif G. V. N° 14, requis par l'expéditeur, est loin
d'être synonyme de celle de « devra » qui seule aurait comporté
d'accepter l'offre de la compagnie ;

Mais attendu que la réduction sur le prix de transport est
une indemnité forfaitaire pour le préjudice causé par le retard,
et qu'il n'y a lieu à l'allocation d'une somme supérieure correspondant au préjudice réel que si le retard excède douze heures ;

Que, dès lors, en statuant comme il l'a fait, le jugement
attaqué a violé le tarif susvisé ;

Par ces motifs :

Casse et annule le jugement rendu entre les parties par le
tribunal de commerce de Salins, le 28 juillet 1911 et renvoie
devant le tribunal de commerce de Lons-le-Saulnier.

Observations. — La Cour de cassation, fidèle à la règle,
depuis longtemps établie par elle, que les tarifs doivent être
littéralement appliqués, ne pouvait que réformer le jugement
qui, à l'occasion d'un retard, avait condamné la compagnie en
cause à payer une indemnité supérieure à celle prévue par le
tarif appliqué à l'expédition litigieuse ; ce n'est, du reste, là,
que l'application à ce cas particulier du principe posé par l'article 1152 du Code civil :

Lorsque la convention porte que celui qui manquera de l'exécuter paiera une certaine somme à titre de dommages-intérêts,

il ne peut être alloué à l'autre partie une somme plus forte ni moindre.

Il est, en outre, à remarquer que le tribunal de Salins avait manifestement erré en équivoquant sur les expressions « pourra » et « devra » : lue avec les textes qui la précèdent et la suivent, la clause du tarif G. V. 14 concernant les retards de plus de six heures mais n'excédant pas douze heures, signifie que la totalité du prix de transport constitue le maximum que l'indemnité *pourra* atteindre dans ce cas.

L.

69. — Chemins de fer. — Guerre. — Fins de non recevoir. — Arrêté du 31 mars 1915, art. 7. — Retard. — Réclamation. — Délai de trois jours du jour de la livraison. — Limite extrême. — Réclamation antérieure à la livraison. — Validité. — Cour de cassation (ch. civ.), 9 mai 1922.

La Cour,

Sur le moyen unique :

Vu l'art. de 7 de l'arrêté interministériel réglementaire du 31 mars 1915 ;

Attendu que d'après cet article, les réclamations pour retard dans les transports commerciaux doivent être notifiées à l'administration du chemin de fer par acte extra judiciaire ou par lettre recommandée dans un délai de trois jours non compris les jours fériés, qui court de la livraison de la marchandise, que cette disposition fixe la limite extrême du délai dans lequel doit intervenir la réclamation ; qu'elle n'a ni pour but, ni pour effet d'interdire de former avant la livraison une réclamation dans les formes prescrites lorsqu'elle est motivée par un retard déjà existant ; qu'une telle réclamation permet à la compagnie du chemin de fer de prendre les mesures nécessaires pour l'arrivée de la marchandise ;

Attendu que Pons, ne recevant pas trois colis de vêtements expédiés le 12 août 1916 d'Agen à Capvern, a, par lettre recommandée du 16 août et par exploit d'huissier du 18 août mis la Cie des chemins de fer du Midi en demeure de les lui livrer : qu'il les a reçus le 22 août.

Attendu que l'arrêt attaqué, infirmant le jugement du tribunal de commerce d'Agen, déclare irrecevable la demande en dommages-intérêts intentée par Pons, par le motif que la lettre recommandée et l'acte extrajudiciaire étant antérieurs à la livraison, qu'en statuant ainsi, il a violé le texte sus-visé :

Par ces motifs :

Casse...

70. — BT. 3/1923. — Retard d'un wagon-réservoir. — Contrat de location n'autorisant pas le voyage effectué. — Prétendue

94

irresponsabilité résultant de ce fait. — Condamnation de la compagnie. — Cour d'appel de Paris, 19/X 1922.

71. — Mobilier d'un militaire transporté en vertu d'un ordre de transport. — Retard et avaries. — Condamnation du chemin de fer à 22.000 fr. d'indemnité. — Jugement du tribunal de commerce de la Seine (2e ch.) du 24 mai 1922. — Simon contre Chemins de fer de Ceinture. — BT. 8/1923.

Le tribunal,

Après en avoir délibéré conformément à la loi,

Attendu qu'il est acquis aux débats que, le 12 avril 1920, le lieutenant Simon expédia, de Bonn en gare de Versailles-Chantiers, par ordre de transport administratif N° 3.176, un wagon contenant son mobilier d'un poids de 3.000 kg. ;

Que, le 27 avril suivant, après l'expiration des délais de transport, Simon se présenta à la gare destinataire et demanda la livraison dudit wagon, mais que ce véhicule ne put être mis à sa disposition que le 18 septembre suivant seulement, soit avec 145 jours de retard ;

Attendu, qu'en outre, à l'ouverture du wagon litigieux, le demandeur constata qu'une quantité importante de meubles, objets et effets, manquait ou était avariée ;

Que, néanmoins, le demandeur prit livraison du contenu du wagon dont s'agit le 21 septembre 1920, mais sous réserves et en remettant à l'administration défenderesse la liste détaillée du mobilier détérioré et des objets manquants ;

Attendu que l'administration des Chemins de fer de Ceinture est responsable des objets qu'elle transporte en sa qualité de voiturier ;

Qu'elle ne justifie, au surplus, d'aucun moyen de fait ou de droit pouvant l'exonérer de sa responsabilité ;

Qu'il convient, dès lors, d'obliger l'administration défenderesse à réparer le préjudice occasionné par sa faute ;

Et attendu que le tribunal possède les éléments voulus pour fixer à la somme de 22.000 fr. l'ensemble du préjudice subi par Simon ;

Que c'est à concurrence de cette somme qu'il convient d'accueillir la demande ;

Par ces motifs :

Le tribunal, jugeant en premier ressort,

Condamne l'administration de Chemins de fer de Ceinture, par les voies de droit, à payer à Simon la somme de 22.000 fr. à titre de dommages-intérêts ;

Déclare Simon mal fondé en le surplus de sa demande, l'en déboute ;

Et condamne l'administration des Chemins de fer de Ceinture aux dépens.

Observations. — Il est à remarquer que l'administration des Chemins de fer de Ceinture (qui a, du reste, payé le montant des condamnations prononcées contre elle) n'a pas soulevé l'exception d'incompétence, ni essayé d'échapper, au moyen d'artifices de procédure, à la juste responsabilité qu'elle avait encourue.

72. — Expédition en port payé. — Retard. — Action contre le dernier transporteur. — Application d'une transaction antérieure acceptée par les parties. — Jugement du tribunal de commerce de la Seine (8e ch.) du 20 avril 1923. — Grands Economats parisiens contre Cie du Midi. — BT 8/1923.

Le tribunal,

Après en avoir délibéré conformément à la loi,

Attendu que les Grands Economats parisiens ont expédié, le 24 mars 1920, de la Plaine St-Denis à un sieur Bertrand, à Baux (Hérault), le wagon-réservoir N° 503.741, en port payé, par petite vitesse ;

Que le dit wagon n'est arrivé à destination que le 6 juin 1920, soit avec un retard de 55 jours sur le délai normal de transport ;

Que sur ces 55 jours de retard, 23 jours employés à une réparation faite audit wagon en gare de Lunel, ne sont pas imputables aux transporteurs, qui n'ont à répondre ainsi que d'un retard de livraison de 32 jours ;

Attendu que, résistant à la demande de paiement qui lui est adressée, la Cie du Midi soutient qu'elle ne serait pas responsable du retard, n'ayant été, dans l'espèce, que le dernier voiturier, et l'expédition ayant été faite en port payé

Mais attendu que, par lettre du 3 septembre 1921, à enregistrer, la Cie du Midi, sur une réclamation concernant le retard, objet de la présente instance, répondait qu'elle faisait examiner la réclamation et qu'elle ferait connaître ensuite la solution qu'elle pourrait lui donner ;

Attendu qu'aux termes d'une seconde lettre du 14 janvier 1922, à enregistrer également avec le présent jugement, la Cie du Midi déclarait qu'elle avait chargé un agent de ses services en résidence à Paris, de procéder au règlement définitif de cette affaire, en accordant la somme de 1.040 fr. acceptée, ainsi qu'elle le constatait elle-même, par les Grands Economats parisiens, lors des derniers pourparlers ;

Attendu qu'il résulte des termes de la lettre sus-indiquée qu'une transaction acceptée par les parties est intervenue le 14 janvier 1922 ;

Que cette transaction, aux termes de l'article 1052 du Code civil, a l'autorité de la chose jugée ;

Qu'il échet, par conséquent, d'obliger la Cie du Midi à payer à la Société des Grands Economats parisiens la somme de 1040 fr., en accueillant la demande de cette Société à due concurrence.

Par ces motifs :

Le tribunal jugeant en premier ressort,

Condamne la Cie du Midi, par les voies de droit, à payer à la Société des Grands Economats parisiens la somme de 1040 fr. à titre de dommages-intérêts ;

Déclare la Société des Grands Economats parisiens mal fondée en le surplus de sa demande, l'en déboute ;

Et condamne la Cie du Midi aux dépens.

Observations. — Le jugement ci-dessus est à rapprocher de de l'arrêt de la Cour de Paris, en date du 22 juin dernier, qui est publié plus haut : ici encore, la Cie du Midi prétendait esquiver la responsabilité du retard, sous le fallacieux prétexte qu'il s'agissait d'une expédition en port payé et qu'elle n'était que le dernier transporteur. Les circonstances ont permis au tribunal de la renvoyer purement et simplement à la transaction qu'elle avait antérieurement acceptée, de même que, dans l'affaire soumise à la Cour d'appel de Paris, celle-ci a pu lui faire remarquer qu'elle avait implicitement renoncé, par son attitude antérieure à se prévaloir de sa qualité de dernier transporteur. Ni dans l'un ni dans l'autre cas, le juge n'a eu à trancher la question de savoir si la responsabilité du dernier transporteur est plus ou moins étendue que celle du premier.   L.

73. — Retard d'un colis toile de tente pour l'Aéronautique militaire. — Avaries consécutives. — Marchandise inutilisable. — laissé pour compte. — Arrêt de la Cour d'appel de Paris (5e ch.) du 30 mars 1922. — Société des Ateliers de construction de l'Ouest contre Chemins de fer de l'Etat. — BT. XI/1922.

La Cour,

Considérant que le 30 octobre 1919, la Société des Ateliers de construction de l'Ouest s'est fait expédier, de la gare de Nantes à celle de Bécon-les-Bruyères, sous le N° 2072, en petite vitesse, port dû, deux colis, l'un désigné colis bâche pesant 648 kg., l'autre colis toile de tente pesant 7 kg. ;

Considérant que ce dernier colis a été livré le 15 janvier 1920 et que c'est seulement à la date du 18 mai suivant que l'administration a offert de livrer le colis bâche de 640 kg. ;

Considérant que le 12 février, la Société avait fait sommation à l'administration de lui livrer, dans les huit jours, ledit colis, dont le manquant avait été constaté par le chef de gare de

Bécon-les-Bruyères, sur le récépissé à remettre au destinataire ;

Considérant que, le 28 mai, la Société refusa de prendre livraison des marchandises ;

Qu'elle justifie qu'elle a dû pourvoir au remplacement de la marchandise, et qu'à raison du retard, l'entoilage qui était destiné à l'Aéronautique militaire était devenu inutilisable et impropre à l'usage auquel il était destiné ;

Que ce fait est établi par la lettre du service de l'Aéronautique, du 21 octobre 1920, par laquelle l'ingénieur en chef fait savoir à la Société, qu'à raison de l'état des marchandises, le ministre de la Guerre refusait de les accepter ;

Qu'il résulte en outre d'un procès-verbal d'expertise, que l'entoilage, par suite du retard, avait subi de graves avaries ;

Que c'est donc à bon droit que le destinataire a pratiqué le « laissé pour compte » du colis litigieux ;

Considérant que, d'après le récépissé à remettre au destinataire, la marchandise était adressée à la Société des Ateliers de construction de l'Ouest ; que, dès lors, le chemin de fer devait prévoir son utilisation industrielle et la nécessité de l'urgence de la livraison ;

Considérant qu'il suit de là que la demande de la Société est justifiée, et qu'il y a lieu, par voie de conséquence de rejeter la demande reconventionnelle de l'administration des chemins de fer de l'Etat ;

Qu'enfin, la cour possède les éléments nécessaires, pour fixer le montant des réparations ;

Par ces motifs :

Infirme le jugement ;

Ordonne la restitution de l'amende ;

Condamne l'administration des chemins de fer de l'Etat à payer à la Société des Ateliers de construction de l'Ouest la somme de 13.300 fr., à titre de dommages-intérêts ;

La condamne, en outre, à tous les dépens de première instance et d'appel ;

Rejette le surplus des conclusions.

Observations. — Cet arrêt, fait une exacte application des principes de droit qui régissent le laissé pour compte : celui-ci doit être admis en cas de retard, toutes les fois que la marchandise, soit à cause des avaries produites par le retard, soit à cause de l'époque tardive où elle a été mise à la disposition de l'ayant droit, est devenue, comme dit la cour, « inutilisable et impropre à l'usage auquel elle était destinée ».   Lamy.

74. — Colis. — Retard. — Pas de préjudice. — Trib. Com. Seine. 29 septembre 1922.

Le destinataire d'un colis n'est pas fondé à réclamer une

indemnité pour un retard dans l'arrivée, alors d'une part que ce retard n'était pas suffisant pour faire obstacle à la vente en temps utile et, d'autre part, que la marchandise a dû être détruite à raison de son état de putréfaction, qui n'était pas imputable au retard.

75. — Transport des marchandises. — Livraison en gare. — Grande vitesse. — Délai. — Retard.

L'article 4 de l'arrêté ministériel du 12 juin 1866, n'impose aux Compagnies d'autre obligation que de mettre les colis expédiés en GV adressés en gare, à la disposition des destinataires, deux heures après l'arrivée réglementaire du train obligatoire. — Cass. 3 avril 1922.

76. — Chemins de fer. — Transport. — Tarif spécial GV n° 14. — Retard. — Constatations du retard.

La seule obligation imposée aux Compagnies de chemins de fer étant de mettre les marchandises expédiées à la disposition du destinataire, avant l'expiration du délai prévu par le tarif requis, il incombe à celui qui prétend que la Compagnie est en retard de prouver qu'elle a manqué à son obligation.

En conséquence, doit être cassé le jugement qui condamne une Compagnie à une indemnité pour retard dans la livraison sans constater que le destinataire se soit présenté à la gare à l'expiration du délai imparti par le tarif. — Cour de cassation, 27 mars 1922.

82. — R 15928/23.
Chemins de fer fédéraux

Berne, le 18 janvier 1923.

En ce qui concerne la réclamation (N° 286) du chef de retard à la livraison, de l'exp. PV N° 2904, du 15 novembre 1922, d'Anvers Bass. et Entr. à Genève — 4 caisses lames de rasoirs, 545 kg. — nous avons l'honneur de vous informer que votre demande n'a pas été présentée dans le délai de quatorze jours, prévu par l'art. 44, al. (1), chiffre 2 de la Convention internationale sur le transport des marchandises par chemin de fer.

D'ailleurs, si l'on tient compte des délais supplémentaires pour la Belgique, de la durée des opérations douanières et des dimanches, les délais de livraison n'ont pas été dépassés en la circonstance.

Pour ces motifs, nous regrettons de ne pouvoir donner à votre demande une suite favorable.

83. — R 18533/24.
Chemins de fer fédéraux

Berne, le 3 octobre 1924.

La Compagnie PLM nous transmet, pour suite d'enquête et réponse directe, vos deux réclamations Nos 64 et 65 du 26 mai 1924, par lesquelles vous formulez une demande d'indemnité pour retard à la livraison de deux envois de vin en provenance de Beaune (3 caisses) et de Bordeaux (2 fûts).

L'examen de ces demandes nous suggère ce qui suit :

1 Transport Beaune-Genève

Cet envoi a été expédié en régime international (Lettre de voiture internationale). Aux termes de l'art. 44, § 2 de la Convention internationale, les réclamations pour retard doivent être faites dans un délai ne dépassant pas quatorze jours, non compris celui de la livraison.

Votre demande, introduite le 16 mai, n'a donc pas été présentée dans le délai prescrit.

2. Transport Bordeaux-Genève.

Cette expédition fut effectuée en régime interne français (récépissé au destinataire). La livraison ayant eu lieu sur territoire suisse, c'est, suivant jurisprudence du Tribunal fédéral, le droit suisse, qui règle cette opération et celles qui en sont la conséquence immédiate. Or, aux termes de l'art. 44 de la loi fédérale sur les transports par chemins de fer, les réclamations pour retard doivent être faites dans un délai ne dépassant pas sept jours, non compris celui de la livraison. Votre demande, introduite le 26 mai, n'a donc pas été présentée dans le délai prescrit.

Elle n'est, par ailleurs, pas recevable non plus par le fait que la preuve du préjudice subi n'est pas rapportée.

Pour ces motifs, nous regrettons vivement de ne pouvoir accueillir favorablement vos deux demandes.

84. — R 18533/24. 29 oct. 1924.
Chemins de fer fédéraux

En possession de votre lettre Détaxes 64/65/8640 Miv/A1 du 8 octobre a. c., nous avons l'honneur d'attirer votre attention sur ce qui suit :

1. Transport Beaune-Genève.

Les réserves prises en date du 19 avril, c'est-à-dire alors que la marchandise n'était pas encore parvenue à destination, ne sont d'aucune valeur, attendu qu'à ce moment vous n'étiez pas entré dans le contrat de transport. D'ailleurs, l'art. 44 de la Convention internationale est parfaitement clair.

2. Transport Bordeaux-Genève.

En ce qui concerne les réserves prises par anticipation, les mêmes remarques que ci-dessus s'imposent pour cet envoi.

D'autre part, par notre lettre du 3 octobre courant, nous vous avons fait remarquer que la livraison sur territoire suisse d'envois accompagnés de titres de transport internes français est régie par le droit suisse. Nous croyons devoir ajouter que pour ce qui concerne les demandes du chef de retard, d'avarie, etc., elles sont examinées à la lumière du droit du pays sur le réseau duquel le dommage est survenu. Celui-ci s'est-il produit en France, c'est le droit français qui est applicable. Est-il au contraire survenu en Suisse, c'est la loi fédérale qui fait règle.

Dans le cas de l'espèce le retard est survenu sur le parcours français ; la loi fédérale ne peut donc être invoquée.

Nous avons tenu à vous donner ces quelques explications dans le but d'éclaircir les doutes que vous paraissez conserver sur la situation.

85. — BT XI/1926 et BTI 6/1923. — Transport international. — Retard GV de 24 jours. — Convention de Berne, art. 41. — Faute grave. — Indemnité « pleine et entière ». — Arrêt de la Cour de cassation (Ch. civ.) du 12 avril 1923. — Cie PLM contre Vve Laupiès.

La Cour,

Sur le premier moyen :

Attendu que 11 caisses d'escargots vivants, expédiées le 19 décembre 1917 de Sion (Suisse), en grande vitesse, à la dame Vve Laupiès, en gare de Lyon-Brotteaux, aux conditions de la Convention internationale de Berne, du 14 octobre 1890, ont été refusées à l'arrivée, après expertise, pour cause d'avaries ;

Attendu que pour déclarer la Cie des chemins de fer PLM responsable de l'entier préjudice, l'arrêt attaqué constate que la marchandise, de nature périssable, a subi un retard excessif et inexplicable ; que les caisses expédiées le 19 décembre 1927 pour être livrées au plus tard le 23 décembre, ne sont arrivées que le 15 janvier 1928, soit avec un retard de 24 jours ; que par suite de ce long retard, sur les causes duquel la compagnie a refusé tout renseignement, la marchandise était complètement avariée et impropre à la consommation ;

Attendu qu'en déduisant de ces circonstances de fait qu'une pareille négligence de la part de la compagnie, dans l'accomplissement de ses obligations, constituait une faute grave au sens de l'article 41 de la Convention de Berne, la cour d'appel a fait de cette convention une interprétation et une application qui rentraient dans ses pouvoirs, et a légalement justifié sa décision ;

Sur le second moyen :

Attendu que l'arrêt attaqué, faisant application de l'article 41 de la Convention, qui prévoit, au cas de faute grave, « le paiement de l'indemnité pleine et entière », et constatant que la marchandise avait été expédiée de Sion (Suisse), où elle avait été payée en monnaie du pays, a pu légalement condamner la compagnie, sans qu'il fût nécessaire de justifier cette décision par un motif spécial, au paiement d'une indemnité calculée au cours de la monnaie suisse, cette indemnité représentant ainsi la réparation intégrale du préjudice prévu par le texte précité ;

Par ces motifs, rejette le pourvoi formé contre l'arrêt de la cour d'appel de Lyon du 5 novemnre 1919.

Observations. — Cet arrêt et le suivant sont ceux auxquels faisait allusion, le mois dernier, notre distingué collaborateur, Me Francis Sauvage, dans son article sur les transports par eau ; celui ci-dessus, surtout, admet en termes formels, qu'un retard important « sur les causes duquel la compagnie a refusé tout renseignement » suffit à constituer la « faute grave » envisagée par l'article 41 de la Convention de Berne. — L'arrêt de la cour d'appel de Lyon, du 5 novembre 1919, contre lequel la Cie PLM s'est pourvue en vain, a été mentionné dans la 10e édition de notre *Manuel pratique*, p. 438, et un extrait en a été donné, page 443 (exemple n° 3) du même ouvrage.   L.

86. — Retard. — 1° Absence de mise en demeure de livrer ; pas de dommages-intérêts. — 2° Force majeure retardant le transport ; non-obligation d'avertir l'expéditeur. — BT 6/1923. — Arrêt de la Cour de cassation (Ch. civ.) du 13 avril 1923. — Ouest-Algérien contre consorts Bernheim.

La Cour,

Sur le première branche du moyen :

Vu les articles 1146 et 1147 du Code civil ;

Attendu qu'en cas d'inexécution ou de retard dans l'exécution d'une obligation, le créancier doit, pour faire naître le droit à des dommages-intérêts, mettre le débiteur en demeure ;

Attendu que Bernheim a assigné Simon, son vendeur, en paiement de dommages-intérêts pour retard dans l'exécution d'un marché de grains ;

Que Simon a appelé en garantie l'administration des chemins de fer de l'Ouest-Algérien, laquelle a été condamnée à payer à Bernheim la somme réclamée ;

Attendu qu'en appel, cette administration a prétendu ne pas devoir de dommages-intérêts, parce qu'elle n'avait pas été mise en demeure de livrer les marchandises à l'expiration des délais de transport ;

Que l'arrêt attaqué déclare que seul le destinataire est obligé de remplir cette formalité ;

Mais attendu que la mise en demeure est nécessaire de la part de tout créancier qui veut faire sanctionner, par des dommages-intérêts, l'inexécution de l'obligation ou le retard dans l'exécution ;

Sur la seconde branche :

Vu l'art. 1382 du Code civil,

Attendu qu'aucun texte n'oblige une compagnie de chemins de fer à avertir l'expéditeur de l'impossibilité dans laquelle elle serait, par suite de circonstances particulières, d'affectuer le transport dans les délais réglementaires ;

Que, d'ailleurs, la compagnie est tenue, par son cahier des charges, de recevoir les marchandises qui lui sont présentées, sauf à se prévaloir ensuite, s'il y a lieu, d'un cas fortuit ou de force majeure ;

Attendu, dès lors, qu'en maintenant la condamnation au paiement de dommages-intérêts prononcée par le jugement, l'arrêt attaqué a violé les textes susvisés ;

Par ces motifs,

Casse et annule l'arrêt rendu entre les parties par la cour d'appel d'Alger, le 6 décembre 1920 ;

Renvoie devant la cour d'appel d'Aix,

Observations. — En ce qui concerne le premier point traité, l'arrêt ci-dessus n'est qu'une application de la jurisprudence constante d'après laquelle, la lettre d'avis n'étant pas obligatoire, il ne peut y avoir retard qu'autant que le destinataire (ou l'expéditeur) a réclamé la livraison à l'expiration ou après l'expiration des délais réglementaires de transport.

Quant au deuxième point, il convient de faire toutes réserves sur les termes employés par la Cour et la portée du principe qu'elle a formulé : sans doute « aucun texte n'oblige (en termes exprès) une compagnie de chemins de fer à avertir l'expéditeur de l'impossibilité dans laquelle elle serait, par suite de circonstances particulières, d'effectuer le transport dans les délais réglementaires » ; mais l'expéditeur, qui ne connaît que ces délais, a toujours le droit de compter qu'ils seront observés : en conséquence si, lors du contrat, des circonstances connues de la compagnie s'opposent à l'exécution régulière du transport, le contrat est nul comme conclu par erreur, comme formé, au regard de l'expéditeur, sur une « fausse cause » (C. civ. art. 1131) ; il est, du reste, de l'essence même de la force majeure, de n'avoir pu être prévue : la compagnie ne pourrait donc valablement invoquer à sa décharge, comme force majeure, pour justifier de l'inexécution du contrat, un événement dont elle connaissait l'existence et les effets dirimants au moment où elle a passé ce contrat. Enfin, s'il est vrai que la compagnie soit « tenue, par son cahier des charges, de recevoir les marchandises qui lui sont présentées », cette obligation cesse, comme toute autre obligation, en cas de force majeure s'opposant à son exécution.

D'où nous pouvons conclure, avec la certitude d'être dans la vérité juridique, qu'une compagnie n'a pas le droit d'accepter, sans avertir l'expéditeur, les marchandises qu'elle saurait, au moment de leur présentation, ne pouvoir transporter et livrer à destination dans les délais réglementaires.

Malgré les termes quelque peu équivoques de son arrêt, la chambre civile de la Cour de cassation n'a sans doute pas voulu dire le contraire.

LAMY.

87. — Retard GV. — Tarif GV 114. — Traversée de Paris. — Délai de transmission. — Heures de nuit non comprises. — BT 8/1925. — Jugement du tribunal de commerce de la Seine (10e Ch.) du 19 mai 1923. — Beaurain frères et Saison contre : 1º Cie du Nord ; 2º Cie PLM.

Le tribunal,

Après en avoir délibéré :

Attendu qu'il est acquis aux débats que Beaurain frères et Saison se sont fait expédier dans le courant d'avril 1921, par grande vitesse à leur adresse à Boulogne-sur-Mer sur le réseau du Nord une certaine quantité de caisses de raisin faisant l'objet de 5 expéditions au départ de Marsillargues, de Barbentane, de Générac et de Congeniès, toutes gares faisant partie du réseau PLM ;

Qu'ils prétendent que ces transports auraient subi un retard cause d'avarie et de préjudice pour eux dont il réclame réparation par l'allocation d'une somme de 984 fr. 65 à titre de dommages-intérêts ;

Mais attendu, au contraire, qu'il ressort des débats et des documents soumis qu'aucun retard ne peut être mis à la charge des Compagnies assignées ;

Qu'en effet, le calcul des délais de transports établis par les demandeurs ne tient pas compte des heures de nuit pour l'application du délai supplémentaire de 6 h. prévus au tarif pour la traversée de Paris ;

Attendu que, s'il peut être exact que le tarif GV 114 sous le régime duquel ont voyagé les marchandises sus-visées ne mentionne pas de restriction en ce qui concerne les heures de nuit, il convient de rapprocher les dispositions de ce tarif de celles contenues à l'arrêté ministériel du 12 juin 1866 et à ses modifications, lequel détermine les délais d'expédition et de livraison de gare à gare des marchandises expédiées à GV ;

Que l'art. 3 de cet arrêté, copié d'ailleurs au dos de tous les récépissés d'expédition, spécifie clairement que pour les marchandises, denrées, etc., le délai de transmission entre les réseaux aboutissant à une même localité dans deux gares distinctes en communication par rails sera de 6 h., non compris les heures de nuit pendant lesquelles les gares sont fermées, et il sera de la même durée entre les diverses gares de Paris ;

Que la restriction contenue au dernier paragraphe de l'art. 5 du même arrêté ne trouvant point son application en l'espèce, il échet de faire application de l'art. 3 ci-dessus et de décider que le délai de 6 heures prévu pour chacune des expéditions litigieuses à raison de la traversée de Paris ne comprend pas les heures de nuit pendant lesquelles les gares sont fermées ;

Attendu que le calcul des délais établi sur cette base ne fait ressortir aucun retard imputable à l'une des Compagnies défenderesses ;

Que si des avaries ont pu être constatées à partie des marchandises transportées, on ne saurait les imputer, ainsi que le prétendent les demandeurs, aux retards de livraison ;

Attendu, dès lors, que la demande de ceux-ci n'est pas fondée et doit être rejetée ;

Par ces motifs,

Le tribunal, jugeant en dernier ressort :

Déclare Beaurain frères et Saison mal fondés en leur demande, les en déboute ;

Et les condamne par les voies de droit aux dépens. (Voir arrêt Cassation 174).

88. — Expédition en port payé. — Retard. — Action contre le dernier transporteur ; validité. — Preuve de la réclamation infructueuse du destinataire. — BT 8/1924. — Arrêt de la Cour d'appel de Paris (5e Ch.) du 22 juin 1923. — Cie du Midi contre Senaux.

La Cour,

En la forme :

Considérant que l'appel est régulier et recevable :

Au fond :

Considérant qu'il appert des documents de la cause et des débats que Senaux s'est fait expédier : — 1º le 24 mai 1919, de Verteuil-sur-Charente (réseau de P.-O.) à Perpignan, (réseau du Midi) 8 demi-muids vides chargés sur un wagon particulier : — 2º le 13 juin 1919, de Limoges (réseau de P.-O.), à Perpignan (réseau du Midi), 12 demi-muids vides ;

Que les marchandises faisant l'objet de la première expédition, qui devaient arriver le 6 juin, n'ont été délivrées que le 2 juillet, et celles ayant fait l'objet de la 2e expédition, qui devaient arriver le 25 juin, n'ont été délivrées que le 16 cotobre ;

Considérant qu'à l'action dirigée par Senaux contre la Cie du Midi en responsabilité à raison du retard apporté dans le transport, cette compagnie oppose qu'étant le dernier transporteur d'une marchandise voyageant en port payé, elle ne serait responsable que des fautes commises dans la partie du transport effectué sur son réseau, et qu'il incomberait à celui qui allègue les fautes d'en apporter la preuve ;

Considérant qu'il est exact qu'en matière de transport sur plusieurs réseaux successifs, le premier transporteur seul, ayant contracté avec l'expéditeur, est présumé responsable de son fait et du fait des transporteurs qu'il s'est substitués, et que le dernier voiturier n'est tenu, au regard de l'expéditeur ou du destinataire, que des fautes qui sont établies à sa charge, l'expéditeur ou le destinataire devant prouver qu'il a reçu les marchandises et a ainsi contracté l'obligation de les délivrer en bon état au destinataire ;

Considérant toutefois que cette règle, basée sur les dispositions des art. 96 et suivants du Code de commerce, n'a pas le caractère d'ordre public, et qu'il peut y être dérogé si les circonstances de la cause démontrent que le dernier transporteur, actionné en responsabilité, a accepté le débat sur les conséquences de la faute invoquée à l'occasion du transport ;

Or, considérant que, dans l'espèce actuelle, il est constant que la Cie du Midi a discuté devant l'arbitre désigné par le tribunal de commerce les éléments du préjudice dont réparation serait due à l'intimé si le retard invoqué était établi sans distinguer à quel réseau il serait imputable ;

Qu'elle n'a méconnu ni la réception des marchandises provenant du réseau d'Orléans, ni le défaut de livraison à l'expiration des délais de transport, contestant seulement l'existence d'un retard légal et le chiffre des dommages-intérêts réclamés ;

Considérant que l'attitude de la Cie du Midi au cours du procès aurait, si l'exception soulevée devant la Cour était accueillie, cette conséquence inadmissible que Senaux aurait été privé par son fait, de la faculté de s'adresser dans les délais de l'article 108 du Code de commerce au premier transporteur, alors qu'il pouvait croire son action valablement engagée ;

Considérant que le premier moyen soulevé par la compagnie appelante n'est, dès lors, pas fondé et doit être repoussé ;

Considérant que la Cie du Midi soutient, en second lieu, que le débat ne peut porter sur le wagon particulier n° C. A. C. 41, sur lequel étaient chargés les 8 fûts ayant fait l'objet de la première expédition et dont elle n'a pas pris charge ;

Considérant qu'il est exact et reconnu par l'intimé que ce wagon n'ayant pas été mentionné sur la déclaration et le récépissé d'expédition n'a pas été compris dans le contrat de transport, et qu'il doit être écarté du débat ;

Considérant enfin que la compagnie appelante prétend que

le retard légal de chaque expédition n'est pas établi, Senaux ne justifiant pas qu'il se soit présenté à la gare de Perpignan après l'expiration des délais de transport pour retirer ses marchandises ;

Considérant, à cet égard, qu'il n'est produit que des lettres recommandées adressées par Senaux au chef de gare de Perpignan, dans lesquelles il se borne à l'informer que son expéditeur a remis le matériel à telle date à la gare expéditrice, et qu'il fait toutes réserves à raison du retard qui aggraverait ses frais de location de fûts ;

Que le chef de gare a répondu par un imprimé portant que la Compagnie fait toutes démarches utiles pour donner à sa réclamation la suite qu'elle comporte ;

Considérant que ces lettres recommandées sont insuffisantes pour prouver que Senaux s'est présenté soit lui-même, soit par ses représentants à la gare de Perpignan, après l'expiration des délais de transport, et s'est trouvé dans l'impossibilité de retirer ses marchandises ;

Qu'aucun des éléments produits aux débats n'est de nature à corroborer sa prétention, et qu'il l'a si bien compris qu'il offre de prouver par voie d'enquête ses démarches à la gare, nécessaires pour constituer la compagnie en demeure, et la rendre passible de dommages-intérêts ;

Considérant que les faits articulés, que dénie la Cie du Midi, sont pertinents et admissibles, et qu'il échet d'en autoriser la preuve en donnant commission rogatoire à cet effet au tribunal de commerce de Perpignan, à raison de l'éloignement des témoins à entendre ;

Par ces motifs :

En la forme :

Reçoit la Cie du Midi appelante du jugement du 3 novembre 1921 ;

Au fond :

Dit que la Compagnie, ayant accepté le débat au fond, n'est plus recevable à se prévaloir de sa qualité de dernier transporteur, pour imposer à Senaux le fardeau de la preuve d'une faute commise sur son réseau ;

Dit que la Cie du Midi n'a pas pris charge du wagon particulier C. A. C. 41, qui ne figure pas sur la déclaration d'expédition du 24 mai 1919 ;

Déboute, en conséquence, la Cie de ses conclusions sur ce premier chef, et Senaux de ses conclusions sur le second chef ;

Et, avant faire droit sur le surplus du litige, tous droits et moyens des parties expressément réservés ;

Autorise Senaux à faire la preuve tant par titres que par témoins des faits suivants par lui articulés :

107

1° Aux dates des 26, 27 et 28 juin 1919 et des 1er, 5 et 10 juillet 1919, un employé de Senaux s'est présenté à la gare de Perpignan, service de la petite vitesse, pour y réclamer 12 demi-muids vides, ayant fait l'objet de l'expédition PV n° 8139, du 13 juin 1919, à la gare de Limoges ;

2° Aux dates des 7, 10 et 19 juin 1919, un employé de Senaux s'est présenté à la gare de Perpignan, service de la petite vitesse, pour y réclamer 8 demi-muids vides, ayant fait l'objet de l'expédition PV, n° 88,du 24 mai 1919, à Verteuil-sur-Charente ;

Réserve à la Cie du Midi la preuve contraire ;

Commet rogatoirement le tribunal de commerce de Perpignan pour procéder à ladite enquête, conformément aux dispositions des articles 407, 412 et 432 du Code de procédure civile ;

Ordonne la restitution de l'amende ;

Réserve les dépens.

Observations. — I. —

Le transport litigieux ayant été effectué en port payé, au départ de Verneuil-sur-Charente (réseau P.-O.), à destination de Béziers, la Cie du Midi soutenait qu'en sa qualité de dernier transporteur, elle n'était responsable que des fautes commises sur son propre réseau ; mais elle n'avait invoqué ce moyen ni devant l'arbitre rapporteur, ni devant le tribunal de commerce, et s'était seulement bornée à des moyens concernant l'ensemble du transport. Dans ces conditions, la cour de Paris a fait bonne justice en déclarant que la Compagnie avait renoncé devant le tribunal de première instance, à se prévaloir de sa qualité de dernier transporteur et accepté ainsi de façon définitive la responsabilité de l'intégralité du transport.

Au surplus, comme le fait remarquer l'arrêt, si la Cie du Midi avait invoqué en première instance l'argument qu'elle a soutenu pour la première fois en appel, le demandeur aurait pu se retourner en temps utile contre le réseau d'Orléans ; au contraire, il avait maintenu, perdu son recours, puisque les délais de l'art. 108 du Code de com. étaient expirés, et ce fait était imputable à la Compagnie, qui devait, dès lors, en supporter les conséquences. Cette règle pourrait à bon droit être appliquée toutes les fois que les Compagnies attendent l'expiration du délai de l'art. 108 pour prétendre que le transporteur assigné n'est pas celui contre lequel l'action devrait être dirigée.

II. — A noter encore, au sujet de l'arrêt ci-dessus, que la Compagnie ayant soutenu qu'aucun retard ne pouvait être reproché aux transporteurs, alors que le demandeur ne justifiait pas s'être présenté à la gare de destination, après l'expiration des délais de transport, pour retirer ses marchandises, la Cour

a autorisé ledit demandeur à faire la preuve « tant par titre que
par témoins » des faits par lui articulés, et a commis rogatoirement le tribunal de commerce de Perpignan, dans le ressort
duquel se trouve la gare destinataire, pour procéder à cette enquête : c'est là une excellente application du principe d'après
lequel, en matière commerciale, le juge du fait peut s'éclairer
par tous moyens.   L.

89. — Expédition reçue sans réserves alors que la grève était
imminente. — Retard. — Force majeure non admise. — Arrêt
de la cour d'appel de Montpellier, du 30 juin 1923. — Cie PLM.
contre Gibellino frères. BT. Sept. 1923.

Attendu que les parties sont d'accord pour demander la
jonction des deux instances qui ont donné lieu aux jugements
du tribunal de commerce de Montpellier du 8 juillet, statuant
l'un sur l'expédition de Rosporden de 240 sacs de pommes de
terre, en date du 27 avril 1920, l'autre sur l'expédition de Rosporden d'un wagon de pommes de terre en date du 30 avril ;

Attendu que les indemnités allouées à Gibellino ont eu pour
cause non le préjudice résultant du seul retard des expéditions,
mais celui de l'avarie occasionnée par le temps qui s'est écoulé
entre l'expiration du délai de transport normal et l'arrivée de
la marchandise à destination ;

Que la Cie PLM. ne conteste ni l'existence de l'avarie, ni la
durée du transport à laquelle cette avarie est imputable, ne
saurait s'exonérer de l'obligation de réparer le préjudice en
alléguant l'absence de réclamation à la gare destinataire après
l'expiration du délai de transport ; qu'elle soutient d'ailleurs, à
l'appui de son appel, que le retard est dû à la grève des cheminots qui a éclaté la premier mai et que cette grève a été un cas
de force majeure ;

Attendu que les premiers juges ont, au contraire, déclaré à
bon droit que cette grève, qui était prévue au moment des expéditions en litige, et qui n'a pas eu pour effet d'arrêter complètement le trafic des chemins de fer, ne peut être considéré
comme un cas de force majeure ayant mis obstacle à l'obligation du transporteur ;

Attendu, en effet, que la grève générale des réseaux avait été
votée le 25 avril par le congrès des cheminots et que la Cie ne
l'ignorait pas ; que l'acceptation par elle d'une marchandise
périssable sans faire de réserves quant à la durée du transport
qu'un événement prévu menaçait de prolonger, l'obligeait à
utiliser pour cette marchandise périssable les moyens de transport qui étaient à sa disposition et auraient permis de livrer dans
le délai réglementaire ; qu'en négligeant de la faire la Cie des

chemins de fer a commis une faute qui justifie les condamnations prononcées ;

Par ces motifs et ceux des premiers juges, la Cour, le ministère public entendu :

Après en avoir délibéré en secret : joint les instances et statuant par un seul arrêt sur les appels, déclare la Cie PLM. mal fondée, en ses appels ; l'en démet ; confirme les jugements et condamne la Cie PLM. à l'amende et aux dépens.

Observations. — L'arrêt ci-dessus, fait une très exacte application des principes généraux applicables au cas de grève.

On lit, en effet, dans le jugement du tribunal de commerce de Montpellier, en date du 8 juillet 1921, qui était déféré à la Cour :

Attendu tout d'abord qu'il est de notoriété publique que la grève du 1er mai, faite en vue d'une revendication d'ordre social, avait été prévue longtemps à l'avance ; que les cheminots avaient prévenu de leur décision et les Cies et le Gouvernement ; qu'il n'est donc pas possible de reconnaître, dans l'espèce soumise, à la fin de non recevoir des transporteurs, le caractère soudain, impossible à prévoir, nécessaire pour constituer le cas de force majeure ;

. . . .

Attendu que les transporteurs connaissaient la nature de la marchandise ; qu'ils savaient par suite qu'elle était essentiellement périssable, qu'ils avaient par suite l'obligation de l'acheminer sur sa destination de préférence à d'autres envois de conservation moins difficile, alors qu'ils n'étaient pas dans l'impossibilité absolue d'agir ainsi puisque les transports par chemin de fer n'ont jamais été complètement interrompus ; que le trafic s'est toujours poursuivi, tout au moins partiellement ;

Attendu que la Cie PLM. ne justifie ni par un constat d'un commissionnaire de surveillance administrative, ni par tout autre moyen, que la marchandise litigieuse a été arrêtée à une date déterminée et sur un point précis et qu'il a été impossible de la transporter plus loin ; qu'en réalité elle peut seulement invoquer le trouble général apporté par la grève dans ses services, les difficultés résultant de la diminution de son personnel ; que ces faits, si certains qu'ils soient, ne constituent nullement le cas de la force majeure prévu à l'article 104 du Code de commerce ; qu'il ne peut par suite être dit droit aux conclusions de la Cie PLM. qui avait accepté un mandat dans des conditions déterminées, qui ne l'a pas rempli, et qui a l'obligation de réparer le préjudice certain causé au commerçant destinataire.

Il était donc bien établi, et que la Compagnie avait pu prévoir l'événement, et qu'elle avait eu la possibilité d'y parer en ce qui concerne l'expédition litigieuse ; qu'en tout cas elle ne faisait point la preuve de l'impossibilité où elle se serait trouvée de livrer ladite expédition dans les délais réglementaires. Cette dernière constatation suffisait à justifier sa condamnation.   L.

90. — Expédition G. V. livrable en gare. — Retard : indemnité. — Réclamation du destinataire non constatée par le juge. — Cassation. — Arrêt de la cour de cassation (ch. civ.), du 16 juillet 1923. — Cie d'Orléans contre Baptieudia. BT. 1/X 1923.

La Cour,

Sur le moyen unique :

Vu l'art. 4 de l'arrêt ministériel du 12 juin 1866 ;

Attendu que, pour les marchandises livrables en gare, il n'y a retard que si les marchandises ne sont pas mises, à l'expiration des délais réglementaires, à la disposition du destinataire se présentant pour les réclamer ;

Attendu qu'à l'occasion d'une expédition faite en grande vitesse, le 23 mars 1917, du Havre en gare de Clermont-Ferrand, le jugement attaqué a condamné la Cie d'Orléans, pour un prétendu retard, à payer des dommages-intérêts au destinataire, sans indiquer qu'il avait requis, en temps utile, la remise des colis ;

Qu'il n'a dès lors, pas justifié légalement sa décision ;

Par ces motifs :

Casse et annule le jugement rendu entre les parties par le tribunal de commerce de Clermont-Ferrand le 3 mai 1918 ; renvoie devant le tribunal de commerce de Rion.

Observations. — Les juges consulaires verront, dans l'arrêt ci-dessus, une nouvelle preuve de la nécessité, pour eux, de toujours motiver leurs décisions avec le plus grand soin, afin d'éviter la censure de la cour suprême.

91. — BT. 6/1926. Retard. — arrêt ministériel du 31 mars 1915. — Validité d'une réclamation formulée avant la livraison. — Arrêt de la Cour de cassation (ch. civ.), du 18 juillet 1923. — Cie d'Orléans contre Castaing fils.

La Cour,

Sur le premier moyen :

Attendu que des feuilles de cuivre rouge du poids de 2.024 kg. expédiées le 3 mai 1918, en P. V., de Castelsarrasin, réseau du Midi, à l'adresse de Castani fils, en gare de Saint-Martin-du-Puy, réseau d'Orléans, ne sont parvenues à destination qu'avec un long retard ; que l'arrêt attaqué, rejetant les conclusions de la Cie d'Orléans qui opposait à la demande d'indemnité une fin de non-recevoir fondée sur l'irrégularité de la réclamation faite

111

par le destinataire hors des délais fixés par l'art. 7 de l'arrêté des ministres de la Guerre et des travaux publics du 31 mars 1915, a condamné la compagnie à payer la somme de 10.727 fr. 10, à titre de dommages-intérêts ;

Attendu, d'après le pourvoi, que la réclamation ayant été faite avant la livraison, l'arrêt attaqué a méconnu ainsi les prescriptions impératives de l'arrêté, aux termes duquel la réclamation doit être faite dans un délai de trois jours à compter de la livraison, d'où il suit que toute réclamation anticipée serait inopérante ;

Mais attendu que cette disposition fixe la limite extrême du délai dans lequel doit intervenir la réclamation ; qu'elle n'a ni pour but, ni pour effet, d'interdire de former avant la livraison une réclamation dans les formes prescrites, lorsqu'elle est motivée par un retard déjà existant ; qu'une telle réclamation permet à la compagnie de chemin de fer de prendre les mesures nécessaires pour l'arrivée de la marchandise ;

Qu'ainsi le moyen n'est pas fondé ;

Sur le second moyen :

Attendu que l'arrêt attaqué, tant par ses motifs propres que par ceux du jugement qu'il adopte implicitement, constate que la marchandise a été expédiée de Castelsarrasin le 3 mai 1918, et qu'ayant pris une fausse direction, elle n'a été livrée à Saint-Martin-du-Puy que le 9 novembre 1918, soit avec un retard de plus de cinq mois ; que l'assignation de Castaing fils a été notifiée à la compagnie le 12 juillet 1918 ; que le retard dépasse tous les délais légaux et, notamment, celui de 15 jours afférent à l'expédition ;

Que, dès lors, la décision est justifiée ;

Par ces motifs :

Rejette le pourvoi formé contre l'arrêt rendu le 10 juin 1920 par la cour d'appel de Bordeaux.

Observations. — L'arrêt ci-dessus, conforme à la jurisprudence d'un autre arrêt de la chambre civile en date du 9 mai 1921, n'a guère qu'un intérêt rétrospectif, puisqu'il concerne une expédition à laquelle s'appliquait l'arrêté du 31 mars 1915, qui régissait uniquement les transports du temps de guerre. Nous croyons devoir néanmoins le publier à cause de la tendance qui s'est manifestée, suivant laquelle la jurisprudence concernant ledit arrêté serait applicable aux expéditions soumises à l'article 105 du Code de commerce.

Il y a eu ,en effet, une certaine similitude entre l'article 7 de l'arrêté de 1915 et l'article 105 du Code de commerce, mais c'est par suite d'une confusion qu'on a pu vouloir assimiler celui-ci à celui-là, alors qu'au contraire c'est ledit article 7 de

112

l'arrêté de 1915 qui a pu, sous certains rapports, être assimilé à l'article 105 du code de commerce.

L'assimilation n'a, du reste, été faite qu'en ce qui concerne la valeur et l'effet des réserves formulées par le destinataire au moment de la livraison :

Attendu, dit un arrêt de la cour de cassation du 31 juillet 1923, que nous avons publié le 1er novembre de la même année, page 129, que les dispositions de ce dernier article (art. 7 de l'arr. de 1915) relatives au mode et au délai de la réclamation peuvent par exception, comme celles identiques et non moins impératives de l'article 105 (du code de commerce), cesser de recevoir application, sous la double condition que le destinataire ait fait des réserves au moment de la livraison et que ces réserves aient été acceptées par le transporteur.

Mais on ne saurait en aucune façon appliquer la jurisprudence de l'arrêt du 18 juillet 1923 au retard d'une expédition régie par les prescriptions de l'article 105 du Code de commerce, pour la très bonne raison d'ailleurs, — et péremptoire, — que l'article 105 s'applique exclusivement aux pertes partielles et aux avaries, à l'exclusion des pertes totales et des retards.

On trouvera plus loin un arrêt de la cour d'appel de Montpellier qui a précisément eu l'occasion de constater que des réserves pour manquant, faites avant la réception de la marchandise, devaient être considérées comme inopérantes et ne mettaient pas obstacle à l'application de l'article 105, lequel, il importe de le rappeler, est ainsi conçu :

La réception des objets transportés et le paiement du prix de la voiture éteignent toute action contre le voiturier pour avarie ou perte partielle, si, dans les trois jours, non compris les jours fériés, qui suivent celui de cette réception et de ce paiement, le destinataire n'a pas notifié au voiturier, par acte extrajudiciaire ou par lettre recommandée, sa protestation motivée.

Les circonstances de l'affaire sont insuffisamment exposées dans l'arrêt de Montpellier pour qu'il soit possible de se faire une opinion ferme sur le plus ou moins bien fondé de la demande et sur les chances que pourrait offrir un pourvoi en cassation contre cet arrêt, mais on y voit tout de même qu'il s'agissait d'un manquant de plus de 16 hectolitres, dû, dit la Cour, à la faute de la Cie du Nord, et on ne peut qu'être frappé de l'imprudence du destinataire qui n'a pas pris au moment de la livraison toutes précautions utiles pour s'assurer la réparation à laquelle il avait incontestablement droit. BT. 6/1926.

92. — Transport international. — Retard P. V. de plusieurs mois. — Conv. de Berne art. 41. — Faute grave. — Indemnité « pleine et entière ». — Arrêt de la cour de cassation (ch. req.), du 27 juillet 1923. — Cie PLM. contre Maurin et Bontoux.

Sur le moyen du pourvoi, pris de la violation des articles 41 de la Convention internationale de Berne, 103 et suivants du Code de commerce, 1147, 1382 du Code civil, en ce que l'arrêt attaqué, après avoir constaté que l'importance de l'avarie alléguée par Maurin et Bontoux ne pouvait être considérée comme établie et qu'il n'était pas possible d'imputer au transporteur la cause de cette avarie, n'en a pas moins condamné la Cie PLM. au paiement de la différence entre le montant de la valeur de la marchandise et le montant de la vente aux enchères, retenant ainsi comme base de l'indemnité une valeur qu'il avait antérieurement exclue ;

Mais attendu qu'il résulte de l'arrêt attaqué que Maurin et Bontoux ayant, le 3 juin 1919, expédié de Marseille à Mayence 250 bâches de farine pour bétail, la livraison n'a eu lieu à Mayence que le 15 octobre suivant, alors que le délai de transport réglementaire était de 12 jours ; attendu que si l'arrêt déclare que, bien que la marchandise ait été sûrement avariée par mouillure, Maurin et Bontoux ne sont pas fondés à imputer à la compagnie de transport la cause de cette avarie et n'ont pas pu en établir d'une manière certaine l'importance et l'origine, faute par eux d'avoir pris à cet égard les mesures nécessaires, il relève que le retard, égal à près de 10 fois le délai réglementaire, provient uniquement de fausses directions, de stationnement prolongés et de l'erreur inexcusable d'un agent de la compagnie ; qu'il décide que le retard, joint à la circonstance que pendant plusieurs mois la compagnie n'a pu, malgré les demandes de Maurin et Bontoux, les renseigner sur ce qu'était devenue la marchandise, constitue de la part de la compagnie de chemin de fer une faute grave qui a causé un dommage considérable aux expéditeurs et les autorise, par application de l'article 41 de la Convention de Berne, à réclamer des dommages-intérêts plus étendus conformément au droit commun ;

Attendu, dans ces circonstances, que les juges du fond ayant un pouvoir souverain pour évaluer la réparation du préjudice causé par le retard, la cour d'appel, en fixant le chiffre des dommages-intérêts à la différence entre le montant de la valeur de la marchandise et celui du prix produit par la vente aux enchères ainsi qu'au montant des frais de transport, s'est livrée à une appréciation qui échappe au contrôle de la Cour de cassation, et d'où il ne résulte aucune contradiction ;

Que, par suite, le moyen n'est pas fondé ;

Par ces motifs, rejette le pourvoi formé contre l'arrêt rendu le 4 février 1922 par la cour d'appel d'Aix.

Observations. — On peut retenir, de l'arrêt ci-dessus, — dont la limpidité n'est pas parfaite, — que la Cour de cassation entend, comme précédemment, abandonner entièrement au juge du fond l'appréciation de l'importance du préjudice à rétribuer.

Par ailleurs il retient, comme « faute grave » au sens de l'article 41 de la Convention de Berne, le retard, égal à près de 10 fois le délai réglementaire, qui provient uniquement de fausses directions, de stationnements prolongés et de l'erreur inexcusable d'un agent, et auquel se joint la circonstance que pendant plusieurs mois la compagnie n'a pu renseigner les intéressés sur ce qu'était devenue leur marchandise. BT. XI/1926.

93. — Transport des marchandises. — Retard. — Preuve. — Reconnaissance de la compagnie. — Nullité.

Les délais pour les transports par chemin de fer étant d'ordre public, une compagnie ne peut y renoncer même implicitement ; et par suite la seule reconnaissance par elle d'un retard ne suffit pas à en établir légalement l'existence. Cass. — 31 juillet 1923.

94. — 1. Expédition livrable en gare réclamée par lettre. — Preuve du retard. — 2. Réception sans réserve alors que la grève était imminente. — Force majeure non admise. — Arrêt de la cour d'appel de Paris (5e ch.), du 12 octobre 1923. — Cie du Midi contre Morel et Saulou. BT. 2/1924.

La Cour,

En la forme,

Considérant que l'appel est régulier et recevable ;

Au fond :

Considérant que le litige déféré à la Cour porte sur 5 expéditions de vins effectuées de Béziers à Morel et Saulou, en gare de Paris-Bercy, et arrivées à destination avec divers retards ;

Considérant que, pour apprécier s'il y avait retard légal, les premiers juges ont admis que le destinataire n'était nullement astreint à se présenter en personne, pour réclamer la marchandise, mais qu'il lui suffisait de formuler sa réclamation par lettre ;

Considérant que le tribunal a ainsi méconnu les principes qui régissent la matière ;

Qu'en effet, pour constituer le chemin de fer en demeure, il est nécessaire qu'après l'expiration des délais de transport d'une marchandise livrable en gare, le destinataire se présente pour la réclamer, et l'envoi d'une lettre est insuffisant, si le chemin de fer ne reconnaît pas lui-même le retard qui lui est imputable ;

Considérant d'ailleurs que la preuve d'une réclamation régulière peut résulter de toutes les circonstances de la cause ;

Or, considérant que les lettres des 3 février, 10 février et 16 mai 1920, visant le retard des 5 expéditions litigieuses, sont conçues en des termes qui rappellent manifestement des réclamations antérieures et corroborent l'affirmation des intimés qu'ils avaient précédemment envoyé à la gare un employé pour prendre livraison des marchandises ;

Que la Cie du Midi n'a d'ailleurs opposé à cette affirmation et à l'articulation formulée par les intimés à titre subsidiaire, qu'une dénégation de forme ;

Considérant qu'il échet, dès lors, tout en modifiant les motifs du jugement, d'admettre comme établi le retard déterminé par les premiers juges ;

Considérant toutefois que les parties sont d'accord pour reconnaître que les marchandises ayant fait l'objet de la première expédition, ayant été mises à la disposition du destinataire le 7 février 1920, c'est à tort que le tribunal a prolongé le retard imputable à la Compagnie jusqu'au 9 février, sous le prétexte que le 8 était un dimanche ;

Qu'en effet, le retard cesse dès le moment où la gare offre la marchandise au destinataire ;

Mais considérant que, malgré cette rectification, il est équitable de maintenir au chiffre de 100 fr. le montant des dommages-intérêts applicables à ce premier chef ;

Considérant, en ce qui touche les trois dernières expéditions, concernant un wagon-réservoir remis à la gare de Béziers, le 29 avril 1920, et livré le 27 mai un autre wagon réservoir remis à la même date et livré le 30 mai et un troisième wagon-réservoir remis le 30 avril et livré le 9 juin, que la Compagnie prétend s'exonérer de toute responsabilité parce que le retard aurait été causé par la grève qui a éclaté en mai 1920 sur les réseaux et qui, par son caractère de soudaineté et de généralité, ainsi que par sa nature extra-professionnelle, aurait constitué le cas de force majeure prévu par la loi ;

Considérant que les premiers juges ont repoussé ce moyen par ce motif que la Compagnie du Midi ne versait au débat aucune pièce justificative ;

Que, pour remédier à cette lacune, elle produit devant la Cour des feuilles de chargement et des attestations de chefs de gare, d'où elle prétend tirer la preuve de ses allégations ;

Considérant qu'il convient d'observer d'abord que lorsqu'elle a reçu les wagons litigieux, les 29 et 30 avril, elle était prévenue de l'imminence du mouvement préparé et annoncé par les cheminots, en vue d'imposer la nationalisation des chemins de fer, et qu'en recevant sans réserve les marchandises aux dates précitées, elle acceptait de courir le risque des retards que pourrait entraîner, dans son trafic, la défaillance de son personnel ;

Considérant que si la grève n'a pas été soudaine, elle n'a pas été non plus générale et complète ;

Qu'il appartient donc à la Compagnie appelante d'établir qu'en fait le retard, que lui reprochent Morel et Saulou est dû à l'impossibilité où l'a placée la grève d'acheminer les wagons litigieux dans le délai réglementaire ;

Or, considérant que s'il appert des documents produits que les trains dont faisaient partie lesdits wagons ont été garés assez longtemps, soit à Franvault, soit à Perigny, soit dans d'autres gares, la preuve n'est pas rapportée que ce soit l'abstention du personnel nécessaire au transport qui ait entraîné l'arrêt particulier des trains ou des wagons envisagés ;

Qu'il n'est pas contesté que la circulation des trains n'a pas été complètement interrompue, puisque le premier wagon, expédié le 29 avril, a pu être livré le 27 mai, avant la fin de la grève, et le deuxième l'a été le 30 mai, c'est-à-dire trois jours après ;

Considérant qu'il résulte de ces constatations que si la grève a entraîné pour les Compagnies du Midi et PLM de graves difficultés dans le fonctionnement de leurs services et des conséquences pour elles, il n'est pas possible de décider juridiquement, dans l'espèce actuelle, qu'elle ait constitué un obstacle imprévu de nature à justifier l'application à leur profit des articles 1188 du Code civil, 98 et 103 du Code de commerce ;

Par ces motifs :

Et adoptant ceux non contraires des premiers juges ;

En la forme :

Reçoit la Cie du midi appelante du jugement du 24 décembre 1921 ;

Au fond :

La déclare mal fondée en son appel,

L'en déboute,

Confirme le jugement entrepris,

Déboute les parties de toutes autre fins et conclusions,

Et condamne la Cie du Midi à l'amende et aux dépens d'appel

Observations. —

I. — Ainsi que nous l'avons rappelé dans notre précédent numéro, sous le titre « Fantaisies juridiques », lorsqu'il s'agit d'expéditions livrables en gare pour lesquelles la lettre d'avis n'est pas obligatoire, une lettre ne saurait constituer la compagnie en demeure de livrer, mais, comme le dit fort bien l'arrêt ci-dessus, « la preuve d'une réclamation régulière peut résulter de toutes les circonstances de la cause » et, dès lors, une simple lettre peut être l'un des éléments qui déterminent la conviction du juge du fait.

II. — Sur le deuxième point, la jurisprudence admet que la grève peut, suivant les circonstances, constituer ou non un cas de force majeure qui exonérera de l'accomplissement de ses obligations le débiteur dans le personnel duquel elle a éclaté ; mais

à la condition que l'événement ait constitué un obstacle imprévisible et insurmontable à l'exécution de l'obligation dont il
s'agit et non pas de simples difficultés rendant cette exécution
plus onéreuse ou plus périlleuse (Planiol, *Traité de Droit civil* n°
231 ; Colin et Capitant, *Traité de Droit civil*, tome II, page 10).

Dans l'espèce, la Cour de Paris a décidé qu'à l'égard de l'expédition litigieuse, la grève des cheminots de mai 1920 n'avait
pas un caractère imprévisible : au moment de la remise au transport des wagons litigieux, en effet, la Cie du Midi connaissait déjà les menaces de grève révolutionnaire de son personnel, ainsi
que la date du premier mai fixée par les cheminots pour faire
aboutir leur projet ; d'autre part, quant au caractère insurmontable de l'obstacle constitué par la grève, la Compagnie versait
seulement aux débats des attestations de divers chefs de gare du
parcours indiquant que les wagons avaient été retenus à leur
gare pour cause de grève. Il est certain qu'une pareille affirmation émanée d'une des partie au procès ne pouvait constituer
la preuve de la force majeure susceptible d'exonérer cette même partie.   L.

95. — Fûts de vin remis à une Compagnie de tramways à destination d'un grand réseau. — Retard et avaries. — Unité du
contrat. — Mise hors de cause d'un transporteur intermédiaire ;
responsabilité de la Compagnie de tramways. — BT 1/1924. —
Arrêt de la cour d'appel de Paris (5e ch.) du 18 octobre 1923. —
Tramways de l'Aude contre : 1° Cie du Midi ; 2° Chef d'Homme.

La Cour,

Considérant que suivant déclaration d'expédition en date du
13 mars 1919, Chef d'Homme s'est fait envoyer par un sieur
Toulouse, de la gare de la Livinière (réseau des tramways de
l'Aude), en gare de Bécon-les-Bruyères, 12 fûts de vin du poids
de 8.700 kgr. ;

Considérant que les délais de transport expiraient le 17 avril
1919, par application de l'arrêté ministériel du 31 mars 1915, lequel, contrairement aux énonciations du jugement, n'était pas
encore abrogé à l'époque de l'expédition ;

Considérant que les fûts ne furent mis à la disposition du destinataire que le 13 juin, soit avec un retard de 53 jours ;

Considérant que Chef d'Homme ayant pris livraison de 4 fûts
et fait expertiser les 8 autres, l'expert releva une vidange de 1038
litres, attribuée, pour 300 litres à la sécheresse, pour 256 litres
au vice propre des fûts, et pour 482 litres aux transporteurs ;

Considérant que c'est dans ces circonstances de fait que Chef
d'Homme assigna les tramways de l'Aude et la Cie du Midi en
réparation du préjudice résultant pour lui du manquant et du

retard, et que les tramways de l'Aude ont appelé en garantie la Cie du Midi ;

Sur la demande de Chef d'Homme contre la Cie du Midi :

Considérant que les premiers juges ont à bon droit décidé que la Cie du Midi n'étant qu'un transporteur intermédiaire, la demande de Chef d'Homme, qui a assigné le premier transporteur n'était pas recevable en l'état ;

En ce qui concerne les Tramways de l'Aude :

Considérant que la Cie des Tramways de l'Aude, qui a pris charge le 13 mars 1919 des fûts de vin à destination de Bécon-les-Bruyères, est liée par le contrat de transport qu'elle a accepté sans réserve, est par suite garante, aux termes de l'art. 99 du Code de commerce des faits des transporteurs subséquents ;

Que c'est donc avec raison que les premiers juges l'ont coudamnée à des dommages-intérêts envers Chef d'Homme ;

Que le retard légal n'est d'ailleurs pas contestable, puisqu'à la date du 17 avril où les délais expiraient, les fûts, de l'aveu de toutes les parties, se trouvaient encore en gare de Carcassonne ;

Considérant que, pour l'évaluation des dommages-intérêts, il échet de faire état de la perte des 482 litres de vin occasionnée, d'après l'expert, par des chocs en cours de transport et des 300 litres perdus par l'effet de la sécheresse, sans que la Cie de l'Aude établisse d'ailleurs la force majeure, soit au total 782 litres, ce qui, sur le pied de 114 fr. l'ho., prix justifié, représente une valeur de 891 fr. 50 ;

Que si l'on ajoute le préjudice résultant de la prolongation de location des fûts et du trouble commercial, l'allocation d'une somme globale de 1500 fr., paraît devoir constituer une réparation suffisante du dommage subi par Chef d'Homme ;

En ce qui concerne l'action en garantie dirigée par la Cie de l'Aude contre la Cie du Midi :

Considérant que les premiers juges ont déclaré que la Cie de l'Aude avait remis les fûts litigieux le 20 mars au réseau du Midi, mais que ce réseau ne les avait réexpédiés que le 30 mai, après avoir constaté un manquant de 32 litres ;

Mais considérant qu'il appert d'un bordereau versé aux débats que la marchandise a été remise à la Cie du midi le 31 mai 1919 avec mention d'une vidange de 12 em. et qu'ils n'ont nullement établi que la Cie du Midi ait pris charge des fûts avant cette date ;

Que s'ils sont restés déposés sur les quais de la gare de Carcassonne entre ces deux dates, ils étaient toujours sous la garde de la Cie de l'Aude, qui n'a fait aucune réserve à raison de ce retard ;

Considérant qu'à partir du 31 mai, le transport a été effectué dans les délais normaux et qu'aucun retard n'est imputable aux transporteurs successifs ;

Considérant que la Cie du Midi ne peut donc devoir garantie à la Cie de l'Aude qu'à raison du manquant de 32 litres existant à Carcassonne et des 256 litres perdus par le vice propre de la chose ;

Que le manquant de 300 litres évaporés par l'effet de la sécheresse doit lui être imputé, puisqu'il n'existait pas à la date du 31 mai lors de sa prise en charge ;

Qu'il suit de là que la Cie du Midi doit garantir la Cie de l'Aude jusqu'à concurrence de 782 moins 32 litres, soit 750 litres représentant une somme de 855 fr. ;

Considérant que la Compagnie n'ayant offert de payer que le manquant de 482 litres, ses offres sont insuffisantes ;

Considérant, d'autre part, que la Cie du Midi n'étant pas responsable du retard ne saurait être tenue envers la Cie de l'Aude en ce qui concerne la prolongation de la location des fûts pendant les 53 jours de retard relevés plus haut ;

Que sa condamnation doit être limitée à la somme de 950 fr. comprenant la valeur ci-dessus fixée du vin manquant et une indemnité pour le trouble commercial résultant de la privation d'une partie de la marchandise ;

Par ces motifs :

Et adoptant ceux non contraires des premiers juges,

En la forme :

Reçoit la Cie des Tramways de l'Aude et la Cie du Midi en leurs appels ;

Au fond :

Déclare lesdits appels fondés en partie,

Et y faisant droit :

Réduit à la somme de 1500 fr. le montant des dommages-intérêts que la Cie de l'Aude devra payer à Chef d'Homme pour les causes sus-énoncées ;

Réduit à la somme de 950 fr. le montant de la garantie due par la Cie du Midi à la Cie de l'Aude ;

Confirme pour le surplus le jugement entrepris ;

Déboute les parties de toutes autres fins et conclusions comme non justifiées ;

Ordonne la restitution des amendes consignées ;

Et considérant que si les Compagnies appelantes obtiennent une réduction des dommages-intérêts mis à leur charge, leur responsabilité n'en reste pas moins établie ;

Dit que chacune de ces Compagnies supportera les dépens afférents à son appel.

Observations. — La Cie des Tramways de l'Aude, premier transporteur, soutenait que, son réseau étant un réseau à voie

étroite, ses obligations de transporteur s'arrêtaient à la gare de
Carcassonne où il était nécessaire de transborder les fûts litigieux sur un wagon de la Cie du Midi. D'après ce système, il y
aurait eu, en gare de Carcassonne un second contrat de transports soumis au régime du décret du 2 février 1919 alors en vigueur ; la Cour a fait justice de ce système, en décidant que la
Cie des Tramways de l'Aude ayant pris en charge les fûts litigieux à destination de la gare de Bécon-les-Bruyères, un contrat
unique s'était formé, en vertu duquel, conformément à l'art. 99
du Code de commerce le premier transporteur était garant de
ceux qui lui avaient succédé dans l'opération du transport.
(Voir arrêt 151.) LAMY.

96. — 20 déc. 1923. — Tribunal fédéral suisse K. et CFF. —
Transport par chemin de fer. — Expédition d'huile de France
en Suisse, dans un wagon-citerne appartenant au destinataire.
— Echauffement d'un essieu et immobilisation du wagon à Bordeaux. — Défaut d'avis au destinataire et à l'expéditeur. —
Arrivée du wagon avec un fort retard à destination. — Action
de l'acheteur en réparation du dommage résultant de ce retard,
repoussée par l'instance Cantonale. — Recours au T. F. admis.

Art. 8, 18, 38, 40. Conv. Internat. de Berne. — D'après la Convention de Berne, du 4 octobre 1890, le chemin de fer est responsable des conséquences du retard dans la livraison, non seulement si la cause matérielle du retard est le fait de l'entreprise,
mais aussi, à ce défaut, s'il résulte du fait que le chemin de fer
n'a pas avisé l'expéditeur ou le destinataire dès qu'il aurait pu
le faire, et dans ce cas le chemin de fer est tenu de réparer la
totalité du dommage, selon les principes de la gestion d'affaires, c'est-à-dire qu'il répond de toute faute, même légère.

A. La demanderesse et recourante a commandé, en 1920, à la
Compagnie des Produits résineux S. A., à Bordeaux, 12.000 kg.
d'huile de térébenthine. L'huile fut placée dans un wagon-citerne, le 19 octobre 1920, à Messanges, station située sur une
voie d'accès se détachant à St-Vincent de Tyrosse de la ligne
Bordeaux-Bayonne. Ce wagon-citerne appartenait à la demanderesse et avait été introduit par les CFF, défendeurs, sur leur
réseau. Il avait été envoyé, sortant de revision, de Suisse en
France, à la fin de septembre. Le jour du chargement, le wagon-
citerne roula par St-Vincent dans la direction de Bordeaux à
destination de Grüze près Winterthur. A Ychoux, station à environ 70 km. au sud de Bordeaux, on dut le garer, le 31 octobre,
ensuite de l'échauffement d'un des essieux. Il continua sa route
le 24 octobre et arriva le 29 octobre à Bordeaux où il fut amené,
le 28 octobre, dans les ateliers du chemin de fer. Le 25 novembre, le chef des ateliers demanda à l'ingénieur compétent du

PLM d'inviter la demanderesse à livrer une pièce de rechange. La demande du PLM parvint à la demanderesse le 27 novembre. En même temps, le chef d'atelier avisa la demanderesse, le 27 novembre, que le wagon avait été amené à Bordeaux et qu'on était en train de le munir de pièces de rechange. Le même avis fut adressé le 2 décembre de Bordeaux aux chefs de gare de Messanges et de Grüze pour qu'ils en informassent l'expéditeur et le destinataire.

La demanderesse, qui avait demandé des nouvelles du wagon en retard déjà le 10 novembre et à plusieurs reprises dès cette date, reçut le 30 novembre l'invitation d'avoir à expédier la pièce de rechange et la transmit immédiatement aux ateliers des CFF, à Zurich, où elle avait en dépôt ses wagons-citernes. On expédia de là, le 3 décembre, la pièce de rechange qui fut remise le 6 aux chemins de fer français à Genève. Elle parvint à Bordeaux, le 28 décembre. Une fois remis en état, le wagon-citerne quitta l'atelier le 29 décembre, le 30 décembre la gare de Bordeaux et arriva le 11 janvier 1921 à Grüze.

La demanderesse accepta le wagon, mais déclara cependant que le prix de l'huile de térébenthine avait entre temps baissé considérablement, de sorte qu'une partie de ses acheteurs, ensuite du retard dans la livraison, avaient résilié leurs contrats et qu'elle avait dû se couvrir, pour d'autres acheteurs, en se procurant de l'huile ailleurs. Elle prétendait avoir subi une perte ensuite de la livraison hors délai, perte que les CFF, qui répondaient des chemins de fer français, devaient lui rembourser. Elle leur ouvrit donc action en paiement de 13.326 fr. 25, plus intérêt à 6 % dès le 19 novembre 1920.

Les défendeurs remboursèrent à la demanderesse les frais de transport mais contestèrent être tenus de réparer le dommage contestant toute faute à la charge du chemin de fer.

Par jugement du 27 juin 1923 l'Obergericht du canton de Zurich a repoussé la demande. C'est contre ce jugement que la demanderesse a recouru en réforme au TF, en concluant à l'admission de ses conclusions.

Le TF a admis le recours et annulé le jugement de l'instance cantonale en renvoyant l'affaire à celle-ci pour jugement nouveau dans le sens des motifs ci-après.

Arrêt :

1. En ce qui concerne le délai de livraison, nécessaire ou tel qu'il peut être normalement calculé, pour le transport dont il est question en l'espèce, l'instance cantonale pose tout d'abord en fait qu'on peut compter pour le transport de Messanges à St-Vincent de Tyrosse, non soumis à la Convention internationale sur les transports de marchandises par chemin de fer, y compris tous les suppléments, 7 jours d'après le droit fran-

çais. Cette constatation de fait basée sur le droit étranger ne peut pas être revue par le TF. Celui-ci est également lié par la constatation de l'instance cantonale, que la distance de St-Vincent de Tyrosse jusqu'à Grüze est de 1196 kilomètres-tarif. Partant de là, l'instance cantonale a avec raison compté 10 jours pour le délai de transport de la marchandise, conformément à l'art. 14 de la Convention internationale, en excluant tous les suppléments de délai invoqués par les défendeurs, pour la livraison à St-Vincent un jour, plus un jour encore pour la visite de la douane. Le délai de livraison comprend donc au total 19 jours (7 plus 12), tandis que le transport litigieux a pris en réalité du 19 octobre au 11 janvier, soit 84 jours. Le délai de livraison a donc été dépassé de 65 jours.

1. Il n'est pas nécessaire d'examiner la question de savoir si la demanderesse aurait pu sans autre, conformément à l'art. 33 de la Convention et étant donné ce retard, considérer la marchandise comme étant perdue et l'abandonner au chemin de fer, lequel aurait dû alors, d'après l'art. 34, l'indemniser jusqu'à concurrence de la valeur qu'avait la marchandise au moment de sa livraison au lieu d'expédition. En effet, la demanderesse a préféré réclamer la réparation du dommage subi par elle en raison du retard dans la livraison.

Cette prétention à des dommages-intérêts n'est pas exclue, contrairement à la manière de voir des défendeurs, par le contrat conclu entre les CFF et la demanderesse relativement aux wagons-citernes utilisés pour le transport de l'huile et appartenant à la demanderesse. D'après l'art. 12 de ce contrat, le chemin de fer n'assume, il est vrai, aucune responsabilité pour le cas où le délai de livraison serait dépassé en raison du fait que le wagon se trouverait hors d'état de rouler ou en mauvais état. Mais on a voulu entendre par là des défauts provenant de la construction et de l'état du wagon tels qu'ils existaient au moment de leur prise de possession par le chemin de fer et non pas ceux provenant du trafic lui-même et qui peuvent tout aussi bien atteindre les propres wagons du chemin de fer. Or, il n'est pas contesté que le wagon en question a été revisé en septembre en vue du transport litigieux et qu'il est sorti réparé des ateliers des défendeurs pour être conduit en France. En plus de cela, le contrat ne peut déterminer les rapports entre parties qu'à l'égard du wagon ; à l'égard de la marchandise transportée, ses dispositions n'ont de portée, conformément à l'art. 4 de la Convention internationale, que dans la mesure où elles ne sont pas en contradiction avec la dite convention. Au surplus, d'après l'art. 10 du contrat, le chemin de fer est tenu d'informer par écrit le propriétaire du wagon lorsque celui-ci est détruit ou avarié au point que sa remise en état exigera vraisemblablement un temps assez long. Le chemin de fer n'a pas accompli cette obligation, en l'espèce, ou du moins seulement au bout d'un mois. Mais il n'y a pas lieu d'examiner si et dans quelle mesure cette circonstance est de nature à fonder la responsabilité des défendeurs, du moment que son obligation de réparer le dommage résulte des dispositions de la Convention internationale.

3. Le chemin de fer, conformément à l'art. 39 de la Convention, répond du dommage résultant du fait que le délai de livraison a été dépassé, pour autant qu'il ne prouve pas que le retard provient d'un événement qu'il n'a pas provoqué et qu'il ne pouvait pas non plus empêcher de se produire. Les défendeurs sont parvenus à établir cette preuve libératoire dans la mesure où ils ont prouvé que le retard dans la livraison doit être attribué à l'échauffement du wagon et que le chemin de fer ne pouvait pas empêcher cet événement de survenir. En effet, d'une part, on ne peut faire aucun reproche au chemin de fer en ce qui concerne le graissage des roues, et, d'autre part, ainsi que l'a posé en fait l'instance cantonale, dans l'état actuel de la technique l'échauffement ne peut être évité à coup sûr, même si l'on procède au graissage avec les plus grands soins possibles. Mais cet événement n'a pas suffi pour justifier le long retard, dépassant de 65 jours le délai normal de livraison, du moment que la défectuosité du wagon, une fois la pièce de rechange arrivée à Bordeaux, a pu être réparée en un seul jour et que le wagon a pu être remis en circulation le lendemain. Le long retard a été causé, au contraire, par la manière d'agir du chemin de fer après la survenance de l'événement ayant rendu le transport imposssible. Tout d'abord, après que l'on eut constaté à Ychoux l'échauffement de l'essieu, l'on a mis un temps surprenant avant de réexpédier le wagon à Bordeaux et de le faire entrer à l'atelier ; puis, le wagon est resté là 30 jours entiers avant que l'on réclamât une pièce de rechange ; de plus, ni l'expéditeur ni le propriétaire du wagon n'ont été informés de l'avarie, et même lorsque la maison expéditrice, chargée de cela par la demanderesse, s'informa, le 10 novembre et plusieurs fois plus tard, auprès du chemin de fer au sujet du wagon, on ne donna pas de nouvelles ; ce n'est que le 27 novembre que le chef d'atelier de Bordeaux écrivit à la demanderesse pour lui dire où était le wagon.

L'instance cantonale a bien jugé que cette attitude du chemin de fer constituait une négligence, mais non pas une négligence grave, et, comme le chemin de fer, d'après l'art. 41 de la convention internationale (sauf en cas de dol, qui n'entre pas ici en ligne de compte), ne peut être tenu de réparer la totalité du dommage qu'en cas de négligence grave, elle n'a pas admis la responsabilité des défendeurs.

4. Mais la question de savoir si la faute du chemin de fer est lourde ou légère n'est pas décisive pour déterminer la responsabilité des défendeurs. L'art. 41 de la Convention internationale ne concerne que le montant du dommage à réparer, mais non pas la responsabilité elle-même, et cela résulte de ce qu'en connexion immédiate, soit en opposition avec les limitations de la responsabilité résultant des art. 34 à 40 de la dite convention, le dit art. 41 donne droit à une indemnité pleine et entière pour dommage provenant de la perte, de la diminution ou de l'endommagement de la marchandise et pour retard dans la livraison, lorsqu'il y a dol ou faute grave. Cette opposition n'existe pas pour les autres cas de violation de la Convention internationale, parce que dans ces cas là les principes généraux du droit imposent déjà la réparation intégrale du dommage, même s'il n'a pas été causé par dol ou par négligence grave. Dès lors il est possible, en dépit de l'art. 41, d'obliger le chemin de fer, dans d'autres cas de violation de la Convention, à réparer tout le dommage, même en cas de faute légère (Gerstner, Der neueste Stand des Intern. Uebereinkommens, p. 117-118 ; en sens contraire Eger, la Convention internationale sur les transports, p. 432, B. 3 ; Rosenthal, p. 244).

5. Il résulte de ce qui précède que le chemin de fer est responsable de tout le dommage sans égard à la gravité de la faute en cas de violation des règles consacrées par l'art. 18 de la Convention pour quelques-uns des cas où le transport devient impossible. D'après cet article le chemin de fer doit aviser l'expéditeur pour que celui-ci puisse donner des ordres au sujet de ce qu'il faut faire de la marchandise, lorsqu'on est empêché de continuer le transport par l'effet d'une force majeure ou d'un cas fortuit et que le transport ne peut pas se faire par une autre voie. Si cela est possible le chemin de fer est libre de décider si l'intérêt de l'expéditeur exige que la marchandise soit transportée à son lieu de destination par une autre voie, ou qu'elle soit retenue et qu'on demande des instructions à l'expéditeur.

Le fait que l'art. 18 mentionne le détournement de la marchandise sur une autre voie et qu'il prescrit une manière de procéder différente selon qu'il est possible ou non de le faire, tend à montrer, il est vrai, que la convention, en ce qui concerne les difficultés de transport, a tout d'abord en vue les dérangements de trafic au sens étroit, c'est-à-dire les interruptions du trafic ferroviaire régulier, qu'elles proviennent soit de phénomènes naturels — masses de neige, inondation, éboulements, etc. — soit d'accidents de chemin de fer ou de tous autres événements qui rendent momentanément inutilisable un certain secteur. Mais il faut y comprendre également les dérangements de trafic au sens large, c'est-à-dire tous les obstacles s'opposant au transport tels qu'ils sont définis plus haut, et il y faut faire rentrer tout obstacle causé par un cas de force majeure ou par un cas fortuit, sans qu'il importe de savoir s'il provient du trafic (installations fixes, personnel, moyens de transport) ou de la marchandise transportée, ou de la personne des contractants (Gerstner, Internationales Eisenbahnrecht, p. 273 et suiv. Eger, loc. cit. p. 226 ; Rosenthal, loc. cit. p. 144 au haut).

Toutefois le principe fondamental à la base de l'art. 18, tel qu'il résulte du caractère de mandat reconnu au contrat de transport, et selon lequel il existe un accord avec l'expéditeur au sujet de la survenance d'un empêchement dans le transport ou de la suppression de cet empêchement dans l'intérêt de l'expéditeur, exige en outre que ce dernier soit informé de la survenance d'un empêchement même dans les cas qui ne sont pas expressément visés par l'art. 18. Cet article doit dès lors trouver son application par analogie dans tous les cas où le transport devient impossible.

Si donc le chemin de fer omet de demander des instructions sur la destination à donner à la marchandise, il agit, en en disposant lui-même à son gré, en qualité de gérant sans mandat. Dès lors il doit agir comme le ferait un homme d'affaires soigneux et il est responsable selon les principes juridiques relatifs à la gestion d'affaires, c'est-à-dire qu'il répond non seulement de la faute lourde, mais aussi de toute négligence (Gerstner, loc. cit. p. 276 ; Eger, loc. cit. p. 227 et 232-33 ; Rosenthal, loc. cit. p. 144 et 148 ; Procès-verbaux de la 2me conférence, p. 101-102).

6. Il faut admettre sans autre, avec l'instance cantonale, qu'en l'espèce le chemin de fer a commis tout au moins une faute légère. Après avoir omis de demander des instructions à l'expéditeur, il a laissé le wagon avarié pendant 30 jours entiers dans les ateliers de Bordeaux, et ce n'est qu'au bout de ce délai, que les circonstances exceptionnelles, à supposer qu'il y en eût, ne peuvent pas excuser, qu'il a demandé une pièce de rechange. Il ne peut pas échapper à sa responsabilité en alléguant que les chemins de fer français, dans l'après-guerre, manquaient de personnel qualifié ; si cette circonstance pouvait avoir un effet sur la réparation du wagon, le chemin de fer n'aurait alors justement pas dû chercher à l'exécuter lui-même, mais aurait dû d'emblée demander des instructions à l'expéditeur, à qui aurait alors incombé le soin de faire expédier un autre wagon-citerne par la demanderesse, ou une pièce de rechange ; de toute façon, cette pièce aurait dû être commandée beaucoup plus tôt, si le chemin de fer préférait se mettre directement en rapport avec

126

la demanderesse. Le chemin de fer a aussi commis une faute en ce qu'il n'a pas fait en sorte que la pièce de rechange fût expédiée plus rapidement ; c'est aux chemins de fer français qu'incombait le soin de rendre les CFF attentifs au fait qu'il s'agissait de la réparation d'un wagon chargé, ce qui aurait amené les CFF à expédier la pièce de rechange en France par grande vitesse ; de cette façon, le délai de livraison n'aurait pas été dépassé de tout le temps qu'a pris la pièce de rechange pour atteindre Bordeaux comme colis ordinaire.

La manière d'agir du chemin de fer n'apparaît pas non plus excusable en raison de la nature particulière du trafic ferroviaire. Il s'agissait ici de mesures qui pouvaient être prises en toute tranquillité dans les bureaux de la Compagnie, sans que la masse considérable des marchandises à expédier pas plus que la rapidité du transport par chemin de fer qui, d'une manière générale, excluent les soins minutieux, pussent avoir la moindre influence (cf. R. O. aff. Gondrand c. CFF, arrêt du 27 juin 1923).

7. Les défendeurs doivent donc à la demanderesse la réparation du dommage total subi par elle. Il reste à l'instance cantonale à en déterminer le montant par l'administration des preuves offertes. A cet effet, elle devra encore établir à quel moment le wagon serait parvenu à son lieu de destination, Grüze, si le chemin de fer avait agi correctement.

IIme section civile. — MM. Soldati, Jaeger, Ostertag, Rambert, Strebel et Robert. — Me Max Hürlimann, avocat, à Zurich.

(Journal des Tribunaux et Revue Judicaire Lausanne 15 III 1924).

BTI. 1924/297 et 306.

ÉTUDE

A propos d'un arrêt du Tribunal fédéral suisse en matière de retard à la livraison d'une marchandise transportée dans un wagon particulier

1. Une expédition d'huile de térébenthine, chargée dans un wagon-réservoir particulier et remise au transport à Messanges (France) le 19 octobre 1920 n'a été mise à la disposition du destinataire, à Gruze, gare suisse de destination, que le 11 janvier 1921. Le destinataire réclama une indemnité de fr. 13.326.— en invoquant le retard considérable à la livraison, et en fondant sa prétention sur l'art. 81 C. I. Les chemins de fer fédéraux suisses — réseau destinataire — défendeurs, contestèrent la faute grave et restituèrent purement et simplement le prix total des frais de transport, en se plaçant sur le terrain de l'art. 40 CI. La cour supérieure du canton de Zurich écarta le surplus

de la demande du destinataire. En revanche le tribunal fédéral suisse a admis cette demande par arrêt du 23 décembre 1923. L'arrêt en question a été reproduit textuellement dans le numéro de septembre de ce bulletin (p. 270 et suiv.). Sa portée est si considérable qu'il paraît indiqué de revenir sur les considérations qui l'ont motivé et qui se rattachent à plusieurs questions de principe.

Il y a lieu de remarquer expressément ici que l'on n'entend pas remettre en discussion le résultat final du procès, savoir l'admission de la demande. En présence des évènements qui ont occasionné le retard très considérable apporté à la livraison, le chemin de fer défendeur devait certainement prévoir la possibilité d'une condamnation basée sus l'art. 41 CI. Si, nonobstant, les chemins de fer fédéraux suisses ont accepté que le litige fût tranché par sentence judiciaire, c'est en grande partie en raison du fait que les chemins de fer étrangers, intéressés au transport, contestaient l'existence d'une faute grave, et, partant, celle d'une responsabilité excédant les limites fixées à l'art. 40 CI.

2. Le retard à la livraison est dû à l'échauffement d'un essieu du wagon, survenu en France, et au remplacement d'un essieu. Le Tribunal fédéral admet que l'échauffement d'essieu, cause de l'immobilisation de l'envoi, ne doit pas être imputé au chemin de fer. En revanche, il proclame la responsabilité de principe de ce dernier à raison de la longueur de l'interruption du transport ; à son avis le retard de 65 jours dans la livraison ne peut être attribué complètement à l'échauffement d'essieu, accident auquel il eût été possible de remédier beaucoup plus tôt ; il serait dû bien plutôt à l'attitude du chemin de fer après l'évènement interruptif du transport. Le chemin de fer est certainement responsable de cet arrêt prolongé, du moment qu'il n'est pas en mesure de prouver qu'il ne l'a point provoqué ou qu'il n'était pas en son pouvoir de l'éviter. D'ailleurs il n'a pas cherché à faire la preuve, mais il a au contraire remboursé au demandeur, dès le début, le montant total des frais de transport, conformément à l'art. 40 CI. Le demandeur ne s'est pas déclaré satisfait de ce remboursement ; prétendant que l'attitude du chemin de fer — cause de l'arrêt prolongé — constitue une faute grave, il a réclamé le remboursement intégral du dommage, en invoquant l'art. 41 CI.

La question de savoir si l'on est ou non en présence d'une faute grave doit être appréciée en tenant compte de l'ensemble des circonstances qui caractérisent chaque cas particulier. La longueur du retard à la livraison ne suffit pas, à elle seule, à établir une faute de ce genre ; en effet, il peut arriver, selon les circonstances, qu'un retard d'une durée considérable soit dû à une simple erreur, ou même à un concours de causes fortuites,

ainsi que le prouve surabondamment l'expérience de tous les .
jours en matière de trafic ferroviaire. La faute grave doit résider
dans la cause même du retard ou dans le fait que les mesures
nécessaires pour faire cesser les effets de cette cause n'ont pas
été prises. L'effet en lui-même — dans le cas particulier la durée
considérable du retard à la livraison — ne saurait constituer, à
lui seul, une faute grave. Comp. Gerstner, Kommentar zum I.
U., p. 389 ; Eger, Kommentar zum I. U., 3me éd., p. 430 ;
Loyau, La Convention de Berne, p. 396 ; Lamy, Manuel des
Transports par chemin de fer, p. 459.

Le chemin de fer a contesté l'existence d'une faute grave et
le tribunal de première instance a admis sa thèse. Si le tribunal
fédéral avait par contre résolu par l'affirmative cette question
de la faute grave, le chemin de fer aurait dû, bon gré, mal gré,
s'accomoder de cette solution. En effet, dans le cas particulier
l'on peut en toute conscience répondre différemment à cette
question selon le critère plus ou moins étroit dont l'on se sert
pour apprécier les soins que le contrat de transport impose au
chemin de fer. Il existe sous ce rapport, dans la doctrine, deux
opinions divergentes. L'une juge avec moins de sévérité, dans
le domaine de l'exploitation des chemins de fer, des fautes et
notamment des négligences qui, dans d'autres circonstances,
peuvent paraître graves ; cette opinion tient compte du fait
que l'exploitation des chemins de fer ne va pas sans une certaine hâte, et — si l'on considère la masse du trafic — sans un
développement méthodique des affaires. La rapidité occasionne
des inattentions, des erreurs, etc. Le développement méthodique
des opérations de transport empêche que, par exemple, dans le
cas particulier, toute l'attention des transporteurs soit concen-
trée, depuis Bordeaux jusqu'à Zurich, sur l'arrivée aussi rapide
que possible d'un essieu de rechange. Rundnagel exprime cette
idée d'une manière frappante lorsqu'il écrit : « l'exécution d'un
contrat de transport ne se concilie pas avec une très grande
attention ». Voir Rundnagel, « Die Haftung der Eisenbahn »,
2me éd., p. 214 ; du même auteur : « Befœrderungsgeschaefte »,
p. 470 ; Gerstner, Kommentar, p. 389. L'autre opinion admet,
il est vrai, la nécessité de tenir compte des particularités de
l'exploitation des chemins de fer, mais elle refuse d'employer
un critère moins rigoureux que lorsqu'il s'agit d'un débiteur
contractuel ordinaire. Voir Senkpiehl « Das Eisenbahntrans-
portgeschaeft », p. 329.

Le Tribunal fédéral ne s'est pas prononcé sur la question de
la faute grave, et le raisonnement qu'il a suivi l'a dispensé
d'examiner cette question.

3. En ce qui concerne le rapport existant entre l'art. 41 et
les autres dispositions de la CI., l'on doit reconnaître comme

9

tout à fait fondée la manière de voir, exprimée dans l'arrêt, selon laquelle cet article ne détermine que l'étendue de la responsabilité en cas de perte totale ou partielle, d'avarie ou de retard à la livraison. La condition nécessaire pour que l'art. 41 soit applicable est qu'il existe bien en réalité une responsabilité du chemin de fer au sens de l'art. 30 ou de l'art. 39 CI. Lorsque tel est le cas, l'étendue de l'indemnité se détermine soit conformément aux dispositions des art. 34 à 40, soit conformément à l'art. 41, selon que l'événement, cause du dommage, constitue ou non une faute grave. C'est l'opinion, certainement juste, qui domine dans la doctrine et dans la jurisprudence. Voir sur ce point : Gerstner, Kommentar, p. 389, du même auteur : « Der neueste Stand des I. U. », p. 117 ; Blume, « Das I. U. », p. 172 ; Rundnagel, « Die Haftung der Eisenbahn », 2me éd., p. 208, rem. 2 ; du même auteur : « Befœrderungschaefte », p. 469. L'opinion contraire, d'après laquelle l'art. 41 constitue la base d'une responsabilité indépendante est soutenue entre autres par Eger, Kommentar, 3me éd., p. 429, et Rosenthal, « Internationales Eisenbahnfrachtrecht », p. 244. Je ne tiens pas cette opinion comme fondée. Les termes mêmes de l'article 41 « dans tous les cas » cités par Eger à l'appui de sa thèse, sont en faveur de l'interprétation inverse. La place accordée à l'art. 41 par rapport aux autres articles montre incontestablement que cet article a pour but d'accentuer la responsabilité. Il s'en suit que les termes en question ne peuvent être interprétés autrement que « dans tous les cas » dans lesquels il ne s'agirait sans cela que d'une responsabilité limitée, il y a lieu à réparation pleine et entière du dommage aussitôt qu'il existe une faute grave. L'interprétation donnée par Eger ne s'impose en aucune manière, car l'accentuation de la responsabilité en cas de dol et de faute grave ne s'impose qu'en vue des cas où le chemin de fer est soumis ordinairement à une obligation d'indemnité limitée ; or ces cas sont exclusivement ceux prévus aux art. 30 et suiv. Dans les autres cas, savoir ceux qui donnent lieu à une responsabilité contractuelle ordinaire, le dommage doit sans autre être réparé en totalité conformément aux principes généraux en matière de responsabilité à raison de la faute. La thèse d'Eger aurait pour conséquence de rendre le chemin de fer responsable lorsque, par exemple, une marchandise qui a été livrée au destinataire avant l'expiration du délai de livraison a été toutefois retenue en cours de transport par suite de la faute grave d'un employé du chemin de fer. Cette conclusion n'est pas soutenable, car le chemin de fer est en droit d'utiliser entièrement les délais de livraison, et le retard survenu sur un parcours partiel n'entre pas en considération (Dispositions réglementaires à l'art. 14, § 6, al.(2) et (5)).

Considérant le rapport étroit de l'art. 41 avec les art. 30 et suiv. qui les précédent, le Tribunal fédéral en conclut que dans d'autres cas il peut exister une responsabilité pour la totalité du dommage, même en l'absence d'une faute grave. Ainsi que nous l'avons déjà remarqué, cette conclusion est certainement exacte, sous la réserve toutefois qu'il s'agisse réellement d'autres cas, et non pas de dommages pour perte totale ou partielle, avarie ou retard à la livraison ; ainsi par exemple lorsqu'il s'agit de la responsabilité résultant de l'art. 5 al. (4), des art. 10 al. (3), 15 al. (3), etc. Le Tribunal fédéral admet aussi l'existence d'une telle responsabilité illimitée lorsqu'il s'agit de la violation de l'art. 18, et c'est en appliquant cette disposition qu'il a été amené à condamner le chemin de fer à la réparation de la totalité du dommage en laissant de côté la question de la faute grave.

4. L'art. 18 de la CI. prévoit les éventualités que l'on désigne dans la pratique sous le terme commun d'empêchements au transport, bien que la CI. ne fasse pas elle-même usage de cette expression. Il n'y a pas lieu de rechercher ici si cet article vise tous les empêchements au transport ou bien, ainsi qu'Eger le suppose (p. 224), deux cas seulement qu'il est particulièrement nécessaire de soumettre à règlementation (voir aussi Rundnagel, « Befœrderungsgeschaefte », p. 395). Il faut en tout cas reconnaître avec Gerstner et Rundnagel que cet article est très dépourvu de clarté.

L'art. 18 distingue deux groupes d'éventualités, savoir les cas dans lesquels le transport est empêché de telle manière qu'il n'est pas possible de l'effectuer même par un itinéraire autre que la route choisie et les cas où le transport peut avoir lieu par une autre route. Or, quand se trouve-t-on en présence d'un empêchement au transport au sens de la CI. ? La condition de la possibilité ou de l'impossibilité de transporter par une autre route pourrait amener à conclure que l'empêchement doit résider lui aussi dans la route indiquée par l'expéditeur ou choisie par le chemin de fer. Cette interprétation est certainement trop étroite. Il s'agit bien plutôt de tout empêchement qui rend impossible le transport par la route prescrite soit que cet empêchement provienne de la route elle-même (interruption de lignes), soit qu'il ait une autre cause (p. ex. grève, séquestre de la marchandise par l'autorité, interdiction d'exportation ou d'importation). La notion de l'empêchement au transport ne s'étend pas aux empêchements à la livraison, non plus qu'aux cas de perte de la marchandise (Gerstner, p. 273 ; autre op. Eger, p. 225, 226 et 231). Il m'est tout aussi impossible d'étendre cette notion à une avarie de la marchandise qui empêche la continuation du transport. En pareil cas, le chemin de fer est tenu d'office de mettre la marchandise en état d'être transportée. Si cela n'est pas possible, cet événement doit être assimilé à un cas de perte (autre op. Rundnagel, « Befœrderungsgeschaefte », p. 393). Le cas cité par Rundnagel, savoir celui où la marchandise subit une avarie qui met en question l'opportunité de continuer le transport, ne me paraît pas rentrer dans notre cadre ; en effet, tant qu'il est possible de continuer le transport de la marchandise avariée, il n'existe pas d'empêchement au transport au sens de l'art. 18, alors même que l'étendue de l'avarie ferait apparaître la continuation de l'expédition comme onéreuse. Mais, même si l'on fait abstraction du côté juridique de la question, l'application du principe proclamé par Rundnagel provoquerait certainement dans la pratique des difficultés très considérables.

Est-on en présence d'un empêchement au transport, au sens de l'art. 18, lorsque l'empêchement provient des moyens de transport, ainsi par exemple lorsque le wagon dans lequel la marchandise est chargée devient incapable de rouler ? Dans la doctrine, Eger (p. 226 et 231), Blume (p.116), et Rosenthal (p. 144) répondent positivement oui; Gerstner et Rundnagel sont fort probablement du même avis. Le Tribunal fédéral a rendu son arrêt conformément à cette doctrine. L'on peut à la vérité se demander s'il n'y aurait pas lieu de faire une distinction entre les wagons du chemin de fer et les wagons particuliers. Dans le premier cas, lorsqu'un wagon devient incapable de rouler, le chemin de fer a, sans autre, le droit de transborder la marchandise dans un autre wagon ; en effet, même lorsqu'il s'agit d'une expédition par wagon complet, l'expéditeur n'est pas en droit d'exiger que la marchandise soit transportée dans le même wagon depuis le lieu d'expédition jusqu'à la gare destinataire. Le choix des moyens de transport et l'ordre des courses des wagons concernant le chemin de fer. C'est pourquoi l'on renonce généralement, en pratique, à aviser l'expéditeur. Ce dernier ne sera informé de l'empêchement que lorsque la nature particulière de la marchandise ne permet pas au chemin de fer d'entreprendre lui-même le transbordement. Dans le second cas (wagon appartenant à un particulier) la situation est différente. Le chemin de fer s'est chargé ici d'acheminer la marchandise à destination dans le wagon remis par l'expéditeur. En outre, il arrivera fréquemment qu'un transbordement dans un wagon appartenant au chemin de fer sera impossible, de sorte, que l'on sera indubitablement en présence d'un véritable empêchement au transport, dont la suppression exige la coopération de l'expéditeur, d'où la nécessité d'aviser ce dernier.

5. Existe-t-il une action en indemnité, indépendante, basée sur l'art. 18 ? Eger (p. 227 et 303) répond affirmativement, avec

cette restriction que le chemin de fer répond, vis-à-vis de l'ayant-droit, de la violation de l'art. 18 d'après les dispositions du droit national. Rosenthal a adopté cette opinion. Gerstner ne se prononce pas expressément.

Si l'on ne veut pas reconnaître que l'art. 18 constitue une loi imparfaite, l'on devra admettre que le chemin de fer deviendra, en principe, responsable de l'inobservation des dispositions de l'art. 18 lorsque cette infraction aura réellement causé un dommage. Il répond alors de sa faute, et cela, d'après les principes généraux de droit, jusqu'à concurrence du dommage total, en tant que cette responsabilité n'est pas limitée — soit dans son fondement, soit dans l'étendue de l'obligation à indemnité — par les dispositions formelles, d'une portée générale, de la CI. L'art. 39 combiné avec l'art. 14 CI. renferme une limitation de ce genre. L'art. 14 et le § 6 des dispositions réglementaires fixent le minimum licite des délais de livraison, délais qui ont été reproduits en général comme normaux par les tarifs des divers trafics. Une responsabilité ne prend naissance que lorsque ces délais sont dépassés. La conséquence normale d'un empêchement au transport est un retard en cours d'expédition, d'où résultera éventuellement le préjudice du destinataire. Si maintenant le chemin de fer n'observe pas l'une des obligations que lui impose l'art. 18 et livre le marchandise avec un retard appréciable, mais encore toutefois dans les limites du délai légal de livraison, l'ayant-droit ne saurait, à mon avis, exiger aucune indemnité, alors même qu'il prouve que le retard eût été moins considérable et que le dommage n'eût pas existé ou eût été moindre si le chemin de fer avait exécuté régulièrement les obligations prévues à l'art. 18. En réalité il n'existe aucun motif raisonnable de rendre le chemin de fer responsable dans une éventualité de ce genre, tandis que, dans d'autres cas où le retard n'est pas dû à un empêchement au transport — p. ex. lorsque la marchandise stationne sans raison dans une gare intermédiaire — il n'est responsable que si le délai légal de livraison a été dépassé. Le seul moyen d'éviter des résultats contradictoires consiste donc à s'en tenir dans tous les cas au principe selon lequel le chemin de fer ne répond des retards apportés au transport que lorsque le délai légal de livraison a été dépassé. Les art. 34, 37 et 40 consacrent une limitation d'un autre ordre, et qui se rapporte à l'étendue de la réparation du dommage en cas de perte totale ou partielle ou de retard à la livraison. Par conséquent, lorsque l'inobservation des obligations prévues à l'art. 18 a causé un dommage à la marchandise ou a retardé la livraison de celle-ci, le chemin de fer n'est tenu — exception faite du dol et de la faute grave — de réparer le dommage que dans les limites fixées par les art. 34, 37 et 40.

Senkpiehl (« Das Eisenbahntransportgeschäft » p. 85) écrit que le chemin de fer est soumis à une série d'obligations dont la violation peut entraîner un retard dans l'exécution du transport. Il estime que des infractions de ce genre entraînent la responsabilité du chemin de fer, — alors même que le délai de livraison a été observé, — d'après les règles applicables en matière contractuelle, c'est-à-dire seulement s'il y a faute de sa part, mais dans ce cas pour le dommage total. Qu'en serait-il alors si les infractions ont eu pour effet le dépassement du délai de livraison ? Si l'on veut être logique, la responsabilité s'étendrait à plus forte raison dans ce cas au dommage total. Il en résulterait l'existence de deux responsabilités différentes en cas de dépassement du délai de livraison : les cas ordinaires de dépassement du délai de livraison, avec responsabilité sans faute, mais limitation de l'indemnité (abstraction faite du dol et de la faute grave) au montant des frais de transport, et les cas de dépassement du délai de livraison pour cause de violation d'obligation déterminées, expressément prévues par le droit de transport, avec responsabilité à raison de la faute seulement, mais pour le dommage total. Mais la C. I. ne me fournit aucun critère permettant de justifier une distinction de ce genre. Toutefois, si l'on voulait admettre qu'aussi dans les derniers cas précités la responsabilité ordinaire de l'art. 39 joue seule en dépit de l'existence d'une faute, l'on ne verrait pas pourquoi le dommage total doit être réparé dans l'hypothèse où il existe une faute, mais où le délai de livraison n'a pas été dépassé. La responsabilité qui découle de l'infraction aux prescriptions de l'art. 18 résulte du contrat de transport. Mais à mon avis, lorsqu'il s'agit de perte et d'avarie survenues entre le moment de l'acceptation au transport et la livraison, ainsi que le dépassement du délai de livraison, la responsabilité est déterminée exclusivement par les art. 30 et suiv. ; elle est la même, que le dommage soit la conséquence d'une inobservation d'obligations déterminées, comme par exemple celles prévues à l'art. 18, ou que le dommage résulte d'autres causes. Une distinction ne serait pas non plus justifiée au point de vue matériel.

6. L'on a déjà indiqué plus haut les conséquences pratiques considérables de la réponse aux questions débattues. Si l'on déclare le chemin de fer purement et simplement responsable de l'inexécution des prescriptions de l'art. 18, il en résulte que cette responsabilité peut être engagée sans que le délai légal de livraison ait été dépassé ; il peut aussi en résulter que le chemin de fer soit obligé de réparer un dommage dont il n'aurait à répondre qu'en cas de faute grave si la situation était sainement appréciée. Je me permets de citer quelques exemples à l'appui de cette considération :

Exemple a) : Un wagon de légumes frais ou de fruits, destiné à un marché déterminé, à A., est retenu en cours de route à la gare de X. par un empêchement au transport. Le chemin de fer néglige d'informer l'expéditeur et de provoquer ses ordres. Au bout de 24 heures l'empêchement a cessé et le wagon est mis à disposition du destinataire à A. avant l'expiration du délai de livraison, mais cependant trop tard pour le marché. Le destinataire est obligé de vendre immédiatement, à perte, la marchandise qui ne peut être gardée jusqu'au prochain marché. Si l'expéditeur avait été informé immédiatement de l'empêchement au transport, il aurait pu donner par télégramme un ordre qui eût évité tout dommage ; il aurait par exemple pu vendre avantageusement le wagon à X., gare où il était arrêté, ou dans une autre gare où il serait parvenu à temps pour le marché. Si les circonstances de fait inhérentes au cas particulier amènent le juge à qualifier de faute du chemin de fer l'omission d'informer l'expéditeur, celui-là devra réparer le dommage subi, alors même qu'il a mis le wagon à la disposition du destinataire avant l'expiration du délai légal de livraison.

Exemple b) : Le même wagon reste 24 heures à X., non pas à cause d'un empêchement au transport, mais parce qu'il a été omis dans la formation, en temps utile, du train destiné à l'emmener. Il arrive par conséquent à A. avec un autre train, trop tard pour le marché, mais encore avant l'expiration du délai de livraison. Le dommage est le même que dans l'exemple *a*). Le délai de livraison étant observé, il n'existe aucun droit à l'indemnité, et — selon l'interprétation correcte de l'art. 41 par rapport à l'art. 39 — alors même que l'omission d'accrocher le wagon, à X., au train destiné à cet effet provient d'une faute grave de l'employé.

Exemple c) : L'hypothèse est la même que dans l'exemple *a*), avec cette différence cependant que, par suite du stationnement de 24 heures à X., le wagon n'est parvenu à A. qu'après l'expiration du délai de livraison. Le chemin de fer est tenu, comme dans le cas *a*), de rembourser le dommage total.

Exemple d) : Même hypothèse que l'exemple *b*) ; toutefois le wagon n'est pas parvenu à A. qu'après l'expiration du délai de livraison. En application de l'art. 40, le chemin de fer n'est tenu de rembourser que les frais de transport ou une partie de ceux-ci. La réparation du dommage total ne peut être réclamée que si l'ayant droit établit l'existence d'une faute grave à la charge du chemin de fer.

Je ne puis croire que le législateur ait voulu, lors de l'élaboration de l'art. 18 CI., consacrer les résultats divergents qui ressortent des exemples choisis. Il n'est de solution satisfaisante que dans le critère suivant : quelle que soit la cause du dépassement du délai de livraison, la responsabilité du chemin de fer est toujours exclusivement fondée sur les articles 39, 40 et 41, et, lorsqu'il s'agit de retards au transport entre le moment de l'acceptation de la marchandise et celui de la livraison, le chemin de fer n'est pas responsable tant que le délai de livraison n'est pas dépassé, ou, en d'autres termes, l'inobservation des prescriptions de l'art. 18 ne donne lieu à responsabilité pour retard au transport que si ce retard survient dans les conditions fixées à l'art. 39. L'on objectera peut-être que s'il en est ainsi, il devient inutile d'imposer certaines obligations au chemin de fer en cas d'empêchement au transport. Cette critique ne me paraît pas fondée. Les conséquences de l'inobservation de ces prescriptions peuvent se produire dans le domaine tout différent de celui du dommage causé par un retard au transport. Les empêchements au transport peuvent occasionner des frais de location de wagon et des frais de magasinage. Le chemin de fer n'est pas en droit de les percevoir ou est tenu de les rembourser dans la mesure où l'ayant-droit peut établir que ces frais auraient été évités si les obligations prévues par l'art. 18 avaient été régulièrement accomplies. Il en est de même des frais d'acheminement par une route détournée, survenus à la suite des mesures prises par le chemin de fer, lorsque l'ayant-droit prouve que ce dernier a agi sans le consulter et contre son intérêt. Enfin, les prescriptions de l'art. 18 peuvent être invoquées pour annihiler la preuve libératoire que le chemin de fer chercherait à fonder sur l'art. 39.

L'inégalité du traitement réservé à chacun des cas énumérés ci-dessus apparaît sous un jour particulièrement aveuglant si l'on admet, par hypothèse, que l'arrêt en question s'applique à un wagon du chemin de fer au lieu d'un wagon de particulier. Si l'huile de térébenthine en cause avait été remise au transport, chargée dans des fûts, sur un wagon appartenant au chemin de fer, et si ce wagon était devenu, en cours de transport, incapable de continuer sa route pour cause d'échauffement d'un essieu, l'on n'aurait à coup sûr pu parler d'un empêchement au transport, au sens de l'art. 18. L'échauffement d'essieux est un événement des plus fréquents en matière d'exploitation ferroviaire. Si cette avarie ne peut être réparée sur place à bref délai, la marchandise est aussitôt transbordée dans un autre wagon. Des perturbations de l'exploitation journalière, auxquelles il est aisé de remédier, ne sont pas des empêchements au transport au sens de l'art. 18. Si, dès lors, l'on admet que le chemin de fer procède au transbordement et à l'acheminement des fûts à destination avec le même lenteur que ce fut le cas en l'espèce, et qu'il en résulte de nombreux jours de retard dans l'arrivée à destination, l'ayant-droit ne peut réclamer, à raison du retard, qu'en invoquant les art. 39 et suiv. Il est en droit de réclamer le remboursement des frais de tranports ou d'une partie de ces frais ; ce n'est que s'il prouve l'existence d'une faute grave à la charge du chemin de fer que ce dernier est tenu de l'indemniser jusqu'à concurrence du dommage total. Cependant, je ne distingue pas les motifs pour lesquels le chemin de fer doit être soumis à une responsabilité plus sévère dans un cas (wagon de particulier), que dans l'autre (wagon appartenant au chemin de fer). Il me semble que dans l'un et l'autre cas les wagons sont simplement des moyens servant à l'exploitation, avec la seule différence que dans l'un des cas ils sont fournis par le chemin de fer, tandis que dans l'autre, ils le sont par l'expéditeur. Dans cette dernière éventualité, il n'y a aucun motif d'imposer au chemin de fer une responsabilité plus accentuée ; le contraire serait plus aisé à justifier ; en effet, le chemin de fer, tenu de transporter, à l'avantage de l'expéditeur, la marchandise dans un wagon de particulier ou dans un wagon spécial — lequel, bien qu'étant sa propriété, est muni d'installations destinées à des usages spéciaux — est exposé dans l'accomplissement du contrat de transport à des restrictions et à des hasards plus fréquents que lorsqu'il emploie des wagons ordinaires. Si, cependant, l'on voulait admettre que, s'agissant de transport dans des wagons de particuliers, la marchandise et le wagon font conjointement l'objet du contrat de transport, la marchandise étant, au sens du droit de transport, représentée par une unité composée du wagon et de la marchandise proprement dite — thèse d'ailleurs erronée — l'on ne comprendrait certes pas pourquoi cette marchandise combinée devrait, grâce à l'art. 18, être mise au bénéfice d'un traitement privilégié par rapport aux autres marchandises, en matière de retard à la livraison.

BTI 1924/217 et 336. *P. Toggenburger.*

Observations. — L'étude que nous venons de lire et ayant trait à un arrêt (qui précède) du TF condamnant le chemin de fer, émane d'un haut fonctionnaire CFF.

Nous comprenons qu'en toute bonne foi il défende son administration mais nous déclarons n'être pas d'accord avec sa thèse ; cette dernière éclaire la mentalité régnant dans les bureaux de contentieux des compagnies :

« Avoir raison envers et contre tout — l'Administration au dessus des intérêts de ses clients ».

Les opinions citées de nombreux jurisconsultes allemands ne changent rien au fait brutal :

Le chemin de fer a livré une expédition de marchandises avec 55 jours de retard ; il a commis une faute et causé un dommage important qu'il est tenu de réparer.

Il a commis une faute lourde en ne vérifiant pas le wagon

avant de lui donner cours ; c'est là l'opinion constante des Tribunaux français ; le Haut Tribunal fédéral a été, avec raison du même avis ». Les échauffements d'essieux (qui ont arrêté le wagon en question) sont des événements fréquents dans l'exploitation ferroviaire » ajoute l'auteur de l'étude ; il les classe dans la catégorie des simples erreurs ; il approuve la citation d'un jurisconsulte allemand estimant que « l'exécution d'un contrat de transport ne se concilie pas avec une très grande attention » c'est rassurant pour le public qui confie ses biens au chemin de fer !

Si on adoptait cette idée et pour tenir la balance égale, le chemin de fer ne devrait pas frapper d'amende les erreurs d'indication de poids ou de nature de marchandise, inscrites par l'envoyeur dans la lettre de voiture.

Or, le chemin de fer a le droit, et le prend, de frapper d'amende toute déclaration inexacte, alors même qu'elle n'a provoqué aucun dommage, ni préjudice pour lui.

Qu'on nous permette de dire que cet exposé, où l'on coupe les cheveux en quatre, prouve simplement qu'à défaut de sentiment de justice, on manque complètement de sens commercial dans les administrations de chemins de fer.

L'opinion n'est pas probante des jurisconsultes de la Couronne, qui n'ont jamais su ce qu'était une exploitation commerciale : ils ont beau délayer les textes, soupeser chaque mot de chaque article de la loi ou de règlement ferroviaire, ils ne changeront rien aux faits admis dès le 17me siècle : le voiturier est garant de la bonne arrivée, en temps voulu, des marchandises à lui confiées ; il doit, hors le cas de force majeure, réparer tous les dommages survenus en cours de route.

Toute autre solution prétéritant les intérêts des envoyeurs ou des destinataires est à reléguer dans le magasin aux accessoires du moyen-âge.   C. A.

97. — Retard. — Charpente destinée à un bâtiment en construction. — Préjudice « qu'on a pu prévoir ». — Dommages et intérêts. — Arrêt de la cour d'appel de Paris (5e ch.), du 28 décembre 1923. — Ravier contre Cie de l'Est. — BT 5/1924.

La Cour,

Au fond :

Sur le retard de 59 jours dans la livraison du wagon de charpentes en fer destiné à Ravier :

Considérant qu'il échet d'adopter les motifs des premiers juges ;

Sur la réparation demandée par Ravier du préjudice causé :

Considérant que les premiers juges ont estimé que Ravier ne

138

rapportait pas la preuve d'un préjudice découlant directement du retard ;

Mais considérant que, d'un constat dressé le 27 juillet 1920, alors que le wagon expédié le 5 mai de Villecresnes à Magny-en-Vexin, n'était pas encore arrivé, il ressort que deux bâtiments destinés à une usine et élevés à hauteur d'un premier étage, n'avaient pas été continués faute de pouvoir placer la charpente en fer destinée à constituer le plancher du premier étage ;

Qu'il n'est donc pas douteux que le défaut de livraison des charpentes, à la date réglementaire, a causé à Ravier un préjudice ;

Considérant que si la Cie de l'Est ignorait l'emploi exact auquel était destiné la marchandise, elle ne pouvait cependant se méprendre sur le besoin que devait en avoir le destinataire ;

Qu'elle lui doit donc une réparation basée sur la non exécution du contrat de transport dans les délais légaux ;

Et, considérant que, d'après les éléments d'appréciation qui lui sont fournis, la cour évalue à la somme de 3.000 fr. le montant de l'indemnité à laquelle peut prétendre Ravier ;

Que c'est dans cette limite qu'il échet de faire droit à son appel ;

Par ces motifs :

Et adoptant ceux non contraires des premiers juges :

En la forme :

Reçoit Ravier en son appel ;

Au fond :

Confirme le jugement du tribunal de commerce de la Seine du 16 août 1921 (ch. des vacations), quant à la constatation d'un retard légal de 59 jours ;

L'infirme en ce qu'il a débouté Ravier de sa demande faute de justification du préjudice ;

Décharge l'appelant des dispositions et condamnations lui faisant grief ;

Et statuant à nouveau :

Condamne la Cie de l'Est à payer à Ravier la somme de 3.000 fr., à titre de dommages-intérêts pour les causes sus-énoncées ;

Déboute les parties de toutes autres fins et conclusions ;

Ordonne la restitution de l'amende ;

Et condamne la Cie de l'Est aux dépens de première instance et d'appel.

Observations. — L'arrêt ci-dessus paraît avoir fait, en ce qui concerne la preuve du préjudice et de son étendue, une juste application des art. 1315, 1149, 1150 et 1151 du Code civil.

100. — Cour de cassation, 6 février 1924. — Chemin de fer. — Transport des Marchandises. — Retard. — Train obligatoire. — Délai. — Suspension. — Calcul.

La Cour,

Sur le premier moyen :

Attendu que Griset, destinataire à Boulogne-sur-Mer, a assigné la Compagnie des Chemins de fer du Nord en paiement de dommages-intérêts pour retard ; qu'il calculait les délais de livraison d'après l'heure effective de l'arrivée des trains ayant transporté les marchandises ;

Mais attendu que seuls sont obligatoires pour les Compagnies de chemins de fer les délais prévus par les tarifs et qu'il ne peut y être dérogé ; qu'aux termes du tarif spécial commun d'exportation GV. n° 314, les transports doivent être effectués par les trains spécialement désignés par l'Administration et dont les horaires sont portés à la connaissance du public ;

Attendu, dès lors, qu'en décidant que le délai à l'expiration duquel les marchandises doivent être mises à la disposition des destinataires court de l'heure réglementaire de l'arrivée du train obligatoire, et non de l'heure d'arrivée effective du train qui les a amenées, l'arrêt attaqué n'a pas violé les textes visés au moyen ;

Sur le second moyen :

Attendu, d'après le pourvoi, que les retards auraient dû être calculés en tenant compte de ce que la gare de Boulogne-sur-Mer était ouverte toute la nuit ;

Attendu que les cours des délais est suspendu pendant le temps de la fermeture des gares ; que les heures d'ouverture et de fermeture sont fixées pour les expéditions en grande vitesse par l'article 5 de l'arrêté ministériel du 12 juin 1866 ; que si les périodes ainsi déterminées par l'administration ne sont que des minima, et si, par suite, les compagnies de chemins de fer peuvent, sans autorisation spéciale, fixer des heures d'ouverture plus matinales et des heures de fermeture plus tardives, c'est à la condition nécessaire, pour le maintien de l'égalité de traitement, que ces dérogations aient lieu par voie de mesure générale portée à la connaissance du public et s'appliquent sans distinction à toutes les expéditions et à toutes les marchandises ;

Attendu que l'arrêt attaqué constate que deux dérogations ont été apportées à la fermeture de nuit de la gare de Boulogne-sur-Mer par décisions ministérielles des 3 mars 1900 et 3 avril 1903, mais qu'elles ne s'appliquent pas aux expéditions dont il s'agissait au procès, qu'il est déduit que, pour toutes autres expéditions, la gare de Boulogne-sur-Mer était régulièrement fermée la nuit ; que le délai de livraison ne commençait dès lors à courir que de l'heure d'ouverture de la gare qui suit l'arrivée des trains de nuit, quels que fussent d'ailleurs les errements pratiqués, les compagnies de chemin de fer ne pouvant renoncer ni expressément ni implicitement aux délais de transport qui leur sont impartis ; qu'ainsi le moyen n'est pas fondé.

Par ces motifs ;

Rejette le pourvoi formé contre l'arrêt rendu par la Cour d'appel de Douai le 15 mars 1922.

101. — Châtaignes en sacs ; retard et avaries consécutives. — Lettre d'avis obligatoire ; décompte du retard. — Calcul de l'indemnité. — Jugement du tribunal de commerce de Tulle, du 5 mai 1924. — Maurice et Amadieu contre chemins de fer de l'Etat.

Le tribunal,

Attendu que les demandeurs ont fait assigner l'administration des chemins de fer de l'Etat devant le tribunal pour la faire condamner à leur payer une somme de 2.500 fr. représentant la valeur de 100 sacs de châtaignes qu'ils avaient expédiés de la gare d'Uzerche en gare de Laval et qui sont arrivées complètement avariées par suite du retard apporté au transport ;

Attendu qu'à l'audience les demandeurs réduisent leur demande à 1.675 fr. se basant sur les conclusions de l'expertise à laquelle il a été procédé à la requête des chemins de fer de l'Etat et en vertu de l'art. 106 du Code de commerce ;

Attendu que, pour résister à cette action, l'administration des chemins de fer de l'Etat oppose :

1º Que le retard apporté au transport de l'expédition litigieuse est de 2 jours et non pas de 4 comme le prétendent les demandeurs ;

2º Qu'elle ne saurait être tenue des conséquences dommageables de ce retard, puisqu'il n'y a pas retard légal, aucune réclamation utile n'étant intervenue de la part de l'expéditeur ou du destinataire dans la période de temps comprise entre l'expiration des délais de transport et la mise à disposition ;

3º Qu'elle ne saurait enfin être responsable d'une avarie due non au retard, mais au vice propre de la chose et, après avoir offert de verser aux demandeurs la somme de 470 fr. 25, produit brut de la vente de la marchandise litigieuse, et déclaré faire abandon de la somme de 520 fr. 15 qui lui serait due pour frais de magasinage et de stationnement, elle a conclu à ce qu'il plaise au tribunal condamner les demandeurs à lui payer la somme de 634 fr. 10 qui lui est due pour frais de transport, correspondance et expertise, le tout avec intérêts légitimes et dépens ;

En ce qui concerne l'expiration des délais de transport :

Attendu que, pour justifier le retard de 4 jours qu'ils invo-

141

quent, les demandeurs se basent sur la déclaration faite à l'expert par le chef de gare de Laval lors de l'expertise à laquelle il a été procédé en vertu de l'art. 106 du Code de commerce ;

Mais attendu que cette reconnaissance du chef de gare de Laval ne saurait engager l'administration des chemins de fer de l'Etat, si elle est le résultat d'une erreur, et que le tribunal ne saurait donc en faire état ;

Attendu que l'administration des chemins de fer de l'Etat fixe à 2 jours seulement le retard apporté à la livraison et établit un décompte des délais de transport duquel il résulterait que la marchandise aurait dû arriver le 19 novembre 1924, alors qu'elle n'a été mise à disposition que le 21 novembre ; mais attendu que, pour établir ce décompte de délais, la compagnie considère que la marchandise a été remise en gare le 6 novembre 1924, date qui figure sur la déclaration d'expédition, seule pièce officielle dont on puisse tenir compte, alors qu'il résulte au contraire du timbre à date appliqué sur cette pièce que la remise en gare d'Uzerche a été effectuée le 5 novembre 1924 ; qu'en adoptant le décompte de délais de transport de la Cie, ce serait donc encore le 18 novembre que la marchandise litigieuse aurait dû être remise à disposition et que, ne l'ayant été que le 21, c'est un retard de 3 jours qui lui serait imputable ;

Attendu que la Cie oppose encore qu'elle ne saurait être tenue des conséquences dommageables de ce retard puisqu'il n'y a pas retard légal, aucune réclamation n'ayant été adressée à la gare destinataire à l'expiration des délais de transport ;

Attendu sur ce point que si, antérieurement au 11 décembre 1922, il était de principe et de jurisprudence qu'en matière de transport le retard n'était opposable au transporteur qu'après une mise en demeure ou une réclamation adressée à la gare d'arrivée après l'expiration des délais de transport, il ne saurait en être de même depuis le 11 décembre 1922, date à laquelle a été publiée au *Journal officiel* un nouveau règlement imposant aux compagnies de transport de faire connaître par avis au destinataire d'un envoi livrable en gare, le moment où cet envoi peut être mis à sa disposition ; que le texte de ce règlement est régulièrement inséré sous l'art. 51 *bis* des tarifs généraux intérieurs et communs pour les transports à petite vitesse et qu'il est bien applicable aux chemins de fer de l'Etat ;

Que, sous l'empire de ce nouveau règlement, le destinataire ne saurait plus être tenu d'adresser une mise en demeure de livrer au transporteur, ce dernier étant obligatoirement tenu lui-même d'aviser le destinataire ;

Que le destinataire n'a pas en effet à réclamer en gare une expédition qu'il sait d'avance ne pas être parvenue, puisque dans le cas contraire avis lui en aurait été donné ; qu'il y a donc lieu

142

sur ce point de décider que le retard est opposable aux Compagnies de transport dès l'expiration des délais et sans qu'il soit besoin de mise en demeure de livrer ;

En ce qui concerne les dommages-intérêts dus aux demandeurs :

Attendu que Maurice et Amadieu qui, dans leur acte introductif d'instance avaient réclamé au transporteur le montant total de leur marchandise, ont, par leurs conclusions d'audience réduit leur demande à 1.675 fr., représentant 67 % de la valeur de cette marchandise, et que leur demande est basée sur le rapport de l'expert Trochon commis par ordonnance de M. le Président du tribunal de commerce de Laval en conformité de l'art. 106 du Code de commerce :

Attendu en effet que cet expert déclare que si les châtaignes expédiées par les demandeurs avaient pu être mises à leur disposition à l'expiration des délais de transport, elles auraient déjà été avariées, mais qu'après le retard apporté à la livraison elles n'ont plus aucune valeur, et qu'il fixe lui-même la perte à laisser à la charge des expéditeurs à 33 % ; mais qu'il y a lieu de considérer que, pour fixer le degré de responsabilité des parties en cause, l'expert, s'en rapportant à la déclaration du chef de gare de Laval, a admis le 17 novembre 1928 comme date de l'expiration des délais de transport alors que ces délais n'expiraient en réalité que le 18 novembre ; que, compte tenu de cette erreur, le tribunal possède tous les éléments nécessaires d'appréciation pour décider que la perte subie sur les marchandises litigieuses doit rester pour moitié à la charge de chacune des parties ;

Attendu que la défenderesse a offert de verser à Maurice et Amadieu une somme de 470 fr. 45, représentant le produit de la vente des châtaignes avariées et d'abandonner en outre les frais de magasinage et de stationnement qui lui seraient dus et qui s'élèveraient à 520 fr. 15, mais qu'elle réclame reconventionnellement une somme de 634 fr. 50, représentant les frais de transport, expertise et autres dont se trouve grevé cet envoi ; que le tribunal possède tous les éléments nécessaires d'appréciation pour trancher ce point du litige et qu'il y a lieu de décider que les frais d'expertise doivent suivre le sort des autres frais d'instance, et que les frais de transport et autres ne sauraient rester à la charge des demandeurs, puisqu'ils viendraient augmenter la perte qu'ils subissent, dont le tribunal a déjà fixé le quantum, et qu'il y a lieu de décider que le produit de la vente des châtaignes restera acquis à la Compagnie en compensation des frais de transport qui resteront à sa charge ;

Attendu, en ce qui concerne les dépens, qu'ils doivent rester à la charge de la Compagnie tant parce que son offre est insuffisante qu'à titre de supplément de dommages-intérêts au besoin ;

Par ces motifs :

Le tribunal, après en avoir délibéré, jugeant publiquement, contradictoirement et en premier ressort, rejette l'offre de l'administration des chemins de fer de l'Etat comme insuffisante, la condamne à payer aux demandeurs une somme de 1.250 fr., à titre de dommages-intérêts avec intérêts à 6% à compter du 6 janvier 1925 date de la demande en justice ;

Rejette la demande reconventionnelle de la défenderesse comme irrecevable et mal fondée, mais décide que la somme de 470 fr. 25, produit de la vente des châtaignes litigieuses, lui restera acquise à titre de remboursement des frais de transport et autres grevant cette marchandise ; condamne enfin l'administration des chemins de fer de l'Etat en tous les dépens de l'instance.

102. — Transport international. — Retard PV. — Faute grave. — Application de l'art. 41 de la Convention de Berne. — Arrêt de la cour d'appel de Paris (5e Ch.) du 8 mai 1924. — BT 7/1924. — Cie du Midi contre Dabat.

La cour,

Statuant tant sur l'appel interjeté par la Cie du Midi que sur l'appel incident formé par Dabat du jugement rendu par le tribunal de commerce de la Seine, le 21 janvier 1922 ;

En la forme :

Considérant que ces appels sont réguliers et recevables :

Au fond :

Considérant que, dans les circonstances de fait énoncées au jugement, la Cie du Midi soutient, dans ses conclusions devant la Cour, que les restrictions du trafic qui lui avaient été imposées constituaient des cas de force majeure de nature à l'exonérer de toute responsabilité, et que, d'autre part, la Convention internationale de Berne étant applicable aux transports litigieux, l'art. 40 de cette convention imposait la limitation des dommages intérêts en cas de retard :

Considérant, sur le premier chef, que la Compagnie appelante ne rapporte pas la preuve des difficultés qu'elle invoque, sans d'ailleurs les préciser, et qu'il est constant, au surplus, que les expéditions des 19 et 12 juin 1920 ne pouvaient être sérieusement entravées par l'effet de la grève qui avait pris fin depuis un mois ;

Considérant, sur le deuxième chef, que les parties sont d'accord pour reconnaître que les transports d'Avolsheim (Alsace), à Perpignan étaient régis par la Convention de Berne, ainsi que le constatent les formules employées pour les déclarations d'expédition ;

Considérant que si l'art. 40 de cette Convention limite, en cas

de retard dans la livraison, la responsabilité du chemin de fer,
l'art. 41 dispose que l'indemnité pleine et entière comprenant
les dommages-intérêts peut être demandée dans tous les cas où
le dommage aurait pour cause un dol ou une faute grave de la
part du chemin de fer ;

Considérant que la prolongation excessive du délai de transport peut constituer une faute grave à la charge du chemin de
fer qui ne fournit aucune explication satisfaisante du retard ;

Or, considérant que, dans l'espèce actuelle, le premier wagon
expédié le 19 juin 1920 devait arriver le 7 juillet, soit dans un
délai de 18 jours et qu'il n'a été livré qu'après 11 jours de retard ; que le deuxième wagon, expédié le 22 juin, a subi un retard
de 20 jours, alors que le délai de transport était également de 18
jours :

Considérant que le transporteur n'a justifié d'aucune cause
admissible de ces retards excessifs et que les prétendues difficultés invoquées par la Cie du Midi, et auxquelles le tribunal a cru
devoir faire allusion dans ses motifs, n'ont été, ainsi qu'il a été
dit plus haut, nullement établies ; qu'il suit de là que la faute
grave prévue par l'art. 41 susvisé est suffisamment caractérisée
pour permettre d'allouer à Dabat une indemnité supérieure à
la limitation édictée par l'art. 40 ;

Et, considérant que, même sans tenir compte, ainsi que l'ont
fait les premiers juges qui y ont trouvé un motif d'atténuation
de sa responsabilité, des difficultés que la Cie du Midi prétend,
sans en justifier, avoir eu à surmonter, la somme allouée à Dabat constitue une équitable et suffisante réparation du dommage que lui a occasionné le retard de livraison de ses wagons ;
qu'il échet, dès lors, de confirmer le dispositif du jugement ;

Par ces motifs :
Et adoptant ceux non contraires des premiers juges ;
En la forme :
Reçoit la Cie du Midi et Dabat en leurs appels ;
Au fond :
Déclare lesdits appels non fondés ;
Les en déboute ainsi que leurs fins et conclusions ;
Confirme le jugement entrepris ;

Et condamne la Cie du Midi à l'amende et aux dépens de son
appel, et Dabat aux dépens de son appel incident.

Observations. — On trouvera, pages 442 à 444 de notre *Manuel pratique* (10e édition), toutes explications utiles au sujet
de l'application de l'art. 41 de la Convention de Berne et de
l'appréciation du caractère de gravité des fautes imputables
au transporteur, appréciation qui, en toute hypothèse, est de la
compétence du juge du fait.

10

103. — 16 mai 1924. Trib. Comm. Chaumont. — Chemin de fer. — Retard. — Dommages-intérêts. — Chocolat. — Vente manquée. — Remplacement. — Démarches et pertes de temps. — Pouvoir du juge.

Le tribunal,

Considérant que Flizot prétend qu'à la date du 27 septembre, la chocolaterie d'Asnières remettait en gare de Bécon-les-Bruyères, à destination dudit F., en gare de Chaumont PV, 5 colis de chocolat, du poids de 310 kilos, au total ; que cette marchandise subit un retard important et n'arriva à Chaumont que le 13 octobre 1923, soit 16 jours après sa remise en gare ; qu'en conséquence F. réclame par application de l'art. 104 C. Comm., la condamnation de la Cie de l'Est au paiement de la somme de 125 francs de dommages-intérêts judiciaires ;

Considérant qu'en réponse à cette demande, la Cie de l'Est soutient que le retard dans l'envoi des colis n'excède pas 3 jours, F. n'ayant pas réclamé que les dits colis lui fussent livrés avant le 9 octobre, tandis qu'ils sont parvenus è Chaumont le 12 du même mois ; que d'autre part la demande de 125 fr. de dommages-intérêts formée par F. ne serait en tous cas justifiée que jusqu'à concurrence de 70 fr. 50 ; mais que cette somme elle-même ne peut être admise par le tribunal, la Compagnie transporteur n'ayant pu prévoir que F. destinait ce chocolat au 20me tirailleurs algérien avec lequel il avait passé un marché ; que ladite Compagnie ne peut être déclarée responsable aux termes de l'art. 1150 C. Civ. du préjudice éventuel et indirect du retard constaté ; que la somme de 50 fr. dont la Cie fait offre est donc suffisante pour indemniser F. ;

Mais considérant que l'art. 1150 C. civ. ne peut recevoir son application qu'autant qu'il s'agit de dommages-intérêts extrinsèques, ce qui n'est pas le cas incontestablement ; qu'il est bien évident que la Compagnie ne pouvait pas ignorer que l'expédition faite par la Chocolaterie de la quantité de 200 kilos de chocolat était destinée à un épicier ; que si pareille commande était passée par F., c'est qu'elle lui était demandée ; que ce dernier ne réclame donc que la réparation directe du préjudice que lui a causé le retard apporté par la Cie de l'Est dans cette expédition ;

Considérant enfin qu'il y a lieu de tenir compte à F. des demandes inutiles qu'il a dû faire à la gare de Chaumont, de la perte de temps qu'il a subie, du remplacement de la marchandise non livrée par une marchandise de même nature mais plus chère enfin, de tous les ennuis causés par ce retard ; que le tribunal possède les éléments suffisants pour fixer le montant de l'indemnité due au demandeur ;

146

Considérant , quant aux dépens, qu'ils sont à la charge de la partie qui succombe ;

Par ces motifs,

Déclare insuffisante l'offre de 50 fr. faite par la Cie de l'Est ; la condamne en conséquence à payer à F. pour les dommages indiqués plus haut la somme de 100 fr. avec intérêts au taux de 6% l'an du jour de la demande en justice.

La condamne en outre aux dépens.

104. — Retard GV. — Calcul des délais. — Contrôle de la Cour de cassation. — Insuffisance des motifs d'un jugement : cassation. — Arrêt de la Cour de cassation (Ch. civ.) du 26 mai 1924. — BT 8/1924. — Cie du Nord contre Micmande.

La Cour,

Sur le moyen unique,

Vu les art. 2 et 10 de l'arrêté ministériel du 12 juin 1866 ;

Attendu qu'il résulte des dispositions de ces articles que les expéditions en grande vitesse doivent être faites par le premier train, affecté à ces transports, partant après l'expiration du délai de 3 heures après la présentation à l'enregistrement, et être mises à la disposition du destinataire dans le jour qui suit celui de leur arrivée effective en gare ;

Attendu que, pour condamner la Cie du Nord au paiement de dommages-intérêts à raison des retards survenus dans la livraison de 2 wagons de bestiaux, expédiés successivement du Mans, en grande vitesse, à Micmande, en gare de Calais, l'arrêt attaqué se borne à déclarer, par adoption des motifs du jugement, pour la première expédition : que le wagon expédié le 12 mars 1920 « n'a été mis à la disposition de Micmande qu'avec un retard de plus de 12 heures, le 15 mars au soir, alors qu'il aurait pu et dû l'être dès le matin, lors de la réclamation de Micmande » ; et, pour la seconde expédition : « que le wagon a été chargé le 16 avril 1920 et expédié du Mans le même jour par le train de 17 heures 40 via Rouen-Darnetal ; que, d'après l'horaire, il devait arriver à Calais le 18, à 17 heures et être mis à la disposition du destinataire le 19 à l'ouverture de la gare ; qu'il ne fut mis à sa disposition que le 19 au soir » ;

Qu'ainsi l'arrêt attaqué n'indique ni les heures précises de la présentation à l'enregistrement, point de départ nécessaire pour la supputation des délais de transport, ni les heures auxquelles les expéditions ont été mises à disposition du destinataire, ni celles des réquisitions de livraison faites sans résultat par celui-ci ; qu'il n'a, dès lors, pas légalement justifié sa décision et qu'il a, par suite, violé les textes susvisés ;

Par ces motifs :

Casse et annule l'arrêt rendu entre les parties par la cour d'appel de Douai, le 26 octobre 1922 ;

Renvoie devant la cour d'appel d'Amiens.

105. — Retard GV de 60 jours non contesté par la Compagnie. — Bases pour le calcul du délai non indiquées par le juge du fait : cassation. — Arrêt de la Cour de cassation (Ch .civ.) du 4 juin 1924. — Cie du Midi contre Casanovas.

La Cour,

Sur le premier moyen :

Vu l'art. 11 de l'arrêté ministériel du 12 juin 1866 ;

Attendu, d'une part, que les délais pour les transports par chemins de fer étant d'ordre public une compagnie ne peut y renoncer même implicitement ; que, par suite, la seule reconnaissance par elle d'un retard ne suffit pas à en établir légalement l'existence ;

Attendu, d'autre part, que l'arrêt attaqué ne contient aucun des éléments nécessaires pour le calcul des délais ; qu'il ne fait pas connaître le tarif qui régissait le transport et qu'il n'indique ni la gare où la livraison aurait dû être faite, ni celle où elle a eu lieu ;

Attendu que, sur une action en indemnité intentée par Casanovas à la Cie du Midi, pour avaries et retard dans la livraison de caisses de raisin et de figues à lui expédiées, en grande vitesse, le 1er mars 1919, de Hendaye à Bordeaux, l'arrêt attaqué a condamné la Compagnie à des dommages-intérêts en se bornant à déclarer que « la Compagnie ne saurait méconnaître que le retard de soixante jours dans l'exécution du contrat de transport, en privant Casanovas des marchandises éléments essentiels de son commerce normal, lui a causé un préjudice qu'elle doit être tenue de réparer » ;

Attendu qu'en statuant ainsi, l'arrêt attaqué n'a pas légalement justifié sa décision et a, par suite, violé le texte susvisé ;

Par ces motifs, et sans qu'il y ait lieu de statuer sur le second moyen, casse l'arrêt rendu entre les parties, le 26 octobre 1922, par la cour d'appel de Bordeaux.

Observations. — L'arrêt qu'on vient de lire est un véritable défi au bon sens. Sans doute, ainsi que le rappelle notre *Manuel pratique* (10e édition, page 113), le juge du fait ne saurait, en principe, se contenter de dire qu'il y a eu retard : en matière de transport par chemin de fer il doit donner, dans sa décision même, toutes indications nécessaires pour permettre éventuellement à la Cour de cassation d'exercer son contrôle en s'assurant que les délais réglementaires ont été dépassés ; c'est cette règle que la Cour de cassation a appliquée, notamment dans l'arrêt de la chambre civile, en date du 30 janvier 1923, que nous avons publié la même année, page 45, et dans celui du 26 mai 1924, qui est publié plus haut ; et, en se reportant à ces arrêts, l'on pourra voir que la thèse se tient très bien, *lorsque la compagnie conteste l'existence ou l'étendue du retard* : mais dans l'arrêt ci-dessus, il n'y avait aucune contestation à ce sujet, et le litige portait uniquement sur le quantum des dommages-intérêts : aussi la Cour suprême a-t-elle dû faire appel à cet argument véritablement spécieux, que les délais de transport par chemin de fer étant d'ordre public et une compagnie n'y pouvant renoncer même implicitement, la seule reconnaissance d'un retard ne suffit pas à en établir légalement l'existence. On pourrait raisonner de même sur n'importe quel litige et exiger que les tribunaux établissent dans toutes leurs décisions, par des moyens autres que la reconnaissance par le défendeur du bien-fondé de la demande, la preuve des faits justifiant celle-ci : cela paraîtrait ridicule et absurde et le serait en effet. Au surplus il n'est pas jusqu'au *Bulletin annoté des chemins de fer*, que dirige, comme on sait, M. Sarrut, premier président à la Cour de cassation, qui n'ait cru devoir sévèrement juger l'arrêt rendu par ladite Cour, le 4 juin dernier, sous la présidence de M. Sarrut :

Des marchandises expédiées à grande vitesse, écrit-il (1924, II, p. 88, note en bas de page), subissent un retard de soixante jours... le retard est manifeste, avéré ; le litige ne porte que sur le quantième des dommages intérêts ; le retard est à ce point considérable que personne ne peut raisonnablement en contester l'existence. Comment, dans de pareilles circonstances, la seule affirmation de l'arrêt que le retard est de soixante jours n'est-elle pas suffisante soit pour justifier légalement la décision, soit pour permettre à la Cour de cassation d'exercer son contrôle ? L'évidence ne se démontre pas.

Summum jus, summa injuria, disait plaisamment l'auteur de *De Officiis* ; après l'arrêt du 4 juin, on serait plutôt tenté de dire : *Summorum jus, summa dementia*. BT. 1/1824. Lamy.

106. — Retard, — Marché résilié puis repris à un prix inférieur. — Baisse du cours. — Calcul de l'indemnité. — Arrêt de la Cour d'appel de Paris (5e ch.) du 27 juin 1924. — Cie d'Orléans contre Hindermeyer. — BT. 8/1924.

La Cour,

En la forme :

Considérant que cet appel est régulier et recevable ;

Au fond :

Considérant que, dans les circonstances de fait énoncées au jugement, la Cie d'Orléans reconnaît le principe de sa responsabilité, à raison du retard apporté à la livraison de 1520 kg.

de peaux, expédiés par Hindermeyer, de Bellac à lui-même à Paris-Ivry ;

Considérant que le litige porte uniquement sur l'évaluation du préjudice dont ladite compagnie doit réparation à Hindermeyer ;

Considérant que les premiers juges, pour déterminer l'importance de ce préjudice, ont fait état de ce que Hindermeyer avait vendu, en février 1920, les peaux à Schwob, au prix de 35.955 fr., sur le pied de 23 fr. 50 le kg., et que le marché ayant été résilié à cause du retard, Schwob n'avait consenti à racheter les peaux qu'au cours de 6 fr. le kg., soit pour le prix de 9.180 fr. ;

Que le jugement dont est appel a fixé le préjudice en prenant la différence entre les deux prix sus-indiqués ;

Considérant que si le prix de la vente originaire consentie à Schwob ne paraît pas pouvoir être sérieusement contesté, l'opération effectuée en juin 1920 ne saurait servir de base à une appréciation exacte ;

Que la valeur de la marchandise à cette dernière époque ne doit pas être fixée d'après le cours le plus bas porté sur la mercuriale d'Amiens, mais qu'il convient de prendre pour base le le cours de la place de Paris, où se contractait le nouveau marché entre Hindermeyer et Schwob, et où devait être livrée la marchandise, et que, si le premier a consenti à traiter à un prix inférieur qui lui était offert, il n'est pas fondé à faire supporter par la Cie d'Orléans la concession qu'il a cru devoir faire et qui ne rentrait pas dans les prévisions normales des parties au contrat de transport ;

Or, considérant qu'il appert des documents de la cause que le cours de Paris, en juin 1920, pour la marchandise envisagée, était de 10 fr. 90 le kg., ce qui, pour 1520 kg., donne le prix de 16.568 fr. ;

Que c'est la différence entre cette somme et celle de 35.955 fr. qu'il convient d'admettre comme représentant le préjudice direct subi par Hindermeyer du fait du retard imputable au chemin de fer ;

Que cette différence étant de 19.387 fr., c'est à ce chiffre qu'il y a lieu de fixer le montant des dommages-intérêts que la Cie d'Orléans doit payer à Hindermeyer ;

Considérant qu'étant donnée l'appréciation qui précède, il est sans intérêt d'examiner si le retard légal a été de 63 jours comme l'a dit le tribunal, ou de 49 jours comme le prétend la compagnie appelante, ni si les peaux étaient des peaux de vaches ou de veaux, la comparaison des cours ayant été faite sur des peaux de même catégorie ;

Considérant que vraiment la compagnie appelante prétend

150

que la baisse des cours s'étant produite pendant les délais de transport, le retard ne serait pas la cause du préjudice ;

Considérant que si la baisse a commencé pendant ces délais, il est constant que les cours dont il a été fait état plus haut, ont été établis après la date où a été constaté le retard imputable à la compagnie ;

Considérant enfin qu'il n'est nullement établi que la baisse ait été la conséquence du décret du 4 mars 1920 ;

Qu'il n'a d'ailleurs pas été insisté sur ce moyen au cours des débats ;

Considérant que, de tout ce qui précède, il résulte que le montant des dommages-intérêts auxquels a droit Hindermeyer doit être réduit à la somme de 19.367 fr. et que c'est dans cette mesure seulement qu'il échet de modifier la décision entreprise ;

Par ces motifs :

Et adoptant ceux non contraires des premiers juges ;

En la forme :

Reçoit la Cie d'Orléans appelante du jugement du 7 décembre 1921 ;

Au fond :

Déclare son appel fondé en partie ;

Et y faisant droit ;

Réduit à la somme de 19.387 fr. le montant des dommages-intérêts que ladite Compagnie devra payer à Hindermeyer pour les causes sus-énoncées ;

Confirme pour le surplus le jugement entrepris ;

Déboute les parties de toutes autres fins et conclusions ;

Ordonne la restitution de l'amende consignée ;

Et considérant que la réduction prononcée sur le chiffre des dommages-intérêts ne fait pas disparaître l'entière responsabilité de la compagnie appelante ;

La condamne aux dépens d'appel.

Observations. — Cet arrêt accorde très explicitement au demandeur des dommages-intérêts basés sur la baisse des cours survenue après l'expiration des délais de transport. Il répond ainsi très justement à l'argument des compagnies, consistant à dire que la baisse des cours constitue le dommage imprévu et indirect dont, aux termes des art. 1150 et 1151 du Code civil, elles n'ont pas à répondre.   Lamy.

107. — Retard P. V. d'un jour seulement. — Préjudice de faible importance mais réel. — Condamnation de la Compagnie à une équitable réparation. — Jugement du tribunal de commerce de Pontoise du 17 juin 1924. — Baudoin contre chemins de fer de l'Etat. — BT. X/1924.

Le tribunal,

Après en avoir délibéré conformément à la loi,

Jugeant en dernier ressort :

Attendu que Baudoin a fait assigner les chemins de fer de l'Etat pour s'entendre lesdits chemins de fer condamner au paiement d'une somme de 61 fr. 20 à titre de dommages-intérêts pour retard, dans la livraison des marchandises destinées au demandeur, avec les intérêts de droit et les dépens ;

Attendu que l'administration défenderesse soutient que le retard incriminé n'est que d'un jour ;

Que Baudoin ne justifie pas d'un préjudice pour un retard aussi minime et doit être déclaré mal fondé en sa demande ;

Attendu qu'il a été expédié de Sourdeval (Manche) à l'adresse de Baudoin à Pontoise, le 5 octobre 1923, en petite vitesse, au tarif général, 7 caisses de souricières d'un poids total de 420 kg. ;

Que cette expédition n'a pu être mise à la disposition du demendeur, à l'expiration des délais de transport, le 11 octobre 1923 ;

Que ce dernier a fait toutes réserves utiles pour retard et a été mis en possession de la marchandise le lendemain, 12 octobre, soit avec un jour de retard ;

Attendu que si le simple retard dans le transport ne peut donner lieu à dommages-intérêts qu'autant qu'il en résulte un préjudice justifié, un retard minime ne constitue nullement à lui seul un obstacle à l'allocation des dommages-intérêts établis et qui sont la conséquence directe de ce retard ;

Attendu que, dans l'espèce soumise au tribunal, l'expédition, objet du litige, a été faite au tarif général, c'est-à-dire avec une taxe plus élevée et des délais de transport plus réduits que ceux du tarif spécial ;

Que, d'autre part, les chemins de fer transporteurs n'ont pu se méprendre sur le besoin urgent qu'avait le destinataire de la marchandise, puisque leur attention a été tout spécialement attirée sur cette urgence qu'ils ont eux-mêmes reconnue par l'annotation suivante sur le contrat de transport : « urgent, ne pas différer » ;

Attendu enfin que Baudoin justifie du déplacement inutile de sa camionnette pour l'enlèvement de la marchandise après le délai de transport expiré, et de l'impossibilité dans laquelle il s'est trouvé de livrer lui-même la marchandise attendue ;

Que le tribunal a les éléments d'appréciation pour fixer ainsi le préjudice causé à Baudoin à une somme de 25 fr. ;

Attendu que l'administration défenderesse doit, en outre, supporter les dépens ;

Par ces motifs :

Condamne l'administration des chemins de fer de l'Etat, pour y être contrainte par tous moyens et voies de droit, à payer à

Baudoin la somme de 25 fr. à titre de dommages-intérêts pour les causes sus-énoncées ;

La condamne en outre aux dépens.

Observations. — Ce n'est pas une raison parce qu'un retard est de peu d'importance pour que le chemin de fer cesse d'être comptable du préjudice qu'il a causé : du moment que celui-ci est justifié, le transporteur responsable doit être condamné à le réparer ; les chicaneaux du contentieux des chemins de fer de l'État l'auront appris à leurs dépens et nous sommes heureux de féliciter les juges consulaires de Pontoise de le leur avoir rappelé, en termes d'ailleurs excellents.

108. — Retard ; tarif G. V. N° 314. — Traversée de Paris ; application littérale de la clause y relative. — Indemnité ; clause limitative. — Jugement du Tribunal de commerce de Nontron du 3 juillet 1924. — Lacombe frères contre Cie d'Orléans. — BT. XI/1924.

Le tribunal,

Attendu que le 13 octobre, Lacombe frères ont expédié de Nontron, port payé, sous réquisition du tarif G. V. 314, 147 sacs de châtaignes, pesant ensemble 6.615 kg., à l'adresse de MM. Mascot et Lasalle, transitaires en gare de Boulogne-Maritime ;

Que, suivant le décompte des délais de transport établi par eux, la marchandise aurait dû être mise à la disposition des destinataire le 15 octobre, alors qu'elle n'est arrivée à Boulogne que le 16 octobre, avec un retard de plus de 12 heures ;

Attendu que le 15 octobre 1923, Lacombe frères ont encore expédié de Nontron, port payé, au tarif G. V. 314 à l'adresse de MM. Mascot et Lasalle, 149 sacs de châtaignes, pesant ensemble 6.075 kg. ;

Que, suivant le décompte des délais de transport établi par eux, la marchandise aurait dû être livrée le 17 octobre, alors qu'elle n'est arrivée à Boulogne que le 18, avec un retard de plus de 12 heures ;

Attendu, enfin, que le 18 octobre 1923, Lacombe frères ont expédié de Nontron, port payé, au tarif G. V. 314 et à la même adresse, 150 sacs de châtaignes pesant ensemble 6.000 kg. ;

Que, suivant le décompte des délais de transport établi par eux, la marchandise aurait dû être livrée le 20 octobre, alors qu'elle n'est arrivée à Boulogne que le 22 octobre, avec un retard de 48 heures ;

Attendu, cependant, que la Cie d'Orléans prétend qu'aucun retard ne lui est imputable ; que les châtaignes faisant l'objet des deux premières expéditions ont été transportées dans les délais réglementaires et que la troisième expédition a été mise à la disposition des destinataires sur leur première réquisition, après l'expiration des délais ;

Attendu que les parties sont d'accord sur les délais de transport jusqu'à l'arrivée de Paris-Austerlitz ;

Que le désaccord porte uniquement sur le délai de transmission de 6 heures prévu pour la traversée de Paris ;

Que la Compagnie soutient qu'aux termes de l'arrêté ministériel du 12 juin 1866, ce délai ne comprend pas les heures de nuit pendant lesquelles les gares de Paris se trouvent fermées et que, par suite, le départ de la marchandise arrivée la veille au soir à Paris-Austerlitz devait avoir lieu à Paris-Nord le lendemain, par le premier train du matin, après l'ouverture de la gare, et non par le train de 0 h. 05 ainsi que le prétendent les demandeurs au procès ;

Attendu, en effet que l'art. 3 (4) de l'arrêté ministériel sus-visé dispose que le délai de transmission pour la traversée de Paris sera de 6 heures, non compris les heures de nuit, mais qu'il ajoute « jusqu'à ce que le service de la G. V. entre les gares ait été organisé par les chemins de fer de Ceinture » ;

Or, attendu que ce service de ceinture pour les transports en grande vitesse est organisé depuis longtemps ;

Que ledit art. 3 ne peut donc être invoqué utilement par la Cie d'Orléans ;

Attendu que les expéditions litigieuses sont régies par le tarif d'exportation G. V. 314 ;

Que les tarifs régulièrement homologués doivent s'appliquer à la lettre ;

Que le tarif G. V. 314 indique que le délai de transmission entre deux gares de Paris est de 6 heures ;

Qu'il n'ajoute pas, comme l'art. 3 de l'arrêté ministériel du 12 juin 1866, « non compris les heures de nuit » ;

D'où il suit que ce temps est compris dans ledit délai et que les 6 heures prévues se calculent sans interruption, alors surtout qu'en fait, les gares de Paris ne sont jamais fermées la nuit pour le service des denrées périssables ;

Attendu que, vainement encore, la Cie d'Orléans soutient que les châtaignes de la troisième expédition ont été livrées dès qu'elles ont été réclamées après l'expiration des délais de transport ;

Qu'il résulte des documents de la cause, et notamment du timbre à date du service des arrivages de la gare de Boulogne apposé, le 20 octobre, sur le télégramme adressé par Lacombe frères à MM. Mascot et Lasalle et communiqué par ces derniers audit service, en vue de préciser leur réclamation, que les destinataires se sont présentés à la gare, ce jour 20 octobre, et qu'ils ont requis expressément la livraison de la marchandise ;

154

Attendu, dès lors, que le retard allégué est pleinement établi et qu'il engage la responsabilité de la compagnie ;

Attendu qu'en vertu du tarif G. V. 314 la totalité des prix de transport peut être retenue pour un retard de plus de 6 heures;

Que, d'autre part, les droits des expéditeurs et des destinataires sont réservés dans le cas où le retard excéderait 12 heures ;

Attendu que Lacombe frères sont donc fondés à réclamer à la Cie d'Orléans la restitution de la somme de 1613 fr. 65 perçue pour l'expédition du 13 octobre 1923, et celle de 1640 fr. 50 perçue pour l'expédition du 15 octobre 1923, renonçant au droit de demander une indemnité supplémentaire en raison du préjudice éprouvé ;

Qu'en ce qui concerne la troisième expédition, Lacombe frères, renonçant aussi à réclamer la restitution des frais de transport, sont également fondés à demander la réparation du préjudice que le retard constaté leur a causé ;

Que les châtaignes devaient être acheminées immédiatement à Londres, par vapeur ;

Qu'elles n'ont pu être embarquées le 20 octobre :

Que leur état de fraîcheur s'est fortement ressenti de la durée anormale du transport ;

Que, du fait de la fermentation qui s'est produite, la vente n'a pas donné les bénéfices légitimement escomptés par Lacombe frères ;

Que la perte qu'ils ont subie se chiffre, d'après le bordereau de vente de leur représentant de Londres, par 8 schillings par sac, ce qui représente, au cours du change de 4 fr. 50 le schilling, une somme globale de 5.400 fr. ;

Par ces motifs :

Condamne la Cie d'Orléans à payer à Lacombe frères la somme de 8.554 fr. pour les causes sus-énoncées ;

Ordonne l'enregistrement de deux lettres du sieur Acloque en date des 21 et 24 octobre 1923 ;

Condamne la Cie d'Orléans aux dépens.

Observations. — La compagnie a porté cette décision en appel, mais il semble bien difficile que la cour de Bordeaux puisse statuer autrement que ne l'ont fait les premiers juges, à moins qu'un nouvel examen des faits ne lui apporte des éléments d'appréciation qui ne sont point mentionnés dans la décision ci-dessus.

En ce qui concerne la question de droit relative au calcul du délai, il est certain que le texte du tarif G. V. 314 était seul à considérer pour ce calcul : l'arrêté de 1866 constitue, en effet, une sorte de règlement type applicable seulement à défaut d'autre et auquel les tarifs peuvent déroger soit dans un sens soit dans l'autre ; en abrégeant les délais qui y sont prévus, parce que les conditions résultant du cahier des charges peuvent toujours être adoucies au profit du public, dans les tarifs d'application homologués sur la proposition des compagnies ; et aussi en les allongeant, parce qu'il est expressément prévu, en l'art. 50 du cahier des charges, que des tarifs réduits peuvent être établis « pour tout expéditeur qui acceptera des délais plus longs que ceux déterminés » dans le même document. Or, le régime de délai prévu au tarif G. V. No 314 est précisément tout différent de celui résultant de la simple application des dispositions du cahier des charges ou de l'arrêté de 1866 ; comme il ne contient aucune lacune, il n'y a nullement à faire appel aux documents précités et la compagnie ne pouvait tirer aucun argument valable de l'art. 3 de l'arrêté du 12 juin 1866. Le tarif G. V. No 314 dit textuellement :

Quand le transport par un point d'échange entre deux réseaux n'est pas effectué par un même train désigné direct circulant sur ces deux réseaux, le délai de transmission, pour passer, par trains désignés, d'un réseau à un autre, est fixé :

à une heure etc... exception faite de Paris, *où le délai est de six heures.*

Ce texte étant parfaitement clair et se suffisant amplement à lui-même, pas n'est besoin de se mettre en mal de chercher dans d'autres documents des motifs d'en faire une interprétation différente de celle qui découle naturellement de ses termes.

Pour ce qui est de la liquidation des indemnités en cas de retard, voir plus haut l'arrêt de la Cour de cassation du 30 juillet 1924 et les observations dont nous l'avons annoté.

109. — Retard d'un wagon-réservoir. — Fermeture d'une gare ; force majeure non prouvée ; responsabilité. — Réception sans réserve par le destinataire ; action de l'expéditeur ; recevabilité. — Jugement du Tribunal de commerce de Montpellier du 18 juillet 1924. — Daumas et Cie contre Cie P. L. M. — BT. X/1924.

Le tribunal,

Attendu que, par exploit en date du 20 mars 1924, les sieurs Daumas et Cie ont assigné la Cie P. L. M. pour l'entendre condamner à leur payer des dommages pour le fait qu'elle a fermé la gare de Montpellier, les 18, 19 et 20 mars dernier, et s'est refusé à laisser remplir un wagon-réservoir qu'ils destinaient à un de leurs clients ;

Attendu que la compagnie a conclu au rejet de la demande et soutient, tout d'abord, qu'un encombrement résultant d'un cas de force majeure l'autorisait à suspendre le trafic et à refuser une marchandise dont elle ne pouvait assurer le transport ;

Qu'elle indique ensuite que le destinataire du vin ayant

accepté, sans aucune réserve, la livraison de ce vin, l'action des sieurs Daumas et Cie serait dénuée de tout fondement ;

Attendu que les compagnies de chemins de fer n'ont pas le droit, le cas de force majeure excepté et justifié, de refuser ou de retarder l'expédition des colis qui leur sont présentés à l'heure ou les gares ou bureaux doivent être ouverts (Cassation, 5 mars 1873) ;

Qu'il échet donc de rechercher si, dans l'espèce soumise au tribunal, se trouve justifié et établi le cas de force majeure invoqué ;

Attendu qu'il est allégué, au nom de la compagnie, que ce cas de force majeure serait dû tout d'abord à des perturbations atmosphériques particulièrement graves (chutes de neige et froids exceptionnels), qui, pendant les mois de février et de mars, auraient rendu tout trafic impossible dans la région de Lyon ;

Qu'ensuite l'intensité du trafic, à raison du prochain relèvement des tarifs, aurait accentué encore l'encombrement des voies du P. L. M. ;

Attendu que la Cie P. L. M. n'apporte au tribunal aucune preuve, ni aucune justification de ses allégations ;

Que les crises atmosphériques ne constituent des cas fortuits, qu'autant que, par leur intensité et leur force excessive, elles sortent de la marche accoutumée de la nature ; qu'on ne doit pas, par conséquent, mettre au rang de cas fortuits des événements, calamiteux en eux-mêmes, qui sont le résultat régulier et ordinaire des saisons, comme la pluie, le vent, la neige, le froid et le chaud ; que ces cas doivent être prévus et peuvent souvent être empêchés ;

Qu'ainsi donc, s'il est tombé de la neige et s'il a fait froid en février et en mars, cela n'a rien d'anormal et il n'est pas démontré que, pendant deux mois, ces chutes de neige et ces froids aient atteint un tel degré d'intensité qu'il était impossible de le prévoir et de s'en garantir ;

Attendu que l'augmentation du trafic due à l'imminence du relèvement des tarifs ne constituerait pas, si elle était démontrée, un événement dépassant les prévisions humaines ;

Qu'il était au contraire aisé de prévoir que le commerce ferait l'impossible pour assurer le plus grand nombre d'expéditions afin d'éviter des charges et des taxes nouvelles ;

Que les compagnies ne pouvaient ignorer une telle situation de fait contre laquelle elles avaient le devoir de se prémunir ;

Qu'il n'y a donc pas lieu d'accueillir les moyens proposés ;

Attendu qu'il importe peu qu'à l'arrivée du vin le destinataire l'ait accepté sans se plaindre du retard apporté à l'expédition ;

Qu'il n'est pas douteux qu'expéditeurs et destinataires ont une action séparée contre les transporteurs pour obtenir la réparation du préjudice qu'ils peuvent personnellement éprouver;

Sur les dommages :

Attendu qu'il est établi que les demandeurs ont eu à supporter des doubles frais de charroi, des journées d'hommes supplémentaires et des frais d'immobilisation d'un matériel indispensable aux besoins de leur commerce ;

Que le tribunal a trouvé, dans les faits de la cause, des éléments d'appréciation lui permettant de fixer à la somme de 300 fr. l'importance du préjudice causé ;

Par ces motifs :

Le tribunal, jugeant publiquement, contradictoirement et en dernier ressort ;

Dit et juge que la Cie P. L. M. ne justifie pas du cas de force majeure l'autorisant à refuser, les 18, 19 et 20 mars dernier, les marchandises qui lui étaient présentées pour l'expédition ;

La condamne, en conséquence, à payer aux sieurs Louis Daumas et Cie la somme de 300 fr. en réparation du préjudice causé par ce refus injustifié ;

La condamne, en outre, aux intérêts de droits de ladite somme et à tous les dépens de l'instance.

Observations. — Cet excellent jugement est bien motivé sur deux points.

1º La Cie P. L. M. prétendait justifier la fermeture de la gare de Montpellier, les 18, 19 et 20 mars dernier, par un cas de force majeure constitué par de la neige, du froid et un afflux de trafic dû à l'imminence du relèvement des tarifs : à quoi il lui a été répondu avec infiniment de raison que le froid et la neige peuvent être prévus en février et en mars et que, quant à l'afflux du trafic dû au prochain relèvement des tarifs, elle pouvait d'autant plus le prévoir qu'elle devait être comptée parmi les promoteurs de ce relèvement ; aucun de ces événements n'était donc susceptible d'être considéré comme force majeure.

2º Pour ce qui concerne la recevabilité de l'action de l'expéditeur, on trouvera, p. 451-452 de la 10e édition du *Manuel pratique* les bases de la doctrine suivant laquelle la livraison au destinataire, même effectuée sans réserve, ne prive pas l'expéditeur du droit de réclamer au transporteur la réparation du préjudice que le retard lui a causé.

110. — Charpentes livrées avec retard. — Immobilisation du personnel. — Frais d'établissement de toiture provisoire.

En cas de retard au transport d'un wagon de charpentes, le chemin de fer a pu prévoir le préjudice résultant, d'une part de l'immobilisation d'un personnel spécialiste et, d'autre part, de l'installation d'une toiture provisoire de garantie.

Les frais, à cette occasion, constitue également le dommage essentiellement direct prévu par l'art. 1152 C. C. Tribunal de commerce de Lyon, 11 août 1924. Gaz Comm. 205/1925 Sirey 2582.

Sirey 2581. — Marchandise livrée en retard. — Arrivée en gare le jour de l'expiration des délais. — Livraison 48 heures après. — Art. 51 bis tarifs généraux. Obligation d'aviser. — Absence de justification d'avis en temps utile. — Condamnation du chemin de fer à dommages-intérêts.

Tribunal de commerce de Lyon, 11 août 1924. Gaz Comm. Lyon. 25 mai 1925.

Lorsqu'une marchandise est livrée avec retard, le chemin de fer ne saurait prétendre que la date de l'arrivée en gare est égalelement celle où la marchandise était à la disposition du destinataire. En raison de l'obligation de la lettre d'avis imposée par le nouvel article 51 bis des tarifs généraux, il faudrait pour cela justifier que la mise à disposition a été faite dans les conditions qui auraient permis au destinataire de prendre livraison le jour même.

111. — Retard. — Embranchement particulier. — Destinataire autre que l'embranché. — Acceptation du contrat. — Obligation de l'exécuter. — Jugement du tribunal de commerce de la Seine (6e ch.) du 30 octobre 1924. — Schmit contre Cie de l'Est. — BT. 7/1925.

Le tribunal,

Après en avoir délibéré conformément à la loi ;

Attendu que, suivant récépissé N° 478, du 18 décembre 1923, qui sera enregistré avec le présent jugement, Schmit s'est fait adresser un wagon de planches de chêne du poids de 9.000 kg., de Mont-sous-Vaudray, à Rehon, sur embranchement particulier des usines de la Providence ; que le wagon a été dirigé et retenu à Longwy par la Cie de l'Est, puis réexpédié à destination, ce qui a occasionné à Schmit un supplément de transport et de magasinage de 61 fr. 20 ; que, dans ces circonstances de fait, Schmit demande à ce tribunal de condamner la Cie de l'Est à lui rembourser la somme de 61 fr. 20 indûment perçue ;

Attendu que, résistant à la demande, la compagnie soutient par conclusions motivées, que Schmit n'étant pas autorisé par elle à utiliser l'embranchement particulier des usines de la Providence, n'aurait pas eu le droit de se faire adresser ce wagon à son nom sur ledit embranchement ; que, d'autre part, la gare de Rehon n'étant pas ouverte aux envois en petite vitesse, c'est à Longwy, dont dépend Rehon, que le wagon a été normalement dirigé et mis à la disposition de Schmit ; que, dans ces conditions, elle aurait été fondée à faire payer à Schmit la somme de 61 fr. 20 pour supplément de transport et magasinage à Longwy ;

Mais attendu que le nom de Schmit, comme destinataire, et la remise du wagon sur l'embranchement particulier des usines de la Providence, ont été acceptés sur le récépissé d'expédition ; que la Cie de l'Est ne peut revenir sur cette décision et se refuser à la livraison de la marchandise au lieu convenu ;

Qu'en dirigeant le wagon sur Longwy la compagnie a fait supporter à Schmit, sans aucun motif, des frais supplémentaires sur l'expédition litigieuse ; qu'il échet, dès lors, de l'obliger à les rembourser comme indûment perçus ;

Et attendu que, ces frais s'élevant à la somme de 61 fr. 20, égale à la demande, il convient d'accueillir celle-ci ;

Par ces motifs :

Le tribunal, jugeant en premier ressort,

Condamne la Cie de l'Est, par les voies de droit à payer à Schmit la somme de 61 fr. 20 à titre de remboursement ;

Et la condamne aux dépens.

Observations. — La Compagnie a acquiescé à ce jugement. En général les embranchements particuliers sont, en vertu d'une clause des traités y relatifs, exclusivement réservés à l'usage du concessionnaire ; mais ces traités sont des contrats de droit privé et, par ailleurs, aucune disposition législative ni réglementaire n'interdit d'expédier des marchandises à destination d'un embranchement particulier et à l'adresse d'un autre que l'embranché. Dès lors, le contrat formé dans ces conditions n'est point nul et la compagnie qui y a souscrit est tenue de l'exécuter.

111 a. — Tarif G. V. No 114 ; clause forfaitaire fixant l'indemnité due en cas de retard n'excédant pas 12 heures. — Application littérale. — Arrêt de la Cour de cassation (ch. civ.) du 30 juillet 1924.— Cie d'Orléans contre Courbois.— BT. XI 1924.

La Cour,

Sur le moyen principal :

Vu les conditions particulières du tarif spécial G. V. No 114 :

« Etat de la marchandise : les denrées doivent être expédiées « dans un état qui leur permette de supporter un délai supplé- « mentaire de 12 heures sans détérioration pour excès de matu- « ration ou d'avancement.

« Retards : En cas de retard de plus de 3 heures effectivement « préjudiciable aux expéditeurs ou aux destinataires, il est fait « une réduction sur les prix de transport dans les conditions « suivantes :

« Pour un retard de 3 à 4 heures, le 1/3 du prix de transport « pourra être retenu.

« Pour un retard de plus de 4 heures, les 2/3 du prix de trans-
« port pourront être retenus ;

« Pour un retard de plus de 6 heures, la totalité du transport
« pourra être retenue.

« Les retards inférieurs à 3 heures ne donnent lieu à aucune
« retenue. D'autre part, les droits des expéditeurs et des desti-
« nataires sont toujours réservés, dans le cas où le retard excé-
« derait 12 heures. »

Attendu qu'il résulte de ces dispositions que les compagnies
de chemin de fer n'encourent aucune responsabilité lorsque les
denrées détériorées par excès de maturation ou d'avancement
arrivent avec un retard inférieur à 12 heures, sauf indemnité
forfaitaire comportant une réduction proportionnelle et même
l'exonération du prix de transport suivant l'importance du
retard, les droits des expéditeurs et des destinataires étant
toujours réservés si le retard excède 12 heures ;

Attendu que Courbois, destinataire à la Varenne-Chennevières
d'un panier de charcuterie, expédié de la Chartre le 21 juin
1921, au tarif spécial commun G. V. N° 114, a refusé la marchandise à raison de son état de putréfaction à l'arrivée ;

Attendu que le jugement attaqué a condamné la Cie d'Orléans
au paiement de la valeur du colis par le motif « qu'il était arrivé
à destination avec un retard de 7 heures » et qu'en « ne délivrant
pas la marchandise dans le délai imparti par les tarifs, la compagnie a manqué à son obligation et causé à Courbois un préjudice d'autant plus certain que, s'agissant de denrées excessivement périssables, le retard a été cause de l'avarie » ;

Qu'en statuant ainsi, il a violé le texte susvisé :

Par ces motifs :

Et sans qu'il y ait lieu de statuer sur le moyen subsidiaire ;

Casse et annule le jugement rendu entre les parties par le
tribunal de commerce de la Seine, le 7 octobre 1922.

Observations. — Jurisprudence constante : lorsqu'un tarif
spécial limite, sous forme de clause pénale, à l'abandon de tout
ou partie du prix de transport, suivant la durée du retard, la
responsabilité de la compagnie, celle-ci ne peut être condamnée
à une somme supérieure que s'il y a eu dol ou fraude de sa part.
(Voir notre *Manuel pratique*, 10e éd., pp. 141-142.)

112. — Retard P. V. — Expédition adressée au Havre (gare
maritime). — Bateau manqué. — Art. 1150 du Code civil. —
Dommages prévisibles. — Jugement du tribunal de commerce
de la Seine (2e ch.) du 5 novembre 1924. — Rousset et fils contre
chemins de fer de l'Etat..

Le tribunal,

Après en avoir délibéré conformément à la loi ;

161

11

Attendu qu'il est acquis aux débats que Rousset et fils ont expédié le 15 décembre 1923 à l'American-Express Company en petite vitesse, de la gare de Vendôme à destination du Havre-maritime, 100 balles de trèfle violet, d'un poids total de 10 tonnes ;

Que cette expédition est arrivée à destination le 7 janvier 1924, soit avec un retard de 12 jours ;

Attendu que, résistant à la demande tendant à l'allocation d'une somme de 3.155 fr. 55 à titre de dommages-intérêts, l'administration défenderesse, sans contester le principe de sa responsabilité, se borne à soutenir qu'une somme de 263 fr. 60, dont elle fait offre ainsi que celle de 1 fr. pour intérêts et frais, sauf à parfaire, serait la suffisante réparation du préjudice subi par les demandeurs ;

Mais attendu qu'il appert des débats et des documents soumis que les balles de trèfle dont s'agit devaient être embarquées le 2 janvier 1924, à destination de Baltimore avec 10 autres tonnes de marchandises similaires, parvenues en temps au Havre et que, par suite du retard survenu dans l'expédition litigieuse, l'embarquement n'ayant pu avoir lieu tel que prévu, les marchandises doivent être embarquées le 12 janvier 1924 à destination de New-York et acheminées de cette ville à Baltimore par voie de fer ;

Attendu que Rousset et fils ont ainsi payé des frais de transport supérieurs à ceux qu'ils auraient payés si les balles avaient été embarquées directement pour Baltimore ;

Attendu qu'il ne s'agit pas, en l'espèce, d'un dommage indirect qu'il n'était pas possible de prévoir lors de la formation du contrat de transport, mais bien d'un dommage direct sur l'importance duquel les chemins de fer de l'Etat n'ont pas pu se méprendre en recevant les colis ;

Attendu qu'en raison même de la gare destinataire (le Havre-maritime) tout faisait prévoir que les colis ne devaient pas rester au Havre et étaient, au contraire, destinés à être transportés en outre-mer ;

Attendu, dès lors que l'administration défenderesse ne peut point utilement se prévaloir des dispositions de l'art. 1150 du Code civil, insuffisantes en l'espèce ;

Et attendu que le tribunal trouve dans les faits et documents de la cause, les éléments d'appréciation suffisants pour fixer à la somme de 3.000 fr. l'importance du préjudice dont justifient Rousset et fils ;

Que c'est, par suite, à concurrence de la dite somme, qu'il convient d'accueillir la demande en déclarant, par voie de conséquence, les offres insuffisantes ;

Par ces motifs :

Le tribunal, jugeant en premier ressort ;

Déclare les offres insuffisantes ;

Condamne l'administration des chemins de fer de l'Etat, par les voies de droit, à payer à Rousset et fils, une somme de 3.000 fr. à titre de dommages-intérêts ;

Déclare Rousset et fils mal fondés en le surplus de leur demande ;

Les en déboute ;

Et condamne l'administration des chemins de fer de l'Etat aux dépens.

Observations. — Les chemins de fer de l'Etat se sont soumis à cette décision. Lesdits chemins de fer de l'Etat soutenaient, conformément à leurs habitudes, qu'ils ne pouvaient être condamnés à payer l'indemnité réclamée, parce qu'ils leur avait été impossible de prévoir l'étendue exceptionnelle du préjudice allégué. Mais le tribunal, faisant une judicieuse application de l'article 1150 du Code civil, a estimé qu'ils pouvaient au contraire parfaitement et très normalement prévoir qu'une expédition adressée en gare maritime du Havre était destinée à l'exportation et qu'un retard de quelques jours lui ferait manquer le bateau sur lequel elle devait être chargée.

Il est à remarquer que les demandeurs avaient pris, très sagement d'ailleurs, toutes dispositions utiles pour limiter le préjudice autant que possible et qu'ils ont préféré embarquer leurs marchandises à destination de New-York, ce qui les obligeait à les faire transporter ensuite de là à Baltimore, plutôt que de risquer la résiliation d'un marché qui leur aurait évidemment été beaucoup plus préjudiciable. L'indemnité due par les chemins de fer de l'Etat ne pouvait qu'en être atténuée et ceux-ci avaient dès lors assez mauvaise grâce à en discuter le montant.

113. — Retard dans la livraison. — Faute grave. — Dommages intérêts. — Intérêts. — Arrêt de la Cour d'appel de Paris du 2 décembre 1924. — Comp. C.I. art. 40, 41 et 42. — BTI. 41 1926.

Lorsqu'une marchandise expédiée sous l'empire de la convention de Berne a été livrée avec un retard de 4 mois, par rapport à l'expiration du délai de transport, lequel était de 12 jours seulement et que le chemin de fer n'allègue ni ne prouve aucune circonstance imprévue et indépendante de son fait pour justifier l'inobservation des délais de livraison, il y a lieu de considérer que le retard qui n'a pu être causé que par un stationnement sans objet des marchandises sur la voie ferrée, constitue la faute prévue à l'art. 41 de la convention de Berne.

En conséquence, et par application de cet article, le demandeur a droit à la réparation intégrale du préjudice subi, par suite du retard, et non pas seulement à l'indemnité forfaitaire prévue à l'article 40 de la même convention.

Il a droit également, en vertu de l'art. 42, aux intérêts à 6%, à dater de la demande en justice, de la somme qui lui est attribuée à titre de dommages-intérêts. (Annales des chemins de fer, année 1926, 1re, 2e et 3e livraisons, 1re partie, supplément, p. 11.)

114. — Retard P. V. — Tarifs spéciaux ; délai supplémentaire. — Baisse de cours et trouble commercial. — Dommages prévisibles. — Jugement du tribunal de commerce de la Seine (2e ch.) du 3 décembre 1924. — Cie générale de commerce agricole et industriel contre chemins de fer de l'Etat. — BT. 2/1925.

Le tribunal,

Après en avoir délibéré conformément à la loi ;

Attendu qu'il est acquis aux débats que la Compagnie générale de commerce agricole et industriel s'est fait expédier, le 15 mars 1924, de la gare du Havre en petite vitesse, port dû, à son adresse, en gare de Saint-Ouen-les-Docks, 28 fûts de suif fondu, d'un poids total de 6.122 kg. ;

Que l'expédition devait arriver le 26 mars 1924 ;

Que cette marchandise n'a été délivrée que le 2 avril 1924 ; attendu que la Compagnie demanderesse réclame à l'administration des chemins de fer de l'Etat le paiement d'une somme de 11.611 fr. 90 à titre de dommages-intérêts en raison du retard apporté au transport litigieux ;

Attendu que, résistant à la demande, l'administration des chemins de fer de l'Etat allègue que le transport ayant été effectué en petite vitesse et sous le bénéfice du tarif le plus réduit, ce qui allongeait de 5 jours la durée des délais de transport, elle ne pouvait prévoir l'urgence de la livraison ;

Mais attendu qu'il ressort des débats et des documents soumis, que du fait du retard de 7 jours apporté dans le transport, la demanderesse avait subi un préjudice du fait de la dépréciation de la marchandise.

Attendu que faisant état, tant de la baisse des cours survenue entre la date où la marchandise aurait dû arriver à destination et celle à laquelle elle a été mise à la disposition de la demanderesse, que du trouble commercial qu'elle en a ressenti, le tribunal trouve dans les faits de la cause les éléments d'appréciation suffisants pour fixer à la somme de 3.500 fr., l'importance du préjudice dont il est justifié par la demanderesse ;

Que c'est, par suite, à concurrence de cette somme qu'il convient d'accueillir la demande ;

Par ces motifs :

Le tribunal jugeant en premier ressort ;

Condamne l'administration des chemins de fer de l'Etat, par

les voies de droit, à payer à la Compagnie générale de commerce agricole et industriel, une somme de 3.500 fr. à titre de dommages-intérêts ;

Déclare la Compagnie générale de commerce agricole et industriel mal fondée en le surplus de sa demande :

L'en déboute ;

Et condamne l'administration des chemins de fer de l'Etat aux dépens.

Observations. — L'argumentation des chemins de fer de l'Etat manquait ici un peu de nouveauté : ainsi qu'il est expliqué pages 139-140 de la 10e édition de notre *Manuel pratique*, et ainsi que l'ont reconnu maintes décisions judiciaires, le fait qu'une expédition a été faite aux conditions des tarifs spéciaux P V comportant un allongement des délais ordinaires, loin de diminuer la responsabilité du chemin de fer, la rend plus rigoureuse encore : c'est précisément à cause de la longueur exceptionnelle du délai total, que le destinataire doit pouvoir d'autant mieux compter être livré au plus tard à l'expiration de ce délai.   LAMY.

Observations : Transports-retards. — Petite vitesse; délai supplémentaire. Retards — Troubles commercial; baisse des cours : Eléments de dommages-intérêts. Epicier de Paris 26/2 1925.

A la suite de mon récent article (l'*Épicier* du 8 janvier) sur les conséquences de la réforme qui a rendu obligatoire pour les Compagnies, l'envoi d'une lettre d'avis au destinataire, diverses questions m'ont été soumises concernant les retards de transport, la responsabilité des chemins de fer et ses sanctions.

La responsabilité du transporteur, m'a-t-on notamment demandé, se trouve-t-elle engagée quels que soient le tarif appliqué et la durée du délai ? Dans l'évaluation du préjudice causé par le retard, doit-on faire intervenir la dépréciation subie par la marchandise par suite d'une différence de cours ?

Aux deux parties de la question la réponse est affirmative : il n'est point de tarifs spéciaux dont la conséquence soit d'exonérer le transporteur de toute responsabilité en cas de retard, et s'il est exact que le retard ne donne pas lieu, de son seul fait, à des dommages-intérêts, il y donne lieu dès qu'il y a préjudice établi, et la chute des cours entre la date de livraison normale et la date de livraison réelle est un élément parfaitement admissible du préjudice causé.

Ces points, qui sont d'un intérêt très général, ont été ainsi jugés très nettement par le Tribunal de commerce de la Seine (2e Chambre) en son audience du 30 décembre 1924 :

Une compagnie commerciale s'est fait expédier le 15 mars 1924, de la gare du Havre en petite vitesse, à son adresse, en gare de St-Ouen-les-Docks, 28 fûts de suif. L'expédition devait arriver le 26 mars 1924.

La marchandise ne fut délivrée que le 2 avril 1924, et le destinataire réclamait à la Compagnie des Chemins de fer de l'Etat des dommages-intérêts en raison du retard.

Pour résister à la demande, l'administration des Chemins de fer de l'Etat alléguait que le transport ayant été fait en petite vitesse et sous le bénéfice du tarif le plus réduit, ce qui allongeait de cinq jours la durée des délais de transport, elle ne pouvait prévoir l'urgence de la livraison.

Mais il ressortait des débats et des documents soumis au tribunal que, du fait du retard de sept jours apporté dans le transport, le destinataire avait subi un préjudice en conséquence de la dépréciation de la marchandise.

Faisant état, tant de la baisse des cours survenue entre la date à laquelle la marchandise devait arriver à destination et celle à laquelle elle a été mise à la disposition du destinataire, que du trouble commercial ressenti par celui-ci, le Tribunal trouva dans les faits de la cause des éléments suffisants pour fixer à la somme de 3.500 fr. l'importance du préjudice causé et le chiffre des dommages-intérêts que la Compagnie de l'Etat se trouva condamnée à verser au destinataire.

Le Tribunal a fait bonne justice de la mauvaise argumentation des chemins de fer de l'Etat. Que l'expédition ait été faite aux conditions des tarifs généraux petite vitesse comportant un allongement des débats ordinaires, il n'en résulte nullement que la responsabilité de la Compagnie doive s'en trouver diminuée.

Cette responsabilité, au contraire ne devrait-elle pas, s'il en était besoin, se trouver plus rigoureuse encore. La longueur du délai total de transport étant exceptionnelle, le destinataire doit pouvoir d'autant mieux compter qu'il sera livré à l'expiration de ce délai.

En d'autres termes la responsabilité de la Compagnie était au moins aussi entière, puisqu'elle avait les facilités les plus large pour remplir son obligation.

Raymond GUÉRILLON,
Avocat à la Cour d'appel, Dr en droit.

115. — BT 1/1925. — Colis de confiserie adressés à un forain. — Retards P. V. de 7 et de 8 jours. — Préjudice ; manque à gagner ; calcul de l'indemnité. — Jugement du tribunal de commerce de Troyes du 1er décembre 1924. — Lelièvre-Launay contre Cie de l'Est.

Le tribunal,

Attendu que le 29 février 1924, le demandeur remit en gare d'Alençon, en petite vitesse, à destination de Troyes, quinze colis de confiserie du poids de 487 kg. ; que ces colis, partis de la gare expéditrice le lendemain, ne furent livrés que le 17 mars ;

que le retard sur les délais normaux a, par conséquent, été de 7 jours ;

Attendu que le 4 mars dernier, une seconde expédition de 18 caisses pesant 582 kg., partie également d'Alençon dans les mêmes conditions, ne fut remise que le 22 dudit mois, soit avec un retard de 8 jours sur les délais de transport que la Compagnie défenderesse était en droit d'utiliser ;

Attendu que le demandeur qui, en qualité de marchand forain, se trouvait à Troyes pour la durée de la foire qui se tient habituellement en mars et se termine la semaine qui précède Pâques, prétend que les retards ci-dessus rappelés lui ont causé un préjudice important, l'empêchant de s'installer en temps utile pour profiter de la vente pendant la première semaine de la foire, laquelle, d'après lui, est généralement la plus fructueuse ;

Attendu que la Cie de l'Est ne conteste pas les retards ci-dessus indiqués, mais qu'elle soutient que Lelièvre ne fournit aucune justification du préjudice qu'il prétend avoir subi ; que ce dernier, si on considère que la foire ne devait ouvrir officiellement que le 15 mars, n'aurait été dépourvu de marchandises que pendant deux jours ;

Attendu que la Cie de l'Est soutient encore que, Lelièvre se trouvant en possession de ses premiers colis le 17 mars, pouvait attendre sans inconvénient le second envoi pendant une semaine ;

Attendu que la Compagnie défenderesse offre cependant à Lelièvre, à titre d'indemnité, de lui faire la remise des frais de transport qui représentent pour les deux expéditions dont s'agit la somme de 171 fr. 75 ;

Attendu que la matérialité des faits n'étant pas contestée par la Cie de l'Est, il échet pour le tribunal d'apprécier si Lelièvre a subi un préjudice du fait des retards de livraison ci-dessus rappelés et, dans ce cas, de fixer l'importance de ce préjudice ;

Attendu qu'il n'est pas possible pour le demandeur de déterminer et de faire la preuve d'une façon précise et mathématique de la perte qu'il a éprouvée et qui consiste dans le manque à gagner qui est résulté pour lui de la privation pendant plusieurs jours de ses marchandises alors que ses frais généraux demeuraient les mêmes ;

Attendu que l'objection de la Cie de l'Est, qui prétend que, à partir du moment où les premiers colis parvinrent à Lelièvre, les seconds ne devaient pas lui faire immédiatement défaut, ne peut être retenue ; qu'en effet il est possible et même problable, ainsi que l'affirme le demandeur, que l'ensemble des deux expéditions qu'il s'était fait adresser à Troyes, lui était nécessaire pour posséder un assortiment complet des marchandises qu'il se proposait de mettre en vente ;

167

Attendu qu'il est incontestable que Lelièvre, par suite du retard apporté à la livraison des colis composant les deux expéditions dont s'agit, a subi un préjudice pour lequel il lui est dû réparation ;

Attendu que l'offre de la Cie de l'Est de faire remise au demandeur des frais de transport est insuffisante ;

Attendu que les éléments d'appréciation que le tribunal possède lui permettent d'évaluer le préjudice causé à Lelièvre à 500 fr. ;

Par ces motifs :

Condamne la Cie de l'Est à payer à Lelièvre la somme de 500 fr. à titre de dommages-intérêts.

Observations. — Ce jugement paraît avoir fait une juste appréciation des circonstances de la cause. Ainsi que nous l'avons maintes fois remarqué, notamment le 1er octobre dernier, page 119, sous un jugement du tribunal de commerce de Pontoise du 17 juin 1924, la durée d'un retard n'est qu'un facteur d'ordre secondaire pour l'évaluation du préjudice qui en est résulté : la nature des objets, l'usage auquel ils sont destinés, la profession de l'expéditeur et du destinataire, certaines circonstances locales, etc., peuvent entrer en ligne de compte pour fixer l'indemnité légitimement due. D'autre part, bien que ce soit en principe au demandeur à faire la preuve du préjudice qu'il a subi, il ne peut, la plupart du temps, s'agir d'une preuve proprement dite et le juge est parfaitement autorisé, par application des articles 109 du Code de commerce et 1353 du Code civil à fonder sa conviction sur de simples présomptions, pourvu qu'elles soient « graves, précises et concordantes ».

116. — BT 1/1926. — Wagon particulier. — 1º Retard ; lettre d'avis obligatoire. — 2º Chauffage ; défaut d'entretien ; responsabilité du chemin de fer. — Jugement du tribunal de commerce de la Seine (2e Ch.) du 27 décembre 1924. — 1º Mignard-Villaudy contre Cie du Midi ; 2º Cie du Midi contre Parlier et Kruger.

Le tribunal,

Après en avoir délibéré conformément à la loi ;

Vu la connexité, joint les causes et statuant par un même jugement tant sur la demande principale que sur la demande en garantie :

Sur la demande principale :

Attendu qu'il est acquis aux débats que le 29 septembre 1923, Mignard-Villaudy s'est fait expédier de Béziers, situé sur le réseau du Midi, en gare de Decize, en petite vitesse, port dû, le wagon-réservoir nº 351.729, chargé de 13.290 kg. de vin ;

Attendu qu'en égard au tarif revendiqué et à la distance kilométrique à parcourir, les délais de transport expiraient le 12 octobre suivant ;

Que le wagon dont s'agit n'a pu être mis à la disposition du destinataire et ce, malgré plusieurs réclamations de ce dernier, dont une par lettre recommandée, en date du 16 octobre 1923, que le 21 même mois, ainsi que d'ailleurs la Compagnie défenderesse le reconnaît elle-même en ses conclusions motivées ;

Que, dès lors, et par application des prescriptions de l'arrêté de M. le ministre des Travaux publics, en date du 29 août 1923 qui a rendu obligatoire, sauf dispense de l'intéressé, ce qui n'est pas le cas en l'espèce, l'envoi des lettres d'avis d'arrivée des marchandises adressées en gare, il existe un retard justifié de 9 jours, soit du 13 au 21 octobre 1923, pendant lequel le demandeur a subi un préjudice dont la Cie du Midi lui doit réparation ;

Et attendu que ce tribunal trouve, dans les faits de la cause, des éléments d'appréciation suffisants pour fixer l'importance du préjudice dont il est justifié et résultant seulement, pour Mignard-Villaudry, des cours du vin auquel il a dû se remplacer pour une quantité de 29 hl. et du trouble commercial qui en a été la conséquence, étant précisé que le demandeur ne justifie d'aucuns frais supplémentaires de location du wagon-réservoir litigieux, à la somme de 500 fr. ; chiffre à concurrence duquel il échet d'accueillir la demande et sans qu'il soit besoin de répondre spécialement aux autres motifs allégués par la Cie du Midi en ses conclusions motivées, ceux-ci n'étant point pertinents ;

Sur la demande en garantie :

Attendu qu'il ressort des débats et des documents soumis que le wagon-réservoir dont s'agit était la propriété de Parlier et Kruger et que ces derniers l'ont fait régulièrement immatriculer ;

Que ledit wagon a été différé en gare de Cette par suite de chauffage et de la nécessité de remplacer un tampon graisseur ; que la Cie du Midi a alors demandé à Parlier et Kruger de lui fournir la pièce de rechange nécessaire ;

Que le retard, objet du litige, a donc bien été occasionné par ce fait que le wagon a été différé en cours de route pour remplacement d'un tampon graisseur ;

Mais attendu que la pièce dont s'agit ne devait pas être fournie par Parlier et Kruger, celle-ci ne figurant pas sur la liste de pièces de rechange à fournir par les propriétaires de wagons, liste limitativement établie par le tarif P. V. 129; qu'en tout cas la pièce de rechange demandée a été envoyée par les défendeurs dans le minimum de temps ;

Que, d'autre part, ce tribunal ne saurait admettre que le fait que Parlier et Kruger ont acquitté le coût des réparations de la Cie du Midi, sans réserves, implique *ipso facto* une reconnaissance que les avaries dont s'agit ne sont pas imputables à une faute de ladite Compagnie, ainsi qu'elle le soutient à tort ;

Qu'en effet, le chauffage d'une boîte et la nécessité du remplacement d'un tampon graisseur ne proviennent que d'une faute de la Compagnie, les wagons particuliers étant pendant leur transport sous la surveillance de la Compagnie transporteur et assujettis aux mêmes vérifications, soins et conditions d'entretien et de graissage que le propre matériel de cette Compagnie ; que seuls le cas de force majeure, le vice propre de la chose ou la faute des expéditeurs peuvent l'exonérer de sa responsabilité ;

Et attendu que la Cie du Midi ne fait pas cette preuve ; que, par suite, sa demande en garantie dirigée contre Parlier et Kruger est mal fondée et doit être déclarée telle :

Par ces motifs ;

Le tribunal jugeant en premier ressort :

Statuant sur la demande principale :

Condamne la Cie du Midi, par les voies de droit, à payer à Mignard-Villaudy la somme de 500 fr. à titre de dommages-intérêts ;

Déclare Mignard-Villaudy mal fondé en le surplus de sa demande ;

L'en déboute ;

Statuant sur la demande en garantie ;

Déclare la Cie du Midi mal fondée en sa demande en garantie :
L'en déboute ;

Et la condamne, par les voies de droit, aux entiers dépens.

Observations. — 1° Ce jugement a été accepté par la Cie du Midi, qui a payé le montant des condamnations prononcées contre elle.

2° Aux termes des conditions d'application du tarif P. V. n°s 29-129, chapitre IV, si, d'une manière générale, les propriétaires de wagons sont tenus de les « maintenir en bon état », cependant « l'entretien des roues montées, ressorts de choc, de traction et de suspension, boîte à huile, membrures du châssis, marche-pieds, plaques de garde, tampons, attelages, freins », doit être « exécuté exclusivement par l'administration qui a immatriculé le véhicule » ; or, jusqu'à preuve contraire, le chauffage d'un essieu ne peut être imputé qu'à un défaut d'entretien de la boîte à huile correspondante et dès lors, la responsabilité de ce chauffage et de ses conséquences doit *a priori* être attribué au chemin de fer ; celui-ci ne peut se retourner contre le propriétaire du wagon, qu'à charge de démontrer que ledit chauffage ou ses conséquences dommageables ont été le résultat d'une faute de la part de celui-ci. (Voir, dans ce sens, l'arrêt de la cour d'appel de Paris, du 25 juin 1925, que nous avons publié le 1er août dernier, page 95).

170

119. — Wagon-réservoir de vin. — Chauffage d'un essieu. — Retard et avarie du contenu. — Validité de l'action contre le dernier transporteur. — Responsabilité du chemin de fer. — Arrêt de la cour d'appel de Besançon (2e ch.) du 26 novembre 1925. — Cie de l'Est contre Roux et Paul (Extrait).

. . . .

Attendu que, dans le cas où des marchandises ont été transportées successivement par plusieurs compagnies de chemins de fer jusqu'au lieu de destination, la compagnie qui a effectué la livraison doit être considérée comme assumant la responsabilité des avaries survenues en cours de route, si elle réclame au destinataire la totalité du prix du transport, car, en ce faisant, elle agit aux droits des voituriers précédents ;

Attendu qu'il est incontestable que l'immobilisation du wagon-réservoir s'est produite en gare de Contras, après un parcours de 7 km. seulement, par suite du chauffage d'une boîte d'essieu, accident dû à un défaut de graissage, imputable au chemin de fer ainsi que la Compagnie l'a reconnu ;

Attendu qu'il suit de là que la Compagnie transporteur doit supporter les conséquences de l'immobilisation du wagon ; que vainement, devant la cour, la Compagnie appelante tente de nouveau de faire décider qu'elle n'est responsable de ce retard que jusqu'à concurrence de 11 jours sur 36, motif pris de ce que Roux aurait tardivement expédié les pièces de rechange nécessaires pour faire cesser l'immobilisation du véhicule et se prévaut des prescriptions du tarif PV 29 129 ;

Attendu qu'il est de doctrine et de jurisprudence que les prescriptions de ce tarif ne concernent que les réparations d'entretien normal, mais qu'on ne peut rendre le propriétaire du véhicule responsable du retard dans les réparations, dès l'instant qu'elles sont nécessitées par une avarie imputable aux compagnies de chemins de fer; que cette solution est absolument conforme à l'équité et au bon sens ;

Attendu que le chauffage d'une boîte d'essieu d'un wagon particulier est un fait dont le responsabilité incombe à la compagnie de chemins de fer, celle-ci étant tenue, après avoir immatriculé le véhicule, de pourvoir à l'entretien des pièces intéressant la sécurité, au nombre desquelles se trouvent les boîtes à huile, et par conséquent de procéder à un graissage suffisant pour éviter cette sorte d'accident ; que la compagnie de transports n'ayant pas procédé au graissage du wagon n° 373.361, il lui appartenait de pourvoir au remplacement de l'organe détérioré par sa faute ;

Attendu, au surplus, bien qu'il n'eût aucune obligation à ce sujet, que Roux justifie avoir fait les démarches nécessaires pour faire expédier un essieu rodé à la gare de Coutras et que, si un retard a été apporté, il ne lui est nullement imputable en toute hypothèse... BT 2/1926.

120. — Wagon-réservoir de vin. — Avarie et retard consécutif. — Vice propre prétendu. — Chemin de fer seul responsable. — Arrêt de la cour d'appel de Paris (5e Ch.) du 27 mars 1925. — Burgeat contre : 1º Cie PLM ; 2º Lemonnier, syndic de la Sté Soulayrol et Cie.

La cour,

Considérant que Sicard et Vigoureux ont expédié le 25 mars 1921, à Burgeat, de Montpellier à Doulevant-le-Château, 180 hl. de vin contenus dans le wagon-réservoir nº 358.263, immatriculé au nom de la Sté Soulayrol et Cie ; que le vin, qui aurait dû parvenir à destination le 9 avril, n'a été livré que le 16 juin 1921 au destinataire ;

Que ce dernier réclame la réparation du préjudice qu'il aurait subi de ce chef ;

Considérant que la Cie PLM ne justifie pas d'un vice propre du wagon ; que les wagons ne sont admis à circuler qu'après réception par les compagnies ; que la Cie PLM est mal fondée à soutenir que le wagon 358.263 n'était pas en état de supporter le voyage parce que ce wagon était neuf ; qu'il appartenait à la Compagnie de ne pas autoriser l'expéditeur à faire un chargement complet, si elle estimait qu'un voyage d'essai était nécessaire pour faciliter et terminer le rodage des essieux ;

Que la Cie PLM est responsable du préjudice résultant du retard dans la livraison, et ne peut faire supporter ce dommage par la Société Soulayrol et Cie, contre laquelle aucune faute n'est établie ;

Que les éléments de la cause permettent de fixer à 3.000 fr. le montant du préjudice résultant de l'immobilisation du wagon ou de toute autre chose ;

Par ces motifs,

Infirme le jugement entrepris,

Et statuant à nouveau,

Condamne la Cie PLM à payer à Burgeat la somme de 3.000 fr. montant des causes sus-énoncées.

Observations. — La Cour de Paris s'est heureusement inspirée des principes posés par la Cour de cassation dans un arrêt du 26 mars 1923 (*Bulletin des Transports*, 1923, p. 82) aux termes duquel une compagnie qui a régulièrement immatriculé un wagon particulier ne peut ensuite exciper d'un prétendu vice propre de ce wagon. BT 2/1926.

121. — Wagon-réservoir de vin. — Avarie et retard consécutif. — Constatation du retard. — Recours contre le propriétaire du wagon non recevable. — Arrêt de la cour d'appel de Paris (5e Ch.) du 13 novembre 1925. — Costes contre : 1º Cie du Midi ; 2º Blanchet.

La Cour,

Considérant que Costes s'est fait expédier d'Espéraza à Bercy, le 8 octobre 1920, un wagon nº 389.734 contenant 164 hectolitres de vin ; que cette marchandise, qui devait lui être livrée au plus tard le 25 octobre, n'a été mise à sa disposition que le 24 décembre 1920 ;

Considérant qu'il résulte d'une lettre de la Cie du Midi, en date du 28 octobre 1920, en réponse à une demande de livraison de wagon, datée du 25 octobre. que ce wagon a été arrêté pour avarie à Castelnaudary ; que ce document atteste que le wagon ne pouvait être livré le 25 octobre et qu'il était inutile de formuler une demande de livraison après l'expiration des délais de livraison, demande à laquelle la Cie du Midi n'aurait pu satisfaire ; que, par suite le retard dont Costes peut se plaindre est de 60 jours ;

Considérant que Costes ne justifie pas d'une façon précise des frais de location supplémentaires qu'il aurait eu à payer, pas plus que d'une variation des cours des vins lui ayant occasionné un préjudice ; qu'il est néanmoins constant que la livraison tardive lui a causé un trouble commercial qui sera réparé par le paiement d'une somme de 2.000 fr. ;

Sur la demande en garantie :

Considérant que Blanchet et Cie ont été avertis le 16 septembre 1920 par la Cie du Midi que le wagon 369.734 était sorti des ateliers de cette compagnie, après l'immatriculation, et qu'il était à leur disposition ; que ce wagon a été envoyé vide à Espéraza, rempli de vin, et expédié à Costes, en gare de Bercy, le 8 octobre ; mais qu'il a été arrêté une première fois à Castelnaudary, pour chauffage d'une boîte à huile, suivant avis donné à Blanchet et Cie par la Cie du Midi, le 14 octobre 1920, et, une seconde fois à Cahors, pour chauffage, suivant avis donné par la Cie à Blanchet, le 11 décembre 1920 ;

Considérant qu'il résulte des faits ci-dessus résumés que quelques jours après son immatriculation et peu de temps après son départ d'Espéraza, le wagon a été arrêté pour avarie ; qu'on peut se demander si l'examen du wagon par la Compagnie avait été rigoureux et s'il n'y a pas eu un défaut de surveillance dans l'entretien des boîtes à huile imposé à la Compagnie par le paragraphe 3 de l'art. 22 du tarif PV 29 et 129 ; qu'en tout cas, la Cie du Midi ne justifie pas que le retard de livraison ait été occasionné par un vice propre du wagon ou par une faute de Blanchet et Cie dans l'envoi des pièces réclamées pour effectuer la réparation ; que la demande en garantie contre Blanchet et Cie doit être rejetée ;

Considérant que les dépens de l'appel éventuel de la Cie du Midi, provoqué par l'appel de Costes, doivent rester à la charge de la Cie du Midi dont la demande en garantie contre Blanchet et Cie est écartée ;

Par ces motifs,

Joint les causes ;

Infirme le jugement entrepris et statuant à nouveau :

Condamne la Cie du Midi à payer à Costes la somme de 2.000 fr. de dommages-intérêts, montant des causes sus-énoncées ;

Dit la Cie du Midi mal fondée en sa demande en garantie contre Blanchet et Cie, l'en déboute ;

Dit Costes mal fondé dans le surplus de son appel et de ses conclusions, l'en déboute ;

Dit n'y avoir lieu de statuer sur l'appel éventuel de la Cie du Midi contre Blanchet et Cie ;

Ordonne la restitution de l'amende ;

Condamne la Cie du Midi en tous les dépens de première instance et d'appel.

Observations. — 1° Le tribunal de commerce de la Seine, dans un jugement du 4 juillet 1922, avait décidé qu'une réclamation du destinataire faite avant l'expiration des délais légaux de transport était inopérante.

La cour d'appel a fort justement admis au contraire que la réclamation antérieure à l'expiration des délais était valable, parce qu'il résultait d'une lettre de la Compagnie du Midi, que le wagon, arrêté pour avaries, ne pouvait être livré dans les délais légaux : « Il était inutile, dit l'arrêt, de formuler une demande de livraison après l'expiration des délais de livraison, demande à laquelle la Cie du Midi n'aurait pu satisfaire... »

L'intérêt de cette jurisprudence est moins sensible à l'heure actuelle, puisqu'en vertu de la nouvelle réglementation de l'avis d'arrivée obligatoire, on ne peut plus (sauf en cas de dispense d'avis) arguer, contre le destinataire, du défaut de réclamation.

2° Le jugement du tribunal de commerce de la Seine du 4 juillet 1922 avait admis le recours de la Cie du Midi contre le propriétaire du wagon en se basant surtout sur le fait qu'il avait payé la facture des frais de réparations. Sur ce second point, le jugement est encore réformé. Non seulement la cour ne retient pas l'argument tiré du paiement des réparations, mais elle relève, au contraire, que la Compagnie ne fait la preuve d'aucune faute du propriétaire dans l'envoi des pièces de rechange et que, d'autre part, les faits litigieux se sont passés quelques jours après l'immatriculation du wagon par le réseau. Cette jurisprudence

174

pourra être d'une application fréquente, car les réseaux n'hésitent pas à vouloir assimiler le paiement d'une facture de frais de réparation à une reconnaissance implicite de responsabilité. BT 2/1926.

122. — Retard. — Destinataire commerçant. — Absence de preuve précise d'un dommage. — Indemnité. — BT 7/1925. — Jugement du tribunal de commerce de Marseille du 6 janvier 1925. — Challiol contre Cie PLM.

Le tribunal,

Attendu que le sieur Challiol réclame à la Cie PLM paiement de la somme de 907 fr. 15 pour manquant de 6 kg. de lentilles dans une expédition et retard dans la mise à disposition de 8 autres expéditions ;

Attendu, relativement au manquant litigieux constaté sur l'expédition PV du 15 octobre 1923, de Talizat sur Marseille, que la Cie PLM, s'en reconnaissant responsable, accepte d'en payer la valeur réclamée par le demandeur. soit 25 fr. 80 ;

Attendu, relativement aux retards incriminés, que si le seul fait d'un retard ne peut, en l'absence de préjudice en résultant, justifier l'allocation de dommages-intérêts, il n'en doit pas moins être admis que, s'agissant d'un réceptionnaire commerçant, pour lequel la ponctualité dans les arrivages des marchandises destinées à l'alimentation de son établissement est une condition de la prospérité de celui-ci, tout retard, si minime soit-il, doit être présumé préjudiciable, alors même que la preuve précise d'un dommage ne puisse être administrée par l'intéressé ;

Attendu qu'il convient, en conséquence, faisant en principe droit aux demandes formulées par le sieur Challioll, de lui accorder, pour retard dûment, établi, les indemnités suivantes, à savoir :

1º Pour retard de 6 jours sur l'expédition PV du 15 octobre 1923, de Talizat sur Marseille, ayant pour objet 10 sacs de lentilles pesant 500 kg., tarif le plus réduit revendiqué, la somme de 49 fr. 85 représentant les frais de transport ;

2º Pour retard de 26 heures sur les expéditions GV Nº 12 et 13 du 18 septembre 1923, de la Chaise-Dieu sur Marseille, portant sur 27 kg. de beurre, la somme de 25 fr. ;

3º Pour retard de 5 heures sur l'expédition GV Nº 2 du 25 octobre 1923, d'Isigny sur Marseille portant sur un colis fromage de 10 kg., la somme de 8 fr. ;

4º Pour retard de 24 heures sur une caisse de fromages de 25 kg. comprise dans l'expédition GV Nº 3357 du 9 novembre 1923 d'Isigny-sur-Mer à Marseille, la somme de 19 fr. 70 montant des frais de transport relatifs à ladite expédition ;

5º Pour retard de 24 heures sur l'expédition GV Nº 7035

du 6 novembre 1923, de Valence à Marseille portant sur une caisse de boudins de 20 kg., la somme de 15 fr. 65 montant des frais de transport ;

6º Pour retard de 24 heures sur l'expédition GV Nº 2962 du 13 octobre 1923, de Villefranche-de-Rouergue sur Marseille, portant sur 3 caisses de charcuterie pesant 71 kg. 700, la somme de 21 fr. 10 montant des frais de transport ;

Attendu que, vérification faite, il n'y a pas eu de retard dans :

1º L'expédition GV Nº 425 du 13 octobre 1923, de Murat sur Marseille, portant sur une caisse charcuterie, 28 kg., livrée à l'expiration des délais réglementaires du transport qui ne prenaient fin que le 16 octobre à 6 heures 14 ;

2º L'expédition GV Nº 311 du 17 novembre 1923, de Murat à Marseille, portant sur une caisse de charcuterie de 35 kg., livrée à l'expiration des délais de transport qui ne prenaient fin que le 19 novembre à 6 heures 14 ;

Attendu enfin, relativement à l'expédition GV Nº 226 du 6 septembre 1923, de Riom-ès-Montagne à Marseille, portant sur 20 caisses de fromages pesant 302 kg., qu'il y a bien eu retard dans la livraison de cette marchandise, mais que, ladite marchandise étant livrable en gare, il appartenait au destinataire de la réclamer spécialement à l'expiration des délais de transport ;

Que la réclamation faite par Challiol le 8 septembre, alors que les délais de transport n'expiraient que le 9 septembre à 6 heures 14, est inopérante comme prématurée ;

Que, ne l'ayant pas renouvelée après l'expiration des délais de transport, il ne peut faire grief à la Cie PLM du retard litigieux ;

Attendu, dès lors, que la demande d'indemnité du sieur Challiol relative à cette expédition ne peut être accueillie ;

Par ces motifs :

Le tribunal, statuant contradictoirement et en dernier ressort ;

Condamne la Cie PLM à payer au sieur Challiol pour les causes sus-indiquées avec intérêts de droit, la somme de 165 fr.10;

Déboute le sieur Challiol du surplus de ses prétentions.

Condamne la Cie PLM aux dépens.

123. — Retard d'expédition PV en gare. — Lettre d'avis obligatoire. — Dommages et intérêts. — Jugement du tribunal de commerce de la Seine (3e ch.) du 21 janvier 1925. — Werner contre Cie du Midi — BT. I/1926.

Le tribunal,

Après en avoir délibéré conformément à la loi ;

Attendu qu'il est acquis aux débats qu'à la date du 21 janvier 1924,, Werner et Cie se sont fait expédier en petite vitesse de

176

la gare d'Arudy (réseau du Midi), suivant expédition N° 237, 4 caisses contenant du fil de coton écru pour tissage, pesant ensemble 363 kg., lesquelles devaient leur être livrées en gare de Rixheim (réseau d'Alsace-Lorraine) ;

Que l'expédition dont s'agit ne fut mise à leur disposition que le 13 février 1924, soit avec un retard de 8 jours sur les délais légaux de transport ;

Attendu que, résistant à la demande tendant à l'allocation d'une somme de 1.091 fr. 40 à titre de dommages-intérêts pour le retard en question, la compagnie défenderesse soutient qu'elle ne serait pas en faute et que le retard reproché ne pourrait donner lieu à l'allocation de dommages-intérêts, le destinataire ne justifiant pas avoir, après l'expiration des délais légaux de transport, adressé au chemin de fer aucune mise en demeure d'avoir à livrer les marchandises faisant l'objet du contrat de transport intervenu ;

Mais attendu qu'aux termes de l'article 51 bis du tarif PV applicable à l'expédition litigieuse, homologué par décision ministérielle en date du 9 août 1922 et entré en vigueur le 25 septembre suivant, le chemin de fer est tenu de faire connaître, par avis au destinataire d'un envoi livrable en gare, le moment où cet envoi peut être mis à la disposition dudit destinataire ; que l'envoi de cet avis est obligatoire pour le chemin de fer dès que la mise à disposition est devenue possible ; que Werner et Cie n'avaient pas dès lors à réclamer à la gare destinataire la livraison des marchandises expédiées avant la réception dudit avis, et qu'on ne peut leur reprocher aucune négligence ayant une relation de cause à effet avec la non livraison à l'expiration des délais légaux de transport ; que la Cie du Midi n'apporte aucun motif valable susceptible de dégager sa responsabilité ; qu'elle doit dès lors être tenue à la réparation du préjudice qui en est résulté ;

Et attendu que, tenant compte du trouble commercial ressenti, le tribunal trouve dans les faits de la cause les éléments d'appréciation suffisants pour fixer à la somme de 1.091 fr. 40 l'importance du préjudice dont justifient les demandeurs, à concurrence de laquelle il échet d'accueillir la demande de Werner et Cie ;

Par ces motifs :

Le tribunal, jugeant en dernier ressort ;

Condamne la Cie des chemins de fer du Midi, par les voies de droit, à payer à Werner et Cie la somme de 1.091 fr. à titre de dommages-intérêts ;

Déclare Werner et Cie mal fondés en le surplus de leur demande les en déboute ;

Et condamne la Cie des chemins de fer du Midi en tous les dépens. BT 1/1926.

124. — Cour de cassation (ch. civile), 9 février 1925. — Chemins de fer d'Alsace-Lorraine contre Richoux (1er arrêt). — Chemins de fer d'Alsace-Lorraine contre Schwab frères (2e arrêt). — 1º Traité international. — Cession de territoire. — Conventions diplomatiques. — Inapplicabilité au territoire cédé. — 2º et 3º Transports par fer. — Alsace-Lorraine. — A) Convention de Berne. — Inapplicabilité en Alsace-Lorraine depuis le 11 novembre 1918. — B) Transports de marchandises. — Retard. — Calcul des délais.

1º Lorsque deux Etats liés par une convention diplomatique opèrent entre eux une cession de territoire, cette convention devient de plein droit inapplicable au territoire cédé (1er arrêt).

2º L'Alsace et la Lorraine ayant cessé d'appartenir à la souveraineté allemande depuis le 11 novembre 1918, et faisant partie de la France, la convention conclue le 14 octobre 1890 (convention de Berne) entre l'Etat français et l'Etat allemand, en vue de régler les rapports des deux pays en matière de transports par voie ferrée a pris nécessairement fin, comme n'ayant plus d'objet, en ce qui concerne les transports effectués entre le reste de la France et les trois départements ayant constitué le territoire d'Alsace-Lorraine (1er arrêt).

Par suite, l'administration des chemins de fer d'Alsace-Lorraine ne peut plus, en cas d'avarie, invoquer la disposition de la convention de Berne qui l'exonère de toute responsabilité sauf dans le cas de faute grave. (Id.)

3º Pour les expéditions ayant emprunté les voies des deux réseaux, dont le premier, le réseau de l'Est, était soumis aux prescriptions de l'arrêté du 12 juin 1866 et le deuxième, le réseau d'Alsace-Lorraine, à celles de la législation locale, les délais doivent être calculés d'après les textes qui sont successivement applicables (2e arrêt). (*Gaz. Pal.*, 26 mars 1925.)

125. — Graines destinées aux semailles de printemps. — Retards de 10 et de 13 jours. — Préjudice prévisible ; dommages-intérêts. — Jugement du tribunal de commerce de la Seine (8e ch.) du 6 mars 1925. — Mimaud contre chemins de fer de l'Etat. — BT. 2/1926.

Le tribunal,

Après en avoir délibéré conformément à la loi,

Attendu qu'il est acquis aux débats qu'il a été expédié en petite vitesse, de la gare de Saint-Mard à la gare de Thouars, à l'adresse de Mimaud ;

1º à la date du 11 mars 1924, 11 sacs de graines fourragères d'un poids total de 1.050 kg. ;

2º à la date du 14 mars 1924, 4 sacs de graines fourragères d'un poids total de 335 kg. ;

Attendu que ces deux expéditions sont arrivées à destination le 2 avril 1924, soit, en tenant compte de la distance kilométrique à parcourir et du tarif sous lequel voyageait cette marchandise : pour la première avec un retard de 13 jours et pour la deuxième avec un retard de 10 jours ;

Attendu que Mimaud requiert le tribunal de condamner l'administration des chemins de fer de l'Etat à lui payer la somme de 3.538 fr. 50, en réparation du préjudice subi du fait de ces retards ;

Attendu que, résistant à cette demande, l'administration des chemins de fer de l'Etat, sans contester le principe de sa responsabilité, fait offre de la somme de 500 fr. plus 1 fr. pour moitié des frais, sauf à parfaire ;

Attendu qu'il échet de rechercher si les offres sont suffisantes;

Attendu qu'il résulte des débats, des documents soumis et de l'instruction ordonnée, que Mimaud destinait les graines faisant l'objet des expéditions dont s'agit à un de ses clients, en vue des semailles du printemps :

Attendu que par suite du retard survenu dans la livraison desdites graines, celles-ci ne furent mises à la disposition de Mimaud qu'après la période d'ensemencement, et que son client refusa d'en prendre livraison ;

Attendu que Mimaud ne put alors trouver un nouvel acquéreur des graines dont s'agit, qu'à un prix inférieur à leur prix d'achat ;

Attendu qu'il ne s'agit pas, en l'espèce, d'un dommage indirect impossible à prévoir lors de la formation du contrat de transport, mais bien d'un dommage direct sur l'importance duquel les chemins de fer de l'Etat n'ont pu se méprendre en recevant les sacs, en raison même de la mention de « négociant en graines » portée sur l'adresse du destinataire et de la nature de la marchandise transportée, lesquelles faisaient prévoir que les graines devaient être vendues à leur arrivée en vue des semailles de printemps ;

Attendu, dès lors, que l'administration défenderesse ne peut pas utilement prétendre se prévaloir des dispositions de l'article 1150 du Code civil, inapplicable en l'espèce ; qu'elle doit donc être tenue à la réparation du préjudice total prévisible lors de la formation du contrat de transport et résultant des retards précités ;

Et attendu que le tribunal trouve dans les faits et documents de la cause les éléments d'appréciation suffisants pour fixer à 1.500 fr. l'importance du préjudice dont justifie Mimaud ;

Que c'est par suite à concurrence de ladite somme qu'il convient d'accueillir la demande, en déclarant par voie de conséquences les offres insuffisantes ;

Par ces motifs :

Le tribunal, jugeant en premier ressort ;

Vu le rapport de l'arbitre ;

Déclare les offres insuffisantes ;

Condamne l'administration des chemins de fer de l'Etat, par les voies de droit, à payer à Mimaud la somme de 1.500 fr. à titre de dommages-intérêts ;

Déclare Mimaud mal fondé en le surplus de sa demande, l'en déboute ;

Et condamne l'administration des chemins de fer de l'Etat aux dépens.

Observations. — Ce jugement a été accepté par l'administration en cause. Il fait une judicieuse application de la théorie de la prévision des dommages (art. 1150 du Code civil).

Il est à remarquer que la déclaration d'expédition ne portait pas « graines pour semailles », ce qui aurait évidemment supprimé la possibilité d'une discussion. Le tribunal, pour admettre que le chemin de fer devait normalement prévoir la nature et l'importance des dommages que causerait une livraison tardive, s'est simplement basé sur le fait qu'il s'agissait d'un transport de graines adressé à un négociant, un peu avant l'époque des semailles de printemps, ce qui permettait de supposer la revente par celui-ci en vue de ces semailles. Cet exemple est de nature à se représenter.   Lamy.

126. — Retard. — Heure de nuit. — Trib. com. Brive. — 10 mars 1925.

Par application du tarif homologué VG 3-103, le calcul du délai de transmission doit être calculé sans défalquer les heures de nuit.

127. — Denrées périssables. — Retard. — Laissé pour compte; survivance du droit du destinataire. — Vente sans formalités. — Jugement du tribunal de commerce de Lyon du 30 mars 1925. — Gaillot contre Cie PLM — BT. XII/1925.

Le tribunal,

Attendu que, par exploit du 30 juillet 1924, Gaillot a fait assigner la Cie PLM en paiement :

1° De la somme de 1.045 fr. tant pour valeur de marchandises qu'à titre de dommages-intérêts pour retard concernant l'expédition N° 7.671 du 4 juillet dernier ;

2° Les intérêts de droit et tous les dépens ;

Attendu qu'il s'agit d'une expédition de deux carrés de lapins morts, expédiés en GV, que Gaillot qui l'avait réclamée à la gare a dû refuser, en raison de ce que la marchandise, quand on la lui a offerte, c'est-à-dire avec 4 heures 40 de retard, n'était pas vendable dans les conditions qu'il escomptait ;

Attendu que la Cie PLM ne conteste pas le retard mais prétend que Gaillot, par son refus de prendre livraison de son colis, a implicitement manifesté son intention de rester étranger au contrat de transport, et se trouve, par suite, sans qualité pour actionner la compagnie, et que sa demande étant irrecevable doit être rejetée;

Que l'expédition ayant été faite aux conditions du tarif GV 3-103, et le retard n'excédant pas 6 heures, il ne peut donner droit qu'au remboursement des deux tiers des frais de transport ; qu'elle tient à la disposition de Gaillot la somme de 351 fr. 20, montant du produit de la vente qui a été faite après vérification par M. Pommier, vétérinaire (pièce jointe au dossier, à enregistrer), qui a conclu au parfait état de conservation de la viande ;

Attendu que Gaillot déclare sa demande recevable, puisqu'il a payé ses marchandises qui voyageaient à ses risques et périls ; qu'il conteste formellement que l'expéditeur ait revendiqué le tarif GV 3-103 ; que le récépissé de l'expéditeur qui se trouve joint à son dossier (à enregistrer) ne fait nulle part mention d'un tarif spécial ; que le tarif général doit être seul appliqué à des distances inférieures à 600 kilomètres, ce qui est le cas pour cette expédition ;

Que la compagnie aurait dû, si elle voulait soutenir l'injustification du refus de Gaillot de prendre sa marchandise, faire procéder à une expertise régulière, et non pas faire un constat, de vétérinaire ; qu'il prétend que ce constat et la vente aux enchères de la marchandise se rapportaient à une autre marchandise et non à la sienne, et que cette vente n'a pas été faite comme elle le devait à la criée officielle ;

Que si le prix brut de cette vente a été de 397 fr. 30, cela tendrait à prouver que la marchandise était bien invendable dans des conditions normales ;

Attendu que l'expéditeur n'a pas manifesté l'intention d'exercer les droits lui appartenant et que, par dépêche jointe au dossier (à enregistrer), l'expéditeur répond à la Cie PLM : « marchandise partie risques et périls du destinataire » ;

Qu'ainsi l'expéditeur s'est déclaré non intéressé au litige :

181

qu'au surplus, son récépissé est produit par Gaillot dont la demande est donc recevable ;

Attendu qu'en admettant que le tarif indiqué par la Cie P. L. M. ait dû être appliqué, ce qui ne semble pas démontré, la responsabilité de cette dernière n'en serait pas réduite, la réclamation de Gaillot ayant pour base, non le simple préjudice résultant d'un retard, mais la privation de sa marchandise irrégulièrement réalisée ;

Attendu, en effet, qu'il s'agit de lapins morts, qui devenaient marchandise périssable, expédiés au moment de la chaleur; que la vente de cette marchandise a lieu spécialement les matins au marché ; que la livraison après 9 heures, heure à laquelle est arrivée en gare, forçait Gaillot à ne pouvoir la débiter que le lendemain matin, le marché étant terminé à 10 heures ; qu'il y avait donc danger pour lui à en prendre livraison si tardivement ;

Que Gaillot critique à bon droit le mode de réalisation employé par la compagnie en ce qui concerne cette marchandise, réalisation qui aurait dû atteindre une somme au moins égale au prix d'achat puisque, d'après le constat du vétérinaire Pommier, la viande était en parfait état de conservation ;

Qu'en conséquence, l'offre de la compagnie de donner à Gaillot la somme de 397 fr. 30 est insuffisante ;

Que le tribunal possède les renseignements suffisants pour déterminer la valeur réelle des marchandises qui s'élève à 893 fr., dont la compagnie doit tenir compte à Gaillot, sans qu'il y ait lieu à l'allocation de dommages-intérêts, aucun préjudice n'étant établi et le retard ne dépassant pas 6 heures ;

Par ces motifs :

Statuant publiquement, contradictoirement et en dernier ressort ;

Donne acte à la Cie PLM de son offre ;

La rejette comme insuffisante et non satisfactoire ;

La condamne, en conséquence, à payer à Gaillot la somme de 893 fr. pour les motifs dont il s'agit ;

La condamne, en outre, aux intérêts de droit et aux dépens.

Observations. — Le jugement ci-dessus est intéressant à un double point de vue.

1º Ici, comme dans l'affaire qui fait l'objet de l'arrêt de la cour de Paris, du 22 octobre 1925, publié plus haut, la compagnie en cause soutenait que le refus ou laissé pour compte du destinataire privait celui-ci du droit d'actionner le chemin de fer à raison d'un contrat de transport qu'il n'avait pas accepté ; il n'y avait pas lieu, bien entendu, comme dans l'arrêt de Paris, de faire intervenir les articles 26 et 33 de la Convention de Berne, puisqu'il s'agissait d'un transport en gares françaises,

182

mais la situation est tout de même comparable : le refus du destinataire, lorsqu'il a le caractère d'un laissé pour compte, est, en effet, bien loin de constituer une non-acceptation du contrat de transport ; il constate au contraire cette acceptation et l'intention, de la part du destinataire, de poursuivre la réparation du dommage que l'exécution défectueuse dudit contrat lui a causé ; si, par surcroît, ce destinataire est, comme dans l'espèce, porteur du récépissé de l'expéditeur, aucun doute ne saurait subsister sur la recevabilité de son action ;

2° En ce qui concerne la vente effectuée sans formalités judiciaires et dans des conditions jugées défectueuses par l'intéressé, on sait que le voiturier qui fait vendre ainsi la marchandise transportée engage en principe sa responsabilité et doit être tenu d'indemniser l'ayant droit, si la manière dont il a irrégulièrement procédé a été la cause d'un préjudice (voir les arrêts cités pages 70 de la 10e édition de notre *Manuel pratique*) ; le tribunal a estimé que l'existence du préjudice était suffisamment établie par le seul fait que la vente de la marchandise, reconnue en parfait état, n'avait produit qu'un prix infime.   Lamy.

128. — Machines destinées à un concours agricole. — Retard. — Responsabilité. — Préjudice. — Jugement du tribunal de commerce de la Seine (3e ch.) du 27 mai 1925. — Loiseau contre chemin de fer de Ceinture. — BT. 2/1926.

Le tribunal,

Après en avoir délibéré conformément à la loi,

Attendu qu'il est acquis aux débats que, le 9 août 1924, Loiseau a expédié de Grenelle au Concours agricole de Cœuilly, à l'adresse de son agent en gare de Champigny, en petite vitesse, 3 machines agricoles pesant 243 kg. ;

Que les 3 machines sont arrivées en gare de Champigny le 22 août 1924 après la fermeture du Concours agricole ;

Attendu que pour préjudice résultant pour lui du retard apporté dans l'expédition, Loiseau réclame au syndicat des chemins de fer de Ceinture paiement de la somme de 800 fr., à titre de dommages-intérêts ;

Attendu que Loiseau justifie avoir réclamé les marchandises en gare, le 15 août 1924, à l'expiration des délais de transport, et que la compagnie n'a pu les lui représenter que le 22, qu'il y a donc eu un retard de 7 jours dans la mise à disposition ;

Attendu que le syndicat des chemins de fer de Ceinture ne justifie pas que ce retard ait pour cause un cas fortuit ou de force majeure ; qu'il doit donc être tenu envers Loiseau à la réparation du préjudice qui en est résulté pour lui ;

Attendu que, faisant état de l'importance du retard et du trouble apporté dans le commerce de Loiseau qui en a été la conséquence, ce tribunal fixe l'importance du préjudice dont il justifie à la somme de 500 fr. ;

Attendu que s'il est possible que le chemin de fer ait payé une indemnité à Loiseau pour des dégâts survenus en cours de route, il ne justifie pas l'avoir indemnisé du préjudice qu'il a subi du fait du retard ;

Qu'il échet, en conséquence, d'obliger le syndicat des chemins de fer de Ceinture à payer à Loiseau la somme susvisée de 500 fr. à titre de dommages-intérêts, en accueillant la demande à due concurrence ;

Par ces motifs :

Le tribunal, jugeant en dernier ressort ;

Condamne le syndicat des chemins de fer de Ceinture, par les voies de droit, à payer à Loiseau la somme de 500 fr., à titre de dommages-intérêts ;

Déclare Loiseau mal fondé en le surplus de sa demande, l'en déboute ;

Et condamne le syndicat des chemins de fer de Ceinture aux dépens.

Observations. — Cette décision à laquelle le chemin de fer a acquiescé, fait une judicieuse application de l'art. 1150 du Code civil.

Il est certains que les transporteurs pouvaient et devaient normalement prévoir (au moment de la formation du contrat) la nature et l'importance du préjudice qui résulterait éventuellement pour le destinataire de l'inexécution ou d'une exécution défectueuse des obligations qu'ils avaient assumées. Les indications portées sur la déclaration d'expédition éclairaient très suffisamment le chemin de fer sur la nécessité de livrer dans les délais légaux, puisqu'il s'agissait de machines manifestement destinées à un concours agricole.

129. — Retard important de fûts de vin : refus. — Commissionnaire de transport responsable en principe. — Recours contre la compagnie de départ. — Arrêt de la cour d'appel de Montpellier (2e ch.) du 11 juin 1925. — Vivarès contre : 1º Mitjavile ; 2º Cie PLM — BT. XI/1926.

La Cour,

Attendu que la dame Roussel et Vivarès ont assigné Mitjavile devant le tribunal de commerce de Cette, aux fins de le faire condamner à leur payer la somme de 3.215 fr. 75, montant de trois fûts de vins de liqueur qu'ils lui avaient confiés le 16 avril 1920, avec demande de les faire parvenir à Luxembourg à l'adresse d'une dame Lender, et dont celle-ci n'aurait pas pris livraison, lorsqu'ils sont arrivés à destination dans les premiers jours de novembre suivant, soit avec un retard de 7 mois ;

Attendu que Mitjavile, ayant appelé en cause la Cie PLM pour faire décider qu'elle serait tenue de le garantir des condamnations qui pourraient être prononcées contre lui, les premiers juges ont déclaré que l'action de la dame Roussel et de Vivarès contre Mitjavile était irrecevable, et que la demande en garantie de ce dernier contre la compagnie était, par suite, sans objet ; que la dame Roussel et Vivarès ont interjeté appel de cette décision ; qu'un appel éventuel a été formé par ce dernier contre la compagnie ;

Sur la demande principale de la dame Roussel et de Vivarès contre Mitjavile :

Attendu que des deux bordereaux d'expédition délivrés le 16 avril 1920 par Mitjavile lorsque la dame Roussel et Vivarès lui ont confié les trois fûts litigieux pour être transportés à Luxembourg à l'adresse de la dame Lender, il résulte que Mitjavile a accepté le mandat d'assurer le transport de bout en bout ; que, sur ces bordereaux, pour chacun de ces fûts, il est mentionné que le destinataire est la dame Lender et que Luxembourg est le lieu de destination ; qu'il y est, par ces précicions, manifestement établi que, vis-à-vis de la dame Roussel et de Vivarès, Mitjavile, leur mandataire, a seul assumé la charge de la responsabilité de l'expédition des trois fûts et de leur livraison à la dame Lender à Luxembourg ; qu'il est d'ailleurs à noter que, dans sa correspondance avec la dame Roussel et Vivarès, Mitjavile n'a jamais contesté sa responsabilité, se bornant à indiquer qu'il appellerait en garantie la Cie PLM ;

Qu'il s'ensuit que la demande de la dame Roussel et de Vivarès contre Mitjavile, contrairement à ce qu'ont estimé les premiers juges, doit être déclarée recevable ;

Qu'elle doit aussi être reconnue fondée ; que la dame Lender ayant refusé les trois fûts dont le vin, resté en cours de transport pendant sept mois, était vraisemblablement altéré, et n'ayant pas voulu en payer le montant à la dame Roussel et à Vivarès, ceux-ci ont été fondés à en réclamer le prix à Mitjavile, seul responsable envers eux de cette inexécution du mandat qu'ils lui avaient donné, et du refus de la dame Lender ;

Sur la demande en garantie de Mitjavile contre la Cie PLM:

Attendu que des documents de la cause, il résulte que les trois fûts de vin que la dame Roussel et Vivarès ont confiés à Mitjavile ont été expédiés par ce dernier de la gare de Frontignan, le 17 avril 1920, sur la gare de Villeneuve-Saint-Georges ; que, à cette gare, ils ont, par un agent de Mitjavile, été réexpédiés à la dame Lender à Luxembourg ; qu'ils ne sont arrivés dans cette ville que dans les premiers jours de novembre suivant ; qu'il a été reconnu par la compagnie que ce retard lui était imputable, les fûts ayant été immobilisés à Sterpenich, via

Erqueline, par suite du manque d'écritures qui avaient été perdues en cours de route et qu'il avait fallu rétablir ;

Attendu que la compagnie, bien qu'elle ne puisse contester sa faute, prétend devoir être exonérée de toute responsabilité en alléguant que la dame Lender a pris livraison des trois fûts sans réserves et qu'elle est, par suite, déchue de tout recours.

Qu'elle entend faire la preuve de son allégation par la production de la copie d'une feuille de décompte N° 38 du bureau d'expédition de la gare de Luxembourg en date du 6 novembre 1920, sur laquelle se trouve la mention suivante : « Les fûts ont été délivrés sans réserves le 6 novembre 1920 au camionneur accrédité de Mme Lender, M. Verlter... » ;

Attendu que cette attestation, dont l'exactitude est formellement contestée par la dame Lender et par Verlter, est dépourvue de toute autorité ; qu'elle n'est qu'une affirmation donnée par un agent qui a pu inexactement rapporter les faits qui se sont passés ; qu'il doit en être jugé de même de la lettre écrite le 10 mars 1921 par l'inspecteur de l'exploitation de Luxembourg et dans laquelle il est répété que « le destinataire des trois fûts a pris livraison sans réserves » ; qu'il ne suffisait d'affirmer ce fait ; qu'il aurait fallu en rapporter la preuve en produisant la feuille de livraison sur laquelle Verlter aurait donné décharge des trois fûts ; que la Cie PLM, invitée par la cour à produire ce document, a remis une note émanant de son contentieux, dans laquelle il est dit qu'il n'était pas possible de le produire, les chemins de fer d'Alsace et de Lorraine ayant détruit leurs écritures depuis l'année 1920 au début de 1924 ; qu'il semble pourtant que cette pièce aurait pu être retrouvée, comme l'a été la feuille de décompte N° 38 du bureau d'expédition de Luxembourg, datée du 6 novembre 1920, et dont la compagnie a fait état ;

Mais attendu que si la compagnie n'a pu prouver que la dame Lender avait réellement pris livraison des fûts sans réserve, celle-ci a, par contre, établi qu'elle avait, dès le premier moment, refusé de les recevoir ; que, par une lettre de Luxembourg, du 26 novembre 1920, écrite à la dame Roussel par le sieur Verlter, chez qui les fûts litigieux avaient été entreposés, ce dernier fait savoir que les fûts sont refusés par Mme Lender pour cause de retard et qu'il les tient dans ses magasins à la disposition de la dame Roussel, un des expéditeurs ; que Verlter renouvelle cet avis par une autre lettre adressée le lendemain à Vivarès ; que ce dernier répondit le 30 du même mois à Verlter en l'informant qu'il avait écrit à la dame Lender pour l'engager à prendre chez lui livraison des trois fûts ; que, le 27 janvier 1921, Verlter rappelait à Vivarès que les fûts étaient toujours en souffrance et que la dame Lender persistait à ne pas en prendre livraison ; que

Vivarès répondait à Verlter que, puisque la dame Lender maintenait son refus, basé sur l'arrivée tardive des fûts, il avait assigné les transporteurs par l'intermédiaire de Mitjaville ;

Que les termes de cette correspondance échangée, dès l'arrivée des fûts à Luxembourg, démontrent à l'évidence que la dame Lender, malgré l'insistance dont elle a été l'objet, a toujours refusé de prendre livraison des fûts ; qu'il est d'autre part certain, contrairement aux allégations de la compagnie, que les fûts n'ont pas été entreposés chez Verlter, sur l'ordre de Mme Lender ; que le contraire est établi par une lettre adressée à Vivarès par Verlter, le 4 avril 1921, et dans laquelle celui-ci affirme que les fûts ont été entreposés chez lui sur l'ordre du chemin de fer ; qu'il est au surplus inadmissible que la dame Lender, résolue qu'elle était à ne pas accepter un vin resté en route pendant sept mois et qu'elle supposait altéré, ait fait retirer les fûts par Verlter uniquement pour refuser d'en prendre livraison lorsque les fûts seraient chez ce dernier ;

Attendu que le moyen d'irrecevabilité proposé par la compagnie, pour se soustraire aux conséquences de sa faute, n'étant pas fondé, sa responsabilité doit être retenue ; qu'il convient, dès lors, d'accueillir la demande en garantie formée contre elle par Mitjavile ;

Par ces motifs :

La Cour déclare la dame Roussel et Vivarès bien fondés dans leur appel et, y faisant droit, réforme le jugement entrepris ;

Déclare, en conséquence, recevable et bien fondée la demande formée par les appelants contre Mitjavile ;

Condamne ce dernier à leur payer la somme de 3.218 fr. 75 avec les intérêts de droit ;

Statuant sur la demande en garantie de Mitjavile contre la Cie PLM :

Déclare ladite demande bien fondée ;

Condamne en conséquence la compagnie à relever et garantir Mitjavile des condamnations prononcées contre lui ;

Condamne la compagnie en tous les dépens de première instance et d'appel.

Observations. — Cet intéressant arrêt paraît avoir fait une juste appréciation des faits de la cause. Bien qu'il n'ait eu à trancher aucune importante question de principe, il nous a paru bon à publier, en raison de ce qu'il met en évidence les procédés plus ou moins honnêtes de ces bonnes compagnies, qui, se trouvant en faute, égarent les pièces qui les condamnent et retrouvent au contraire celles qu'elles estiment être favorables à leur cause. Il est heureux que la cour d'appel de Montpellier ait su démêler cet écheveau embrouillé à plaisir et statuer en bonne justice.   L.

130. — Revue Ventes et Transports. — Retard de 11 jours. — Dommages. — Pièces d'auto. — Dommages prévisibles. — Tribunal comm. Rouen 12/6 1925. — Davin contre chemins de fer de l'Etat.

D'après l'art. 1150 du Code civil, le débiteur ne peut être tenu de payer des dommages qu'il n'a pu prévoir au moment de la formation du contrat. Mais si un colis déclaré comme étant une pièce d'automobile arrive avec 11 jours de retard, malgré qu'il a été expédié en grande vitesse, la responsabilité du chemin de fer doit être appréciée de manière à réparer le préjudice subi par le destinataire pour l'immobilisation de la voiture à qui la pièce manquait. La compagnie a pu prévoir ce dommage, la déclaration d'expédition et le mode de transport choisi (grande vitesse), l'avaient éclairée sur le besoin qu'avait le destinataire de recevoir d'urgence ce colis. (*Revue de Droit français*, 1925, Nº 5/35.)

131. — Marchandises. — Retard de livraison. — Préjudice direct et prévu. — Elément important pour l'évaluation des dommages-intérêts. — Trib. com. Lyon, 21 septembre 1925.

Pour que le chemin de fer soit responsable du retard à la livraison d'une expédition, il faut que le préjudice soit justifié, qu'il soit la conséquence directe du retard, et qu'il ait pu être prévu lors de la formation du contrat.

La durée excessive du retard peut constituer un élément important pour l'évaluation du préjudice prévu.

132. — Marchandises. — 1º Destiné à X pour être réexpédié à Y. — 2º Livraison en gare : Retard. — Point de départ. — 3º Responsabilité. — Manquant. — Trib. de com. de Marseille, 7 octobre 1925.

D'après l'article 114 du tarif général PV, la déclaration d'expédition doit seulement mentionner le nom et l'adresse du destinataire. Tout autre mention est tenue pour nulle. La mention : « destiné au sieur X... camionneur à Marseille pour être réexpédié à M. Y.... à Oran », ne permet pas de considérer ce dernier comme destinataire. Et ce dernier n'étant pas porté au contrat de transport n'a pas qualité pour agir. Lorsqu'une marchandise est livrable en gare, le retard court du jour où les délais de transport terminés, le destinataire se présente sans qu'il puisse être mis en possession de la marchandise. Le transitaire qui n'a commis aucune faute ne peut être tenu d'indemniser son mandant du manque à gagner. Il ne peut s'il est actionné pour cela par son mandant en demander le remboursement au transporteur.

133. — 1° et 2°. Chemins de fer. — Marchandises expédiées en gare. — Retard. — Mise en demeure. — *a*) Transport effectué avant le 25 octobre 1923. — Démarche en gare. — *a*) Transport effectué après le 25 octobre 1923. — 3°. Commissionnaire de transports-voiturier. — Vente des marchandises. — C. Com. art. 106. — Inobservation. — Denrées périssables. — Cour d'appelle de Rennes, 3 juin 1925. — BT. 1/1926. (v. arrêt 165).

La Cour,

Considérant que, le 19 janvier 1924, les sieurs Bastide et Sévère, ont assigné la Cie des chemins de fer de l'Etat en dommages-intérêts, pour les motifs suivants :

Que Bastide et Sévère ont expédié, le 24 février 1920, à Sévère à Dijon, deux lots de choux-fleurs en vrac ; que ces marchandises sont arrivées à Dijon avec un retard considérable et dans un état complet de putréfaction, que la Cie des chemins de fer de l'Etat est responsable du dommage causé ;

Que le tribunal de Morlaix a admis la demande de Bastide et Sévère ;

Considérant que le réseau de l'Etat a régulièrement relevé appel du jugement le 19 novembre 1921 du tribunal de Morlaix le condamnant à payer à Bastide et Sévère, la somme de 8.600 fr. que, pour ce faire, les premiers juges ont méconnu une jurisprudence constante sur les conditions légales d'existence du retard imputable à une compagnie de chemin de fer, dans l'exécution d'un contrat de transport de marchandises livrables en gare destinataire, qu'il est, en effet, consacré à l'heure actuelle, par une jurisprudence unanime, qu'en matière de transport, le défaut de livraison dans les délais n'implique de la part de l'administration des chemins de fer une faute génératrice de dommages-intérêts, qu'à la double condition, que les délais réglementaires soient expirés et que le destinataire ait requis la marchandise, passé ce délai, le destinataire doit donc justifier s'être présenté inutilement à la gare, après l'expiration des délais réglementaires de transport, pour y retirer la marchandise, si le destinataire ne fait pas cette preuve, il ne peut y avoir de retard susceptible d'être juridiquement retenu et, par suite, si des avaries sont le résultat d'un retard existant seulement en fait, le transporteur ne peut être déclaré responsable ni de ce retard, ni des effets qu'il a pu produire ;

Considérant que le destinataire n'a pas produit la justification qui lui est imposée, qu'en conséquence l'administration des chemins de fer de l'Etat ne peut être tenue comme responsable d'avaries exclusivement dues à une cause qui, en droit, ne peut être retenue contre elle ;

Considérant que, lors de l'expertise judiciaire du 6 mars 1920, l'expert fit, sous son contrôle, procéder au tri de la marchandise encore utilisable, que la vente en fut faite et produisit une somme de 1.068 fr. 55, qu'aux termes d'une jurisprudence constante la compagnie peut faire procéder à la vente, alors surtout que, comme en l'espèce, il y a urgence, que du reste, l'expert qui signale le montant de cette vente dans son rapport n'a formulé, à son sujet, aucune critique ;

Considérant que le réseau est resté créancier de Bastide et Sévère de la somme de 7.639 fr. 80 pour droits de transport de ces deux wagons, qu'il est bien fondé à demander reconventionnellement le paiement de cette somme avec le montant des frais d'expertise judiciaire, soit 120 fr. 95, ce qui déduction faite du produit de la vente de la marchandise (1.068 fr. 55) laisse le réseau créancier finalement d'une somme de 6.692 fr. 20 ;

Par ces motifs :

Rejetant toutes autres conclusions des parties, réforme le jugement frappé d'appel,

Dit et juge que, faute de la justification d'aucune réclamation, faite infructueusement en gare destinataire après l'expiration du délai de transport de la marchandise litigieuse, aucun retard ne peut être légalement retenu à la charge du réseau qui, par suite, n'est pas responsable des avaries dues exclusivement à un retard de fait non imputable à faute au transporteur,

Déboute les intimés de leurs demandes, fins et conclusions.

Les condamne aux dépens de première instance et d'appel,

Et recevant l'administration appelante reconventionnellement demanderesse, condamne Bastide et Sévère conjointement et solidairement au paiement de la somme de 6.692 fr. 20 pour prix de transport des wagons litigieux et frais d'expertise, déduction faite du produit net de la vente (monstruosité juridique Réd.) v. arrêt 165.

134. — 21 juillet 1925. — Trib. com. de Rennes. — BT. 3/1926.
Bicyclettes arrivées rouillées et en retard. Expertise concluant à la faute de l'expéditeur mais non probante. Responsabilité de la compagnie.

135. — Transport international. — Art. 26 et 33 de la convention de Berne. — Retard de plus de 30 jours. — Laissé pour compte. — Survivance du droit d'action. — Arrêt de la Cour d'appel de Paris (5e ch.) du 22 octobre 1925. — Chavardès contre Cie du Midi. — BT. XII/1925.

La Cour,

Considérant que M. Chavardès s'est fait expédier d'Aschersleben (Saxe), en gare de Perpignan, 100 sacs de sulfate de potasse payés 12,796 fr. suivant facture produite ; qu'en prenant

190

le 6 décembre 1920, date que porte la lettre de voiture international, pour point de départ du délai de transport, la marchandise aurait dû être rendue à destination le 24 décembre, suivant la prescription de l'art. 14 de la convention de Berne, qu'aux termes de l'art. 33 de ladite Convention, le destinataire pouvait considérer comme perdue la marchandise si celle-ci ne lui était pas livrée dans les 30 jours suivant le 24 décembre, c'est-à-dire avant le 24 janvier 1921 ;

Considérant que, dès le 11 janvier, Chavardès informa le chef de gare de Perpignan, par lettre recommandée, que si la marchandise n'était pas mise à sa disposition, dans le plus bref délai possible, il faisait toutes réserves au sujet du préjudice que lui causait ce retard ; que, sur avertissement donné le 22 février que la marchandise était à la disposition de M. Chavardès, ce dernier répondit qu'étant donné le grand retard apporté à la mise à sa disposition de la marchandise, il la considérait comme perdue et, conformément au droit que lui donnait l'art. 33 de la Convention, il refusait de prendre livraison ; qu'il a usé de son droit en faisant délivrer assignation le 1er septembre 1921 à la Cie du Midi pour obtenir paiement du préjudice qu'il avait subi ;

Sur la recevabilité :

Considérant qu'aux termes de l'art. 26 de la Convention, les actions contre le chemin de fer qui naissent du contrat de transport international n'appartiennent qu'à celui qui a le droit de disposer de la marchandise ; qu'à défaut par la Cie du Midi de rapporter la preuve d'une contestation concernant l'exercice de ce droit entre l'expéditeur et le destinataire, ce dernier, porteur du duplicata de la lettre de voiture qu'il tient de l'expéditeur, doit être considéré comme ayant le droit de disposer de la marchandise ; que le fait par le destinataire d'exercer le droit que lui donne l'art. 33 de la Convention de considérer la marchandise comme perdue pour défaut de livraison dans les 30 jours qui suivent l'expiration du délai fixé pour la livraison, ne peut lui faire perdre le droit de réclamer réparation du préjudice que lui cause la perte de la marchandise, sous prétexte qu'en refusant de prendre cette marchandise après l'expiration du délai fixé par l'art. 33, il serait devenu étranger au contrat de transport ;

Sur le fond :

Considérant que les faits invoqués par la Cie du Midi pour faire reculer la date de livraison, suspension de trafic sur la ligne de Cette à Perpignan, délais supplémentaires sur les réseaux allemands et autres, n'ont eu aucune influence sur la durée du transport de la marchandise adressée à M. Chavardès ; qu'il résulte, en effet, d'une lettre adressée à ce dernier par a Cie du Midi, le 2 mars 1920, que, par suite de difficultés de douane, le wagon contenant les marchandises a subi un long séjour à la frontière et qu'il n'a été remis aux chemins de fer français que le 15 février ; que, si telle est la cause du retard, la responsabilité légale du dernier transporteur vis-à-vis du destinataire n'est pas modifiée ;

Sur le préjudice ;

Considérant que le prix porté sur la facture peut être considéré, en l'espèce, comme le prix courant de la marchandise au moment où elle a été acceptée au transport ; qu'il échet d'accorder en sus, aux termes de l'art. 42 de la Convention, 6 % d'intérêts demandés depuis le jour de la demande ;

Par ces motifs,

Infirme le jugement entrepris et, statuant à nouveau, dit M. Chavardès recevable en sa demande ;

Condamne la Cie du Midi à payer à M. Chavardès une somme de 12.796 fr. à titre d'indemnité avec les intérêts de cette somme à 6 % depuis le jour de la demande ;

Condamne la Cie du Midi aux dépens de première instance et d'appel.

Observations. — Cet arrêt, fait une très exacte application des articles 26 et 33 de la Convention de Berne, qu'avait quelque peu méconnus le premier juge (tr. com. Seine, 26 décembre 1922) : ainsi que nous l'avons dit plus haut, sous un arrêt de la chambre des requêtes du 12 juin 1923, l'article 33 ouvre au destinataire une simple faculté ; dès lors l'exercice de cette faculté ne saurait constituer une renonciation au droit de réclamer réparation du préjudice.   LAMY.

136. — Chemins de fer. — Guerre. — Marchandises. — Retard. — Cas d'exonération pour le transporteur. — Faute lourde. — Responsabilité.

Le transporteur, même lorsqu'il peut soutenir qu'à raison des décrets relatifs à la guerre, il n'est pas responsable du retard dans la livraison de la marchandise, n'est pas protégé par cette exonération contre les fautes lourdes qu'il aurait pu commettre dans l'exécution du contrat.

Commet une faute lourde la Compagnie de Chemins de fer qui, recevant de nombreuses lettres de l'expéditeur d'un wagon-réservoir, non seulement laisse presque toutes ces lettres sans réponse, mais de plus ne fait aucune recherche. — Montpellier, 12 novembre 1925.

137. — Retard. — Lettre d'avis obligatoire. — Inexigibilité d'une mise en demeure de livrer. — Jugement du tribunal de commerce de Millau du 17 décembre 1925. — Aldiguier contre Cie du Midi (extrait).

192

Attendu que la Cie du Midi, soit par ses conclusions, soit par les explications qu'elle fait donner à l'audience. soutient que M. Aldiguier ne l'a point mise en demeure de livrer, conformément à l'article 1146 du Code civil, et que, quoique dispensé par l'application de l'arrêté ministériel du 9 août 1923, applicable à dater du 24 septembre, de venir réclamer par lui-même ou par mandataire la marchandise qu'il attendait, il avait pour obligation, en raison même de la portée générale de l'article 1146 du Code civil, d'informer le chemin de fer du besoin urgent qu'il avait de la marchandise, de la naissance du préjudice occasionné par le retard et de son intention de demander des dommages-intérêts ;

Attendu qu'aux termes de l'article 51 bis des conditions d'application des tarifs PV, applicables aux expéditions litigieuses, le chemin de fer est tenu de faire connaître par avis au destinataire, qui ne l'en a pas dispensé spécialement, le moment où l'envoi qui lui est destiné peut être mis à sa disposition ;

Attendu que l'envoi de cet avis est obligatoire pour le chemin de fer, dès que la mise à disposition est devenue possible ;

Attendu que le destinataire n'a pas en effet à réclamer une marchandise qu'il sait d'avance ne pas être parvenue, puisque, dans le cas contraire, avis lui en aurait été donné ; qu'il y a donc lieu sur ce point de décider que le retard est opposable aux compagnies de transports dès l'expiration des délais et sans qu'il soit besoin de mise en demeure de livrer ;

Attendu que les Compagnies de chemins de fer l'ont si bien compris c'est que : 1. Dès la mise en application du décret du 9 août 1923, elles ont sollicité des commerçants une dispense d'avis pour parer éventuellement, au cas où la marchandise n'aurait pas été réclamée, à une demande d'indemnité ;

2. Les instructions que certaines compagnies, notamment la Compagnie défenderesse, ont donné à leurs gares, en commentaire des dispositions nouvelles imposant l'envoi des avis d'arrivée et visant les différents cas d'espèce pouvant se présenter, prescrivant dans le cas actuellement soumis au tribunal de ne pas écarter la demande d'indemnité par le seul motif que le destinataire n'a pas réclamé antérieurement sa marchandise ajoutant : « dans cette hypothèse il existe un retard effectif susceptible de provoquer une demande d'indemnité » ;

Attendu que l'article 1146 du Code civil stipule qu'une mise en demeure est nécessaire à moins que la chose que le débiteur s'était obligé de donner ou de faire, ne pouvait être donnée ou faite que dans un certain temps qu'il a laissé passer... BT XII/1926.

138. — Cour d'appel de Nîmes, 20 novembre 1925. — Chemin de fer. — Bagages. — Retard. — Réexpédition. — Action. —

193

13

incompétence des tribunaux de la gare d'arrivée figurant au contrat de réexpédition. (v. arrêt 147).

La Cour,

Après en avoir délibéré conformément à la loi :

Attendu qu'il résulte des documents produits que, le 9 septembre 1924, Samama, voyageur de commerce, muni d'un billet de place d'Orange, pour Montélimar, a fait enregistrer trois colis contenant ses collections ;

Qu'à l'arrivée à Montélimar il fut constaté que ces colis avaient été égarés, et qu'après deux jours d'attente à Montélimar, Samama informa le chef de gare de cette ville qu'il rentrait à son domicile à Avignon, et lui demanda de lui faire parvenir ses colis à Avignon, lorsquils seraient retrouvés ; que les colis égarés ont été remis le 7 octobre 1924 à Samama, en gare d'Avignon ;

Attendu que c'est à tort que, dans ces circonstances, Samama d'une part, et Niquet et Gadrat, se disant propriétaires des collections contenues dans les colis, d'autre part, ont assigné la Compagnie PLM en dommages-intérêts, pour retard dans la livraison des colis, devant le Tribunal de Commerce d'Avignon, et que l'exception d'incompétence opposée à leur demande par ladite compagnie est fondée et doit être accueillie ;

Attendu, en effet, que la Compagnie PLM ne pouvait être assignée, à l'occasion de l'exécution du contrat de transport ci-dessus spécifié, que devant le Tribunal dans le ressort duquel sont comprises la gare de départ ou la gare d'arrivée, l'action intentée ne se rattachant qu'aux opérations de l'une ou de l'autre de ces deux gares ; que vainement les premiers juges, pour affirmer la compétence du Tribunal de commerce d'Avignon, ont décidé que les bagages égarés ayant été expédiés, par le chef de gare de Montélimar, en gare d'Avignon, cette dernière gare était devenue la gare destinataire, soit qu'un nouveau contrat de transport ait été formé, soit qu'il y ait seulement prolongation du premier contrat ;

Attendu, en effet, d'une part, qu'aucun nouveau contrat de transport n'est intervenu entre Samama et la Compagnie PLM, puisque la Compagnie, n'ayant pu livrer les bagages à l'arrivée à Montélimar, n'était pas déchargée et que le premier contrat de transport n'a pris fin que par la livraison des bagages au destinataire; qu'il est reconnu, d'autre part que si le chef de gare de Montélimar a expédié à Avignon, les colis égarés à la demande de Samama, le prix de transport n'a pas été exigé de celui-ci, d'où, il suit que c'est à titre de premier dédommagement, et non en exécution d'un nouveau contrat de transport, que la Compagnie PLM a expédié et livré en gare d'Avignon, les colis égarés ;

Attendu, d'ailleurs, que le tribunal dans le ressort duquel est

194

situé une gare succursale n'est compétent que si l'action intentée se rattache aux opérations de cette gare ; que dans l'espèce, l'action est basée sur un retard dans la livraison des bagages qui devait être fait en gare de Montélimar à l'arrivée du train dans lequel Samama avait pris place, et ne se rattache en rien aux opérations de la gare d'Avignon, qu'il suit de là que, soit qu'il s'agisse de la formation d'un nouveau contrat de transport, soit que l'on envisage la prolongation du contrat originaire, pour déterminer le caractère juridique de l'opération du transport des colis égarés de Montélimar à Avignon, il est certain que le tribunal de commerce d'Avignon était compétent pour connaître le litige qui lui a été soumis ;

Vu l'article 130 du Code de procédure civile ;

Par ces motifs,

La Cour,

Parties ouïes et le Ministère public, joignant les instances introduites par Samama, Niquet et Gadrat, réformant le jugement rendu le 19 décembre 1924 par le Tribunal de commerce d'Avignon ;

Dit que le Tribunal de commerce d'Avignon était compétent pour connaître des demandes des intimés ;

Condamne Samama et Niquet et Gadrat conjointement aux dépens de première instance et d'appel (v. arrêt définitif 147).

139. — Expéditions GV de 69 et de 63 kilos. — Retards de 16 et de 19 jours. — Condamnation de la Cie à 7.500 fr. de dommages et intérêts. — Jugement du tribunal de commerce de la Seine (2e Ch.) du 23 décembre 1925. — Savary contre Cie PLM.

Le tribunal,

Après en avoir délibéré conformément à la loi ;

Attendu qu'il est acquis aux débats que suivant récépissé n° 1.559 du 24 octobre 1924, et non 24 décembre comme dit par erreur, Savary s'est fait expédier en grande vitesse de la gare du Péage-du-Roussillon, à son adresse en gare de Clichy-Levallois, une caisse de rhodoïd, pesant 69 kg. ;

Que suivant autre récépissé n° 1.587 du 26 novembre 1924, le dit Savary s'est fait expédier en grande vitesse de la même gare, à la même adresse, une deuxième caisse de rhodoïd du poids de 63 kg. ;

Que ces deux expéditions sont parvenues avec un retard sur les délais normaux de transport ;

Attendu qu'en réparation du préjudice découlant pour lui de ces retards, Savary requiert l'allocation d'une somme de 23.669 fr. à l'encontre de la Cie PLM ;

Attendu que par ses offres faites à la barre de 500 fr. plus un, la Cie PLM a reconnu le principe de sa responsabilité ; qu'il n'y a donc plus lieu pour ce tribunal que de rechercher si les offres sont suffisantes ;

Attendu qu'il résulte des débats et des documents soumis que les retards des deux expéditions litigieuses ont été respectivement de 16 et 19 jours, retards considérables pour des expéditions faites en grande vitesse ; que du seul fait que les colis dont s'agit voyageaient en grande vitesse, la Cie PLM pouvait prévoir que leur livraison avait un caractère d'urgence ;

Attendu, en outre, qu'il y a lieu d'observer que la deuxième expédition de marchandises n'a été faite par le demandeur qu'en remplacement de la première expédition, dont le retard se prolongeait, et que les retards apportés successivement pour chacune de ces deux expéditions susvisées ont été pour Savary une cause d'aggravation du préjudice par lui subi ;

Attendu toutefois que les déclarations d'expédition ne comportaient aucune précision sur la profession du destinataire, non plus que sur l'utilisation possible de la marchandise transportée ;

Que notamment la Cie PLM ne pouvait prévoir que cette marchandise était fabriquée exclusivement à Roussillon et spécialement pour les besoins de Savary ;

Attendu, en outre, que si les retards ont pu déterminer un chômage dans les ateliers du demandeur, ce dernier reconnaît que ce chômage ne fut que partiel ;

Attendu, d'autre part, que Savary prétend en ses explications données au cours des débats, qu'il a fait inutilement, n'ayant pu livrer ses commandes, des dépenses importantes de clichés et de publicité ; qu'il convient de remarquer que ses clichés sont d'une utilisation durable et que même si les livraisons n'ont pu suivre leurs cours régulier, la publicité faite pourra cependant produire son effet ;

Attendu que tenant compte du trouble commercial subi par Savary, le tribunal dispose des éléments d'appréciation suffisants pour fixer à la somme de 7.500 fr. l'importance du préjudice dont justifie le demandeur et que la Cie PLM pouvait raisonnablement prévoir en contractant ;

Qu'il échet, dès lors, d'accueillir la demande à due concurrence à titre de dommages-intérêts en déclarant par voie de conséquence les offres de la Cie PLM insuffisantes ;

Par ces motifs :

Le tribunal jugeant en premier ressort ;

Déclare les offres de la Cie PLM insuffisantes ;

Condamne ladite compagnie par les voies de droit à payer à Savary une somme de 7.500 fr. à titre de dommages-intérêts ;

Déclare Savary mal fondé en le surplus de sa demande, l'en déboute ;

196

Condamne la Cie PLM aux dépens.
Observations. — La Compagnie a acquiescé à ce jugement.
BT 8/1926.

140. — Marchandises. — Erreur d'expédition commise par
la Compagnie transporteur. — Retard. — Responsabilité.
La Compagnie des chemins de fer est responsable d'un retard qui est la conséquence d'une faute qu'elle a commise en
expédiant où il ne fallait pas une plateforme particulière qui
devait servir à la réexpédition de fûts, non réexpédiés en temps
voulu par suite de cette faute. — Montpellier, 31 décembre 1925.

141. — Cour d'appel de Paris, 15 janvier 1925. — Chemin de
fer. — Transport des marchandises. — Retard. — Grève des
cheminots de mai 1920. — Force majeure non établie.
La Cour,
Considérant que Fontanieu Frères ont remis le 29 avril 1920
à la gare d'Aimargues, un wagon-réservoir contenant 155 hl.
de vin pour être expédié à la Société Vinicole Française à Saint-
Denis, que la livraison n'a été faite au destinataire que le 2 juin
avec un retard de plus de 15 jours non contestés ;
Considérant que pour échapper aux conséquences de l'inexécution du contrat de transport dans les délais légaux de transport, la Compagnie se prévaut de la grève des employés des chemins de fer du 1er mai 1920 et des jours suivants et soutient que
cet événement fortuit constitue la force majeure qui l'a empê-
chée de tenir ses obligations ;
Considérant que s'il est possible de considérer une grève comme présentant le caractère de la force majeure, c'est à la double
condition qu'elle éclate soudainement, et mette un obstacle insurmontable à l'exécution du contrat ; qu'il n'apparaît pas que
la grève du 1er mai 1920 ait présenté ces caractères ; qu'elle
était prévue et qu'elle n'a pas entraîné la suspension absolue des
transports sur le réseau de la Cie PLM ;
Considérant que la Compagnie indique, dans ses conclusions
que le wagon aurait été surpris par la grève dans les environs
d'Arles et que, dans cette région, le nombre des agents de la Compagnie, en grève, aurait été de 89 % des agents, mais qu'elle
n'établit pas que ce soit par suite de faits certains et précis résultant de la grève qu'elle se soit trouvée dans l'impossibilité
d'effectuer dans le délai légal le transport du wagon qui lui avait
été confié le 29 avril 1920.
Par ces motifs, et adoptant ceux des premiers juges :
Dit la Compagnie PLM mal fondée dans son appel et dans ses
conclusions et l'en déboute.
Confirme le jugement entrepris.

Condamne la Compagnie PLM à l'amende et aux dépens d'appel.

142. — Tribunal de commerce de la Seine, 31 mars 1925. — Chemin de fer. — Marchandises. — Fourniture de matériel. — Retard. — Majoration de tarif. — Préjudice. — Majoration non due. — Dommages-intérêts.

Le tribunal,

Après en avoir délibéré conformément à la loi :

Attendu qu'aux dates des 22, 23, 25, 28, 29 février et 1er mars 1924, Fabre a demandé à la Compagnie PLM des wagons pour lui permettre de faire des expéditions de verre cassé à destination de l'Italie ;

Qu'il n'a pu obtenir ces wagons qu'à partir du 10 mars et qu'il a ainsi fait, les 10, 11 et 12 mars 1924, les 7 expéditions par lui énumérées en son exploit introductif d'instance et relatives chacune à un wagon de verre cassé, à l'adresse du sieur Curti à Modane ; que ces expéditions étant faites en port dû, Curti a déboursé pour ces expéditions une somme de 4.730 fr. 50 ;

Attendu que Fabre, agissant comme concessionnaire de droit de Curti, expose que les tarifs de chemins ont été majorés à la date du 10 mars et que, si les wagons lui avaient été fournis aux jours auxquels il les a réclamés, les frais de ces 7 envois ne se seraient élevés, sur la base des anciens tarifs, qu'à la somme de 4.320 fr. 60 ;

Qu'il en est résulté pour le sieur Curti le débours supplémentaire de 500 fr. ;

Que tenu compte de cette somme et du préjudice éprouvé par l'obligation où se trouve Fabre d'en réclamer le remboursement, il en résulte un préjudice total de 1.000 fr. dont Fabre réclame paiement ;

Attendu que si le refus de mettre à la disposition de Fabre les wagons par lui réclamés avant le 1er mars est basé sur ce que la gare de Modane était encombrée par l'abondance de chutes de neige, il convient d'observer qu'il ne s'agit pas là d'un cas de force majeure ayant rendu impossible l'exécution de l'obligation de la Compagnie PLM, qui se bornait à mettre à la disposition du demandeur les wagons vides demandés par lui ;

Que, d'autre part, Fabre lui avait demandé, à l'époque, de diriger ces expéditions de wagons pleins par la voie de Vintimille, mais à la condition de ne pas lui faire supporter, la différence du prix de transport qui serait résultée de ce changement de trajet ;

Attendu que le retard apporté par la Compagnie PLM, à l'exécution de l'obligation où elle était de mettre à la disposition de Fabre des wagons vides au moment où ils étaient réclamés

198

par lui, a incontestablement eu pour conséquence de retarder les expéditions du demandeur et d'obliger par suite le sieur Curti à débourser des frais de port élevés en raison de la majoration des tarifs qui a été appliquée à partir du 10 mars 1924 ;

Attendu que le supplément de prix ainsi déboursé s'élève à la somme vérifiée de 500 fr.; que, d'autre part, il y a lieu de tenir compte du trouble commercial et des frais exposés par Fabre pour obtenir le dédommagement par lui réclamé ;

Que ce tribunal, toutes causes confondues, fixe à la somme de 750 fr. le montant des dommages-intérêts auxquels il convient d'obliger la Compagnie PLM ;

Par ces motifs :

Le tribunal jugeant en dernier ressort :

Condamne la Compagnie PLM, par les voies de droit, à payer à Fabre la somme de 750 fr. à titre de dommages-intérêts ;

Déclare Fabre mal fondé en le surplus de sa demande, l'en déboute ;

Condamne la Compagnie PLM aux dépens.

143. — BT 4/1926. — Retard. — Tarif GV 3-103. — Transmission à Angoulême, entre gares distinctes. — Heures de nuit à comprendre dans le calcul du délai. — Jugement du tribunal de commerce de Brive du 10 mars 1925. — Prunier contre Cie d'Orléans (extrait).

. . . .

Attendu que le tarif GV 3-103 prévoit pour Angoulême, un délai de transmission de trois heures ; qu'en conséquence, et par application stricte du tarif homologué, le décompte doit être établi sans retirer les heures de nuit ; que, par suite, il y a lieu de fixer, comme date de livraison, le 15 août, à 9 heures 22, ce qui fait ressortir un retard de 24 h., imputable à la Cie d'Orléans ;

Attendu que ce retard est la cause certaine de l'avarie qui a motivé une partie de l'enfouissement de la marchandise ; que la Cie d'Orléans doit être tenue à la réparation du préjudice subi par Prunier, 334 fr. 50 ;

Par ces motifs,

Le tribunal, après en avoir délibéré conformément à la loi, condamne la Cie d'Orléans à payer à Prunier la somme de 334 fr. 50, à titre de dommages-intérêts, avec intérêts de droit ;

La condamne aux dépens...

Observations. — Voir, en ce qui concerne le calcul des délais de transmission de certains tarifs spéciaux GV, l'article « Délais de GV », dans notre numéro du 1er août 1925, page 87, et aussi le jugement du tribunal de commerce de la Seine du 3 juillet 1924 que nous avons publié la même année, page 131. Il est à remarquer que la Cie d'Orléans, qui a porté ce dernier jugement en appel, a exécuté sans discussion celui dont extrait ci-dessus.   L.

143 bis. — Pesage demandé à l'arrivée. — Retard dans l'exécution de cette opération. — Perception indue des frais de stationnement. — Restitution. — Jugement du tribunal de commerce de la Seine (5e Ch.) du 9 mars 1926. — Dupont-Florin contre Chemins de fer de l'Etat (extrait).

Sur le remboursement des frais de stationnement :

Attendu que Dupont-Florin justifie avoir demandé à l'arrivée des wagons litigieux le pesage supplémentaire, conformément aux dispositions de l'article 15 des conditions du tarif PV ; que cet article ne comporte aucune dérogation aux dispositions du même tarif qui ne stipulent aucun délai pour les opérations de pesage ; qu'on ne saurait toutefois admettre que par négligence insuffisance de matériel ou encombrement, les chemins de fer mettent à la charge du destinataire les frais de stationnement qui ne peuvent résulter que de leur fait personnel et exclusif ;

Attendu par suite que c'est à bon droit que Dupont-Florin réclame le remboursement des sommes versées par lui à l'administration des chemins de fer de l'Etat pour frais de stationnement et qu'il échet d'obliger ladite administration à lui rembourser, soit au total la somme vérifiée de 133 fr. 25... BT 7/1927.

144. — Commissionnaire-messager. — Retard. — Délai non expressément stipulé. — Faute et responsabilité du messager. — Jugement du tribunal de commerce de la Seine (4e Ch.) du 20 janvier 1925. — Lévitte contre Cie Universelle de Transports.

Le tribunal,

Après en avoir délibéré conformément à la loi ;

Attendu que Lévitte a remis à la Cie Universelle de Transports, le 11 septembre 1924, pour être expédié à l'adresse d'un sieur Benjamin, à Lausanne, un colis de fourrures du poids net de six kilos, valeur déclarée 15.000 fr. ;

Attendu que ce colis n'a été remis à Benjamin que le 25 septembre ;

Attendu qu'il ne peut être contesté qu'en confiant ledit colis à la Cie Universelle de Transports, l'expéditeur avait désiré une expédition rapide ; qu'en choisissant un mode de transport qui a exigé plus de 10 jours de Paris à Lausanne, la Cie Universelle a manqué à sa principale obligation de commissionnaire de transport ; qu'il en est résulté pour Lévitte un préjudice dont la Cie Universelle lui doit réparation ;

Attendu que, tenant compte du trouble commercial causé à Lévitte et du manque à gagner de ce dernier, le tribunal trouve dans les faits de la cause les éléments d'appréciation suffisants pour fixer à 500 fr. le montant de l'indemnité à laquelle le demandeur peut légitimement prétendre ; que, par suite, c'est à concurrence de ladite somme qu'il convient d'accueillir la demande ;

Par ces motifs,

Le tribunal, jugeant en premier ressort :

Condamne la Cie Universelle de Transports, par les voies de droit, à payer à Lévitte la somme de 500 fr. à titre de dommages-intérêts ;

Déclare Lévitte mal fondé en le surplus de sa demande, l'en déboute ;

Et condamne la Cie Universelle de Transports aux dépens.

Observations. — Ce jugement fait une judicieuse appréciation de l'intention présumée de l'expéditeur. Il est évident que lorsqu'un négociant a recours à un commissionnaire-bagagiste, au lieu de remettre tout simplement sa marchandise au chemin de fer, ce qui serait beaucoup plus économique, c'est qu'il attend de ce mode de transport plus onéreux une livraison plus rapide. En conséquence si la durée dudit transport est exagérée, la responsabilité du commissionnaire messager doit être retenue, même si aucun engagement précis n'a été pris par lui à ce sujet, conformément au principe que M. Victor Mittre formule en ces termes (*Droit commercial des chemins de fer*, n° 105, p. 48):

Le contrat de transport suppose toujours et nécessairement un délai, puisqu'il est impossible que la chose soit rendue à destination dans le même moment qu'elle est remise au voiturier. D'où cette conséquence que si le délai n'a pas été stipulé au contrat, il sera celui qu'une convention tacite, l'usage ou les circonstances auront déterminé. BT 2/1926.

145. — Retard. — Lettre d'avis non obligatoire. — Réclamation du destinataire nécessaire pour établir l'existence du retard. — Arrêt de la Cour de cassation (Ch. civ.) du 26 janvier 1926. — Cie PLM contre Gibellino frères.

La Cour,

Sur le premier moyen :

Vu l'art. 1.139 du Code civil ;

Attendu que si l'art. 10 de l'arrêté ministériel du 12 juin 1866 impose aux compagnies de chemins de fer l'obligation de mettre les marchandises transportées par elles en petite vitesse et livrables en gare, à la disposition du destinataire dans le jour qui suit leur arrivée, il ne leur prescrivait pas, avant la décision ministérielle du 9 août 1923, de prévenir de cette arrivée le destinataire auquel il incombait de venir réclamer les marchandises qui lui étaient adressées ;

Qu'il n'y a, dans cette situation, retard imputable à la compagnie que si, à l'expiration des délais réglementaires, les marchandises n'ont pu être délivrées au destinataire sur sa réquisition, nécessaire pour mettre la compagnie en demeure d'en faire la remise ;

Attendu que deux wagons de pommes de terre ont été expédiés de Rosporden en petite vitesse, les 27 et 30 avril 1920, à Gibellino frères, livrables en gare de Montpellier, où ils sont arrivés les 31 mai et 1er juin suivants ;

Qu'ayant constaté que la marchandise était avariée, Gibellino frères ont attribué ces avaries à un retard dans le transport imputable à la Cie PLM ;

Qu'assignée en paiement de dommages-intérêts, cette compagnie a soutenu qu'il n'y avait pas eu légalement retard, les destinataires ne s'étant pas présentés à la gare d'arrivée pour réclamer la marchandise à l'expiration des délais de transport, mais seulement après avis d'arrivée à eux donné par la compagnie qui n'y était pas obligée ;

Attendu que l'arrêt attaqué, confirmant les deux jugements dont les appels ont été joints, a prononcé condamnation au paiement des sommes réclamées, par le motif que « la compagnie ne contestant ni l'existence de l'avarie, ni la durée du transport à laquelle cette avarie est imputable, ne saurait s'exonérer de l'obligation de réparer le préjudice en alléguant l'absence de réclamation à la gare destinataire, après l'expiration du délai de transport » ;

Mais attendu que celui qui prétend qu'une marchandise livrable en gare ne lui a pas été remise dans les délais réglementaires, doit établir qu'à l'expiration de ces délais il a réclamé cette marchandise qui n'a pu lui être livrée ; que ni l'arrêt, ni les jugements, dont il adopte les motifs, ne constatent, d'une part, que la livraison des marchandises litigieuses ait été réclamée après l'expiration des délais de transport, et que, d'autre part, la Cie PLM n'était pas à ce moment en mesure de faire la remise ;

D'où il suit qu'en statuant comme elle l'a fait, la cour de Montpellier n'a pas légalement justifié sa décision ;

Par ces motifs :

Casse et annule l'arrêt rendu entre les parties par la cour d'appel de Montpellier le 30 juin 1923.

Observations. — L'arrêt ci-dessus n'aurait, eu égard à la jurisprudence antérieure, rien de remarquable, n'était le soin qu'a pris la Cour de cassation de faire remarquer qu'il s'agissait d'une expédition à laquelle ne pouvait s'appliquer la décision ministérielle qui a rendu la lettre d'avis obligatoire et que, dès lors, « il n'y a, dans cette situation, retard imputable à la compagnie, que si, à l'expiration des délais réglementaires, les marchandises n'ont pu être délivrées au destinataire, sur sa réquisition, nécessaire pour mettre la compagnie en demeure d'en faire la remise » : l'application de ce principe est donc restreinte depuis le 25 septembre 1923 aux seules expéditions pour lesquelles, par suite d'une dispense d'avis donnée dans les conditions prévues à l'alinéa final de l'article 51 bis des tarifs généraux PV, le chemin de fer n'est pas tenu de faire connaître au destinataire, « dès que la remise à disposition est possible », le moment où cette mise à disposition pourra avoir lieu.

Mais nous reprocherons à la chambre civile d'avoir indûment employé l'expression « mettre la compagnie en demeure », qui peut prêter à confusion. Ainsi que nous l'avons maintes fois soutenu et ainsi que l'établit, du reste, M. Victor Mittre, p. 12, de son étude sur « la lettre d'avis obligatoire » «Rousseau et Cie, éditeurs) :

La « réquisition de livraison » (du destinataire) n'est pas et ne peut pas être une mise en demeure, au sens que le Code civil donne à cette expression.

Le destinataire ne requiert pas la livraison : il demande si les objets composant telle expédition, qu'il attend, sont à sa disposition. Le sont-ils, il en prend possession, après toutefois avoir payé, s'il y a lieu, les frais ou autres sommes dont ils peuvent être grevés ; ne le sont-ils pas, il constate le fait et rien de plus ; s'il est venu avant l'expiration des délais, il n'a qu'à attendre et il renouvellera en temps utile sa demande ; mais si les délais expirent ou sont déjà expirés au moment où il se présente, le retard est patent.

La démarche que la Cour de cassation appelle une «réquisition de livraison » et qu'on pourrait plus justement appeler une « demande de mise à disposition » constitue donc, lorsque, quoique formulée dans des conditions où elle aurait dû être satisfaite, elle demeure infructueuse par le fait du chemin de fer, une *constatation du retard*. Et c'est précisément pourquoi la jurisprudence exige que, pour produire effet juridique, cette « demande de mise à disposition » soit faite :

1º Dans la gare même de destination, à un agent qualifié pour la délivrance des marchandises attendues (cour d'appel d'Agen, 25 mars 1909 ; Vidal contre chemins de fer d'Orléans ; *Bulletin annoté*, 1909, II, 1891), sans quoi il n'y pourrait être donné satisfaction ;

2º A l'expiration ou après l'expiration des délais (Cass. civ., 24 juin 1918 ; chemins de fer de l'Etat contre André ; *Bulletin annoté*, 1919, II, 14), sans quoi le chemin de fer ne serait pas tenu d'y déférer. BT 4/1926.

146. — Manquants. — Plombs intacts. — Absence de réserves. — Rejet de la demande. — Force majeure et vice propre invoqués, mais non prouvés. — Responsabilité du chemin de fer. — Cour d'appel de Paris, 18 février 1926. — BT. X/1926.

147. — Bagages d'un voyageur de commerce. — Retard de 28 jours. — Action du voyageur et de son patron. — Condamnation de la compagnie envers l'un et l'autre. — Jugement du tribunal civil d'Orange (jugeant commercialement) du 25 février 1926. — BT. VIII/1926.. — 1° Samana ; 2° Niquet et Gadrat contre Cie PLM.

Le tribunal,

Attendu qu'il est constant en fait que le 9 septembre 1924 Samana, représentant de commerce, au cours d'un voyage d'affaires, est parti d'Orange pour Montélimar, après avoir fait enregistrer deux malles contenant les collections indispensables pour ses opérations commerciales et une valise contenant des objets personnels ;

Qu'à l'arrivée à Montélimar, il a été constaté que les malles et la valise avaient été égarées, et qu'après trois jours d'attente, Samana est rentré à Avignon où ses bagages ne lui furent livrés que le 7 octobre suivant ;

Que la Cie PLM a donc apporté un retard de 28 jours dans la mise à la disposition des colis de Samana ;

Attendu que la responsabilité de la compagnie n'est pas contestable ; qu'elle n'est d'ailleurs pas contestée par cette dernière, qui se borne à déclarer exagérée l'indemnité réclamée par Samana ;

Attendu que la compagnie ne peut être tenue que de l'indemnité correspondante au temps nécessaire au voyageur de commerce, pour constituer la collection de ses échantillons égarés et non de la réparation du préjudice d'une tournée manquée ;

Qu'il s'agissait en l'espèce d'échantillons de cols, chemises, bretelles, articles dont le remplacement par les maisons nécessite un délai maximum de 15 jours ; que la perte subie par Samana peut être, au vu des renseignements fournis au tribunal, évaluée à 100 fr. par jour, soit 1.500 fr.

Qu'il convient d'ajouter à cette somme les frais de voyage Orange-Montélimar et retour et ceux de séjour pendant trois jours dans cette dernière ville, et enfin le montant du préjudice résultant pour le demandeur de la privation pendant 28 jours des effets personnels contenus dans la valise, formant un total de 200 fr. ;

Attendu, en ce qui concerne la demande Niquet et Gadrat, qu'elle est recevable ; qu'en faisant enregistrer sa collection,

204

Samana représentait la maison dont il était mandataire ; que si, au terme des règlements régissants la compagnie, le voyageur ne pouvait faire connaître cette qualité, au moment de l'enregistrement des bagages, il doit être autorisé à le faire postérieurement ; qu'au surplus, l'aspect extérieur de ses malles et leur volume suffisaient à révéler la profession du demandeur, et, par suite, l'existence de son mandat ;

Attendu, au fond, qu'à l'appui de sa demande en 3.000 fr. de dommages-intérêts, la maison Niquet et Gadrat n'apporte aucune justification permettant de lui allouer une somme aussi élevée ;

Que Samana déclare lui-même qu'il voyageait pour d'autres maisons ; qu'il est certain cependant qu'elle a subi un préjudice du fait de l'immobilisation de son voyageur pendant le délai de 15 jours nécessaire à la reconstitution de ses collections d'échantillons ; que le tribunal évalue ce préjudice à 20 fr. par journée ;

Vu l'article 130 du Code de procédure civile ;

Par ces motifs :

Le tribunal,

Statuant publiquement en matière commerciale et en premier ressort ; accorde à Samana la somme de 1.700 fr. à titre de dommages-intérêts ;

Déclare recevable l'intervention de Niquet et Gadrat ;

Condamne la compagnie à leur payer la somme de 300 fr. à titre de dommages-intérêts ;

Condamne la Cie PLM aux dépens.

Observations. — Ce litige a déjà fait l'objet d'un jugement du tribunal de commerce d'Avignon et de l'arrêt de la cour d'appel de Nîmes, du 20 novembre 1925. On voit que la Cie PLM n'a rien perdu pour attendre ; mais elle a occasionné aux intéressés beaucoup de frais qui eussent été évités si elle avait montré moins de mauvaise foi et un moindre amour de la chicane (voir arrêt 138).

148. — Retard. — Contrat de transport conclu par un commissionnaire. — Validité de l'action intentée par l'expéditeur réel. — Jugement du tribunal de commerce de la Seine (2e ch.) du 24 mars 1926. — Ets Ungermach contre : 1°... 2° Cie de l'Est. — BT. X/1926. (Extrait).

En ce qui touche la Cie de l'Est :

Attendu qu'il ressort des documents soumis, notamment d'une déclaration d'expédition N° 11.409, qui sera enregistrée, comme le présent jugement, que, le 14 décembre 1924, Sourdois s'est expédié de Reims à lui-même, en gare de Besançon, 16 caisses contenant du matériel pour dégustation ; que ces colis n'ont été mis à la disposition du destinataire que le 12 janvier 1925, soit avec un retard de 13 jours ;

Attendu que c'est dans ces circonstances de fait que la Société alsacienne d'alimentation réclame à la Cie de l'Est paiement de la somme de 2.558 fr. en réparation du préjudice que lui a causé ce retard ;

Attendu qu'en ses conclusions, la Cie de l'Est, sans contester la matérialité du retard, oppose le défaut de lien de droit, arguant que la Société alsacienne d'alimentation ne figure au contrat de transport ni comme expéditrice ni comme destinataire;

Mais attendu qu'aux termes de l'art. 101 du Code de commerce, lorsqu'une expédition de marchandises est faite par l'entremise d'un commissionnaire, la lettre de voiture forme contrat entre l'expéditeur, le commissionnaire et le voiturier ; que l'expéditeur est donc autorisé à s'en prévaloir et peut directement agir contre le voiturier ; que la loi n'exige pas qu'il soit dénommé dans la lettre de voiture et qu'il suffit, par suite, que sa qualité soit dûment établie (Cassation, chambre des requêtes, 22 juin 1903) ;

Et attendu qu'il ressort des documents soumis que Sourdois, préposé de la Société alsacienne d'alimentation, a agi, en l'espèce, en qualité de commissionnaire occasionnel pour le compte de la demanderesse ; que, par suite, celle-ci peut se prévaloir de la lettre de voiture formant le contrat de transport de la marchandise litigieuse ; qu'ainsi il y a lien de droit entre elle et la Cie de l'Est ; qu'il échet de rejeter le moyen opposé ;

Attendu, dès lors, que la compagnie, à défaut de force majeure, doit être tenue de réparer le préjudice que le retard dans la livraison de l'expédition dont s'agit a causé à la Société alsacienne d'alimentation ;

Attendu que, tenant compte de l'importance du matériel transporté, de la durée du retard et aussi de l'importance des dommages-intérêts que la compagnie a pu prévoir lors de la formation du contrat de transport, le tribunal trouve dans les faits de la cause et les documents, les éléments d'appréciation qui lui permettent de fixer le montant de ce préjudice à la somme de 2.000 fr. ; que, dès lors, c'est au paiement de ladite somme, ce toutefois à titre de dommages-intérêts, qu'il échet d'obliger la Cie de l'Est, en accueillant à due concurrence la demande en ce qu'elle milite contre cette défenderesse...

Observations. — On peut considérer comme constante la jurisprudence d'après laquelle l'expéditeur, bien que ne figurant pas nommément sur la lettre de voiture, la déclaration d'expédition ou le récépissé, peut néanmoins se prévaloir du contrat passé pour son compte par un commissionnaire et, par suite, agir lui-même directement contre le transporteur.

149. — Cour de Justice civile de Genève, 30 mars 1926. — Expédition d'automobiles par chemin de fer. — lettre de voiture interne française. — Action en dommages-intérêts du destinataire pour retard intentée contre les C. F. F. — Déboutement. — Appel. — Application au transport du droit français. — Retard survenu en France. — Délais de livraison d'ordre public, art. 1150 Code civil français. — Absence de préjudice établi. — Rejet d'une offre de preuve, art. 104 Code com. français. — Confirmation. — Goy contre C. F. F. — Sem. Jud. 5/10/1926.

1. S'agissant d'un transport effectué de France en Suisse avec une lettre de voiture interne française, les C. F. F. sont responsables de l'exécution du transport sur la totalité du parcours, le parcours sur territoire français restant soumis à la loi française.

2. Aux termes de la jurisprudence française, les délais réglementaires de transport sont d'ordre public ; ils ne peuvent être modifiés par une inscription sur la lettre de voiture.

3. Lorsqu'il n'y a pas dol du débiteur, ce dernier n'est tenu que des dommages-intérêts qui ont été prévus ou que l'on a pu prévoir lors du contrat.

4. L'art. 104 Code de commerce français prévoit que le retard dû à la force majeure n'est pas générateur de dommages-intérêts.

Il n'en résulte pas que, lorsqu'un retard n'est pas dû à la force majeure, le voiturier devra des dommages-intérêts même si aucun préjudice n'est établi.

150. — Retard GV. — Tarif spécial applicable aux denrées. — Itinéraire à prendre pour base du calcul des délais. — Arrêt de la Cour de cassation (ch. civ.) du 5 mai 1926. — Cie PLM contre Veuve Greppo. — BT. 7/1926.

La Cour,

Sur le moyen unique ;

Attendu que 30 colis de cerises ont été remis en gare de Lyon-Perrache, le 13 juin 1920, à 8 heures du matin, pour être expédiés aux conditions du tarif spécial GV N° 14 et être livrés à domicile à la veuve Greppo à Paris ;

Que cette livraison n'a été faite que le 15 juin à 22 h. 20 ;

Que, pour condamner la Cie PLM au paiement de dommages-intérêts pour avaries causées par l'arrivée tardive des colis, le jugement attaqué a, à bon droit, calculé les délais, non par l'itinéraire le plus court, Lyon, Chagny, Dracy, Saint-Loup, Cravant, Laroche, Paris, mais par la voie la plus rapide quoique kilométriquement la plus longue Lyon, Dijon, Laroche, Paris ;

Attendu, en effet, que si le tarif spécial GV N° 14 dispose « qu'en l'absence de toute revendication d'itinéraire, les transports sont considérés comme effectués par l'itinéraire court et

taxés en conséquence et les délais sont établis par cet itinéraire »,
il renferme aussi la clause suivante : « exceptionnellement, pour
certaines relations portées à la connaissance du public, la compagnie effectue d'office les transports par certains trains sur
les itinéraires détournés en appliquant les prix de l'itinéraire
court et en calculant les délais d'après l'horaire de ces trains » ;

Attendu que le paragraphe 4 du fascicule annexé au tableau
de la marche des trains sur le réseau de PLM (service 1919-
1920) à partir du 1er juillet 1919, portant nomenclature des
trains qui reçoivent les transports effectués aux conditions du
tarif spécial GV N° 14, indique, notamment, pour les relations
Lyon-Paris, les trains 4.802 et 4.804, trains directs, empruntant
une voie kilométriquement plus longue mais plus rapide ;

Que le jugement attaqué se réfère à ces tableaux et à leur
annexe, lesquels sont présumés avoir été portés à la connaissance du public ;

Attendu que la disposition précitée imposait à la Cie PLM
l'obligation de transporter les colis destinés à la dame Greppo
par l'itinéraire que suivent les trains sus-désisgnés ; qu'il n'a
pas été contesté que la marchandise voyageant ainsi aurait dû
être livrée au plus tard le 14 juin à 22 h. 36 ;

Qu'ainsi le retard a excédé le délai de 12 heures passé lequel
les droits du destinataire sont réservés ;

D'où il suit que le jugement attaqué, en statuant comme il
a fait, n'a pas violé les textes visés au moyen ;

Par ces motifs :

Rejette le pourvoi formé contre le jugement du tribunal de
commerce de la Seine du 8 avril 1922.

Observations. — Excellente décision, qui donne une très juste
interprétation des clauses du tarif GV 14 PLM (en vigueur
à l'époque) applicable aux denrées. Ce tarif est actuellement
remplacé par le tarif intérieur et commun GV 3-103 (marchandises), lequel contient des clauses identiques et auxquelles
s'applique, par conséquent, la jurisprudence de l'arrêt ci-dessus.

Lamy.

151. — Commissionnaire de transports-voiturier. — Prescription des actions (C. com. art. 108). — Interruption. — 1₀
Reconnaissance. — Offre d'indemnité. — 2° Reconnaissance du
premier transporteur. — Reconnaissance opposable au premier.
— Cour d'appel de Paris, 6 mai 1926. — BT. 2/1926.

La Cour,

Considérant que, par exploit du 28 avril 1921, M. Chef-
d'homme a demandé à la Cie des tramways de l'Aude réparation
du préjudice qu'il aurait subi par suite des livraisons tardives
et avec manquants de trois expéditions de vin qu'il lui avait

confiées, les deux premières de chacune douze fûts et la troisième de 14 demi-muids ;

Considérant que, dans son rapport, l'arbitre a précisé les retards, et les manquants, et fixé le préjudice total à 4.680 fr. 30;

Considérant que l'administration des chemins de fer de l'Etat, dernier transporteur, a prévenu M. Chefd'homme par trois lettres des 30 novembre 1920, 27 novembre 1920, 18 juin 1920 qu'elle tenait à sa disposition, à titre d'indemnité, pour la première expédition : 517 fr. 50, pour la seconde : 628 fr. 80, et pour la troisième : 370 fr., et postérieurement 400 fr. ; que, par cette correspondance ladite administration a reconnu au moins le principe de sa responsabilité ; que, par ces faits, la prescription a été interrompue et qu'elle ne peut pas être opposée à l'assignation délivrée le 28 avril 1921, c'est-à-dire moins d'une année après les dates des lettres ci-dessus rappelées ;

Considérant que la correspondance produite justifie que les marchandises ont été réclamées par le destinataire postérieurement à l'expiration des délais de transport ;

Considérant que les actes de l'administration des chemins de fer de l'Etat, dernier transporteur, substituée dans les droits et dans les obligations de la Cie des tramways de l'Aude vis-à-vis du destinataire, sont opposables à cette dernière compagnie qui a accepté de faire le transport des marchandises ;

Considérant que le rapport de l'arbitre établit que le retard des livraisons est imputable à la Cie du Midi ; que celle-ci ne conteste pas les faits qui lui sont reprochés ; que le recours en garantie formé par la Cie des tramways de l'Aude se trouve justifié ;

Considérant que l'indemnité de 4.680 fr. 30 déterminée par l'arbitre se trouve limitée par le préjudice qui pouvait être prévu lors de l'expédition, aux termes de l'article 1150 C. civ. ; qu'il échet d'allouer une somme de 3.500 fr. ;

Par ces motifs :

Infirme le jugement entrepris et, statuant à nouveau condamne la Cie des tramways de l'Aude à payer à M. Chefd'homme la somme de 3.500 fr. de dommages-intérêts, montant des causes sus-énoncées ;

Dit M. Chefd'homme mal fondé dans le surplus de son appel et de ses conclusions, l'en déboute ;

Condamne ladite compagnie aux dépens de première instance et d'appel ;

Condamne la Cie du Midi à garantir la Cie des tramways de l'Aude des condamnations ci-dessus ;

La condamne aux dépens de l'appel incident. (v. arrêt 95).

152. — Retard de balles de peaux de lapins. — Echauffure. — Expertise. — Responsabilité partielle de la compagnie. — Jugement du tribunal de commerce de la Seine (5e ch.) du 18 juin 1926. — Giraud contre chemins de fer de l'Etat. — BT. 12/1926.

Le tribunal,

Après en avoir délibéré conformément à la loi ;

Statuant sur le tout par un seul jugement ;

Attendu qu'il est établi que Giraud a expédié le 31 décembre 1924, sous le N° 325 PV port dû, de la gare de Chantonnay à l'adresse de Veyssières à Tours, 6 balles de peaux de lapin pesant 790 kg. ; qu'à l'arrivée, la marchandise étant avariée, Veyssières refusa d'en prendre livraison ;

Attendu que Giraud, imputant la responsabilité des avaries aux chemins de fer de l'Etat, réclame à ceux-ci le paiement d'une somme de 6.675 fr. pour la perte subie ;

Attendu qu'à la suite du refus du destinataire de prendre livraison de la marchandise litigieuse, l'expertise prévue par l'art. 106 du Code de commerce a été provoquée par cette administration ;

Attendu qu'il ressort des constatations de cette expertise, que l'avarie de cette marchandise serait imputable à une certaine humidité qui aurait provoqué, dans un milieux exempt d'aération, une putréfaction des plus rapides et croissant en progression géométrique en raison du temps ;

Mais attendu que s'il peut être exact que l'humidité remonte théoriquement au moment de l'emballage et que les phénomènes qui ont provoqué la putréfaction se sont développés au bout de quelques jours, il convient de remarquer, en l'espèce, que la marchandise expédiée le 31 décembre, de Chantonnay, avait un trajet d'environ 100 km. à parcourir, ne comportant qu'une seule journée de traction, les délais de transport expirant le 3 janvier au soir, alors que cette marchandise n'est parvenue que le 6 janvier, et que l'avis d'arrivée en gare n'ayant été expédié que le 7 janvier, n'a été remis que le 8 janvier au destinataire, c'est-à-dire avec un retard caractérisé ;

Que s'il peut être exact que des peaux de lapins susceptibles d'absorber, par suite de l'état hygrométrique de l'air, une certaine humidité qui produit l'échauffure lorsqu'elles sont emballées et peuvent ainsi se décomposer rapidement, il y a lieu de constater que le chemin de fer de l'Etat ne justifie pas qu'aucune faute de sa part n'en ait aggravé les conséquences ;

Que le retard apporté à la livraison est un élément important ayant contribué à augmenter du simple au double en 24 heures l'importance des dégâts ;

Attendu dès lors que les chemins de fer de l'Etat demeurent responsables d'une partie du préjudice subi par Giraud ;

Attendu que ce tribunal, tenant compte de la perte subie, du trouble commercial ressenti par Giraud, trouve dans les faits de la cause les éléments d'appréciation suffisants pour fixer à la somme de 5.000 fr. l'importance du préjudice subi par Giraud ;

Attendu que c'est par suite au paiement de cette somme qu'il convient d'obliger les chemins de fer de l'Etat en accueillant la demande à due concurrence ; et rejetant par voie de conséquence les conclusions reconventionnelles des chemins de fer de l'Etat, ceux-ci ayant exposé leur défense du fait même de leur propre faute ;

Par ces motifs :

Le tribunal, jugeant en premier ressort ;

Condamne les chemins de fer de l'Etat, par les voies de droit, à payer à Giraud la somme de 5.000 fr., à titre de dommages-intérêts ;

Déclare Giraud mal fondé en le surplus de sa demande et les chemins de fer de l'Etat en leurs conclusions reconventionnelles; les en déboute respectivement ;

Et condamne les chemins de fer de l'Etat aux dépens.

153. — Retard. — Employé voyageant pour le compte de son patron. — Recevabilité de l'action de celui-ci contre le chemin de fer. — Jugement du tribunal de commerce de la Seine (7e ch.) du 3 juin 1926. — Laborde contre Cie PLM — BT. 9/1926.

Le tribunal,

Après en avoir délibéré conformément à la loi,

Attendu que la demande tend au paiement d'une somme de 354 fr. 65 pour préjudice causé par suite de retard d'un train ;

Attendu que la Cie PLM oppose que le billet formant le contrat de transport aurait été délivré à un sieur Roche et non Laborde ; qu'ainsi ce dernier serait sans qualité pour réclamer une indemnité ;

Mais attendu que le sieur Roche est l'employé de Laborde et effectuait son voyage pour le compte de ce dernier, lequel en administre la preuve ; que, dès lors, Laborde est recevable à demander réparation du préjudice qui lui a été causé par le fait de la Cie PLM, et à intenter directement une action contre ladite compagnie ;

Et attendu qu'il est établi aux débats que Roche, qui se rendait à Nîmes, pour le compte de Laborde, a pris, le 23 avril 1925, le rapide 21 ; que ce train est arrivé à Nîmes avec 7 heures de retard, et que Roche a ainsi exposé en pure perte le prix de son voyage devenu sans objet et a perdu sa journée de travail,

ce que la compagnie pouvait parfaitement apprécier au moment
où le contrat s'est formé ;

Et attendu que Laborde justifie que le montant des frais
ainsi exposés s'élève à la somme de 354 fr. 65 ;

Qu'il échet en conséquence de condamner la Cie PLM au
paiement de ladite somme à titre de dommages-intérêts, en
accueillant la demande à due concurrence ;

Par ces motifs :

Le tribunal, jugeant en dernier ressort,

Condamne la Cie PLM, par les voies de droit, à payer à
Laborde la somme de 354 fr. 65, à titre de dommages-intérêts ;

Déclare Laborde mal fondé en le surplus de sa demande, l'en
déboute ;

Et condamne la Cie PLM aux dépens.

Observations. — En cas de perte, retard ou avaries de bagages,
la jurisprudence accorde à l'employé et au patron qu'il représente, le droit de réclamer la réparation du préjudice que l'iné-
xécution ou l'exécution défectueuse du contrat leur a causé, à
l'un et à l'autre. Le jugement ci-dessus, étend l'application
du même principe à la personne même de l'employé qui voyage
pour le compte d'un patron : rien, d'ailleurs, n'est plus logique,
puisque le transport des bagages n'est que l'accessoire du transport du voyageur ; aussi la compagnie en cause s'est-elle abstenue
de porter l'affaire en appel.

On pourra voir, en outre, page 127 de la 10e édition de notre
Manuel pratique, que la même règle peut être appliquée aux
expéditions GV et PV en tenant compte toutefois de ce que
le contrat d'expédition comporte obligatoirement la désignation
de la personne avec qui traite le chemin de fer.   L.

154. — 9 juillet 1926. Cour d'appel de Paris. — Manquant et
retard. — Offres de la compagnie en ce qui concerne le manquant. — Prescription annale, opposable pour le retard seulement. — BT. 9/1926.

Le chemin de fer avait écrit au destinataire, lui offrant le
paiement de la valeur du manquant, ce qui modifie la prescription d'un an en celle de 30 ans ; mais pour le retard, il y a eu
prescription, le client n'ayant pas assigné la compagnie dans
l'année.

155. — Retard. — Lettre d'avis obligatoire. — Exigibilité
d'une mise en demeure de livrer. — Jugement du tribunal de
commerce de la Seine (ch. des vacations) du 18 août 1926. —
Voirot et Mougeot contre Cie de l'Est (extraits). — BT. 12/1926.

Attendu que les demandeurs ne sauraient se prévaloir du

212

prétendu retard pour réclamer des dommages-intérêts à la Cie de l'Est ;

Qu'ils ne sauraient prétendre qu'en vertu des dispositions du nouvel article 51 bis homologué par l'arrêté ministériel du 19 septembre 1923, la compagnie étant obligée de leur adresser une lettre d'avis établissant la date de la livraison, ladite lettre constituerait de la part de la compagnie un aveu du retard qui aurait pu exister ;

Que l'envoi obligatoire par la compagnie d'une lettre d'avis a seulement pour but de libérer le destinataire de l'obligation où il était autrefois de se présenter effectivement à la gare, les délais expirés, pour requérir la livraison ;

Que si cet avis apporte une facilité au destinataire pour retirer rapidement les marchandises à lui expédiées, elle ne saurait déroger au principe du droit commun, lequel exige une mise en demeure ou tout acte équivalent permettant de constater l'inexécution d'une obligation ;

Attendu que ce n'est que le 7 février, après envoi par la gare de Paris-Vaugirard de plusieurs avis de souffrance, que Vouriot et Mougeot songèrent à réclamer le retour des colis abandonnés, en faisant seulement alors des réserves sur le prétendu retard ;

Attendu dès lors que les conditions de mise en demeure indispensable ne se rencontrent pas en l'espèce ;

Qu'il convient par suite de rejeter la demande de Vouriot et Mougeot, comme dépourvue de base...

Observations. — En se reportant au jugement du tribunal de commerce de Millau qui est publié plus haut, on pourra faire cette réflexion que s'il y a dans les rues de Millau moins de lumières qu'à Paris, par contre il pourrait bien se faire qu'il y eût, au tribunal de commerce de Millau... Oh !   L.

156. — Retard. — Lettre d'avis obligatoire. — Inexigibilité d'une mise en demeure de livrer. — Jugement du tribunal de commerce de la Seine (8e ch.) du 17 décembre 1926. — Sergent et Hardy contre Cie du Nord (extrait). — BT. 5/1927.

Le tribunal,

Après en avoir délibéré conformément à la loi ;

Attendu qu'il est établi que le 16 décembre 1925, à 11 heures, Hardy a remis à la Cie du Nord, en gare de La Capelle, des pièces d'automobiles à transporter en grande vitesse à destination d'un sieur Jacquet, en gare de Clichy-Levallois (Ouest-Etat) ; que les marchandises ont été mises à la disposition du destinataire le 16 janvier 1926, soit 29 jours après les délais réglementaires ;

Attendu que c'est dans ces circonstances de fait que Sergent et Hardy requièrent paiement d'une somme de 1.500 fr. à titre de dommages-intérêts et réparation du préjudice subi par suite de cette livraison tardive

Sur la demande de Sergent :

. . . .

Sur la demande formulée par Hardy :

Attendu que la Cie du Nord entendrait soutenir que Hardy ne l'aurait pas mise en demeure ; que la mise en demeure serait indispensable pour rendre le voiturier débiteur de dommages-intérêts ; que l'envoi obligatoire d'une lettre d'avis ne saurait en dispenser celui qui entend se prévaloir d'un retard ;

Attendu que le commissionnaire de transport est garant de l'arrivée des marchandises dans le délai déterminé par la lettre de voiture, hors les cas de force majeure légalement constatés (art. 97 du Code de commerce) ; que, par suite, le seul fait du retard rend la Cie du Nord responsable de ses conséquences ;

Attendu qu'avant l'homologation des tarifs généraux faite par décision ministérielle en date du 29 août 1923, le défaut d'envoi de la lettre d'avis ne pouvait constituer une faute à la charge de la compagnie ; que, d'autre part, le destinataire était tenu de constater le retard de livraison par une forme spéciale de mise en demeure consistant en une démarche auprès du transporteur ;

Attendu qu'il ne saurait en être de même depuis l'homologation sus-rappelée ;

Attendu en effet qu'aux termes des articles 54 bis du tarif GV et 51 bis du tarif PV, le chemin de fer doit faire connaître par avis, au destinataire d'un envoi livrable en gare, le moment où il peut mettre cet envoi à la disposition du destinataire et que, suivant ces mêmes textes, l'envoi de l'avis est obligatoire dès que la mise à disposition est possible ;

Attendu que l'avis d'arrivée devant suivre immédiatement l'instant où la mise à disposition est possible, il en résulte deux conséquences, à savoir d'une part que le retard dans l'envoi de la lettre d'avis fait présumer le retard dans l'arrivée des marchandises et vaut constatation du dit retard par aveu formel du transporteur, d'autre part que le destinataire n'ayant même plus le temps moral nécessaire à l'exécution de la démarche qui lui était seule imposée autrefois, ne saurait être tenu de procéder à une mise en demeure dans des formes plus solennelles, telles qu'une sommation, et qui ne lui étaient pas imposées sous le régime antérieur à 1923, lequel pourtant ne contraignait point le transporteur à fournir l'aveu de sa faute ;

Et attendu qu'il est acquis aux débats que la Cie du Nord a avisé le destinataire 28 jours après les délais impartis, de la mise à disposition de l'envoi qu'il attendait, ce qui la constitue en état de faute, soit que le transport du dit envoi eût effecti-

214

vement subi un retard de 28 jours, soit que seul l'envoi de lettre d'avis ait été tardif ; que la Cie du Nord doit donc être tenue des conséquences dommageables du retard ainsi établi ;

Que le préjudice souffert par le demandeur est constant ; qu'en effet Hardy n'a cessé de réclamer par lettre, tant au chef de gare de La Capelle qu'au chef de gare de Clichy-Levallois, la livraison des marchandises en signalant le préjudice que ce retard lui occasionnait ;

Et attendu que ce tribunal dispose d'éléments d'appréciation suffisants pour fixer à la somme de 500 fr. l'importance du préjudice que la compagnie pouvait prévoir ; qu'il échet dès lors d'obliger la Cie du Nord au paiement de cette somme en accueillant la demande à due concurrence ;

Par ces motifs :

Le tribunal, jugeant en dernier ressort ;

Condamne la Cie du Nord à payer à Hardy la somme de 500 fr. à titre de dommages-intérêts...

Observations. — Voir page 32, l'article ayant pour titre «Les retards et la lettre d'avis obligatoire ».

157. — Expédition acceptée à destination d'une localité (Boulogne-sur-Seine) n'ayant pas de gare. — Retard. — Responsabilité partagée entre l'expéditeur et le chemin de fer. — Arrêt de la cour d'appel de Paris (5e ch.) du 19 novembre 1926. — Mimard contre : 1º Cie du Midi ; 2º Miquel et fils. — (extrait). — BT. 3/1927.

Considérant que l'agent de la compagnie a commis une faute en acceptant un ordre d'expédition pour la gare de Boulogne, localité non desservie par une gare ; qu'il a commis une autre faute en indiquant pour gare destinataire Boulogne, sans autre mention, alors que Miquel avait demandé que la livraison fut faite à Boulogne, département de la Seine ; que, de son côté, Miquel a commis une faute en indiquant comme lieu de livraison une gare inexistante, et une seconde faute en acceptant un titre de transport qui ne répondait pas à sa demande d'expédition ;

Que ces fautes combinées engagent la responsabilité solidaire de la Cie du Midi et de Miquel et fils et les rendent chacun responsable pour moitié du préjudice résultant des conséquences de ces fautes...

Dit la Cie du Midi et Miquel et fils responsables chacun pour moitié du préjudice causé à Mimard...

158. — Retard G V ; chevaux malades par suite de la longueur du trajet — 1º Appel tardif irrecevable. — 2º Art. 106 C. com. non applicable. — 3º Calcul du délai. — Arrêt de la cour d'appel de Besançon (2e ch.) du 10 juillet 1926. — Cie de l'Est contre Lehmann-. — BT. 1/1927.

La Cour,

Sur l'appel émis contre le premier jugement du 5 juin 1924 :

Attendu que ce jugement a été signifié le 23 février 1925 et que c'est à la date du 6 avril 1926, bien après l'expiration du délai de deux mois, que la Cie de l'Est a relevé appel de ce jugement ; que cet appel est tardif et irrecevable ; qu'il n'en serait autrement que si le jugement était purement préparatoire, mais qu'il est de jurisprudence constante que le jugement qui nomme expert pour rechercher les causes de dommages-intérêts dont le principe est contesté, est interlocutoire, dès que la décision à intervenir sur le fond est subordonnée au résultat de cette expertise ;

Attendu que la seule lecture de ce jugement révèle, en le comparant aux conclusions de la compagnie, que le principe même des dommages-intérêts était contesté ; que l'expert avait pour mission d'élucider des points précis, discutés par les parties, et que son travail devait préjuger le fond du litige ;

Que ce jugement présente bien les caractéristiques d'un interlocutoire et qu'il doit en être décidé ainsi avec d'autant plus de raison que le tribunal a implicitement, mais sans équivoque, rejeté une fin de non-recevoir invoquée par la compagnie pour défaut de réserves valables, question primant toutes les autres questions sur le fond ;

Que, de toute façon, ce jugement présente bien un caractère interlocutoire le rendant obligatoirement susceptible d'appel dans le délai du droit commun et non un caractère simplement préparatoire, de nature à en autoriser l'appel seulement avec le jugement définitif et dans le même délai ;

Sur l'appel émis contre le deuxième jugement du 28 décembre 1925 :

Attendu que cet appel paraît régulier en la forme et que sa recevabilité n'est pas contestée ;

Au fond :

Attendu que vainement la compagnie prétend faire grief à Lehmann de n'avoir pas suffisamment précisé ses réserves au moment de la prise de livraison des chevaux et de n'avoir visé que le retard et non l'avarie ;

Attendu qu'il convient de noter que les réserves à l'arrivée ont été acceptées par la compagnie qui a délivré à Lehmann récépissé de sa déclaration sous le N° 44 ;

Qu'au surplus les formalités de l'article 105 du Code de commerce ne sont prescrites qu'en cas de perte ou d'avarie et qu'en l'espèce la maladie alléguée est présentée comme ayant été la conséquence du retard subi ;

Qu'au cas où un retard a entraîné des dégradations ou des avaries, il est de principe que c'est la règle du retard qu'il convient d'appliquer et non celle de l'avarie ; que, dans ces conditions, l'action de Lehmann procède régulièrement ;

Attendu d'ailleurs qu'à l'audience de la cour, la compagnie n'a pas discuté ce point, n'a pas fait plaider le défaut de réserves valables, n'a plus contesté que les délais réglementaires du transport aient commencé à courir le 30 mars 1925, à 18 heures, et s'est bornée à soutenir qu'il n'y avait pas eu de retard, que le premier train utile à partir de l'expiration du délai d'expédition, soit 21 heures, était le train N° 506, partant du Mans à destination de Chartres le 31 mars à 9 h. 55, et non le train 2354 M., partant du Mans le 30 mars à 21 h. 28 ;

Attendu, dans ces conditions, qu'il n'y a pas lieu de s'arrêter aux allégations de partialité formulées par la compagnie contre l'expert Lamy, ni de faire état de son travail pour arriver à la solution du litige ;

Qu'actuellement la cour trouve dans les autres documents de la cause les éléments nécessaires pour trancher elle-même la question de principe de la responsabilité sans recourir à une expertise, alors qu'en cause d'appel la compagnie ne conteste plus le point de départ des délais réglementaires du transport et produit des horaires réguliers permettant les vérifications nécessaires pour trancher la question du train utilisable ;

Attendu que les parties sont d'accord pour reconnaître que l'horaire applicable est celui du chemin de fer de l'Etat, service d'hiver, applicable à dater du 11 octobre 1922 ; qu'il ne reste plus qu'à rechercher si le train 2554 M. était utilisable pour le transport des marchandises G V, et particulièrement des chevaux ;

Attendu, d'une part, qu'à la page 77 cet horaire exclut les transports en G V des rapides et des express, ainsi que de certains trains désignés aux pages 77 et 78 et que le train 2554 M. n'en fait pas partie ; qu'à la page 79 le tableau II (comportant les chevaux) n'exclut pas le train 2554 M. ;

Attendu, d'autre part, que l'intitulé de la page 81 « Désignation des trains destinés aux transports taxés aux tarifs 1-2-3 spéciaux G V (animaux) » renvoie au tableau IV, page 84 ; que ce tableau porte « trains désignés pour assurer le transport aux prix des tarifs spéciaux G V 101 (barêmes I et II) animaux vivants, etc. Ces transports sont effectués par *tous les trains* qui ne sont pas indiqués aux pages 77 et 79 du présent livret comme excluant les transports de chevaux » ;

Qu'ainsi donc le train 2554 M., qui ne figure pas comme exclu aux pages 77 et 79, est indiqué pour assurer les transports G V 101 (animaux vivants) ;

217

Attendu qu'il importe peu que la nomenclature des pages 77 et 78 comprenne des trains de voyageurs ; que, précisément, elle est faite pour exclure des transports G V certains trains de voyageurs ; qu'il est donc utile de constater que le train 2554 M. n'y figure pas ;

Attendu en outre et surtout que, page 90 de l'horaire, le train 2554 M.., figure expressément comme apte au transport des marchandises en G V sans aucune limitation ; qu'il est inexcat de dire, ainsi que l'a vainement soutenu la compagnie devant les premiers juges, que ce train n'était apte à assurer que certains transports en G V excluant notamment le tableau IV, ainsi conçu :

« Horaire pour transports G V et des trains P V désignés pour assurer certains transports G V » ; que la simple lecture suffit à convaincre que les mots « certains transports G V » sont ouverts à tous les transports G V ;

Attendu, en résumé, que les deux séries d'indications analysées se renforcent pour démontrer que le train 2554 M., d'une part, n'est pas exclu des transports des chevaux, pages 77 et 79 et, d'autre part, figure comme apte à tous transports G V page 90 ; qu'en conséquence, il pouvait et devait être utilisé pour le transport du wagon contenant les chevaux de Lehmann :

Attendu d'ailleurs, en fait, qu'il est malaisé d'admettre qu'un wagon de chevaux pris en charge à la gare du Mans, à 6 heures du soir, ne puisse, dans une gare de cette importance, trouver un train de départ avant le No 506 le lendemain à 9 h. 55 du matin;

Attendu que, dans ces conditions, alors qu'il n'est pas contesté que, par le train 2554 M., partant du Mans à 21 h. 28, les chevaux devaient parvenir à Belfort le lendemain avant l'heure à laquelle Lehmann s'est présenté pour les retirer, à l'expiration du délai, c'est à bon droit que les premiers juges ont constaté le retard et ordonné une enquête pour l'évaluation du préjudice ;

Par ces motofs :

La cour, après en avoir délibéré conformément à la loi,

Déclare non recevable comme tardif l'appel émis le 6 avril 1926 contre le jugement interlocutoire du 5 juin 1924, signifié le 25 février 1925 ;

En la forme : Reçoit l'appel formé contre le jugement du 28 décembre 1925 ;

Au fond : Rejette la fin de non recevoir tirée de l'article 105 du Code de commerce ; dit que les chevaux qui auraient dû être réglementairement transportés par le train 2554 M., partant du Mans à 21 h. 25, ont été délivrés avec un retard de 24 h. ;

Confirme le jugement entrepris ;

Condamne la compagnie appelante à l'amende et aux dépens.

Observations. — Le jugement du tribunal de commerce de

Belfort, en date du 28 décembre 1925, qu'a confirmé l'arrêt ci-dessus, avait été rendu sur le rapport de notre directeur M. M. Lamy, expert nommé par ce tribunal avec mission de déterminer les délais réglementaires de l'expédition faisant l'objet du procès.

159. — Retard. — La lettre d'avis obligatoire fixe elle-même la fin du transport et, le cas échéant, le point initial du retard. — Jugement du tribunal de commerce de la Seine (ch. des vacations) du 22 juillet 1926 — Chatelet contre chemins de fer de l'Etat (extrait) — BT. X/1927.

Le tribunal,

. . . .

Attendu que Chatelet s'est fait expédier en petite vitesse, sous le N° 573, le 24 janvier 1926, de Lézignan-le-Cély, sur le réseau de la Cie du Midi, à son adresse en gare des Moulineaux-Billancourt, sur le réseau de l'administration des chemins de fer de l'Etat, un wagon-réservoir N° 580.315, chargé de 14.500 kg. de vin ;

Attendu qu'il ressort des débats et des documents soumis que, par suite d'avaries en cours de route, le wagon a été transbordé à Vernouillet, sur le réseau de l'administration des chemins de fer de l'Etat, et est parvenu en gare des Moulineaux avec, suivant Chatelet, un retard de trente jours et un manquant de 523 litres ;

. . . .

En ce qui concerne le retard :

Attendu que c'est à tort que la Cie du Midi entendrait faire partir ce retard du jour seulement où Chatelet a réclamé la livraison, car, en effet, depuis l'arrêté ministériel du 20 août 1923 entré en vigueur le 23 septembre suivant, les compagnies des chemins de fer ont l'obligation de faire connaître aux destinataires d'un envoi livrable en gare, le moment où cet envoi peut être mis à la disposition de ces destinataires ; que ceux-ci n'ont donc plus, comme antérieurement au décret, à venir réclamer eux-mêmes leurs marchandises à l'expiration des délais qu'ils devaient connaître ;

Qu'il s'ensuit que la lettre d'avis obligatoire qui indique la date de mise à la disposition fixe elle-même le point final du retard lorsqu'il existe...

Observations. — Voir, dans le *Bulletin des Transports* du 1er avril dernier, l'article intitulé « Les retards et la lettre d'avis obligatoire » et, dans le numéro suivant, le jugement du tribunal de commerce de la Seine, du 17 décembre 1926, auquel renvoie cet article.

A noter que l'administration des chemins de fer de l'Etat a accepté la décision ci-dessus et payé le montant de la condamnation à 2.000 fr. de dommages prononcée contre elle.

160. — 3 décembre 1926. Oberlandsger. Braunschweig. RT allem. 49 BTI 1/1929. — Alors même que les délais de livraison ont été observés, le chemin de fer est responsable à raison du dommage résultant du retard, si, s'agissant d'un envoi d'animaux, il n'a pas suivi l'itinéraire indiqué dans la lettre de voiture.

162. — Retard. — 26 décembre 1926. — C. d'Appel Montpellier, CI 34 et 40. — En cas de dépassement des délais de livraison, le remboursement par le chemin de fer, du prix de transport doit être effectué au cours de la date de l'expédition et non au cours de la date du règlement. BTI 1927/Nov.

163. — Schadenersatzpflicht für verspätete Lieferung. Abstrakte oder konkrete Schadensberechnung ?

Ist der Verkäufer mit der Ablieferung der Ware im Verzug, so kann sich der Käufer auf die abstrakte Schadensberechnung nur dann berufen, wenn zwischen dem Zeitpunkt des Verzuges und demjenigen der erfolgten Ablieferung der Marktpreis der Ware gesunken ist : in der Differenz kommt zum Ausdruck, um wie viel der Käufer zu wenig erhält, und sie ist ihm gegebenenfalls als Schadenersatz zuzusprechen.

Ein sogenannter Deckungskauf zu höherem Preis kann zur Begründung des Schadenersatzes wegen Verspätung nicht angeführt werden, weil hier der Käufer die Ware zum bedungenen Preise doch noch erhält und keinen Anspruch darauf hat, zu diesem Preise zweimal das vereinbarte Quantum zu bekommen.

(H. G. Zürich ; Bl. f. zürch. Rechtspr. 26, S. 5.).

164. — BT 12/1927. — Wagon-réservoir de vin. — Chauffage et retard consécutif. — Responsabilité du chemin de fer envers le destinataire. — Arrêt de la cour d'appel de Paris (5e Ch.) du 7 mars 1926. — Chemins de fer de l'État contre « l'Economie bretonne ».

La Cour,

Considérant que le rapport de l'expert chargé de rechercher les causes de l'avarie du wagon se termine ainsi : « J'estime qu'en la circonstance, on est en présence d'un cas fortuit, arrachement local du métal, probablement, qui, sous le fait de l'échauffement alors produit, se serait généralisé sur l'ensemble de la fusée » ;

Considérant que cette conclusion n'est qu'une hypothèse ;

que sans décider, comme le fait le tribunal, que l'avarie n'a pu se produire que par suite d'un manque de graissage qui constituerait une faute des transporteurs, il convient de retenir seulement qu'il n'est pas établi que l'avarie du wagon soit le résultat d'un cas fortuit ; que, par suite, le dernier transporteur reste responsable, sauf recours contre qui de droit s'il y a lieu ;

Considérant que le destinataire réclame paiement de 1.545 fr. pour retard de 5 semaines dans la livraison de 130 hl. de vin et de 4.055 fr. pour immobilisation du wagon pendant 17 jours ;

Considérant que, sans se prononcer sur les droits du transporteur à l'égard de Milhou, au nom duquel le wagon serait immatriculé et qui n'aurait pas rempli toutes les obligations résultant pour lui du contrat d'immatriculation, il échet de statuer sur les droits du destinataire ; qu'il n'est pas justifié que ce dernier se soit rendu coupable de fautes devant lui faire supporter pour partie les conséquences du retard de livraison en ne fournissant pas au transporteur le moyen de transvaser le vin en gare de Lamballe ;

Considérant que les renseignements fournis permettent, en tenant compte des dispositions de l'art. 1150 du Code civil, de limiter à 3.000 fr. le préjudice que doit réparer le transporteur ;

Par ces motifs :

Confirme le jugement entrepris, mais en réduisant le montant de la condamnation à 3.000 fr. ;

Condamne l'administration des chemins de fer de l'Etat aux dépens d'appel.

Observations. — Jurisprudence constante. L'art. 103 du Code de commerce régit seul les rapports entre le chemin de fer et l'expéditeur ou le destinataire, en ce qui concerne la marchandise transportée sur un wagon appartenant à un particulier. Le transporteur doit donc être tenu pour responsable des avaries et des retards, tant qu'il n'a pas fait la preuve qu'ils résultent du vice propre de la marchandise, de la force majeure ou d'une faute de l'expéditeur. Il lui appartient au surplus, s'il le juge à propos, d'appeler en garantie le propriétaire du wagon, au cas où il estimerait qu'une faute ou un fait imputable à celui-ci a été à l'origine du dommage.   L.

165. — Denrées périssables : retard et avaries consécutives. — Preuve du retard non faite régulièrement. — Non-responsabilité. — Arrêt de la Cour de cassation (Ch. req.) du 10 mars 1926. — Bastide et Sévère contre Chemins de fer de l'Etat.

La Cour,

Sur le moyen pris de la violation des art. 103 du Code de commerce, 7 de la loi du 20 avril 1810 :

Attendu que Bastide et Sévère, expéditeurs des 2 lots de

choux-fleurs qui, arrivés en état de putréfaction, ont été refusés par le destinataire, ont assigné les Chemins de fer de l'Etat en paiement de la valeur de la marchandise :

Attendu que, pour les débouter de leur demande, l'arrêt, d'une part, constate, par une appréciation souveraine, que l'avarie des denrées litigieuses est exclusivement due à un retard dans la livraison existant seulement en fait ;

Attendu qu'il est déclaré, d'autre part, que le destinataire n'ayant pas régulièrement réclamé, après l'expiration des délais de transport, l'expédition livrable en gare, comme il était tenu de la faire avant la décision ministérielle du 9 août 1923, l'existence du retard, cause de l'avarie, n'est pas légalement justifiée ;

D'où il suit qu'en décidant que l'Administration des chemins de fer de l'Etat ne pouvait pas, contrairement à ce que soutient le pourvoi, être jugée responsable de l'avarie, en vertu de l'art. 103 du Code de commerce, la cour de Rennes n'a pas violé les textes visés au moyen :

Par ces motifs :

Rejette la requête formée contre un arrêt de la cour d'appel de Rennes du 3 juin 1925.

Observations. — On trouvera dans notre numéro du 1er janvier 1926, page 9 et page 5, l'arrêt de la cour d'appel de Rennes du 3 juin 1925 et l'article que nous lui avons consacré. L'arrêt ci-dessus est une éclatante confirmation de ce que nous avons dit tant dans notre article du 1er janvier 1926 que dans les nombreux autres articles où nous avions précédemment étudié les conséquences de l'obligation, pour les administrations de chemins de fer, d'aviser les destinataires de l'arrivée des marchandises qui leur sont adressées en gare (Voir notamment : 1er juillet 1925, p. 75, « Les retards et la lettre d'avis obligatoire » ; 1er février 1925, p. 17, « L'envoi obligatoire des lettres d'avis » ; 1er janvier 1925, p. 2, « Question de bon sens » ; etc.). BT X/1926 (voir arrêt 133).

166. — Wagon-réservoir. — Retard dû à son mauvais état. — Inapplicabilité de l'art. 108 du C. com. au recours en garantie de la Compagnie contre le propriétaire. — Arrêt de la Cour de cassation (Ch. civ.) du 22 novembre 1926. — Mitjaville contre Cie du Midi et autres.

La Cour,

Sur le premier moyen :

Attendu que la Sté l'Economie bretonne a pris en location de Mitjaville un wagon-réservoir immatriculé qu'elle s'est fait expédier, rempli de vin, en gare de Brest, par Journé, négociant à Perpignan ;

222

Que l'expédition ayant subi un retard, par suite du mauvais état du wagon, dont Mitjaville s'est reconnu responsable, la Cie du Midi, assignée par la société destinataire en réparation du préjudice subi, a appelé Mitjaville en garantie ;

Que celui-ci a soutenu que cette action récursoire était irrecevable, comme ayant été engagée en dehors du délai d'un mois prévu par l'art. 108 du Code de commerce ;

Que l'arrêt attaqué a condamné la Cie du Midi à payer des dommages-intérêts à l'Économie bretonne, et rejetant la fin de non-recevoir opposée par Mitjaville, dit que celui-ci serait tenu de garantir la Compagnie de la condamnation prononcée contre elle ;

Attendu, d'après le pourvoi, que l'arrêt attaqué aurait ainsi statué sans faire connaître les motifs qui justifieraient le rejet de la fin de non-recevoir ;

Mais attendu que l'arrêt attaqué déclare que le droit de la Cie du Midi à l'encontre de Mitjaville repose sur le contrat d'immatriculation du wagon et non sur le contrat de transport ;

Qu'il en déduit que la prescription d'un mois de l'art. 108 précité, prévue seulement pour l'action récursoire entre voiturier, expéditeur et destinataire, ne peut être invoquée par Mitjaville, celui-ci n'ayant pris aucune part au contrat de transport ;

Attendu que ces motifs suffisent à justifier la décision ;

Sur le second moyen :

Attendu que le second soutient que l'arrêt attaqué ne pouvait, sans contradiction entre les motifs et le dispositif, admettre la prescription d'un mois pour les actions récursoires qui seraient exercées par le transporteur contre l'expéditeur, et en refuser l'application, lorsque l'action récursoire est dirigée contre le propriétaire du wagon expédié ;

Mais attendu que les dispositions de l'art. 108 du Code de commerce, ne visent que les actions auxquelles peut donner lieu le contrat de transport ;

Que, dès lors, Mitjaville, resté étranger au contrat intervenu entre l'expéditeur du wagon et la Cie du Midi, n'avait pas qualité pour opposer, au seul titre de propriétaire du wagon, la prescription spéciale prévue par cet article ;

D'où il suit que l'arrêt attaqué n'a violé aucun des textes visés au pourvoi ;

Par ces motifs :

Rejette le pourvoi formé contre un arrêt rendu par la Cour de Paris, le 24 décembre 1924.

Observations. — L'article 108, après avoir fixé le point de départ et de durée des prescriptions « auxquelles le contrat (de transport) peut donner lieu », ajoute, comme on sait :

Le délai pour intenter chaque action récursoire est d'un mois.

Cette prescription ne court que du jour de l'exercice de l'action contre le garanti.

Il semble bien que le demandeur au pourvoi sur lequel a statué l'arrêt ci-dessus n'était pas tout à fait dépourvu de sens en plaidant que l'arrêt attaqué manquait de base légale pour s'être borné à déclarer que le délai d'un mois prévu par l'article 108 ne s'appliquait pas à lui, et pour avoir fait, en ce qui concerne les actions récursoires, « une distinction que le texte dudit article 108 ne permet pas ». Mais il paraît qu'il en est autrement et la Cour de cassation se charge de nous apprendre que la prescription d'un mois de l'article 108 est « preuve seulement pour l'action récursoire entre voiturier, expéditeur et destinataire ». A la simple lecture du texte nous ne nous en serions jamais doutés, mais puisque la Cour de cassation nous l'affirme, nous ne manquerons pas, à l'occasion, d'en faire notre profit. Voir plus loin nos observations sous un jugement du tribunal de commerce de la Seine du 13 janvier 1926 (Bigallet contre PLM, etc.). BT 2/1927.

167. — Wagon-réservoir de vin. — Retard imputable à une faute du propriétaire. — Condamnation de celui-ci à garantir la compagnie, responsable en principe. — Arrêt de la cour d'appel de Paris (5e Ch.) du 16 novembre 1926. — BT X/1927. — Dignimont contre Cie d'Orléans ; Cie d'Orléans contre Vve Moustelon. (extrait).

La Cour,

Considérant que Dignimont frères, marchands de vins en gros, se sont fait expédier de Cessenon 153 hectolitres de vin, le 17 janvier 1923, dans un wagon n° 377.183, immatriculé sur le réseau du Midi au nom de Moustelon, et à eux donné en location par ce dernier ; qu'il n'est pas contesté que cette marchandise devait arriver à Paris, le 7 février et a été livrée avec près d'un mois de retard et un manquant de 75 hectolitres de vin ;

Considérant que l'expert relate que l'arrêt du wagon à Dijon, le 25 janvier 1923, a été occasionné par le vice ou la défaillance d'une lame de ressort d'un essieu, par l'envoi d'une première lame de remplacement impropre, demandée par le transporteur le 16 janvier et reçue le 14 février, et par l'envoi d'une seconde lame fournie par Moustelon, laquelle n'est arrivée à Dijon que le 28 février ;

Considérant que ce retard dans la fourniture de la pièce de rechange a été la cause du retard dans la livraison du vin ; que la Vve Moustelon doit garantir la Cie d'Orléans.

Considérant que la cause de responsabilité de la Vve Moustelon, résultant de l'application des conditions du contrat d'immatriculation, ne modifie pas les liens de droit créés entre la Cie

224

P-O et Dignimont frères par le contrat de transport ; que, par
suite, ces derniers sont fondés à demander réparation du préjudice qu'ils ont subi au transporteur, sauf recours de ce dernier contre Vve Moustelon ;

. . . .

Condamne la Cie P-O à payer à Dignimont frères la somme
de 1.000 fr. de dommages-intérêts montant des causes énoncées ;

. . . .

Condamne Vve Moustelon à garantir la Cie P-O des condamnations ci-dessus prononcées ; la condamne en outre aux
dépens de première instance et d'appel de la demande en garantie.

168. — Wagon-réservoir de vin ; chauffage ; retard et avaries consécutives. — Faute du précédent propriétaire dégageant
la responsabilité du transporteur !... — Arrêt de la cour d'appel
de Paris (5e Ch.) du 14 octobre 1926. — BT XII/1926. — Lappart contre : 1º Cie du Midi ; 2º Ferragne.
La Cour,
Considérant que le 7 octobre 1920, Ferragne a remis en gare
de Narbonne, pour être expédié à Vve Ferragne et fils, à Terrasson (Dordogne), un wagon-réservoir, d'origine allemande,
portant le nom de Béchard et le numéro d'immatriculation 505.
446, rempli de vin, et qui aurait été donné en location à Vve
Ferragne par Béchard, pour la durée du voyage ;
Que, par suite du chauffage des essieux, le wagon a été arrêté
deux fois en cours de route ; que le vin a dû être transvasé et
qu'il serait arrivé à destination avec trois mois de retard ;
Qu'il résulte des pièces produites et des explications fournies
que le wagon dont s'agit a été acheté par Béchard à un sieur
Lappart, lequel avait promis que l'immatriculation sur les réseaux français serait obtenue ; mais que cette immatriculation
a été refusée parce que le wagon ne remplissait pas les conditions imposées par la circulaire du 7 décembre 1920 ; que la
vente consentie par Lappart à Béchard a été résiliée par arrêt
de la cour de Montpellier, du 16 décembre 1922 ; qu'il résulte
de ce qui précède que Béchard, sans droit sur le wagon, ne pouvait le donner en location ; que la Vve Ferragne est également
sans droit sur le wagon ; qu'elle est mal fondée à réclamer à la
Cie du Midi la réparation d'un préjudice résultant de la privation de jouissance de ce wagon ;
Considérant que c'est par fraude que le wagon a pu circuler
sur les voies du réseau du Midi ; que le motif du rejet de la demande d'immatriculation, dont il est fait état dans l'arrêt de la
cour de Montpellier, fait apparaître le vice propre du wagon par

225

15

lequel ont été provoqués les arrêts en cours de route ; que, par
suite, la présomption de responsabilité du transporteur doit être
écartée ; que, dans ces conditions, Mme Vve Ferragne ne peut
se faire payer, par la Cie du Midi, une indemnité à raison de faits
résultant de ses imprudences : location d'un wagon par Béchard,
qui n'avait pas de droit sur ce wagon, et usage d'un wagon-réservoir introduit frauduleusement sur les voies de la Cie du Midi ; qu'il échet de rejeter la demande de Vve Ferragne et fils
contre la Cie du Midi ; que l'appel éventuel de cette Compagnie
contre Lappart devient inutile, mais que les dépens de cette procédure, provoquée par l'appel principal, doivent être supportés
par Vve Ferragne et fils ;

Par ces motifs :

Et, adoptant ceux non contraires du tribunal,

Joint les causes ;

Dit Mme Vve Ferrague et fils mal fondés en leur appel et
dans leurs conclusions, les en déboute ;

Confirme le jugement entrepris ;

Dit n'y avoir lieu de statuer sur l'appel éventuel ;

Condamne la Vve Ferragne et fils à l'amende et aux dépens
et d'appel éventuel.

Observations. — Tout est étrange dans cet arrêt.

D'abord ce wagon qui circule sans droit sur le chemin de fer
et qui, dès lors, doit être considéré comme inexistant... Mais,
tout de même, il a bien dû prendre rail quelque part ; il est à
supposer qu'il n'est pas tombé d'un aéroplane ou... de la poche
de quelque voyageur mal intentionné : quand il a pénétré sur
les rails français, on a dû, sans doute, s'en apercevoir un peu ;
pourquoi ne l'a-t-on pas expulsé comme un vulgaire conspira-
teur ?

Il y a mieux : ce wagon, remis en gare de Narbonne, le 7 octobre 1920, s'est vu refuser l'immatriculation parce qu'il ne
remplissait pas les conditions imposées par une circulaire du
7 décembre 1920, c'est-à-dire datant de trois mois plus tard...
C'est à y perdre son latin. D'autant plus que la Cour a soin de
préciser que le refus d'immatriculation, fondé sur cette circulaire fait ressortir le vice propre qui a causé les arrêts qui se
sont produits au cours de l'exécution du contrat de transport
conclu deux mois avant... Il est vraiment dommage que la cour
n'ait pas cru devoir préciser en quoi consistait ce vice propre !

Mais, que parlons-nous de contrat de transport ? Il résulte
de l'arrêt ci-dessus que le sieur Ferragne s'étant servi, sans en
rien savoir du reste, d'un wagon qui, paraît-il n'avait pas le droit
de circuler, bien qu'il y circulât, sur les voies des chemins de fer
français, ceux-ci avaient le droit, eux, de ne pas exécuter correctement le contrat qu'ils avaient passé touchant un wagon

226

incorrectement placé sur les rails et que, par conséquent, *ossabundus*, le dit Ferragne, n'avait droit, lui, à aucune indemnité, *quia potabundus*.

Et si vous n'avez pas compris, c'est que vous êtes vraiment par trop bornés ; ce n'est pas la peine de se donner tant de mal pour s'énoncer clairement : *ergo glu* !　　　　　　　　　　L.

169. — Wagon-réservoir de vin. — Retard. — Chauffage dû à une cause non précisée. — Responsabilité de la compagnie. — Arrêt de la cour d'appel de Paris (5e Ch.) du 19 novembre 1926. — Perreau contre Cie du Midi ; Cie du Midi contre Gros et Cie. (Extrait). — BT X/1927.

La Cour,

Considérant que Gros et Cie ont expédié le 25 janvier 1925, à Perreau, à Xertigny, 15.200 kg. de vin logés dans un wagon-réservoir ; que le délai de transport expirait le 16 février ; que, par suite d'un chauffage d'essieu, le wagon n'est arrivé à destination que le 5 mars ; que l'expertise ordonnée à la requête du transporteur n'a pas fait connaître à qui incombait la responsabilité de l'avarie de l'essieu qui a occasionné le retard ; que, par suite, la présomption de responsabilité doit être retenue ;

. . . .

Condamne la Cie du Midi à payer à Perreau la somme de 800 fr. de dommages-intérêts, montant des causes sus-énoncées...

170. — Wagon particulier. — Rupture d'une plaque de garde. — Retard. — Responsabilité de la Compagnie. — Tarif PV 29-129. — Recours en garantie non fondé. — Arrêt de la cour d'appel de Paris (5e Ch.) du 27 novembre 1926. — Cie PLM contre : 1º Gayraud ; 2º Blanchet.

La Cour,

Considérant que le wagon nº 448. 705, immatriculé sur le réseau de l'Etat, au nom de Blanchet et Cie, a été expédié vide, le 12 décembre 1922, par Gollard, de Moulins, à Gayraud, à Béziers ; qu'il a été réformé à Cette, le 22 décembre, pour rupture d'une plaque de garde ; que l'expéditeur a été prévenu de cet arrêt et que, le 23 décembre, il a été demandé aux chemins de fer de l'Etat d'envoyer une plaque de garde, suivant croquis donné, portant indication que la pièce était réparable et que le propriétaire n'était pas responsable de l'avarie ; que la pièce réclamée ne fut pas envoyée et que la Cie PLM accepta de faire la réparation mais après un échange de correspondance qui fit que Gayraud ne fut mis en possession de son wagon qu'avec un retard d'environ 50 jours ;

Considérant que la demande en garantie formée par la Cie PLM contre Blanchet et Cie est connexe à la demande en paiement de dommages-intérêts introduite par Gayraud contre le transporteur ; que ce dernier est responsable du retard de le livraison, sauf recours, le cas échéant, contre Blanchet et Cie, au nom desquels le wagon était immatriculé ; que l'indemnité de 1.500 fr. accordée par le tribunal correspond au préjudice subi ;

Considérant que l'art. 22 du tarif PV 29-129 dispose, il est vrai, dans son § 3, que l'entretien des plaques de garde et divers autres accessoires des wagons sera exécuté exclusivement par l'administration qui a immatriculé le véhicule ; mais que le dernier paragraphe de cet article porte que si, en cours de route, les véhicules ont à subir une réparation urgente telle que le remplacement d'une plaque de garde, etc..., cette opération sera faite par l'Administration sur le réseau de laquelle l'avarie est constatée ;

Considérant que le 22 décembre 1922 la Cie PLM a réclamé, pour faire la réparation, une plaque de garde, qu'elle indiquait, d'ailleurs, comme pouvant être réparée ; que la réparation étant devenue nécessaire en cours de route, la Cie PLM n'avait pas à réclamer la fourniture d'une plaque de garde, puisqu'elle reconnaissait elle-même que la plaque de garde avariée était réparable ; que, par suite, le préjudice résultant du retard de livraison ne doit pas être supporté par Blanchet et Cie, mais par la Cie PLM ;

Par ces motifs :

Dit la Cie PLM mal fondée dans son appel et dans ses conclusions ; l'en déboute ;

Confirme le jugement entrepris ;

Condamne la Cie PLM aux dépens.

Observations. — A la bonne heure ; voilà du moins des juges qui n'ont pas négligé, — comme cela arrive trop souvent ailleurs, — de se reporter aux textes dont ils devaient assurer l'application. C'est très justement que la compagnie en cause a été condamnée en vertu de la disposition finale, ainsi conçue, de l'article 22 du tarif spécial PV 29-129, chapitre IV :

Si, en cours de route, les véhicules ont à subir une réparation urgente, telle que le remplacement d'une plaque de garde, de boîtes avariées ou chauffées, de tampons, etc. (opérations que les administrations ont l'habitude d'effectuer suivant les besoins sur le matériel des autres administrations), cette opération sera faite par l'administration sur le réseau de laquelle l'avarie est constatée. En cas de boîte chauffée, il devra être fourni, si cette administration en reconnaît l'utilité, un essieu monté avec boîtes et coussinets rodés en service sur les fusées.

Cette disposition implique évidemment, pour l'administration sur les rails de laquelle se produit une avarie de la nature

228

de celles indiquées, l'obligation de procéder elle-même, dans le plus bref délai et par ses propres moyens, à la réparation nécessaire. Au surplus pas n'est besoin d'être docteur ès sciences ferroviaires pour savoir que le remplacement d'une plaque de garde est, pour les ateliers des chemins de fer, une réparation absolument insignifiante. BT. 2/1927.

174. — Denrées périssables. — Tarif GV 114. — Délai de transmission à Paris : 6 heures, non comprises les heures de nuit. — Arrêt de la Cour de cassation (Ch. civ.) du 7 novembre 1927. — Beaurain frères contre Cie du Nord. (Extrait).

La Cour,

Sur le 1er moyen :

Attendu que Beaurain frères et Saison se sont fait expédier en août 1921, de diverses gares du réseau de la Cie des chemins de fer PLM, à leur adresse à Boulogne-sur-Mer, réseau de la Cie du chemin de fer du Nord, des caisses de raisins frais, sous le régime du tarif GV 114 ; qu'alléguant un retard dommageable dans le transport de cinq expéditions, ils ont assigné ces deux compagnies en paiement de la somme de 924 fr. 65, à titre de dommages-intérêts ; que le jugement attaqué les a déboutés de leur demande, par le motif que, compte tenu du supplément de délai correspondant aux heures de nuit pendant lesquelles les gares sont fermées, les cinq expéditions étaient parvenues à destination dans les délais réglementaires ;

Attendu, d'après le pourvoi, que le jugement attaqué aurait méconnu ainsi les prescriptions du tarif spécial GV 114, aux termes duquel, par dérogation à la règle établie par l'arrêté ministériel du 12 juin 1860, l'exception prévue pour les heures de nuit par cet arrêt ne serait pas applicable au délai de six heures fixé par le tarif spécial pour la transmission des expéditions, à Paris, entre deux gares de réseaux différents ;

Mais attendu que, d'après l'art. 3, alinéa 2, de l'arrêté du 12 juin 1866, le délai de transmission d'un réseau à un autre, par une gare commune, est de trois heures ; qu'il est de six heures, non compris les heures de nuit pendant lesquelles les gares sont fermées, entre les réseaux aboutissants à une même localité dans deux gares distinctes en communication par rails, et entre les diverses gares de Paris formant têtes de lignes : que le tarif spécial commun GV 114, dérogeant à certaines de ces prescriptions par la clause finale du § « Taxes et délais », réduit le délai de transmission entre deux réseaux à une heure dans le cas de gare commune, à trois heures dans le cas de gares distinctes en communication par rails, exception faite de Paris où le délai de six heures est maintenu, et n'énonce aucune modification en ce qui concerne la suspension de ce délai pendant les heures de fermeture des gares ;

Attendu qu'il résulte du rapprochement de ces textes que le tarif spécial, qui réduit taxativement certains des délais fixés par l'arrêté ministériel du 12 juin 1866 pour les transmissions entre réseaux, n'a pu supprimer par voie de simple prétérition le délai tenant aux heures de fermeture des gares ; qu'ainsi le moyen n'est pas fondé ;

Sur le second moyen :

. . . .

Par ces motifs :

Rejette le pourvoi formé contre le jugement du tribunal de commerce de la Seine du 19 mai 1923.

Observations. — En se reportant à l'article que nous avons consacré, le 1er mai dernier, à la question des délais de transmission des tarifs spéc aux GV 3, 103, et 303, on constatera que l'arrêt ci-dessus est en contradiction formelle avec la jurisprudence des cours et tribunaux et... avec les intentions de l'autorité qui a homologué la clause sur l'interprétation de laquelle portait le litige :

J'ai l'honneur de vous informer, dit une dépêche ministérielle du 16 octobre 1923 adressée à l'un des nos adhérents, que, selon l'avis nettement exprimé sur ce point par le Conseil supérieur des chemins de fer au moment de l'examen du nouveau tarif GV n° 3-103 (marchandises), et conformément à la 2e réserve contenue dans la décision homologative dudit tarif, le texte des tarifs GV 14-114, 214 et 314 pour la détermination des délais de transmission, a été maintenu avec cette signification que les délais ne sont pas suspendus pendant les heures de nuit.

Evidemment un document de ce genre ne s'impose pas au juge, mais à la Cour de cassation, sous les yeux de qui il a été mis, aurait pu tout de même y faire quelque attention, ce qui lui aurait épargné de juger contrairement au bon sens : son interprétation aboutit, en effet, à cette conséquence ridicule. que le délai de transmission, abrégé partout ailleurs pour les denrées périssables, est le même pour ces denrées que pour toute autre marchandise, lorsqu'elles ont à traverser Paris...

Quant à son argumentation consistant à dire que le tarif spécial n'a pu, « par voie de prétérition », supprimer le délai tenant aux heures de nuit stipulé par l'arrêté de 1866, on ne saurait le prendre au sérieux quand on sait, d'une part, que l'arrêté de 1866 est le *tarif maximum des délais*, auquel les tarifs spéciaux peuvent toujours déroger, à condition de faire bénéficier les expéditeurs de délais plus réduits, et que l'on constate, d'autre part, que le texte du tarif GV 114 étant très clair et très suffisant, pas n'est besoin, pour l'interpréter littéralement, d'invoquer une prétendue prétérition qui n'est nullement nécessaire.

La Cour de cassation, qui aime tant rappeler que les tarifs doivent être appliqués à la lettre, sans qu'il soit permis d'en rien retrancher ni d'y rien ajouter, aurait pu s'apercevoir, sans se fatiguer les yeux ni les méninges, qu'en présence d'une clause disant « à Paris le délai est de 6 heures », on n'a pas besoin de prétérition pour faire dire à cette clause : « à Paris le délai est de 6 heures » ; tandis qu'elle y a, elle, indûment ajouté une exception tirée de l'arrêté de 1866, auquel le texte du tarif était fort régulièrement substitué. *Praeterea igitur praetereo.*   L. (Cassation de l'arrêt 87).

175. — Wagon particulier employé par le transporteur à son propre usage. — Retard consécutif. — Applicabilité des règles ordinaires concernant les retards. — Arrêt de la Cour de cassation (ch. civ.) du 21 mars 1927. — Chemins de fer de l'Etat contre Calva. — BT. 6/1927.

La Cour,

Sur la première branche du moyen unique :

Vu l'article 5 de l'arrêté des ministres de la Guerre et des Travaux publics du 31 mars 1915, lequel est ainsi conçu :

« L'indemnité pour préjudice justifié est limitée : en cas de « perte totale ou partielle, à la valeur, aux lieu et jour de l'ex-« pédition, de la marchandise perdue ; l'indemnité pour retard « ne peut dépasser celle qui serait allouée pour perte totale » ;

Attendu qu'un wagon particulier vide, expédié le 2 octobre 1918 de Paris-Vaugirard à Saint-André-de-Cubzac, à l'adresse de Calva, son propriétaire, n'est parvenu à destination qu'avec un long retard ; que l'administration des chemins de fer de l'Etat, assignée par Calva en réparation de préjudice, a été condamnée par l'arrêt attaqué à lui payer la somme totale de 45.200 fr., comprenant deux chefs distincts d'indemnité et 10.000 fr. à titre de dommages-intérêts ;

Attendu que pour statuer ainsi l'arrêt attaqué, tant par ses motifs propres que par ceux du jugement qu'il adopte, déclare que l'arrêté du 31 mars 1915, sur lequel se fondait l'administration des chemins de fer de l'Etat pour demander la limitation de l'indemnité dont elle concédait le principe, est inapplicable à la cause, par le motif que cette administration avait tiré parti du wagon en l'utilisant pour son trafic ;

Mais attendu que, si ce fait pouvait donner lieu à une allocation spéciale pour usage du wagon, il n'avait aucun rapport avec les règles établies par l'arrêté pour la détermination du maximum de l'indemnité due en cas de retard, et dès lors ne justifiait pas le rejet de l'exception que l'administration des chemins de fer de l'Etat opposait à la demande ;

232

Attendu, il est vrai, que l'arrêt attaqué déclare incidemment qu'étant donné le prix d'achat primitif du wagon, sa valeur au jour de l'expédition « ne serait guère différente de la somme allouée » ;

Mais attendu, d'une part, qu'en s'attachant au prix d'achat du wagon l'arrêt tient compte d'un élément d'appréciation qu'exclut l'arrêté ; que, d'autre part, le motif imprécis qu'il donne accessoirement de sa décision ne suffit pas à établir avec certitude que l'indemnité allouée ne dépassait pas la valeur du wagon aux lieu et jour de l'expédition ;

D'où il suit que l'arrêt attaqué a violé le texte susvisé ;

Par ces motifs, et sans qu'il y ait lieu de statuer sur la seconde branche du moyen, casse et annulle l'arrêt rendu entre les parties par la cour d'appel de Bordeaux le 12 octobre 1925, et renvoie devant la cour d'appel d'Agen.

Observations. — Les arrêts se suivent et ne se ressemblent pas. Le 1er avril dernier nous avions le plaisir de publier, p. 45, un arrêt de la chambre des requêtes, du 21 décembre 1926, décidant, avec beaucoup de raison, semble-t-il, que la compagnie en cause ne pouvait se prévaloir d'une clause d'irresponsabilité en vigueur à l'époque du transport litigieux, alors que la perte dont il était demandé réparation avait été causée par le fait que ladite compagnie avait fait usage de la marchandise « par un acte d'appropriation étranger à l'exécution du contrat de transport ». L'arrêt ci-dessus, de la chambre civile, paraît adopter la thèse diamétralement opposée. Toutefois, il est à remarquer que cet arrêt n'est ni très clair ni très précis, puisque tout en admettant l'applicabilité, au retard du wagon dont il s'agissait, de l'arrêté du 31 mars 1915 alors en vigueur, il déclare que le fait que le chemin de fer « avait tiré parti du wagon en l'utilisant pour son trafic pouvait donner lieu à une allocation spéciale pour usage du wagon ». Espérons que la cour de renvoi, qui est précisément la cour d'Agen dont un arrêt avait été maintenu par la chambre des requêtes le 21 décembre 1926, saura, si l'affaire lui est soumise, rendre une décision équitable tout en la motivant de manière à ne donner aucune prise aux rigueurs de la chambre civile.   Lamy.

176. — 1° Réseau secondaire et grand réseau. — Non cumul des délais supplémentaires des tarifs. — 2° Avis d'arrivée, point de départ du retard. — Jugement du tribunal de commerce de Manesque du 22 février 1927. — Riff contre Cie PLM — BT. 9/1927.

Le tribunal.

En ce qui concerne le manquant :

Attendu que le manquant a été constaté contradictoirement

à l'arrivée ; qu'il est d'ailleurs reconnu par la Cie PLM ; que la demande en dommages-intérêts formée à ce sujet est donc pleinement justifiée, la somme demandée correspondant au prix de la marchandise au moment de l'expédition, augmentée de ses frais de transport ;

En ce qui concerne le retard :

Attendu que le récépissé d'expédition établi en gare de Saint-Hilaire-les-Cambrai porte la date du 27 septembre 1924 ; que cette date a été nettement surchargée sur le récépissé, mais que le motif de cette surcharge est expliqué à la barre de la façon suivante : un wagon avait été mis à la disposition de l'expéditeur le 27 septembre, jour de samedi ; celui-ci fit porter aussitôt ses feuilles d'expédition à la gare et n'effectua réellement le chargement du wagon que le lundi matin 29 septembre ; que le chef de gare modifia en conséquence les feuilles d'expédition ;

Attendu que l'expédition a été faite en petite vitesse, tarif spécial 2-102 ;

Attendu que la Cie PLM soutient que le chemin de fer du Cambrésis n'ayant pas de tarif commun avec les grands réseaux, le délai supplémentaire de cinq jours prévu par son tarif spécial intérieur ne doit pas se cumuler avec le délai de cinq jours du tarif commun aux autres grands réseaux transporteurs.;

Mais attendu que cette prétention est en contradiction avec les termes formels de l'article 4 de la décision ministérielle du 27 octobre 1900, ainsi conçue « En cas de soudure de plusieurs tarifs spéciaux, intérieurs ou communs, les allongements de délais spécifiés dans ces tarifs ne se cumuleront pas » ;

Attendu qu'en l'espèce, les tarifs appliqués prévoyant tous des délais supplémentaires de même durée (cinq jours), ce délai supplémentaire doit être compté une seule fois, quel que soit le nombre des tarifs appliqués et des réseaux empruntés ;

Attendu que c'est en vain que la compagnie défenderesse soutient que l'article 4 du décret ministériel du 27 octobre 1900 viserait exclusivement les réseaux des septs grandes compagnies, et que les clauses de l'arrêt précité seraient expressément applicables pour les susdites compagnies dans leurs seuls rapports entre elles ;

Attendu que la compagnie défenderesse comptant deux fois les délais supplémentaires de cinq jours, une fois pour le réseau du Cambrésis et une fois pour les autres grands réseaux, fait une fausse application de l'article 4 de l'arrêté du 27 octobre 1900 ;

Attendu que le délai supplémentaire de cinq jours ne devant s'appliquer qu'une seule fois pour le total du parcours, il y a lieu de calculer les délais de la façon suivante : remise à Saint-

234

Hilaire, un jour (29 septembre) ; délai d'expédition, un jour (30 septembre) ; traction Cambrésis, un jour (1er octobre) ; transmission Nord, un jour (2 octobre) ; traction Nord, un jour (3 octobre) ; transmission Est, un jour (4 octobre) ; traction Est, deux jours (6 octobre) ; transmission PLM, un jour (7 octobre) ; traction PLM, quatre jours (11 octobre) ; opérations à l'arrivée, un jour (12 octobre) ; délai supplémentaire, cinq jours (17 octobre) :

Attendu que le destinataire n'a été avisé télégraphiquement de l'arrivée de son wagon en gare de Manosque que le 23 octobre 1924 ; qu'il a donc subi un retard de six jours ; que la compagnie prétend avoir donné par lettre un avis préalable au télégramme, mais que cette allégation n'est pas prouvée et ne peut être retenue ;

Sur le préjudice causé :

Attendu que la marchandise expédiée était destinée aux semences, ainsi d'ailleurs que le mentionnait le récépissé d'expédition ; mais attendu qu'on peut reprocher à Riff d'avoir fait l'expédition de son wagon de semences à une date trop rapprochée par rapport à la date extrême à laquelle il avait promis livraison à ses clients ; que, d'autre part, un retard de six jours, s'il pouvait gêner quelque peu les cultivateurs destinataires du blé de semence, n'était pas suffisant pour les empêcher de procéder à leurs ensemencements en temps utile, lesquels se font normalement à fin octobre, début de novembre ;

Attendu que le tribunal trouve dans les faits de la cause les éléments d'appréciation suffisants pour fixer à la somme de 2.000 fr. l'importance du préjudice dont il est justifié ; que c'est dès lors à concurrence de cette somme qu'il échet d'accueillir la demande,

Par ces motifs :

Le tribunal,

Statuant en premier ressort;

Condamne la Cie PLM à payer à Riff : 1° la somme de 166 fr. 90 représentant la valeur du manquant de 70 kg. de blé de semence ; 2° celle de 2.000 fr. en réparation du préjudice causé par suite du retard subi par l'expédition dont s'agit ;

La condamne, en outre, aux intérêts de droit et aux entiers dépens.

Observations. — On sait qu'aux termes du deuxième alinéa de l'article 4 des Conditions générales d'application des Tarifs spéciaux PV :

En cas de soudure de plusieurs tarifs spéciaux (intérieurs ou communs), les allongements de délais spécifiés dans ces tarifs ne se cumulent pas. Le plus grand de ces allongements sera seul appliqué.

Or ce texte, applicable sur les grands réseaux en vertu d'une décision homologative du 27 octobre 1900, l'est également sur le chemin de fer du Cambrésis. Dans ces conditions, le tribunal de commerce de Manosque a jugé, avec raison, que l'on devait compter un seul délai supplémentaire, pour un transport empruntant successivement les rails du chemin de fer du Cambrésis et ceux des grands réseaux. C'est, en somme, l'application à l'article 4 des Tarifs spéciaux, de la doctrine précédemment consacrée par la Cour de cassation en ce qui concerne l'article premier des mêmes tarifs. (Voir *Manuel pratique*, pp. 312-313.)

177. — Convention de Berne. — Art. 39, 40 et 41. — Faute grave : 1° Retard en lui-même ? 2° Fourniture d'un wagon impropre. — Cour d'appel de Gand, 5 décembre 1927. (2e ch.). — De Pondt contre État Belge. — *Revue générale des Assurances et des Responsabilités*, Bruxelles, 1928, 353.

L'on ne peut, sous le régime de la Convention de Berne, attribuer au retard lui-même, à raison de sa durée, le caractère de faute grave.

Constitue une faute grave, le fait de fournir à l'expéditeur, pour un transport hors frontières, un wagon ne pouvant réglementairement sortir du pays.

Attendu que l'appelant basait son action sur le retard considérable dans la livraison et sur le fait que la gare d'expédition avait fourni un wagon impropre à l'envoi, ce qui nécessita un transbordement en cours de route, hors de la présence des intéressés, et occasionna un prolongement de séjour qui causa l'échauffement de la marchandise ;

Attendu que parties sont d'accord sur la circonstance que les délais normaux du transport étaient de 7 jours et 3 heures, soit du 2 au 9 février 1926 ; que la marchandise n'étant arrivée à destination que le 23 février, le retard est donc de 14 jours ;

Attendu que le premier juge a admis, en se basant sur les constatations de l'expert désigné de commun accord par les parties, que l'avarie a eu pour cause initiale le retard, qu'en conséquence le transporteur, qui n'a pas établi ni même allégué que le retard provenait d'une circonstance indépendante de sa volonté et de son fait, est responsable en vertu de l'article 39 de la Convention de Berne sur le transport de marchandises par chemin de fer, à raison de l'inobservation du délai de livraison ;

Qu'il décide toutefois que l'intimé est redevable uniquement de l'indemnité prévue par l'article 40 de la susdite Convention, laquelle constitue un forfait absolu, et qu'ayant offert à l'appelant le paiement du maximum de cette indemnité, soit la somme de 685 fr. 90, cette offre doit être considérée comme satisfactoire ;

Attendu que la décision du premier juge est basée sur le fait que l'appelant n'établit pas dans le chef de l'Etat belge l'existence de la faute grave prévue par l'article 41 de la Convention querellée et laquelle seule peut entraîner une responsabilité plus étendue ;

Attendu qu'à cet égard il y a lieu d'observer que, devant le premier juge, l'appelant a invoqué trois faits comme constituant, à son avis, des fautes graves dans le chef de l'administration des chemins de fer, à savoir :

a) le retard considérable apporté à la livraison ;

b) la fourniture à l'appelant d'un wagon impropre à l'expédition ;

c) le fait d'avoir opéré le transbordement des marchandises sans prévenir ni l'expéditeur ni le destinataire ;

En ce qui concerne le premier fait (*a*) :

Attendu que l'indemnité fixée par l'article 40 de la Convention de Berne pour le retard, au cas où celui-ci ne dépasse pas 30 jours (art. 33 de la Convention), établit un forfait absolu couvrant toutes les suites du retard, notamment l'avarie provenant de la nature même de la marchandise, et que — sauf le cas où il y a eu déclaration d'intérêt à la livraison — ce n'est que pour autant qu'il y ait dol ou faute grave que le voiturier est tenu de réparer tout le dommage causé par le retard ; qu'il s'ensuit que dans la Convention de Berne il ne suffit pas, ainsi que le soutient l'appelant, qu'un retard se prolonge, même anormalement, pour en changer le caractère et le transformer en une faute grave imputable au transporteur ;

Que c'est donc à tort que, dans la cause, l'appelant attribue au retard lui-même, à raison de sa durée de 14 jours, le caractère de faute grave ;

Mais attendu que l'appelant soutient, en outre, que le retard incriminé a été occasionné par les deux faits (*b*, *c*), énoncés ci-dessus, imputables à l'administration des chemins de fer et constituant des fautes graves dans son chef ;

Attendu en ce qui concerne le premier de ces faits (fait *b*), soit la fourniture à l'appelant d'un wagon impropre à l'expédition, que le premier juge constate à bon droit que le fait, non contesté d'ailleurs par la partie intimée, d'avoir fourni à l'expéditeur, pour un transport hors frontière, un wagon ne pouvant réglementairement sortir de France, constitue sans conteste une faute grave dans le chef de l'Etat ; que c'est également avec raison qu'il fait observer que, pour engager la responsabilité du chemin de fer dans des limites plus étendues que celles prévues par l'article 40 susvisé, il importe que cette faute grave soit génératrice du retard qui, en l'espèce, fut la cause du dommage ;

Que, faisant application de ces principes aux faits de la cause, le premier juge déclare que l'appelant est resté en défaut de

237

rapporter cette preuve, soit la relation de cause à effet existant entre le dommage et le retard, puisqu'il résulte, dit-il, des éléments de la cause que la date d'arrivée du wagon à la frontière française est restée inconnue ;

Mais attendu que, sur ce dernier point, l'appelant soutient, dans des nouvelles conclusions prises devant la Cour et régulièrement signifiées, qu'il résulte de renseignements obtenus à la gare de Tourcoing depuis le prononcé du jugement que le wagon, contenant les marchandises dont s'agit, a été dirigé de Tourcoing sur Mouscron en date du 22 février 1926 et est arrivé à destination à Thourout le lendemain, soit le 23 février 1926 ;

Attendu que le fait n'est pas dénié par l'administration des chemins de fer, mais que, contrairement au soutènement de l'appelant qui prétend déduire des renseignements susdits que le transbordement de la marchandise doit avoir lieu à la frontière française à la date indiquée ci-dessus, soit le 22 février, l'Etat, de son côté, prétend et offre pour autant que de besoin la preuve du fait que le transbordement a eu lieu à Villeneuve-Saint-Georges le 6 février 1926 ;

Attendu qu'en présence de cette allégation formelle de l'Etat et en l'absence de toute contestation sérieuse sur sa véractié, il y a lieu de tenir pour vrai le fait allégué, sans recourir à d'autre mode de preuve, d'autant plus que dans ce domaine l'administration des chemins de fer est en réalité seule à même de fournir des renseignements précis sur la date du transbordement querellé;

Mais attendu qu'il résulte de ce qui précède que, s'il n'est pas établi jusqu'ores que le retard dommageable a nécessairement été causé par la fourniture d'un wagon qui ne pouvait sortir de France,, il n'en est pas moins certain que c'est la fourniture même de ce wagon, impropre à l'expédition, qui a nécessité le transbordement dans un autre wagon pouvant celui-ci sortir de France et assurer la livraison ;

Et attendu que l'appelant impute précisément comme une faute grave à l'Etat le fait d'avoir, — lorsqu'un transbordement était devenu nécessaire, par suite d'une première faute commise par lui, — effectué le transbordement dont question sans prévenir ni l'expéditeur, ni le destinataire, en transférant les marchandises d'un grand wagon où elles étaient rangées à hauteur de 1 m. 30 à 1 m. 40 dans un petit wagon où elles étaient accumulées jusqu'à hauteur du plafond, et avoir confié cette besogne à un personnel inexpérimenté qui, en une heure de temps, jeta les marchandises pêle-mêle, sans les ranger, comme elle l'avaient été par les soins de l'expéditeur et sans placer notamment les paquets têtes sur têtes, soit 384 paquets de comprimés comportant 10.400 peaux, outre 1.047 kg. de coupes ;

Attendu que l'appelant a offert de prouver la réalité des

238

faits cités ci-dessus, auxquels il attribue la cause réelle de l'avarie survenue ; que c'est à tort que le premier juge a repoussé cette offre en se basant, d'une part, sur les constatations de l'expert et en déclarant, d'autre part, que l'existence de ce mauvais rangement est sans pertinence dans le litige, l'avarie ayant commencé avant le fait du transbordement ;

Attendu qu'en effet, il échet de remarquer que, le jour du transbordement étant resté inconnu au cours de la première instance, cette affirmation du premier juge ne repose sur aucun fondement, et que, d'ailleurs, les déclarations de l'expert au sujet de l'époque à laquelle l'avarie aurait commencé à se produire ne sont nullement formelles ; que l'expert s'est borné à déclarer que l'échauffement a probablement commencé après le quinzième jour du départ ;

Attendu qu'en présence des nouveaux éléments acquis au procès et notamment de l'indication précise par l'Etat de la date (soit le 6 février 1926) à laquelle le transbordement a été opéré, il paraît actuellement certain que l'échauffement de la marchandise et, partant, l'avarie ne s'est produit qu'après le fait du transbordement ;

Attendu que l'appelant fait encore grief à l'intimé d'avoir procédé d'office, en cours de route, au transbordement dont s'agit, sans s'être rigoureusement conformé aux prescription à lui imposées par la Convention de Berne (article 15 et 18) ; que, dans les circonstances de la cause, l'inaccomplissement des dites formalités constitue dans le chef de l'Etat une nouvelle faute grave ;

Attendu que, dans l'état actuel du procès, la Cour, qui est appelée à apprécier souverainement le degré de la faute imputée à l'intimée et doit décider si, en l'espèce, le dommage a eu pour cause un dol ou une faute grave dans le chef de l'Etat comme transporteur, — seul cas où l'article 41 de la Convention peut trouver son application, — ne possède pas les éléments voulus pour former sa conviction ;

Qu'il échet donc, avant de statuer plus avant, d'admettre la partie appelante à la preuve des faits par elle sollicitée ; que ces faits, d'ailleurs, sont pertinents et concluants dans leur ensemble;

Par ces motifs : la Cour, ouï l'avocat Général de Ryckere en son avis contraire,... reçoit l'appel et, y faisant droit, met à néant le jugement *a quo* ;

Emendant, admet la partie appelante Depondt à prouver par toutes voies de droit, témoins compris, les faits suivants :

(Sans intérêt.)

Observations de l'auteur. Comp. CI 39-40-41, voir BTI 4/1919. — Une fois de plus, on constate la difficulté de faire admettre la faute lourde du chemin de fer ; si c'était un commissionnaire de transports qui se soit rendu coupable de la même faute que le chemin de fer, il n'y aurait pas assez d'eau dans la mer pour le laver. Cet arrêt est suivi de remarques de l'Office Central des chemins de fer à Berne, dont le moins qu'on en puisse dire est qu'elles sont obscures ; ce n'est pas le seul arrêt, hélas, atteint par le français fédéral.

C'est là un exemple typique de la déformation professionnelle de certains fonctionnaires de contentieux de chemins de fer qui tirent gloire de prétériter les droits des clients de la compagnie, sans se soucier de les lancer dans les bras de la concurrence auto.

Nous persistons à dire qu'il serait avantageux pour les administrations ferroviaires de moins couper les cheveux en quatre et de faire droit aux réclamations de leurs clients, quand ceux-ci ont raison.

Mais enfin, nous tenons un nouveau cas de faute grave, ce qui n'est pas sans importance, étant donné la trop grande bienveillance des tribunaux pour les chemins de fer ou l'habileté de ces derniers à se sortir d'affaire. C. A.

178. — Wagon-réservoir de vin. — Avaries au véhicule. — Absence de réserves au départ. — Présomption de bon état. — Responsabilité de la compagnie. — Jugement du tribunal de commerce de la Seine (7e ch.) du 5 mai 1927. — Vve Guillemin contre Cie PLM. — BT. X/1927.

Le tribunal,

Après avoir délibéré conformément à la loi,

Attendu qu'il est acquis aux débats que la Vve Guillemin s'est fait expédier en PV, sous le N° 446, le 14 mars 1926, de la Crau à son adresse en gare de Cousances-aux-Forges, un wagon-réservoir N° 580.857, chargé de 15.420 kg. de vin ;

Attendu qu'à l'arrivée des avaries ont été constatées à la guérite dudit wagon ;

Qu'imputant la responsabilité de ces avaries à la Cie PLM, Vve Guillemin requiert la condamnation de celle-ci au paiement de la somme de 1.269 fr. à titre de dommages-intérêts ;

Attendu qu'il résulte des débats et des documents qu'à l'arrivée du wagon Vve Guillemin a fait des réserves qu'elle a inscrites sur le livre de sortie de la gare d'arrivée ;

Attendu que la Cie PLM a fait procéder à une expertise, conformément à l'art. 106 du Code de commerce ;

Mais attendu que cette expertise a eu lieu plus de 20 jours après la livraison du wagon et après un nouveau contrat de transport ;

Que, d'ailleurs, les conclusions de l'expertise ne sauraient engager ce tribunal qui n'est en aucun cas tenu de suivre l'opinion des experts ;

240

Au fond :

Attendu qu'aux termes de l'art. 6 du tarif PV 29-129, qui s'applique aux wagons-réservoirs appartenant à des particuliers :

« L'expéditeur et le destinataire doivent constater avec les « agents du chemin de fer l'état dans lequel les wagons-réservoirs « sont reçus ou remis par le chemin de fer » ;

Or, attendu qu'aucune réserve sur l'état du wagon n'a été faite au départ par les agents du chemin de fer ;

Que, par suite, la Cie PLM doit être réputée avoir reçu ledit wagon en bon état ;

Que, d'ailleurs, Vve Guillemin avait fait réparer le wagon fin novembre 1925 ;

Que, dès lors, la Cie PLM n'est pas recevable à exciper ni d'un vice propre à la construction du véhicule, ni du prétendu mauvais état du wagon à son départ ;

Qu'en conséquence la Cie PLM doit être déclarée responsable des conséquences préjudiciables des avaries constatées ;

Sur le préjudice :

Attendu que le tribunal a les éléments suffisants d'appréciation pour fixer à 1.000 fr. le montant du préjudice en accueillant la demande à due concurrence ;

Par ces motifs :

Le tribunal, jugeant en dernier ressort,

Condamne la Cie PLM, par les voies de droit, à payer à Vve Guillemin la somme de 1.000 fr. à titre de dommages-intérêts ;

Déclare Vve Guillemin mal fondée dans le surplus de sa demande, l'en déboute ;

Et condamne la Cie PLM aux dépens.

Observations. — La compagnie en cause s'est soumise à ce jugement.

184. — Retard GV. — Expédition à domicile. — Obligation de présenter la marchandise au domicile du destinataire dans les délais réglementaires. — Arrêt de la cour d'appel de Montpellier (3e ch.) du 25 janvier 1928. — Cie du Midi contre Canat. — BT. 6/1928.

La Cour,

Attendu que, le 1er octobre 1924, Canat, fabricant à Millau, expédiait, en grande vitesse, à M. Ledan, brodeur, à Paris, un colis manchettes de gants de tissus du poids de 4 kg. ;

Que ce colis, qui aurait dû être livré le 4 octobre, ne le fût que le 14 ;

Que Canat, se fondant sur ce que ces manchettes devaient, après avoir été brodées, lui être retournées d'urgence à destination de sa clientèle, et invoquant le préjudice que le retard dans l'expédition de cet ordre lui avait fait subir, a obtenu, le 19 août 1925, du tribunal de commerce de Millau, la condamnation de la Cie du Midi à 800 fr. de dommages ;

Attendu que la compagnie, qui avait formé une demande reconventionnelle supérieure au taux du dernier ressort, a régulièrement interjeté appel de ce jugement ;

Qu'elle se prévaut, pour s'exonérer de toute responsabilité, de ce que le colis n'a pas été réclamé par le destinataire à l'expiration des délais impartis pour le transport ;

Qu'elle conteste que Canat justifie d'un dommage réel, en tout cas susceptible d'être prévu par elle ;

Attendu que la prétention de la compagnie d'obliger le destinataire à une mise en demeure ne saurait être accueillie, s'agissant d'une expédition faite à domicile ;

Attendu que la convention qui intervient entre expéditeur et transporteur par voie ferrée se forme de plein droit, sous l'empire de tarifs homologués, auxquels nulle partie ne saurait déroger ;

Que des tarifs prévoient des délais d'exécution du contrat ; que ce contrat prend fin, pour une marchandise livrable en gare, lorsqu'elle y est parvenue ; que, de ce moment, la compagnie n'a plus qu'un rôle passif qui justifie la nécessité d'une réclamation du destinataire pour faire naître en cas de retard son droit à des dommages ;

Attendu, au contraire, que l'expédition à domicile n'est terminée pour la compagnie des chemins de fer que par la présentation des marchandises à l'adresse du destinataire ; que si cette livraison n'est pas effectuée dans le délai réglementaire, l'expiration constitue le transporteur en demeure ;

242

Que le calcul du retard s'obtient par le temps écoulé du jour où la livraison aurait dû être faite à celui où elle a été effectuée ;

Attendu qu'il n'est pas discuté qu'en l'espèce ce retard a atteint 10 jours ;

Attendu, il est vrai, que la profession de brodeur qu'exerce le destinataire n'était pas mentionnée sur le titre d'expédition mais qu'elle figurait sur le colis ;

Que le poids de ce colis, 4 kg., d'une marchandise aussi légère que des manchettes de gants en tissus, suffisait à faire entendre qu'il s'agissait d'une opération commerciale dont l'urgence s'avivait de ce que l'expédition était faite en grande vitesse ;

Attendu qu'en dehors du préjudice résultant de la livraison retardée au brodeur, Canat ne justifie pas d'un trouble commercial qui serait la conséquence du retour tardif des manchettes une fois brodées ; que le transporteur n'aurait pu pressentir cette sorte de dommages, au surplus indirecte ;

Qu'il convient d'abaisser l'indemnité octroyée par le tribunal ;

Par ces motifs et ceux non contraires des premiers juges :

Ayant tel égard que de raison à l'appel de la Cie du Midi et émendant ;

Dit que Ledan, destinataire d'une expédition faite à domicile, par Canat, n'était pas tenu de formuler une réclamation au transporteur ;

Dit que cette expédition a subi un retard indiscutable de 10 jours ;

En réparation, condamne la Cie du Midi à payer à Canat la somme de 400 fr. de dommages, avec les intérêts de droit ;

Rejette comme mal fondées toutes demandes plus amples ou contraires ;

Dit que Canat restituera à la Cie du Midi, avec les intérêts de droit, les sommes perçues au delà de cette condamnation en vertu de l'exécution provisoire ordonnée par le jugement entrepris ;

Dit n'y avoir lieu à amende ;

Condamne l'appelante aux dépens.

Observations. — Qui veut trop prouver ne prouve rien ! La Cie du Midi, qui a obtenu devant la même cour d'appel, en matière d'expéditions livrables en gare, une décision favorable à ses vues, a voulu aller plus loin : elle a soutenu que, même pour les expéditions livrables à domicile, le destinataire ne pouvait réclamer des dommages et intérêts pour retard, qu'à partir du moment où il avait mis la gare en demeure de lui livrer la marchandise. La cour de Montpellier s'est tout de même aperçue, cette fois, qu'on voulait la mener vraiment trop loin et elle a serré le frein : tout en évitant de revenir sur sa jurisprudence antérieure touchant les expéditions livrables en gare, elle a du moins reconnu « que l'expédition à domicile n'est terminée que par la présentation de la marchandise à l'adresse du destinataire » et que, par conséquent, « si cette livraison n'est pas effectuée dans le délai réglementaire, l'expiration constitue le transporteur en demeure ».

185. — Retard PV de produits chimiques. — Arrêt consécutif d'une usine. — Appréciation du préjudice. — Arrêt de la cour d'appel de Paris (5e ch.) du 29 mars 1928. — Société des Cirages français et des Forges d'Hennebont contre chemins de fer de l'Etat (extrait). — BT. 5/1928.

. . . .

Considérant que, dans les conditions où l'expédition a été faite, la compagnie de transport n'a pu se méprendre sur l'importance qu'il y avait pour le destinataire à recevoir exactement la livraison à l'expiration du délai imparti par le tarif appliqué ;

Que l'on ne saurait, à cet égard, alléguer que l'expéditeur, ayant fait l'expédition en petite vitesse, avait paru indiquer par là même que la livraison n'était pas urgente ; qu'en effet, s'agissant d'une grosse quantité de produits chimiques, l'expéditeur ne pouvait choisir un autre mode de transport et que, ayant calculé d'après les délais fixés par les tarifs, il était en droit de compter, à l'expiration du délai maximum, sur une livraison conforme ;

Considérant qu'il appert des éléments produits à la cour que l'expédition dont s'agit était la suite normale d'une série d'expéditions effectuées pendant les mois précédents, périodiquement et à quantités à peu près égales : 134 sacs le 18 janvier, 134 sacs le 7 mars, 135 sacs le 24 avril, 145 sacs le 10 juin, 132 sacs le 13 août 1924 ; qu'il en résulte que les chemins de fer de l'Etat devaient s'apercevoir qu'il s'agissait de fournitures envoyées au fur et à mesure des besoins d'une usine de galvanisation, et que tout retard devait entraîner une gêne ou même un arrêt dans le travail de ladite usine destinataire ; que, par là même et en tenant compte des quantités expédiées, il était possible aux chemins de fer de l'Etat d'évaluer le préjudice que pouvait causer un retard dans la livraison ;

Considérant, dès lors, que l'offre faite par les chemins de fer de l'Etat apparaît comme manifestement insuffisante et que les premiers juges, en présence des justifications présentées, ont fait une exacte appréciation du préjudice causé ;

Adoptant, au surplus, les motifs du jugement entrepris, non contraires aux dispositions du présent arrêt ;

Par ces motifs :

Confirme le jugement dont est appel.

Observations. — Les chemins de fer de l'Etat, sans méconnaître le principe de leur responsabilité, offraient une indemnité de 2.200 fr., contestant que le préjudice invoqué par les demandeurs fût certain, qu'il fût une suite directe et immédiate du retard, enfin qu'il eût été possible de le prévoir lors de la formation du contrat. La Cour, pour les motifs qu'on a pu lire, a purement et simplement confirmé le jugement du tribunal de commerce de la Seine, du 4 novembre 1925, qui avait condamné cette administration à payer à la Société des Cirages français et des Forges d'Hennebont une substantielle indemnité de 15.000 francs. L.

186. — Retard GV de fromages. — Expéditeur non dénommé. — Droit d'action. — Art. 101 C. de commerce. — Arrêt de la cour d'appel de Paris (5e ch.) du 6 janvier 1928. — Vve Clerc contre Cie PLM. — BT. 2/1928.

La Cour,

Considérant que Vve Clerc et fils ont acheté à Drevon et Cie, marchands de gruyère en gros, à Lyon, 22 meules de fromage d'un prix de 11.975 fr. et leur ont donné l'ordre de les expédier à Wissembourg, à Crowe, qui lui-même devait les réexpédier à Schneider ; que les vendeurs, agissant comme commissionnaires de Vve Clerc et fils, ont accompli le mandat qui leur avait été donné en confiant la marchandise à la Cie PLM, le 26 janvier 1924, pour l'expédier en grande vitesse ; mais que le lot de fromage, qui devait arriver à Wissembourg le 29 janvier, n'a été mis à la disposition du destinataire que le 17 mars 1924 ;

Considérant qu'en recevant 1.020 kg. de fromages secs à expédier en grande vitesse, le transporteur pouvait se rendre compte de l'importance du préjudice que causerait un retard de 48 jours dans la livraison ; que les éléments de la cause ci-dessus relevés permettent de fixer à 3.000 fr. le préjudice qui pouvait être prévu lors du contrat ;

Considérant qu'aux termes de l'art. 101 du Code de commerce, lorsqu'une expédition de marchandises est faite par l'entremise d'un commissionnaire, la lettre de voiture forme contrat entre l'expéditeur, le commissionnaire et le voiturier ; que l'expéditeur est donc autorisé à s'en prévaloir et peut directement agir contre le voiturier ; que la loi n'exige pas qu'il soit dénommé dans la lettre de voiture et qu'il suffit, par suite, que sa qualité soit dûment établie ;

Considérant qu'il est justifié et non contesté que Drevon et Cie, en faisant l'expédition, ont agi comme commissionnaires en exécution du mandat à eux donné par Vve Clerc et fils ; que ceux-ci peuvent agir directement contre la Cie PLM ;

Par ces motifs :

Infirme le jugement entrepris et, statuant à nouveau,

Condamne la Cie PLM à payer à Vve Clerc et fils la somme

de 3.000 fr. de dommages-intérêts, montant des causes sus-
énoncées ;

Dit les parties respectivement mal fondées dans le surplus
de leurs conclusions, les en déboute ;

Condamne la Cie PLM aux dépens de première instance et
d'appel.

Observations. — Cet arrêt rappelle fort opportunément le
principe consacré déjà par un arrêt de la même chambre du
2 juillet 1926, ainsi que par la Cour de cassation (*Bulletin des
Transports*, 1927, p. 10) et que cependant la 5e chambre du
tribunal de commerce de la Seine avait complètement perdu de
vue, à savoir que l'expéditeur réel, même non dénommé dans
la lettre de voiture, peut toujours agir contre le voiturier, pourvu
que sa qualité soit suffisamment établie.

187. — Denrées périssables. — Tarif GV 314. — Retard. —
Trains réglementaires. — Instructions intérieures ne pouvant
rien ajouter aux prescriptions du tarif. — Arrêt de la Cour de
cassation (ch. civ.) du 25 janvier 1928. — Lacombe frères contre
Cie d'Orléans. — BT. 3/1928.

La Cour,

Sur le moyen unique :

Attendu que Lacombe frères ont assigné la Cie d'Orléans en
réparation du préjudice qu'ils auraient subi par suite de manquants, d'avaries et de retards dans le transport de colis de
prunes, noix et châtaignes, par eux expédiés, de juillet à octobre
1920, avec réquisition du tarif spécial commun GV 314, de
Terrasson (Dordogne) à Boulogne-sur-Mer ;

Attendu que l'arrêt attaqué, statuant sur le chef des retards,
qui seul fait l'objet du pourvoi, a débouté Lacombe frères de
leur demande, par le motif qu'ils ne justifiaient pas des retards
allégués ;

Attendu, d'après le pourvoi, que l'arrêt n'a pu statuer ainsi
sans violer le tarif spécial commun GV 314, dès lors que les
retards provenaient de ce que les colis n'avaient pas été transportés par le train réglementaire N° 9102 qui, aux termes de ce
tarif et de deux lettres-circulaires du chef de l'exploitation de
la compagnie, était spécialement affecté aux expéditions de
denrées périssables ;

Mais attendu que l'arrêt attaqué déclare à bon droit que le
train 9102 n'était pas obligatoire pour la compagnie, et que les
lettres-circulaires du chef d'exploitation, relatives à des mesures
d'ordre intérieur, et non destinées au public, ne pouvaient être
invoquées par lui ;

Attendu, en effet, d'une part, que, d'après l'horaire applicable
à partir du 25 juin 1920, les transports effectués aux conditions

du tarif spécial GV 314, et du tarif spécial commun pour les colis agricoles « sont admis dans tous les trains de voyageurs, à « l'exception des trains-postes, rapides et express, et des trains « désignés au § 2 du chapitre I » ; qu'à la vérité ce texte ajoute : « Toutefois, les denrées et les bestiaux à destination de Paris « ne sont acceptés, sur chaque section, que par un seul train « désigné dont le numéro et l'heure de passage sont portés à la « connaissance du public au moyen d'une affiche placée dans « chaque gare ou station aux guichets de réception des expédi- « tions de grande vitesse. La nomenclature de ces trains est « donnée dans le tableau ci-après. » ;

Mais attendu que, sur ce tableau, le train 9102 est désigné pour le service de la seule section de Capdenac à Brives, sur laquelle ne se trouve pas Terrasson, gare expéditrice où, dès lors, ce train ne passe pas ;

Attendu, d'autre part, que si des circulaires du chef de l'exploitation de la compagnie, ayant pour but, d'après leur contexte même, « d'éviter des pertes de temps aux trains de voyageurs», recommandaient aux gares expéditrices de charger « d'une manière générale » les colis de noix et châtaignes sur des trains en correspondance avec le train 9102, ces mesures d'ordre intérieur ne pouvaient avoir pour effet d'obliger la compagnie au delà des prescriptions du tarif dûment approuvé ;

D'où il suit qu'en statuant comme il l'a fait, l'arrêt attaqué n'a violé aucun des textes visés au pourvoi ;

Par ces motifs :

Rejette le pourvoi formé contre un arrêt de la cour d'appel de Bordeaux du 4 novembre 1924.

Observations. — Jurisprudence constante et fermement établie : les instructions intérieures que donnent les compagnies à leurs agents uniquement en vue de la bonne exécution du service et en dehors des règlements et tarifs homologués ne peuvent rien ajouter aux obligations imposées auxdites compagnies par ces mêmes règlements et tarifs.

188. — Wagon-réservoir. — Chauffage. — Retard et avaries dues à ce retard. — Art. 105 du Code de commerce inapplicable. — Arrêt de la cour d'appel de Montpellier (2 ch.) du 15 décembre 1928. — Vidal contre : 1º Pujas et Cie ; 2º chemins de fer d'Alsace et de Lorraine (extrait). — BT. 3/1929.

La Cour,

Attendu que Vidal a régulièrement interjeté appel du jugement prononcé le 9 octobre 1925, par le tribunal de commerce de Montpellier, qui rejette l'action en garantie qu'il avait dirigée contre les chemins de fer d'Alsace et de Lorraine, en suite d'une assignation en paiement d'une somme de 3.000 fr., signifiée au requis de Pujas :

. . . .

Attendu que l'administration des chemins de fer d'Alsace et de Lorraine a fait valoir aussi devant les premiers juges que l'action de Vidal devait être rejetée, motif pris de ce que les formalités de l'art. 105 du Code de commerce n'ont pas été observées et parce que cette action en garantie excède les limites de la demande principale ;

Attendu que ces exceptions, qui n'avaient pas été examinées par les premiers juges, doivent être appréciées par la Cour en l'état de sa décision qui rejette l'exception d'irrecevabilité de l'action en garantie ;

Attendu qu'il résulte de l'examen des exploits d'assignation, que la demande principale de Pujas et l'action en garantie de Vidal ont pour cause les conséquences dommageables d'un retard dans la livraison de la marchandise ; qu'il est constant que ce retard a été occasionné par une immobilisation excessive du wagon N° 543.904 ;

Attendu qu'il est de principe que les actions dirigées contre le transporteur en réparation du dommage, quel qu'il soit, ayant pour cause un retard de livraison, ne sont pas soumises à la déchéance de l'art. 105 du Code de commerce, et que l'action doit être considérée comme ayant pour cause le retard, quand le demandeur attribue explicitement à ce retard la cause initiale du préjudice dont il demande réparation ; qu'il s'ensuit que Vidal n'avait pas à se conformer aux dispositions de l'art. 105 du Code de commerce, inapplicable à l'espèce ;

Attendu que, par son exploit du 30 juin 1925, Vidal assignait l'administration intimée pour qu'elle le relève des condamnations qui pourraient être prononcées contre lui, sans préjudice de tous dommages relatifs au retard ; que ce deuxième objet de la demande était un accessoire du précédent ; qu'il n'avait pas un objet différent ; qu'il se rattachait étroitement à l'obligation du garant ainsi qu'aux conséquences pouvant être entraînées par cette obligation ; que, d'ailleurs, Vidal a abandonné ce chef de sa demande et n'y conclut pas en appel ;

Sur le fond de l'action en garantie :

Attendu qu'il est démontré par les éléments et circonstances de la cause que le retard dans la livraison, qui est la base de l'instance, est dû à la faute des chemins de fer intimés ; que le 18 novembre 1924, la gare de Portes avisait Vidal que le wagon N° 543.904 était immobilisé pour cause de chauffage ; qu'il prévenait immédiatement Pujas et Cie, qui expédiaient, le 20 du même mois, l'essieu et les pièces nécessaires ;

Attendu que, le 21 de ce même mois, l'administration intimée était en mesure d'effectuer la réparation qui lui incombait ; que, cependant, elle n'y procédait pas de suite et qu'elle n'était en mesure d'expédier le wagon que le 16 décembre, avec un retard relativement considérable et en tout cas préjudiciable :

Attendu qu'il importe, au surplus, de remarquer que le chauffage qui a occasionné l'immobilisation du wagon, est la conséquence d'une faute de l'administration, qui eut dû procéder aux vérifications qui lui incombent en exécution du tarif PV N° 29-129, art. 6 ; qu'elle n'invoque, à titre d'excuse, aucun cas fortuit ou de force majeure ; que, par suite, elle doit être condamnée à garantir Vidal des condamnations prononcées contre lui au profit de Pujas et Cie ;

Par ces motifs :

La Cour,

Adoptant les motifs des premiers juges sur l'action principale ;

Confirme le jugement entrepris en ce qui concerne cette demande ;

Accueillant, pour le surplus, l'appel et les conclusions de Vidal, et réformant

Rejette les exceptions soulevées par les chemins de fer d'Alsace et de Lorraine ; dit que la responsabilité de l'accident qui a occasionné le retard dans la livraison et le dommage dont Pujas obtient réparation incombent aux chemins de fer d'Alsace et de Lorraine ;

Condamne cette administration à garantir et relever Vidal des condamnations prononcées au profit de Pujas et Cie par le jugement dont appel dans la partie confirmée...

Observations. — La cour d'appel de Montpellier a appliqué ici ce principe, rappelé page 49 de la 10e édition de notre *Manuel pratique*, que l'art. 105 du Code de commerce visant exclusivement l'avarie et la parte partielle, on ne saurait l'appliquer aux actions fondées sur la perte totale ou le retard. Il résulte, en outre, d'un arrêt de la Cour de cassation, du 5 mai 1903, que le *Bulletin des Transports* a publié le 1er juin suivant, page 1328, qu'on ne doit pas davantage appliquer ledit art. 105 aux avaries, lorsqu'elles sont attribuées au retard : c'est de cette jurisprudence (dont M. Victor Mittre indique les motifs sous le N° 156 de son *Droit commercial des chemins de fer* que l'arrêt ci-dessus s'est fort judicieusement inspiré.   L.

189. — Retard GV de caisses d'œufs. — Action de l'expéditeur. — Prétention injustifiée du chemin de fer d'exiger un désistement du destinataire. — Jugement du tribunal de commerce de la Seine (2e ch.) du 30 mai 1928. — Bridel contre chemins de fer de l'Etat (extrait). — BT. 9/1928.

Le tribunal,

...Attendu que, suivant lettre de voiture N° 4.789, Bridel a expédié, le 3 septembre 1927, à 11 h. 55, de Châteaubriand, 46 caisses d'œufs, pesant 4.700 kg., à l'adresse de la Southern Railway Co, en gare de Saint-Malo ;

Attendu que les dites marchandises, aux termes des tarifs homologués alors en vigueur, auraient dû parvenir à destination le 5 septembre à 10 h. 33 et qu'elles n'ont été délivrées que le 6 septembre, à 7 h...

Sur le paiement de 641 fr. 60 :

Attendu que les chemins de fer de l'Etat se déclarent prêts à payer la somme de 641 fr. 60, conformément aux stipulations du tarif applicable, suivant la lettre du 10 mars 1928, qui sera enregistrée avec le présent jugement ;

Attendu que, pour se libérer du montant de cette somme, les chemins de fer de l'Etat ont émis la prétention d'obtenir de Bridel un désistement de la Southern Railway Co ;

Attendu que c'est à tort que les chemins de fer de l'Etat exigeraient la production de ce désistement, Bridel, comme expéditeur, étant partie au contrat, et attendu que les réserves de la Southern Railway, transitaire et non destinataire, n'ont été formulées qu'au titre de mandataire de Bridel ;

Attendu que, dans ces conditions, il échet d'obliger les chemins de fer de l'Etat à payer à Bridel la somme de 641 fr. 60 ;

. . . .

Par ces motifs :

Le tribunal, jugeant en premier ressort ;

Condamne les chemins de fer de l'Etat à payer à Bridel la somme de 641 fr. 60...

Observations. — Ainsi qu'il est expliqué, page 453 de la 10e édition de notre *Manuel pratique*, l'expéditeur et le destinataire ont le droit, l'un et l'autre, de réclamer l'exécution du contrat de transport ; ils sont fondés l'un et l'autre à se plaindre que cette exécution a été imparfaite ou incomplète ; la violation des conditions de ce contrat doit se résoudre en dommages-intérêts au profit de l'un et de l'autre s'il est établi qu'elle leur a causé à l'un et à l'autre un préjudice.　　　　　　　L.

190. — Wagon-réservoir de vin. — Retard ; avarie consécutive : responsabilité du chemin de fer. — Recours de celui-ci contre le propriétaire du wagon, recevable mais non fondé. — Jugement du tribunal de commerce de Pontoise du 14 février 1928. — 1° Vve Colombier contre Cie du Nord ; 2° Cie du Nord contre Bacou (extrait). — BT. 9/1928.

. . . .

Sur la demande en garantie :

Attendu que la Cie du Nord expose, à l'appui de cette demande, que le wagon litigieux a été différé le 22 septembre, les deux bandages des roues étant alors ébranlés et les rivets lâchés, avaries imputables aux transporteurs ;

Que, dès le 23 septembre, les deux essieux complets nécessaires pour la remise en état du wagon furent demandés au réseau du Midi, qui invita Bacou à remettre ces essieux à la gare de Capendu ;

Que Bacou fit connaître, le 29 septembre, qu'il ne possédait qu'un seul essieu et que, par suite de ce contre-temps, la remise en état du wagon fut retardée jusqu'à la fourniture des pièces de rechange nécessaires ;

Qu'au cours d'une instance devant le tribunal de la Seine, Bacou a, d'ailleurs, reconnu que le retard imputable à la compagnie n'était pas supérieur à 20 jours ;

Que le préjudice résultant du retard n'a pu être occasionné que par la lenteur apportée par Bacou à la remise en état de son wagon ; que ce dernier aurait pu éviter la dépréciation du vin en transvasant le contenu de son wagon dans un autre réservoir ;

Attendu que Bacou soutient que la demande dirigée contre lui est irrecevable ; qu'il y a défaut de connexité entre cette demande, basée sur un contrat d'immatriculation, et la demande principale, basée sur un contrat de transport ;

Que le wagon litigieux étant immatriculé sur le réseau du Midi, il y a absence de lien de droit entre la Cie du Nord et ledit Bacou ; qu'en tout cas, pour procéder régulièrement, la Cie du Nord aurait dû appeler en garantie les compagnies transporteurs intermédiaires ;

Qu'il conteste formellement avoir reconnu, lors d'une instance par lui intentée contre la Cie du Midi, qu'une partie du retard lui était imputable ;

Sur les moyens soulevés par Bacou :

Attendu que la demande en garantie de la Cie du Nord ne repose nullement sur le contrat d'immatriculation du wagon litigieux, mais sur les dispositions du tarif PV 129, dont l'art. 19 stipule que l'immatriculation des wagons rend les personnes qui l'ont obtenue responsables vis-à-vis des administrations de chemins de fer dans les conditions prévues ;

Que cette clause constitue une convention distincte et indépendante qui intervient entre les compagnies et les propriétaires de wagons relativement à la circulation de ces véhicules ;

Qu'au surplus, Bacou, propriétaire du wagon litigieux, est partie au contrat de transport comme expéditeur et ne saurait soutenir qu'aucun lien de droit n'existe entre lui et la Cie du Nord ;

Attendu, enfin, que, dans l'espèce, la Cie du Nord, qui a réclamé au destinataire le paiement des frais de transport a agi comme étant aux droits des voituriers antérieurs et assumé la responsabilité des avaries ou du retard survenus en cours de route ; qu'elle est donc fondée à assigner directement Bacou sans passer par les transporteurs intermédiaires ;

Attendu que les moyens soulevés par Bacou doivent être rejetés ; que la demande dirigée contre lui par la Cie du Nord est recevable ;

Au fond :

Attendu qu'il est établi que les avaries survenues en cours de route au wagon-réservoir de Bacou sont imputables aux transporteurs, qui l'ont reconnu ;

Attendu qu'il convient de remarquer que l'art. 22 du tarif PV 29-129, s'il impose au propriétaire d'un wagon l'obligation d'avoir à sa disposition des pièces de rechange, indique toutefois qu'en cas d'avaries les réparations sont faites par le chemin de fer, à ses frais, lorsque les avaries ne proviennent ni du vice propre du wagon, ni de la faute de l'expéditeur, ce qui est le cas de l'espèce ;

Attendu que, sur la demande qui lui a été adressée, Bacou a fait parvenir un essieu de rechange ; qu'aux termes de son contrat d'immatriculation avec la Cie du Midi, il n'était tenu d'avoir qu'un seul essieu de rechange eu égard au nombre de wagons immatriculés à son nom à ladite compagnie ;

Que le second essieu avarié a été réparé par la compagnie transporteur, ce qui démontre irréfutablement qu'en fait la fourniture d'essieux complets ne s'imposait pas ;

Attendu que le tribunal ne saurait retenir la prétention de la Cie du Nord d'imputer à Bacou le retard résultant de l'avarie survenue au wagon, ce dernier n'ayant nullement l'obligation de fournir les essieux dont l'avarie était imputable au chemin de fer et qui étaient, au surplus, réparables ;

Attendu que la transaction qui a pu intervenir entre la Cie du Midi et Bacou ne saurait être opposée à ce dernier par la Cie du Nord ; qu'il n'est, d'ailleurs, nullement démontré que Bacou, en transigeant sur sa demande, ait par là reconnu qu'une partie du retard survenu lui incombait ;

Attendu qu'il n'y a lieu de s'arrêter davantage à la prétention de la Cie du Nord soutenant que Bacou aurait dû se préoccuper de faire transvaser le vin pour éviter sa dépréciation ; qu'en effet, ce dernier, après l'envoi de l'essieu de rechange, n'a pas été tenu au courant du sort de son wagon, qu'il a cru acheminé sur sa destination aussitôt la réparation effectuée ;

Attendu qu'il y a lieu de retenir la responsabilité entière de la Cie du Nord dans le retard apporté au transport litigieux ; que sa demande en garantie contre Bacou est donc injustifiée et doit être rejetée ;

Attendu que la Cie du Nord succombant, tant sur la demande principale que sur sa demande en garantie, les entiers dépens de la présente instance doivent rester à sa charge ;

Par ces motifs :

Joint les demandes principale et en garantie et, statuant sur icelles, vu la connexité, par un seul et même jugement ;

Sur la demande principale :

Donne acte à la Cie du Nord de son offre d'une somme de 766 fr. 92 ;

Dit cette offre insuffisante ;

Condamne la Cie du Nord, pour y être contrainte par tous moyens et voies de droit, à payer à la dame Vve Colombier, la somme de 5.331 fr. 10, pour les causes sus-énoncées, avec les intérêts de droit ;

La condamne, en outre, aux dépens comprenant les frais d'expertise, ainsi qu'au coût du présent jugement ;

Sur la demande en garantie :

La déclare, toutefois, mal fondée et en déboute la Cie du Nord;

Condamne cette dernière aux dépens.

Observations. — Le jugement ci-dessus, auquel la Cie du Nord s'est soumise, a été rendu sur la plaidoirie de Me Hecquet, avocat à Pontoise, membre de notre Comité de contentieux. Dans sa première partie, que, vu le peu de place dont nous disposons, nous n'avons pu reproduire, il constate que la responsabilité de la compagnie pour le retard et les avaries qui en ont été la conséquence est entière envers le destinataire ; puis, passant à l'examen du recours en garantie de ladite compagnie contre le propriétaire du wagon, le tribunal en fait une étude très attentive et résout conformément au droit les diverses questions qui lui étaient soumises tant par la compagnie que par le propriétaire du wagon : en résumé, c'est le tarif PV 29-129, chapitre II, qui régit, avant tout, sur les grands réseaux français, la circulation des wagons appartenant à des particuliers, et cela non seulement en ce qui concerne les relations des transporteurs avec les expéditeurs et destinataires, mais également en ce qui concerne les relations entre les transporteurs et les propriétaires de ces wagons.

191. — 9 juin 1928. Appel Montpellier. — BT XI/1928. Wagon particulier. — Immobilisation par suite de chauffage. — Transports d'aller et de retour. — Contrats distincts. — Calcul des délais.

33 jours de retard ; la compagnie prétendait cumuler les délais d'aller et retour en y ajoutant le temps pour le dépotage ; le tribunal n'a pas admis cette étrange théorie.

Le plein était l'objet d'un contrat de transport et il en aurait été de même pour le vide.

192. — 16 août 1928. — Trib. comm. de la Seine. — BT. XI/1928. — Bagages. — Retard de 22 heures. — Bateau manqué. — Préjudice. — Art. 1150 du Code civil. — Indemnité de 5730 fr — Petitjean contre PLM.

193. — 24 mars 1928. — Cour d'appel de Grenoble. — BT. X/1928.

Animaux morts ou tombés malades en cours de route. — Absence d'escorte. — Itinéraire prévu non suivi. — Limitation de valeur. — Indemnités allouées.

194. — 9 juin 1928. — Cour d'appel Montpellier. — BT. X/1928.

Transport international. — Convention de Berne 45. — Prescription suspendue par une réclamation écrite. — Créancier se substituant à son débiteur négligent.

Avaries à 600 colis de tomates. — Vila transitaires. — Cie du Midi condamnée. — Retard ayant provoqué l'avarie.

195. — Transport international. — Constatation du poids requise : taxe de pesage non due. — Retard dans le pesage : frais de stationnement non dus. — Remboursement et indemnité. — Jugement du tribunal de commerce de la Seine (4e ch.) du 17 janvier 1928. — Mory et Cie contre Cie de l'Est (extraits). — BT. 4/1928.

Attendu qu'il est constant que, le 25 mai 1927, sous le N° 406, Mory et Cie ont expédié de Saint-Erme, réseau de l'Est, à un sieur Forié Golcly, en gare de Bâle-Wolf (Suisse), un wagon de paille pressée mécaniquement, du poids de 6.550 kg. ;

Que Mory et Cie ont porté sur leur déclaration d'expédition la mention « Nous demandons le pesage officiel du wagon au départ par le chemin de fer et le bulletin joint au récépissé » ;

Qu'en vertu de cette demande, la gare expéditrice a perçu une taxe de 21 fr. 60, plus une somme de 206 fr. pour frais de stationnement du wagon et celle de 12 fr. 80 pour frais de correspondance ;

Attendu que Mory et Cie, prétendant que ces taxes auraient été perçues indûment, assignent la Cie de l'Est en remboursement des dites sommes et en paiement de celle de 300 fr. à titre de dommages-intérêts ;

. . . .

Sur 21 fr. 60 :

Attendu que l'art. 8 de la Convention de Berne stipule, en son § 4, que, en ce qui concerne les marchandises qui sont chargées par l'expéditeur, les énonciations de la lettre de voiture, relatives soit au poids, soit au nombre des colis, ne font preuve contre le chemin de fer qu'autant que la vérification de ce poids aura été faite par le chemin de fer et constatée sur la lettre de voiture ;

. . . .

Attendu que c'est pour se conformer à ces prescriptions que Mory et Cie ont requis le pesage officiel, avec bulletin joint au récépissé ;

. . . .

Attendu que la demande de Mory et Cie n'a pas consisté à revendiquer un pesage supplémentaire en dehors de celui que la compagnie devait faire faire à ses frais ; qu'elle a seulement demandé que ce pesage fût rendu officiel par un bulletin à faire suivre avec la lettre de voiture pour remplacer le timbre de pesage généralement absent ; qu'en effet, le fait qui consiste à mettre dans la case prévue le timbre à date de la gare ne signifie rien quant au poids, et que, d'ailleurs, ce timbre à date a une case qui lui est réservée tout à côté ;

Attendu, au surplus, que les compagnies ont l'obligation formelle de procéder au pesage à leurs frais pour le calcul de la taxe ; qu'il n'est, d'ailleurs, pas démontré que la défenderesse se soit livrée à un pesage supplémentaire et qu'aucune taxe de pesage ne peut être perçue tant que la compagnie n'a pas procédé au pesage qu'elle doit faire d'elle-même pour calculer la taxe (Cour de cassation, ch. req., 22 mai 1905) ;

Attendu, incidemment, ainsi que semble vouloir le révéler la défenderesse en ses conclusions, que cette demande de poids avait pour but de constater la prise en charge par la compagnie d'un poids déterminé, mais que ce motif, si exact soit-il, ne peut justifier la perception d'une taxe supplémentaire ; qu'il ne s'agit, en l'espèce, que d'une application des règles de la Convention de Berne ;

Qu'ainsi, il échet, sur ce point, d'accueillir la demande et d'obliger la compagnie à rembourser à Mory et Cie, la somme de 21 fr. 60, indûment perçue, en accueillant le premier chef de la demande ;

Sur les frais de stationnement :

Attendu que la Cie de l'Est remettait, le 24 mai 1927, à Mory et Cie le wagon demandé pour être chargé ;

Que celui-ci ne fut terminé que vers 5 heures du soir, heure correspondant à la fermeture de la gare; que la compagnie prétend qu'elle ne pouvait, à ce moment, procéder au pesage ;

Attendu qu'elle ne le fit que le 25, tardivement, et exigea de Mory et Cie des frais de stationnement correspondant à une journée ; que Mory et Cie, ayant tardé à envoyer la somme réclamée, la compagnie leur compta encore les journées des 26 et 27 comme frais de stationnement, soit, au total, la somme de 206 fr. ;

. . . .

Attendu que, vainement, la compagnie soutiendrait en ses conclusions qu'elle ne pouvait que difficilement opérer la vérification du poids ;

Que l'expéditeur ne peut être rendu responsable de l'exiguïté d'une gare, de l'emplacement des wagons et du passage des trains de marchandises à une heure matinale, alors que les délais comptent, pour le moins, de l'ouverture à la fermeture ;

. . . .

Attendu que les compagnies ne peuvent créer de taxes en dehors des textes qui les prévoient ;

Qu'aucun texte ne prévoyant la perception de droits de stationnement dans de semblables circonstances, la mesure prise est absolument illégale en fait et en droit ; qu'il convient d'obliger la Cie de l'Est à payer à Mory et Cie la somme de 206 fr. qu'ils ont dû débourser pour laisser partir leur wagon, en y ajoutant celle de 12 fr. 80 pour frais de dépêches qu'ils ont dû débourser ;

Sur 300 fr. dommages-intérêts :

Attendu que les prétentions injustifiées de la Cie de l'Est ont causé à Mory et Cie un préjudice à la réparation duquel ils ont droit ;

Que, tenant compte des frais et démarches engagés et du trouble commercial qui en est résulté, ce tribunal peut fixer à la somme de 300 fr. le montant des dommages-intérêts qu'il convient d'allouer à Mory et Cie en accueillant la demande et en rejetant, par voie de conséquence, les conclusions reconventionnelles de la Cie de l'Est...

Observations. — Ce très intéressant jugement, dont nous regrettons de n'avoir pu donner ci-dessus que quelques extraits, a fort sainement statué sur les trois chefs de demande qu'il a examinés.

Le premier, le plus important, portait sur les frais de pesage que la gare de départ avait fait payer à M. Mory ; celui-ci s'était borné à demander la vérification du poids par la gare et la constatation du fait que cette vérification avait été bien opérée ; sa demande avait donc uniquement pour but d'obliger la compagnie, dans les termes de l'art. 8, § 4, de la Convention de Berne, à prendre charge du poids de la marchandise et à rendre probantes, à cet égard, les énonciations de la lettre de voiture.

256

Dans ces conditions, il ne pouvait s'agir d'un pesage supplémentaire et aucune taxe n'était due : le tribunal a, du reste, rappelé fort à propos, à cette occasion, qu'aucune taxe de pesage ne peut être perçue tant que la compagnie n'a pas procédé au pesage qu'elle doit faire d'office pour établir la taxe.

La gare prétendit, en outre, faire payer une journée de frais de stationnement parce qu'elle n'avait pu effectuer le pesage le jour même ; comme l'expéditeur refusait d'acquitter cette taxe, qu'il jugeait à bon droit indue, elle différa l'expédition et fit payer ensuite non pas une journée seulement de stationnement mais trois. Or, les frais de stationnement ne peuvent être dus au départ qu'à défaut de chargement par l'expéditeur dans les délais prescrits, ce qui n'était pas le cas ; *a fortiori* ne pouvaient-ils être dus pour un stationnement incombant exclusivement à la gare elle-même.

Enfin l'expéditeur n'avait pas fait une demande exagérée en estimant à 300 francs le préjudice que la gare, par ses agissements, lui avait injustement causé. L.

197. — Transport international. — Retard et perte consécutive. — Droit d'action du destinataire. — Lettre d'avis. — Art. 24 et 26 de la Convention internationale de Berne. — Arrêt de la Cour de cassation (ch. civ.) du 20 février 1929. — Zizza Salvator contre Cie PLM. — BT. 1/1929.

La Cour,

Sur le premier moyen :

Vu l'article 101 du Code de commerce ;

Attendu que la lettre de voiture forme un contrat entre les parties qui y sont dénommées ;

Attendu que Zizza s'est fait expédier d'Italie, par un sieur Bruschi, un wagon de figues sèches et que, n'ayant pu obtenir la livraison, il a demandé à la Cie PLM une indemnité comprenant le prix de la marchandise et le manque à gagner ;

Attendu qu'un jugement du tribunal de commerce de la Seine a déclaré suffisantes les offres de la compagnie portant sur le prix de la vente à laquelle la compagnie avait procédé d'office, déduction faite de frais de transport, et a débouté Zizza du surplus de sa demande ;

Attendu que, sur appel de Zizza, l'arrêt attaqué a confirmé le dit jugement, par ce motif propre que, dans ses relations avec Bruschi, Zizza n'était pas « ordinairement » un acheteur, mais un commissionnaire chargé de vendre des figues pour celui-ci ; qu'il ne lui a pas payé le prix du wagon de figues non livré ; « qu'il ne justifie donc d'aucun préjudice et que, l'intérêt étant la mesure des actions, il n'a aucun motif de se plaindre des prétendues fautes de la compagnie » ; qu'il doit donc être débouté de ses fins et conclusions ;

Mais attendu que le commissionnaire qui figure comme destinataire sur la lettre de voiture a qualité pour exercer contre le transporteur les actions nées du contrat de transport ; qu'il en est spécialement ainsi en matière de transports internationaux, sous le régime de la Convention de Berne, dont l'art. 26 n'accorde d'action à l'expéditeur qu'autant qu'il est porteur du duplicata de la lettre de voiture ou muni de l'autorisation du destinataire ; qu'en décidant autrement l'arrêt attaqué a violé le texte visé au moyen ;

Sur le moyen additionnel pris en sa première branche :

Vu l'art. 7 de la loi du 20 avril 1810 ;

Attendu que le jugement de première instance avait rejeté la demande de Zizza par ce motif qu'il n'avait point réclamé le wagon en temps utile au bureau de la grande vitesse et ne pouvait s'en prendre qu'à son inattention et à sa négligence de la perte qu'il avait subie ;

Attendu que la Cour, pour justifier plus complètement son dispositif a, subsidiairement, adopté ce motif du premier juge ;

Mais attendu qu'en instance d'appel, Zizza avait déposé des conclusions opposant au système du jugement entrepris « qu'en droit, s'agissant d'un transport international, la compagnie chargée de la livraison était tenu d'observer les prescriptions de la Convention de Berne, notamment l'art. 24 et d'aviser l'intéressé, ce qu'elle n'avait pas fait » ;

Que l'arrêt attaqué, en ne répondant pas à ce moyen précisé dans des conclusions régulièrement formulées, a violé le texte ci-dessus visé ;

Par ces motifs et sans qu'il soit besoin de statuer sur la seconde branche du moyen additionnel ;

Casse et annelle l'arrêt rendu entre les parties par la cour d'appel de Paris, le 4 avril 1924, et renvoie devant la cour d'appel d'Orléans.

Observations. — Aux termes de l'art. 26 de la Convention de Berne en vigueur à l'époque du transport litigieux, « les actions contre les chemins de fer qui naissent du contrat de transport international n'appartiennent qu'à celui qui a le droit de disposer de la marchandise » ; d'autre part, aux termes de l'art. 15, alinéa 4, le droit de l'expéditeur muni même du duplicata cesse lorsque, la marchandise étant arrivée à destination, le destinataire a retiré la lettre de voiture ou intenté l'action ; enfin, dans tous les textes relatifs au droit de disposer ou au droit d'action, il n'est question que de l'expéditeur ou du destinataire, les droits de l'un excluant d'ailleurs ceux de l'autre et réciproquement. La Cour de cassation a donc sainement jugé en décidant que, dès l'instant où l'expéditeur ne pouvait plus intenter lui-même l'action, ce droit appartenait au destinataire dénommé dans la lettre de voiture, sans qu'il y eût à rechercher quel était le caractère des relations de celui-ci avec ledit expéditeur.

L'arrêt ci-dessus est fort intéressant à un autre point de vue. La compagnie en cause reprochait, en effet, au destinataire, de ne s'être point enquis en temps utile de l'arrivée de la marchandise et d'avoir été cause ainsi de la perte qu'il avait subie ; à quoi le destinataire avait opposé les dispositions de l'art. 24 de la convention internationale, desquelles il résulte indirectement que le chemin de fer était tenu de l'aviser. La Cour suprême, en prononçant la cassation pour le motif qu'il n'avait pas été répondu à cette articulation du destinataire en cause, a implicitement admis que l'obligation d'aviser, emporte, pour le destinataire, le droit à des dommages-intérêts pour le retard et les conséquences du retard, bien qu'il ait attendu, sans mettre le chemin de fer en demeure de livrer, l'avis que ce dernier était tenu de lui adresser. Cette solution peut s'appliquer actuellement aux transports du régime intérieur français, depuis que l'envoi de l'avis d'arrivée est devenu obligatoire.

198. — Wagons particuliers immatriculés à l'étranger. — Contrat d'immatriculation comportant attribution de compétence. — Inapplicabilité de la clause attributive de compétence aux réseaux français. — 2º Action du propriétaire d'un wagon particulier. — Prescription trentenaire. — Art. 108 du Code de commerce inapplicable. — Jugement du tribunal de commerce de la Seine (1re ch.) du 19 janvier 1929. — Metzger et Cie contre Cie du Midi.

Le tribunal,

Après en avoir délibéré conformément à le loi ;

Sur l'incompétence domicile :

Attendu que le Cie du Midi entend, par conclusions motivées, décliner la compétence de ce tribunal à raison du domicile ;

Mais attendu que cette exception doit, à peine de nullité, être soulevée en *limine litis*, conformément aux termes des art. 189 et 424, § 2 du Code de procédure civile ;

Qu'il résulte des débats et des documents soumis que la Cie du Midi ne s'est pas conformée à cette prescription, et qu'ainsi l'exception soulevée ne saurait être accueillie ;

Attendu, au surplus, que, même soulevée *in limine litis*, l'exception sus-visée ne saurait être davantage accueillie ;

Qu'en effet, la clause de compétence stipulée au contrat d'immatriculation, dont la Cie du Midi se réclame pour opposer l'incompétence *ratione loci*, ne saurait être valablement invoquée qu'entre ceux qui ont contracté ;

Et attendu que le dit contrat n'a été signé que par Metzger et Cie d'une part, et la Reischbahn-Direction, d'autre part ;

Qu'ainsi la Cie du Midi, n'étant pas partie au contrat d'immatriculation passé entre les demandeurs et les chemins de fer du Reich, ne saurait s'en prévaloir ;

Qu'ainsi, à tous égards, il convient de rejeter le déclinatoire opposé ;

Au fond :

Sur la recevabilité de la demande :

Attendu que la Cie du Midi entend également, en ses conclusions motivées, opposer subsidiairement l'irrecevabilité de la demande, motif pris que celle-ci serait prescrite ;

Mais attendu que les seuls textes sur lesquels la Cie du Midi puisse vouloir étayer cette prescription sont ceux qui régissent les transports internes, dès lors que le wagon, comme c'est le cas en l'espèce, n'est pas sorti du territoire français ;

Attendu, en conséquence, que la prescription définie à l'art. 108 du Code de commerce ne s'applique qu'aux actions nées du contrat de transport proprement dit, auquel le propriétaire du wagon est le plus souvent étranger ;

Que, par suite, le droit de tout propriétaire de wagon est régi seulement par les dispositions du tarif PV 29-129, et que, dès lors, en pareil cas, la seule prescription est la prescription trentenaire (Cass. 22 novembre 1926) ;

Et attendu que la période de trente ans requise n'est pas écoulée ;

Que la demande est donc recevable et que, par suite, elle doit être examinée au fond ;

Au fond :

Attendu qu'il est acquis aux débats que Metzger et Cie, propriétaires du wagon-réservoir n° 512.132, immatriculé à leur nom, en Allemagne, et admis à circuler en France, en vertu du tarif PV 29-129, se sont fait envoyer, par une maison Massot et Cie, de Sète, à destination de Stuttgart, le dit wagon, avec un chargement de vin du poids de 15.000 kg. et ce par expédition n° 142, en date du 27 septembre 1926 ;

Attendu qu'en raison d'incidents survenus au cours de ce transport, et imputant à la Cie du Midi la responsabilité de ceuxci, Metzger et Cie lui réclament paiement d'une somme de 4.497 fr. 95 à titre de dommages-intérêts ;

Attendu qu'il est établi que le wagon dont s'agit a été arrêté à Narbonne, pour y subir des réparations à des essieux ;

Que, pour éviter une immobilisation prolongée du vin, la Cie du -Midi l'a fait transborder dans un autre wagon, qu'elle a expédié aux demandeurs ;

Que, cependant, le wagon litigieux, réparé par les soins et aux frais de la compagnie défenderesse, et réexpédié sur instructions à Metzger et Cie, à Sète, n'y est parvenu que le 9 novembre 1926, soit avec 41 jours de retard ;

Attendu qu'en ses conclusions motivées la Cie du Midi entendrait soutenir que Metzger et Cie, propriétaires du wagon litigieux, ne seraient pas partie au contrat de transport ;

Mais attendu qu'aux termes d'une jurisprudence constante, les stipulateurs du contrat de transport s'appliquent tant à la marchandise transportée qu'au récipient qui la contient ;

Que le wagon dont il s'agit était régulièrement immatriculé et admis à la circulation sur les réseaux français ;

Qu'ainsi, par cette immatriculation et cette admission, les demandeurs ont acquis un droit fondé sur la loi et les règlements qui les autorisent à exiger de la compagnie qu'elle veille à la conservation du wagon qu'elle a accepté ;

Attendu, en conséquence, que la responsabilité de la Cie du Midi demeure entière à l'égard du propriétaire du wagon litigieux ;

Qu'il lui appartient, comme en matière de responsabilité contractuelle, de prouver qu'elle n'a commis aucune faute en privant Metzger et Cie de l'usage de leur wagon au delà du temps qui lui était imparti pour leur en faire la livraison, ce qu'elle ne fait pas ;

Attendu, par suite, que ce tribunal, faisant état que Metzger et Cie ont été privés, pendant 41 jours, de l'usage de leur wagon ; qu'ils ont dû payer au destinataire des marchandises transportées une indemnité de retard de livraison, et exposer divers frais pour le port du wagon de remplacement, ainsi que pour la présentation de leurs réclamations, trouve, dans les faits de la cause, les éléments voulus pour fixer à la somme de 3.500 fr., l'importance de l'ensemble du préjudice ;

Que c'est donc au paiement de la dite somme qu'il convient d'obliger la Cie du Midi, à titre de dommages-intérêts, en accueillant ainsi la demande à due concurrence ;

Par ces motifs :

Le tribunal, jugeant en premier ressort ;

Condamne la Cie du Midi à payer à Metzger et Cie la somme de 3.500 fr. à titre de dommages-intérêts ;

A satisfaire à ce que dessus sera la compagnie défenderesse contrainte par les voies de droit ;

Déclare Metzger et Cie mal fondée en le surplus de leur demande ; les en déboute ;

Et condamne la compagnie défenderesse aux dépens.

199. — On lit, dans le BTI 1929, page 283 ;

Si par suite d'un retard de 22 heures dans la livraison des bagages, un voyageur n'a pu s'embarquer sur un navire partant, le chemin de fer est tenu de rembourser la totalité du préjudice.

(Jugement du tribunal de commerce de la Seine, du 16 août 1928). — Comp. art. 1150 du Code civil français.

Le tribunal,

Après en avoir délibéré conformément à la loi ; attendu qu'il est acquis aux débats que le 29 avril 1927, Mlle P. suivant bulletin n° 4758 a remis à la Cie PLM, deux colis du poids total de 79 kg. pour être expédiés à Marseille ;

Attendu qu'à destination les colis dont s'agit, et qui devaient l'accompagner, n'ont pu lui être représentés à son arrivée et ne lui ont été délivrés que le lendemain, avec 22 heures de retard ;

Attendu que la compagnie est garante de la livraison des objets par elle transportée dans les délais prescrits ; qu'elle doit donc être tenue à la réparation du préjudice qui est résulté pour demoiselle P. du retard ci-dessus mentionné ;

Et, attendu que cette demanderesse justifie, par les pièces versées aux débats, que le jour même de son arrivée à Marseille, elle devait s'embarquer sur le vapeur « Patris » pour une croisière organisée par l'Agence Cook à destination de la Grèce ; que le retard apporté à la livraison de ses bagages l'a mise, dans l'impossibilité de partir, alors qu'elle avait déjà payé à l'agence sus-visée le montant de son voyage dont le prix total revenait à 55 livres sterling ; que l'Agence Cook a consenti à lui rembourser 25 % de ce prix, soit, en argent français au cours du change, 1.700 fr. 80 ; qu'elle justifie également de ses frais et débours tant pour se rendre à Marseille que pendant son séjour ;

Attendu que la Compagnie ne saurait valablement invoquer, en l'espèce, l'art. 1150 du Code civil et prétendre que le dommage subi est un dommage imprévisible, que le dommage ressenti par demoiselle P., tant par sa nature que par son importance, est un dommage normal et pouvait donc être prévu lors du contrat;

Attendu que, faisant état de ces faits de la cause, le tribunal possède les éléments d'appréciation qui lui permettent de dire que la somme réclamée de 5.730 fr. 05 sera l'équitable réparation du préjudice dont justifie la demanderesse ; que c'est donc au paiement de ladite somme qu'il convient d'obliger la Cie PLM, en accueillant la demande ;

Par ces motifs :

Le tribunal, jugeant en premier ressort ;

Condamne la Cie PLM à payer à Mlle P. la somme de 5.730 fr. 05, à titre de dommages-intérêts ;

Et la condamne aux dépens. (*Bulletin des Transports*, du 1er novembre 1928, p. 131).

LAISSÉS POUR COMPTE

LAISSÉS POUR COMPTE
ou refus de prendre livraison

INDEX DES ARRÊTS

Amendes et douane (refus à cause d') : 20.
Avaries : 1, 3 bis, 15, 23, 26.
Avis perdu : 7.
Baisse du prix de la marchandise : 29.
Beurre : 11 bis.
Colis postaux : 17.
Commissionnaires et transports : 18, 26.
Cuivre 17 bis.
Déclarations inexactes et douane : 20.
Denrées alimentaires : 23,
Dispositions ultérieures 8.
Douanes : 3.
Droit d'action : 2, 13.
Droit de refuser la marchandise : 3 bis (pages 270, 274).
Emballage : 21.
Expertises : 17 bis, 21, 23, 24, 25, 30.
Fonte : 21, 27.
Frais de transports trop élevés : 6, 10, 11.
Formalités de douane : 3.
Glaces bombées : 30.
Itinéraires : 19.
Laiton : 24.
Magasinage : 4, 9, 11.
Marchandise inutilisable : 3 bis.
Mauvaise foi : 28.
Mise en dépôt : 5.
Motifs de refus : 4.
Ornements d'église : 17.
Perte de colis refusés : 17.
Poulets : 15.
Présomptions et perte : 22, 27.
Réexpédition : 11 bis.
Réserves : 11 bis, 12, 15, 16, 25.

Retard (refus pour cause) : 14, 26.
Retard dans le renvoi à l'envoyeur : 3.
Retrait des marchandises après 1er refus : 8.
Riz : 29.
Velours : 18.
Vente aux enchères : 19.
Verreries : 22.
Vice propre : 21, 23.
Vins : 20.
Volailles : 15.
(Voir arrêt manquant 234 avec laissé pour compte).

On trouvera des arrêts concernant les laissés pour compte dans les volumes I et II du répertoire (Avaries, Manquants, Pertes et Déchets).

INTRODUCTION

Il existe deux genres de motifs de refus :

a) Ceux ayant pour base une contestation avec le chemin de fer et provenant d'avaries, retards, perte partielle ou totale de la marchandise ou celle de la lettre de voiture, exigence du chemin de fer de frais de transport trop élevés et non conformes aux tarifs officiels, camionnage à domicile, d'office, c'est-à-dire sans autorisation du destinataire, dédouanement inexact par le chemin de fer, etc.

b) Ceux provenant de différents entre le destinataire et l'envoyeur ou fournisseur : marchandises non conformes, ou expédiées trop tard, quantité plus grande que celle commandée, envoi en port dû au lieu de port payé, emballage défectueux ayant provoqué des avaries dont le chemin de fer n'est pas responsable, etc.

Nous n'avons à nous occuper ici que des motifs de la catégorie A ; que disent la législation, les règlements et la jurisprudence ?

Loi fédérale sur les Transports par chemins de fer 1893

Art. 44. — Le destinataire sera libre, de refuser la réception de la marchandise même après réception de la lettre de voiture et paiement des frais de transport, aussi longtemps que le dommage dont il soutient l'existence n'aura pas été constaté conformément à sa réquisition. Les réserves faites lors de la réception de la marchandise ne sont d'aucun effet, à moins qu'elles ne soient consenties par le chemin de fer.

Autrement dit, exiger du chemin de fer, dès que l'on constate en gare des avaries, l'assurance écrite que le chemin de fer paiera les dommages constatés, qu'il reconnaît lui être imputables. Ne pas se contenter d'un procès-verbal de constatation dans lequel le chemin de fer glisse des mentions qui se retournent contre le client.

Voici maintenant les textes du règlement suisse de transports : Art. 74, § 11 : Lorsqu'une partie des marchandises détaillées dans la lettre de voiture est restée en arrière, le destinataire ne peut, à l'égard de la Cie du chemin de fer, refuser de prendre livraison de la partie de l'envoi parvenue à destination, ni de payer le montant proportionnel des frais qui concernent cette partie, à supposer toutefois qu'il s'agisse d'articles couramment utilisables en l'absence même des objets en souffrances. Le tout sans préjudice des indemnités auxquelles il peut avoir droit. La marchandise ne peut pas non plus être refusée pour cause d'avarie.

Cet article renvoie au nº 99 (§ 2 et 3) ainsi conçu :

2. — Le destinataire sera libre de refuser la réception de la marchandise même après réception de la lettre de voiture et paiement des frais de transport, aussi longtemps que le dommage dont il soutient l'existence n'aura pas été constaté conformément à sa réquisition. Les réserves faites lors de la réception de la marchandise ne sont d'aucun effet, à moins qu'elles ne soient consenties par le chemin de fer.

3. — Si l'un ou l'autre des objets désignés dans la lettre de voiture venait à manquer lors de la livraison, le destinataire pourra exclure dans la quittance (71) les colis non livrés, en les désignant spécialement.

Nous signalons encore l'art. 78 du même règlement :

§ 1. — Il y a empêchement à la livraison lorsque la marchandise est refusée ou que son acceptation n'a pas pu être obtenue dans les 5 jours qui suivent l'envoi de la lettre d'avis[1]. Pour les marchandises adressées gare restante ou à des destinataires n'habitant pas la localité où se trouve la gare, l'empêchement à la livraison est considéré comme établi si la marchandise est refusée ou n'est pas acceptée dans les 14 jours qui suivent son arrivée.

§ 5. — Aussi longtemps que la gare destinataire n'a pas reçu d'ordre contraire de l'expéditeur, elle doit livrer la marchandise refusée ou non retirée au destinataire qui la réclame ultérieurement. Elle en avise immédiatement l'expéditeur par l'entremise de la gare expéditrice.

§ 6. — La marchandise exposée à prompte détérioration ou dont la valeur présumée ne couvre pas les frais qui la grèvent, doit être vendue au bénéfice de qui de droit ; il peut en être de même de la marchandise dont ni l'expéditeur ni le destinataire n'ont disposé après un délai de 30 jours, etc.

CIM 24. Empêchement à la livraison.

§ 1. — Lorsqu'il se présente des empêchements à la livraison de la marchandise, la gare destinataire doit en prévenir sans retard l'expéditeur par l'entremise de la gare expéditrice et demander des instructions. Quand la demande a été faite dans la lettre de voiture, cet avis doit être donné immédiatement par télégraphe. Les frais de cet avis sont à la charge de la marchandise.

---

[1] Or les CFF ont supprimé les avis ; on constate par là le peu de sérieux de certains bureaux.

270

Si le destinataire refuse la marchandise, l'expéditeur a le droit d'en disposer, même s'il ne peut pas produire le duplicata de la lettre de voiture.

Si, après l'avoir refusée, le destinataire se présente pour prendre livraison de la marchandise, celle-ci lui est livrée, à moins que la gare destinataire n'ait reçu entre temps des instructions contraires de l'expéditeur. Avis de cette livraison doit être donné immédiatement à l'expéditeur par une lettre recommandée dont les frais restent à la charge de la marchandise. En aucun cas la marchandise ne peut être retournée à l'expéditeur sans son consentement exprès.

§ 2. — Pour tout ce qui n'est pas prévu au § 1 du présent article et sous réserve des dispositions de l'art. 43, le mode de procéder, dans le cas d'empêchement à la livraison, est déterminé par les Lois et Règlements en vigueur pour le chemin de fer chargé de la livraison.

Art. 30 CIM. — Présomption de perte de la marchandise. Cas où elle est retrouvée.

§ 1. — L'ayant-droit peut, sans avoir à fournir d'autres preuves, considérer la marchandise comme perdue quand elle n'a pas été livrée au destinataire ou tenue à sa disposition dans les trente jours qui suivent l'expiration des délais, tels qu'il sont calculés à l'article 11.

A ces trente jours, il est ajouté autant de fois dix jours, avec maximum de trente jours, qu'il y a d'Etats traversés en sus de ceux de départ et d'arrivée, etc., etc.

Nous avons vu par ce qui précède que le chemin de fer s'est arrangé pour avoir la part belle, heureusement que les tribunaux ont mis un frein à la fantaisie des fonctionnaires et des administrations de chemins de fer.

Nous allons tâcher de mettre un peu de clarté dans ce galimatias

Ajoutons que les Lois et Règlements suisses et CI prévoient que le destinataire d'un envoi peut considérer ce dernier comme perdu s'il ne lui est pas présenté dans les trente jours qui suivent l'expiration du délai pour la livraison. § 98. Règl. Transports suisse. CI § 33.

CIM. L'art. 30 apporte une aggravation pour les usagers ; il traite de la présomption de perte de la marchandise.

Sous l'empire de la CI, art. 33, l'ayant-droit pouvait considérer comme perdue la marchandise 30 jours après l'expiration du délai fixé pour la livraison ; avec la CIM, ce délai a été porté de 30 à 60 jours selon le nombre de pays traversés.

Nous verrons plus loin les inconvénients, pour l'usager, de l'arrivée en retard de ses marchandises ; pour le moment il s'agit de celles qui n'arrivent pas du tout.

Le commerçant après avoir commandé, a entrepris à l'avance la vente des marchandises ; il a peut être dû promettre un dédit en cas de non livraison ; s'il ne voit pas arriver sa commande que fera-t-il pour échapper aux réclamations, à une demande d'indemnité de ses clients ? Il devra racheter ailleurs à des prix plus élevés ; il essaiera bien de faire patienter son acheteur pendant quelques jours ; c'était déjà difficile avec les 30 jours de la CI, mais devient impossible avec les 40, 50 ou 60 jours de la CIM.

Il va donc acheter une marchandise de remplacement ! que fera-t-il ensuite de celle qui lui parviendra... si elle lui parvient, deux mois après ? Pourra-t-il seulement la vendre ? et s'il a cette chance, à quelles conditions ?

Les chemins de fer prétendent n'avoir pas à payer des dommages imprévisibles ou indirects ; c'est absolument inique.

Le commerce s'est basé sur les délais prévus par la CIM ; dès que ces délais sont dépassés, le chemin de fer devrait donc être condamné à payer la valeur de la marchandise, augmentée du manque à gagner ; il aurait le loisir de garder pour son compte la marchandise (ou la vendre) il verrait avec quelle difficulté il arrivera à s'en défaire.

En nous basant sur les arrêts rendus, nous prétendons qu'un destinataire de marchandise ne peut refuser au chemin de fer d'en prendre possession que dans certains cas définis :

a) Marchandise avariée à tel point qu'elle est inutilisable, encore devra-t-il le faire constater par écrit par le chemin de fer, sinon par un expert, puis faire des réserves recommandées ;

b) Marchandise arrivant en retard alors qu'elle était destinée à une manifestation fixe telle que : exposition, foire, mode de saison ;

c) Marchandise arrivant sans que le chemin de fer présente la lettre de voiture parce qu'il l'a perdue ou égarée ;

d) Marchandise dont une partie seulement arrive ce qui rend l'arrivage partiel inutilisable, ainsi des pièces de machines formant un tout.

Les pertes de lettres de voiture ne sont pas rares et exposent les destinataires qui prennent possession de la marchandise en l'absence de cette pièce à des déconvenues ; ex. : l'envoyeur a expédié en port dû au lieu de port payé. Si le destinataire retire la marchandise il doit ensuite payer les frais qu'il ne pourra pas toujours récupérer auprès de l'envoyeur. S'il a sous les yeux la lettre de voiture et constate l'erreur de l'envoyeur, il refuse l'envoi jusqu'à arrangement avec son fournisseur.

La jurisprudence a, du reste, taxé de faute grave du chemin de fer le fait d'avoir égaré la lettre de voiture.

Le laissé pour compte s'impose lorsqu'on constate à l'arrivée une substitution de marchandise en cours de transport, c'est-à-dire lorsque les marchandises ne sont pas conformes à la commande ou à la description figurant sur la lettre de voiture.

Il y a un autre cas de refus, c'est lorsque le chemin de fer se permet de livrer d'office à domicile alors que le destinataire ne l'y a pas autorisé et que les colis sont destinés à une autre destination que celle figurant sur la lettre de voiture. Le chemin de fer doit aviser l'arrivée des colis et permettre ainsi au destinataire de faire de sa marchandise ce que bon lui semblera. Il n'est en effet pas rare que les marchandises n'ont pas à quitter la gare d'où elles doivent être réexpédiées, sur une station au delà.

Quant aux contestations entre envoyeur et destinataire, il est évident que le chemin de fer n'a pas à intervenir ; le destinataire, pas d'accord avec un envoi, le refuse et ne s'en occupe plus. Le chemin de fer avise l'envoyeur et lui fait payer les frais de magasinage ou de stationnement, qui ne regardent pas le destinataire qui a refusé un envoi.

Il faut en tout cas faire très attention aux suites d'un refus comme à celles d'une acceptation, et, dans le doute, consulter un homme compétant et en dehors du chemin de fer.

Attirons, pour terminer, l'attention des destinataires sur l'art. 21 de la Loi fédérale de transport 1893, autorisant le destinataire qui n'est pas d'accord avec les frais réclamés par le chemin de fer, de déposer le montant de la lettre de voiture à la caisse de consignations. Il peut ainsi prendre possession de la marchandise sans payer au chemin de fer, lequel est obligé de discuter ensuite pour obtenir ce qui lui revient.

Si l'on a le tort de payer au chemin de fer avec promesse d'être détaxé, on fait un marché de dupe, car il faudra des mois pour être remboursé... si on l'est.

DOCTRINE FRANÇAISE
Extrait du Manuel pratique *de Lamy* 1924

Les auteurs qui défendent l'inadmissibilité du « laissé pour compte » ne manquent pas de menacer des foudres de la Cour de cassation les tribunaux qui jugeraient contre leur doctrine. Les tribunaux n'ont rien à craindre de ce côté ; il leur est permis, en effet, pour se rapprocher des satisfactions que souvent commande l'équité et qu'entrave une trop stricte interprétation de la loi, d'appliquer les règles d'un contrat à un autre contrat, les règles du contrat de vente au contrat de transport, par exemple, sans recourir la censure de la Cour suprême : il suffit, pour cela, qu'ils s'abstiennent soigneusement de qualifier le contrat interprété, parce qu'une erreur à cet égard serait une erreur sur le droit et que toute décision judiciaire « renfermant une erreur sur le droit peut être soumise à la censure du tribunal et cassée par lui » (Mourlon, tome XI, p. 586).

La question du laissé pour compte n'est pas susceptible de recevoir une solution générale unique : elle doit être traitée, pour chaque affaire, suivant les circonstances du fait.

Le laissé pour compte ne saurait être justifié par un simple retard, par un simple manquant, par des avaries qui ont simplement enlevé aux objets transportés une partie de leur valeur. Ainsi jugé dans les cas ci-après :

1. Retard de 7 jours dans le transport en GV d'une caisse de cigares, alors qu'il n'était justifié ni même allégué que ce retard eût eu pour conséquence d'avarier la marchandise ou de la rendre impropre à la consommation (Trib. com. Seine, 24 nov. 1897 ; BT 1898, 398).

2. Retard de 24 jours dans le transport de 21 fûts de vin, alors qu'il n'était pas démontré qu'à la date de son arrivée la marchandise fût devenue absolument inutilisable pour l'expéditeur ou le destinataire (Trib. com. Saint-Jean-de-Maurienne, 27 mars 1908 ; BT 1909, 28).

3. Retard de 50 jours dans le transport d'une balle de cuir tanné ; le destinataire a été condamné à prendre livraison de ladite balle moyennant paiement, par le ch. de fer, d'une indemnité égale à 30 % de sa valeur (Trib. com. Saint-Omer, 6 janvier 1891).

4. Retard simple, bien que le destinataire, pour ne pas manquer la vente, eût fait une seconde commande de la même marchandise : étant commerçant il se trouvait en meilleure position que la Compagnie pour en tirer parti (C. Bordeaux, 11 août 1854) ou en avait l'écoulement facile (Trib. com. Marseille, 6 août 1900 ; BT 1900, 774).

5. Retard simple de bouteilles fabriquées sur commande, alors qu'il n'était pas établi qu'elles fussent devenues sans valeur pour n'avoir pas été livrées dans le délai prescrit, ni que la société expéditrice ne fût plus en mesure de les utiliser, soit pour l'usage auquel elles étaient primitivement destinées, soit pour tout autre usage commercial et immédiat (C. Lyon, 29 mars 1912 ; BT 1912, 201).

6. Retard simple de feuilles de cuivre laminées sur commande

à des dimensions spéciales, en vue d'un travail déterminé, et dont, par suite du retard, le destinataire n'avait plus l'emploi : ces feuilles de cuivre, malgré leur destination spéciale, avaient gardé une valeur intrinsèque appréciable, et le destinataire ou l'expéditeur étaient en meilleure situation que la Compagnie pour en tirer parti (C. Montpellier, 28 déc. 1911 ; BT 1912, 104).

7. Manquants simples. — sur une expédition de laurier frais (Trib. com. Rouen, 11 fév. 1898 ; BT 1898, 340) ; — sur un fût de bitter (Trib. com. Marseille, 7 sept. 1900 ; BT 1900, 792).

8. Avarie d'une expédition de 242 m. de toile, dont 120 m. avaient été mouillés, sur une longueur de 25 cm., par de l'eau de marée ; le trib. a admis les offres de la Compagnie, qui consistaient à payer à l'ayant-droit, suivant expertise, la valeur de la toile avariée (Trib. com. Libourne, 16 déc. 1893).

Il résulte des décisions ci-dessus que le laissé pour compte ne peut être admis que dans l'hypothèse où les marchandises en retard ou avariées seraient dans un tel état que l'on ne pourrait les vendre, qu'elles seraient impropres à tout emploi ou qu'elles ne répondraient plus à celui auquel on les destinait (Trib. com. Seine, 25 mars 1863 ; C. Paris, 18 mai 1863 ; — Trib. com. Marseille, 6 août 1900 ; BT 1900, 774) ou encore qu'elles auraient perdu toute valeur marchande (C. Agen. 12 mai 1899 ; BT 1899, 598).

Si, en principe, l'inexécution du contrat de transport se résout en dommages-intérêts, et si le laissé pour compte ne doit être admis qu'exceptionnellement, il se justifie cependant quand ce mode de réparation apparaît comme le moyen le plus exact et le plus sûr de régler les dommages-intérêts (C. Lyon, 3 janv. 1913, maintenu par Cass. civ., 23 mai 1922 ; BA 1922, II, 130-132 et BT 1922, 67).

La C. cass., en rejetant le pourvoi formé contre l'arrêt dont extrait ci-dessus, a consacré ainsi la manière de voir de la C. Lyon ; elle avait déjà, du reste, formulé le même principe en termes nets, en même temps que précisé l'étendue du pouvoir d'appréciation du juge du fait :

Attendu, a-t-elle dit, que pour condamner la Compagnie à payer la valeur intégrale de la bicyclette, fixée à 240 francs, le jugement attaqué déclare qu'elle « a été complètement abîmée en cours de transport » et qu'il échet, en conséquence, de la « laisser pour compte à la compagnie » ; que les juges du fond ont fait ainsi usage du pouvoir souverain qui leur appartenait pour apprécier le montant du dommage et en déterminer le mode de réparation (Cass. civ., 16 juin 1914 ; BT 1914, 120).

Voici quelques exemples d'application de ces règles, à des cas dans lesquels le laissé pour compte a été admis :

1. Statue de marbre avariée : la suppression de la partie bri-

sée, même adroitement dissimulée par quelques coups de ciseau, en aurait changé complètement la nature (Trib. com. Tourcoing, 12 mai 1903 ; BT 1903, 1342).

1 bis. Même cas : la statue de marbre en litige était devenue inutilisable par suite de l'avarie (Trib. com. Lyon, 29 avril 1910 BT 1911, 61).

1 ter. Cas analogue : « aucune réparation ne pouvant restituer à la statue son aspect primitif », le transporteur a été condamné à en payer la valeur intégrale, contre remise des débris qui lui ont été laissés pour compte (C. Montpellier, 8 mai 1912 ; BT 1912, 136).

2. Vêtements sur mesure arrivés 24 heures après la cérémonie en vue de laquelle ils avaient été commandés (Trib. com. Moulins, 17 déc. 1907 ; BT 1908, 109).

3. Balle de soie expédiée à un teinturier pour être, après teinture, adressée à un acquéreur, mais qui, par suite d'un retard de deux mois, fut refusée par celui-ci (C. Lyon, arrêt précité du 3 janvier 1913 ; BA 1922, II, 130).

4. Fromages destinés à un négociant qui devait approvisionner des cantiniers pendant les grandes manœuvres : la marchandise était arrivée avec 10 jours de retard, après le départ des troupes (Trib. com. Tulle, 20 oct. 1903 et C. Limoges, 12 fév. 1904 ; BT 1904, 196).

5. Fût d'alcool destiné à la consommation, dont une partie avait été remplacée par de l'eau ou un autre liquide inconnu (Trib. com. Dunkerque, 8 fév. 1907 ; BT 1907, 46).

6. Vin devenu, par suite de soustraction, impropre à la consommation (Trib. com. Condé-sur-Noireau, 26 oct. 1908 ; BT 1909, 94).

6 bis. Cas analogue : le vin présentait à l'arrivée des avaries qui ont justifié le refus du destinataire et qui ne permettaient pas le renvoi à l'expéditeur (C. Montpellier, 7 janv. 1909 ; BT 1909, 60).

7. Fût d'huile arrivé avec un retard de 12 jours et avarié ensuite, pendant la souffrance, faute des soins qu'aurait pu lui donner la Compagnie (Trib. com. Besançon, 25 août 1906 ; BT 1906, 188).

8. Flacons vides de forme fantaisie destinés à servir de réclame à l'occasion des fêtes de Noël et du Jour de l'An, mais arrivés trop tard (C. Caen, 6 avril 1910 ; BT 1911, 46).

9. Bicyclette complètement abîmée en cours de transport (Cass. précité du 16 juin 1914 ; BT 1914, 120).

10. Voiture automobile neuve avariée : alors que le réclamant avait acheté une voiture neuve avec tous ses avantages et « notamment la garantie de six mois fournie par le constructeur à raison des vices cachés », une machine remise à neuf ne pou-

vait offrir les mêmes garanties. (Trib. com. Lorient, 28 sept. 1906, confirmé par C. Rennes 28 janv. 1907 ; BT. 1907, 58).

11. Vis de pressoir et ses accessoires arrivés avec du retard de 25 jours, ces objets ayant été achetés sur commande spéciale pour être revendus immédiatement. (Trib. com. Tulle, 3 mai 1909 ; BT. 1909, 125).

12. Grilles en fonte non emballées brisées : ces grilles, expédiées à un revendeur, étaient évidemment devenues impropres à l'usage auquel on les destinait (Trib. com. Seine 19 juin 1914 ; BT. 1917, 32).

13. Pièces de dynamo envoyées en réparation et que, par suite d'un retard dans le transport de retour, l'usinier avait dû remplacer (Trib. com. Saint-Lô 26 oct. 1910, BT. 1911, 93).

14. Pièces d'automobile (roues, chaînes et boulons) qui, ayant subi un retard de six semaines, avaient été remplacées dans l'intervalle (Trib. civ. Mont-de-Marsan 25 nov. 1910, BT. 1911, 95).

15. Moteur dont le socle avait été brisé et que le destinataire ne pouvait, par suite, livrer à son acheteur avec les garanties promises (Trib. civ. Melle 11 février 1911, BT. 1911, 178).

16 Phosphates pour engrais mouillés de telle sorte qu'il ne restait plus dans les sacs qu'une « matière inerte dépourvue d'activité productrice » (C. Bordeaux 18 nov. 1907, BT. 1908, 137).

16 bis. Cas analogue : scories pour engrais qui, par suite de mouillure, ne pouvaient plus être utilisées qu'à la condition de subir au préalable un nouveau broyage (Trib. com. Besançon 25 juil. 1908, BT. 1908, 168).

Laissé pour compte dans la CIM (extrait du Commentaire de Brunet, Durand et de Fourcauld).

« Le laissé pour compte n'est pas prévu à la Convention de Berne (de 1890). Il faut en conclure que, tout comme en régime français, cette mesure doit être très exceptionnelle et résulter de l'impossibilité absolue pour l'ayant-droit d'utiliser la marchandise offerte. Cependant, le laissé pour compte est de droit à l'expiration du délai de 30 jours prévu par l'art. 30 CIM, délai qui expiré, entraîne présomption de perte de la marchandise. Il a été jugé que l'art. 33 Conv. Berne dont l'art. 30 CIM contient l'essentiel, n'édicte pas une simple présomption de perte, mais consacre d'une façon absolue, la faculté de laisser pour compte et d'obtenir une indemnité réglée comme en cas de perte. Bien plus, le destinataire d'une marchandise qui déclare la laisser pour compte à raison du retard dans le transport, retard imputable à la compagnie de chemin de fer, ne peut être considéré comme étranger au contrat de transport et non recevable à s'en prévaloir. C'est là la vérification jurisprudentielle de la doctrine qui voit dans le contrat de transport une stipulation pour autrui faisant acquérir un droit immédiat et direct au destinataire. »

Observations. — Malheureusement, pour les usagers de chemins de fer, la CIM prévoit au même art. 30 :

A ces 30 jours, il est ajouté autant de fois dix jours, avec maximum de trente jours, qu'il y a d'Etats traversés en sus de ceux de départ et d'arrivée.

Il en résulte que le droit de considérer comme perdue une marchandise ne commencera qu'après 40 jours pour un envoi Belgique-Suisse via Allemagne, et seulement après 50 jours pour un envoi Danemark-Italie via Allemagne et Suisse.

La nouvelle convention CIM accorde, comme en plusieurs autres points, un nouvel avantage aux chemins de fer, au détriment du public, usager des chemins de fer.

ARRÊTS

1. — BTI 1898/36. C. Royale Hongroise 25/X 1895 CI 26-30.
L'avarie n'est pas un motif de refus. Le destinataire qui n'a pas pris possession d'une marchandise n'a pas participé au contrat de transport et ne peut actionner le chemin de fer.

2. — BTI 1897/840. Landsger. Munich 15/3 1895 CI 24.
Refus d'acceptation-reprise du droit de disposer par l'expéditeur.

3. — BTI 1900/283. Appel Paris 9/XII 1899 CI 24 et 40.
Refus d'acceptation de la marchandise. — Retard dans le renvoi à l'expéditeur.
Le chemin de fer a été exonéré parce que ce sont les douanes italiennes qui avaient retenu les marchandises trop longtemps et que les délais de transport cessent de courir pour la durée des formalités fiscales. (Cet arrêt est l'appel du jugement du Trib. de commerce de la Seine du 17/6 1897 (BTI 1897/658), disant que le contrat de transport ne prend fin qu'avec la livraison au destinataire.)

3 bis. — 1er août 1894. Tribunal de commerce de la Seine. — BTI 1895/68. — Retard. — Avarie. — Laissé pour compte.
Lorsqu'une marchandise avariée par la faute du voiturier est livrée dans un état tel qu'il est impossible d'en faire usage, le destinataire est exceptionnellement fondé à la laisser pour compte entre les mains du chemin de fer et alors, suivant CI 39, 40, 41, le chemin de fer doit l'indemnité pleine et entière y compris des dommages-intérêts pour le profit manqué.

4. — Refus d'acceptation. — BTI 1898/96. Trib. d'Asti, 24/2 1897. CI 7. II. 16. — Refus d'acceptation. — Obligation pour le destinataire de payer les frais de magasinage.
Fausse indication de la nature de la marchandise par l'envoyeur ; le chemin de fer relève la taxe ; le destinataire refuse la marchandise et actionne le chemin de fer en livraison de l'envoi mais en supprimant l'amende.
C. Com. 408. Le destinataire aurait dû verser la somme qu'il estimait due et déposer la différence ; le chemin de fer aurait alors dû lui délivrer la marchandise et il n'aurait pas eu de magasinage à payer.

5. — BTI, 1907/187.

Etendue de la responsabilité du chemin de fer, en droit autrichien, pour les marchandises prises en dépôt à la suite du refus du destinataire de les recevoir.

(Jugement du B. G. pour affaires commerciales de Vienne, du 22 décembre 1903 ; confirmé par le H. G. de Vienne, le 12 février 1904 et par la Cour suprême, le 21 avril 1904.)

CI, art. 24 et le règl. de tr. autrichien, § 70 (2.)

6. — BTI, 1904/223.

Etude sur la question de la responsabilité des chemins de fer, tirée d'un arrêt du 15/XII 1903 de la Chambre d'appel du Tribunal de commerce de Budapest.

Un destinataire a refusé un envoi parce que grevé de frais supérieurs de 100 couronnes à ceux revenant normalement au chemin de fer.

L'expéditeur demanda à plusieurs reprises, à la gare expéditrice, de rectifier les frais de transport sans donner à l'égard de l'envoi les instructions nécessaires.

Au bout de quelques mois, le chemin de fer vendit la marchandise, retint sur le prix de vente les frais de transport et de magasinage.

L'expéditeur refusa de recevoir le solde de la vente et actionna le chemin de fer en restitution de la valeur intégrale de l'envoi.

Il résulte du jugement intervenu que l'envoyeur a eu finalement gain de cause ; il a établi clairement la responsabilité du chemin de fer lors du calcul inexact du prix de transport et l'obligation de payer les intérêts des montants de taxes perçues par erreur.

Cet arrêt présente un grand intérêt pour la jurisprudence de la Convention internationale.

Le chemin de fer ne pourrait être condamné à indemnité pour calcul trop élevé d'un prix de transport, si on comprenait les dispositions de l'art. 12, CI dans un sens restrictif.

(La différence en plus ou en moins devra être remboursée.)

7. — BTI, 1907/263.

Refus d'un envoi par le destinataire. Perte, par la faute de la poste, de l'avis adressé à l'expéditeur pour l'informer de l'empêchement à la livraison. Rejet de la demande de dommages-intérêts de l'expéditeur. (Décisions du B. G. de Lemberg, du 3 janvier 1906, du L. G. de Lemberg, du 5 mars 1906 et de la Cour suprême du 17 mai 1906.) CI, art. 24.

8. — BTI 1910/359. — Refus de prendre livraison.

L'Union internationale pour les transports par chemin de

fer a annulé la disposition additionnelle à l'art. 24 CI (voir BTI 1910/225). Envois effectués entre l'Autriche, d'une part, et la Suisse, la France, d'autre part. La marchandise primitivement refusée ne pourra être délivrée au destinataire se déclarant ultérieurement prêt à les accepter que si l'expéditeur a, par dispositions ultérieures, prescrit soit la délivrance, soit l'envoi d'un nouvel avis.

9. — BTI, 1919/32. Trib. fédéral, 12/X 1917, CI 24. — Tarif italo-suisse, première partie, Div. A., § 24.

Refus d'acceptation par le destinataire : magasinage prolongé de la marchandise. Vente aux enchères de celle-ci par le chemin de fer sans instructions de l'expéditeur. Action du chemin de fer en paiement des frais de magasinage et stationnement.

L'envoyeur a été condamné pour n'avoir pas pris, en temps voulu, ses précautions vis-à-vis des chemins de fer.

10. — 13 février 1918. Cassation de France, CI 12 (4), 16 (1), 17, 20. — BTI 1919/82..

Le destinataire ne peut refuser de payer la somme portée sur la lettre de voiture et de prendre livraison de la marchandise, sous le prétexte qu'il lui est réclamé, en vertu de cette lettre de voiture, une somme supérieure à celle qu'il doit réellement. Il lui appartient seulement de se faire rembourser la somme indûment perçue.

Red. — Nous comprenons parfaitement que le destinataire n'ait pas voulu retirer et payer plus qu'il ne devait, car chacun connaît les procédés des chemins de fer, consistant à faire traîner les réclamations pendant des mois et même des années ! Il arrive même qu'ils obligent les ayant-droits à entreprendre un procès pour se faire payer. Les chemins de fer escomptent ainsi la peur des frais de la part du contribuable pour lui faire lâcher prise. Il est absolument immoral de forcer qui que ce soit de payer plus qu'il ne doit, que ce soit à une compagnie de chemin de fer ou à un particulier, peu importe.

Nous doutons beaucoup que Messieurs les magistrats se laisseraient faire par leurs fournisseurs.

11. — BTI, 1913/349.

Le destinataire n'a pas le droit de refuser d'acquitter la lettre de voiture et de refuser d'accepter la marchandise pour le motif que le prix de transport appliqué est inexact. Alors même qu'il en serait ainsi, le destinataire doit payer les frais de magasinage occasionnés par le refus de prendre livraison qu'il a opposé au chemin de fer qui avait mis la marchandise à sa disposition sans exiger l'acquittement de la lettre de voiture, sauf à régler ultérieurement.

(Arrêt de la Cour d'appel de Dijon, du 3 janvier 1913.) CI, art. 12 (4), 16 (1), 17, 20.

11 bis. — 28 décembre 1917. — Cour suprême d'Autriche. — Cp. C.I 30 (1), BTI, 1919/83.

Envoi réexpédié par le destinataire, sans transbordement. Acceptation par le chemin de fer sans réserves et sans constatation relativement à l'état de la marchandise. Avarie reconnue à destination.

Le 3 mai 1916, la Société internationale de transports, à Tetschen, a expédié par chemin de fer à la demanderesse, l'Union galicienne des laiteries, à Cracovie, 40 tonneaux de beurre qui sont arrivés le 8 du même mois à destination, en gare de Cracovie. A la livraison, on constata que 7 fûts étaient brisés et que leur contenu, répandu sur le plancher du wagon, avait été sali par des ordures et de la poussière de charbon et était ainsi devenu impropre à la consommation. Constatation en fut faite par procès-verbal régulièrement dressé. La demanderesse refusa d'accepter le beurre ainsi sali et le laissa pour compte au chemin de fer. Elle intenta, contre ce dernier, une action en paiement de 3.020 couronnes.

Le Landsgericht de Cracovie, jugeant commercialement, a condamné le chemin de fer au paiement d'une indemnité par ces motifs :

Motifs. — Il n'est pas contesté qu'au mois de mai 1916, un wagon complet contenant 180 tonneaux de beurre a été expédié de Sassnitz à l'adresse de la Société internationale de transports, à Tetschen. La destinataire a réexpédié cet envoi sans transbordement, sur trois gares destinatrices différentes, avec de nouvelles lettres de voiture.

40 tonneaux chargés dans ce wagon appartenaient à l'Union demanderesse... Le chemin de fer a procédé à la vente aux enchères qui a produit 1.862 couronnes. Le chemin de fer conteste que sa responsabilité soit engagée, à raison de l'avarie reconnue à la livraison à Cracovie et allègue que le dommage survenu est imputable au transport de l'envoi sur un wagon découvert, à la défectuosité du chargement et de l'emballage, ainsi qu'à la nature de la marchandise. Toutefois, ces allégations ne sont pas fondées, attendu qu'elles ne sont prouvées par aucun fait et reposent uniquement sur des suppositions. La circonstance que l'envoi a été chargé et transporté sur un wagon découvert bâché, ne constitue pas une base suffisante pour faire admettre que, par suite de cela, non seulement les tonneaux auraient été brisés et le beurre aurait coulé au dehors,

mais encore, en ce qui concerne l'allégation visant la nature de la marchandise, que l'influence du soleil a été plus intense, provoquant ainsi la liquéfaction du beurre et son écoulement par les joints des tonneaux ainsi que le relâchement des cercles qui seraient tombés. Et encore, au sujet de l'influence du soleil, il est établi indubitablement qu'elle aurait été la même en cas d'emploi d'un wagon couvert comme d'un wagon découvert, d'autant plus que le wagon découvert utilisé était bâché. Mais en admettant même que le beurre ait fondu par l'effet de la chaleur, cela pouvait avoir tout au plus pour conséquence le coulage hors des tonneaux, mais d'aucune façon, le bris de ces derniers. Au surplus, la chaleur qui régnait à l'époque du transport, de la fin d'avril au commencement de mai, n'était pas de nature à provoquer le dommage constaté.

Quant à l'allégation relative à la défectuosité du chargement et de l'emballage, il faut admettre, en se référant au contenu de la lettre de voiture, que l'envoi en litige était réglementairement chargé et emballé, car la gare de Tetschen a accepté l'envoi pour réexpédition, sans aucune réserve et sans le transborder et, par conséquent, le chargement et l'emballage devaient être réguliers. Le fait que l'envoi a été accepté à la réexpédition dans le même wagon et sans transbordement ne prouve pas le contraire, parce que le chemin de fer avait l'obligation de vérifier l'état de l'envoi au moment de son acceptation. En présence de cette situation bien établie, il faut admettre que l'avarie de la marchandise a eu lieu en cours de transport, de Tetschen à Cracovie, par la faute du chemin de fer, d'autant plus qu'il n'a pas été prouvé que cette avarie ait eu pour cause une faute de l'expéditeur, un cas de force majeure, ou les agissements de tierces personnes dont le chemin de fer n'a pas à répondre Ce dernier est, par conséquent, responsable du dommage occasionné.

L'Oberlandsgericht a confirmé le jugement et, relativement à l'allégation du chemin de fer que l'expéditeur aurait chargé la marchandise dans un wagon non approprié, il a observé que c'est le chemin de fer, non l'expéditeur, qui dispose du matériel de transport et est, par conséquent, tenu de fournir, aux expéditeurs, des wagons appropriés. Lorsqu'il néglige de le faire, il doit supporter le dommage occasionné de ce fait, à la marchandise transportée.

La Cour suprême n'a pas accueilli la révision demandée par le chemin de fer, et, sur le moyen soulevé par le défendeur que le dommage constaté pouvait s'être produit déjà pendant le transport sur le parcours Sassnitz-Tetschen, d'où, par conséquent, l'action en indemnité aurait été éteinte au sens de l'art. 44 CI, la cour a observé que cette allégation ne pouvait infirmer les constatations faites par les précédentes instances, selon lesquelles l'envoi était arrivé en bon état à Tetschen. (Zoll-und Speditions-Zeitung 1918, N° 11, page 2.)

Observations. — Ce jugement plein de sagesse, a mis au point, non seulement la question importante des réexpéditions, mais celle de l'obligation du chemin de fer de fournir du matériel apte au transport et de vérifier l'état des marchandises qu'on lui confiait. Il serait vraiment trop facile d'éluder sa responsabilité après avoir manqué au devoir élémentaire de quiconque reçoit un objet et n'en constate ni le poids, ni l'état.

12. — Refus d'accepter. Protestation par chargé prévu au C. com. 105/106. — Appel Paris, 16/7 1921. BTI 1921/65.

13. — BTI, 1922/191. Trib. com. Mons, 5/VII 1921, CI 15 (4), 16 et 26.

Le destinataire qui refuse un envoi effectué sous le régime de la CI, est étranger au contrat de transport et ne peut actionner le chemin de fer.

14. — Chemin de fer. — Retard. — Refus de prendre livraison.

Le destinataire n'est nullement fondé, sous prétexte de retard dans la livraison, à laisser pour compte la marchandise au transporteur, alors surtout que cette marchandise se trouve, par sa nature même, être à l'abri des altérations dérivant de ce retard et conserve, malgré ce retard, une grande valeur en cas de refus, ce destinataire n'a droit à aucune indemnité en raison des conséquences dommageables résultant pour lui de son refus, et qui se sont produites à partir du jour où la marchandise a été mise à sa disposition jusqu'à celui où elle a dû être vendue par l'autorité de la justice.

Tribunal de Commerce de la Seine, 18 juin 1920. (Sirey).

15. — Cour d'appel de Paris (5e ch.), 16 février 1921. — Chemins de fer. — 1° Guerre. — Arrêté du 31 mars 1915. — Ordre public. — Application littérale. — Fins de non recevoir. — Avaries. — Délai de trois jours. — Livraison. — Mise à la disposit on du destinataire. — Refus. — 2° Transport des marchandises. — Soins en cours de route.

Le tribunal de commerce de la Seine avait rendu le 12 octobre 1917, le jugement suivant :

Le tribunal,

Attendu qu'il est acquis aux débats que le 16 février 1916 Curty a remis à la gare de Bourbon-Lancey, réseau de la Cie des chemins de fer départementaux, trois cages de poulets vivants et non de volailles mortes, comme il est dit par erreur dans l'exploit introductif d'instance, la dite marchandise d'un poids de 128 kg., devant être expédiée en grande vitesse et en port dû à l'adresse du sieur Chambard, en gare de Lyon-Brotteaux ; qu'à l'arrivée à destination, 64 des poulets que contenaient les trois cages, étaient morts par suite d'asphyxie et 8 autres, formant le solde de l'expédition, étaient malades ; que le destinataire qui s'était présenté à la gare de Lyon-Brotteaux avant reçu de la lettre d'avis à lui adressée, avait refusé de prendre livraison, les 8 poulets vivants ont été vendus par la compagnie des chemins de fer, et les autres enfouis ;

Attendu que c'est dans ces circonstances de fait que Curty, par exploit du 1er mars 1917, a donné assignation à la Cie des chemins de fer départementaux à comparaître devant ce tribunal pour s'entendre condamner à lui payer une somme de 324 fr. à titre de dommages-intérêts ;

Mais attendu que l'art. 7 de l'arrêté du 31 mars 1915, sous le régime duquel voyageait l'expédition litigieuse, dispose que les réclamations doivent être notifiées aux compagnies de chemins de fer par acte extra-judiciaire ou par lettre recommandée dans un délai de trois jours, non compris les jours fériés, ce délai courant en cas d'avarie, ainsi qu'il s'agit en l'espèce, du jour de la livraison de la marchandise ;

Et attendu qu'il résulte des débats, des documents soumis et de l'instruction ordonnée que bien qu'avisé dès le 16 février de la souffrance de la marchandise, Curty n'a formulé de réclamations auprès de la Cie des chemins de fer départementaux que le 15 mars suivant ;

Attendu que vainement Curty tenterait de faire admettre que la marchandise n'ayant pas été acceptée par le destinataire, il n'y aurait pas eu de livraison et qu'en conséquence le délai imparti par la loi n'aurait pu commencer à courir ;

Attendu, en effet, qu'il ne faut pas entendre par le jour de la livraison le jour où le destinataire a effectivement pris possession de la marchandise mais celui où elle a été mise à sa disposition ;

Attendu, au surplus, qu'en l'espèce l'envoi par la Cie des chemins de fer départementaux à Curty dès le 18 février 1916 d'un avis de souffrance indiquant que la marchandise avait été refusée pour avarie, constitue une mise à sa disposition de la marchandise, à partir de laquelle il appartenait à Curty de notifier sa protestation par lettre recommandée ou par acte extra-judiciaire, conformément aux dispositions de l'arrêté du 31 mars 1915 ;

Attendu dans ces conditions que Curty ne s'étant pas conformé aux dites prescriptions, sa réclamation n'ayant été faite que près d'un mois après que la marchandise avait été offerte, et que lui avait été adressé l'avis de souffrance précité, il convient, en présence des termes aussi précis que formels de l'arrêté du 31 mars 1915, de déclarer Curty forclos en sa demande pour n'avoir pas respecté le délai de trois jours imparti par le dit arrêté ; qu'il y a lieu par suite de repousser la demande comme n'étant pas recevable ;

Par ces motifs :

Déclare Curty non recevable en sa demande ; l'en déboute et le condamne aux dépens.

Appel par M. Curty :

Arrêt :

La Cour,

Sur la recevabilité de la demande :

Considérant que l'art. 7 de l'arrêté ministériel du 31 mars 1915, dispose que les réclamations pour pertes et avaries doivent être notifiées à l'administration du chemin de fer par acte extra-judiciaire ou par lettre recommandée, dans un délai de trois jours, non compris les jours fériés ; que ce délai court, en cas de retard, d'avarie ou de perte partielle, de la livraison de la marchandise :

Considérant que cet arrêté, constituant un acte de la puissance publique est d'ordre public ; qu'il doit être appliqué littéralement et qu'aucun de ses termes ne peut être interprété :

Considérant que la compagnie intimée interprète le mot « livraison » quand elle soutient que la simple mise du colis à la disposition du destinataire équivaut, dans tous les cas, à la livraison ; que, dans l'espèce particulièrement soumise à la Cour, l'avis donné à Chambard de l'arrivée en gare de Lyon-Brottaux de 64 poulets morts asphyxiés et 8 mourants sur 72 vivants que lui avait expédiés Curty, ne saurait être considéré comme une livraison, au sens littéral du mot ; qu'aussi bien, Chambard a, à bon droit, refusé d'effectuer le retirement ; qu'un avis de souffrance a été alors adressé à l'expéditeur Curty, sollicitant « ses instructions pour que les marchandises puissent être livrées sans autres difficultés » que ces termes de l'avis de souffrance indiquent bien que dans l'esprit de la compagnie elle-même les marchandises n'étaient pas à ce moment livrées ; que le jour même où l'avis de souffrance était adressé à Curty, et sans attendre sa réponse, la compagnie s'est vue dans l'obligation de faire enfouir les 64 poulets morts et qu'elle a vendu de gré à gré les 8 mourants pour la somme de 8 fr. ; qu'ainsi, par son fait, la livraison n'a pu avoir lieu.

Considérant que, dans ces conditions, le délai imparti et les modes de réclamation imposés par l'arrêté ne trouvent pas leur application ; qu'il y a lieu de s'en référer au droit commun en la matière.

Considérant qu'une jurisprudence constante décide que des

protestations ou réserves faites au moment où eût dû avoir lieu la livraison satisfont aux exigences de la loi, si elles sont acceptées par le transporteur ; que ces protestations ont été libellées par Chambard, sous cette forme catégorique : « Je refuse pour cause d'avarie » ; que leur non acceptation s'induit de l'enfouissement et de la vente de la marchandise effectuées le jour même par les soins de la compagnie ; qu'ainsi Chambard a sauvegardé les droits éventuels de Curty à une indemnité et que la demande de celui-ci est recevable.

Sur le fond :

Considérant qu'il résulte du rapport d'arbitre que les poulets ont péri par suite d'une aération insuffisante du wagon ayant servi à leur transport ; que cette cause de l'avarie n'est d'ailleurs pas déniée par la compagnie ; que celle-ci prétend seulement la rattacher à l'état de guerre, par ce fait que la gare expéditrice ne disposant, par suite de la guerre, d'aucun wagon muni de vasistas, aurait été obligée d'utiliser un wagon complètement clos pour l'expédition litigieuse ; que s'appuyant sur l'art. 4 de l'arrêté du 31 mars 1915, elle en conclut que sa responsabilité n'est pas engagée, aucune assurance n'ayant été contractée par l'expéditeur, dans les termes de l'art. 6 dudit arrêté ;

Mais considérant, tout d'abord, que la compagnie ne prouve pas et n'offre même pas de prouver qu'elle ne disposait d'aucun wagon muni de vasistas ;

Considérant, au surplus, que si les compagnies ne sont pas tenues de donner aux marchandises, en cours de route, des soins exceptionnels, incompatibles avec les nécessités du service, elles ne sont nullement dispensées de l'obligation générale qui incombe à tout transporteur, de veiller à leur sécurité ; qu'il incombait à la compagnie intimée de pourvoir d'une façon quelconque à l'aération d'un véhicule qui renfermait des animaux vivants ; que cette marchandise a donc voyagé dans des conditions défectueuses qui ont occasionné l'avarie sans que ces conditions défectueuses, imputables au transporteur, soient une conséquence de l'état de guerre ; que la demande de Curty est donc fondée et que l'indemnité réclamée est justifiée par les documents versés aux débats, notamment par la facture de la marchandise et par le rapport d'arbitre ;

Par ces motifs :

Infirme le jugement dont il est appel ;

Décharge, en conséquence, Curty des dispositions et condamnations lui faisant grief ;

Statuant à nouveau :

Déclare recevable et fondée la demande en dommages-intérêts formée par Curty pour les causes sus-énoncées ;

Condamne, en conséquence, la Cie des chemins de fer départementaux à payer à Curty, à titre de dommages-intérêts, la somme de 324 fr. ;

Dit n'y avoir lieu à intérêts de droit ;

Ordonne la restitution de l'amende, et condamne la compagnie intimée en tous les dépens de première instance et d'appel.

17. — Colis postal avec valeur déclarée. — Refus. — Retour à l'expéditeur sans déclaration de valeur. — Perte. — Responsabilité intégrale des transporteurs. — Jugement du tribunal de paix du 9e arrondissement de Paris du 27 avril 1923. — Nissen contre Syndicat des chemins de fer de Ceinture et Cie du Midi. — BT 8/1923.

Le tribunal,

Ouï les parties en leurs explications et conclusions ;

Attendu que par l'exploit sus-énoncé Nissen a fait citer le Syndicat des chemins de fer de Ceinture pour s'entendre condamner à lui payer la somme de 465 fr. montant de la valeur déclarée d'un colis postal perdu ;

Attendu que, suivant autre exploit du même huissier en date du 23 février 1923, enregistré, Nissen a mis en cause et aux mêmes fins la Cie du Midi ;

Attendu que le 30 juillet 1920, Nissen a expédié de la gare de Versailles-Chantiers à l'adresse de M. l'abbé Labadie, en gare de Gabarret (Landes), un colis postal contenant des chasubles, et pesant 3 à 5 kg. ;

Que cette expédition fut faite avec une valeur déclarée de 465 fr. et sous le N° 83.308 ;

Que le destinataire refusa d'en prendre livraison pour retard ;

Que le chef de gare de Gabarret avisa Nissen de la souffrance de son colis ;

Que Nissen demanda audit chef de gare le retour de son colis ;

Que le colis fut ainsi retourné à Nissen, le 26 août 1920, sous le N° 28.725, de la gare de Gabarret, mais ne parvint jamais à destination, d'où la réclamation de Nissen ;

Attendu qu'en réponse à cette demande, la Cie du Midi oppose la prescription de l'art. 7 du décret du 27 juin 1892, et subsidiairement, soutient qu'elle n'a commis aucune faute de mandat

Attendu que de son côté, le Syndicat des chemins de fer de Ceinture offre 55 fr., montant de l'indemnité forfaitaire prévue par les règlements pour un colis postal du poids du colis égaré voyageant sans valeur déclarée :

Attendu que le Syndicat soutient qu'il y a eu deux expéditions distinctes, l'une de Versailles-Chantiers, sous le N° 82.308, avec

288

valeur déclarée à 465 fr., et l'autre, de Gabarret, sous le N° 28.725, faite sur l'ordre, par lettre, de Nissen qui n'avait pas spécifié la déclaration de la valeur pour le retour et pour laquelle un nouveau droit était dû ;

En droit :

Attendu que la législation des colis postaux n'a pas prévu, sauf pour la taxe, les conditions de retour des colis postaux et spécialement des colis expédiés en valeur déclarée ;

Attendu qu'il est bien évident que s'il y a deux contrats d'expéditions différentes, Nissen ne saurait s'en prendre qu'à lui de n'avoir pas demandé que la seconde expédition fut faite comme la première, avec valeur déclarée ;

Qu'ainsi les deux compagnies défenderesses insistent-elles pour qu'il soit jugé qu'il y a deux contrats différents ;

Mais attendu qu'il apparaît bien qu'au contraire il y a eu un seul et unique contrat ;

Attendu, en effet, qu'il ne saurait être dénié que le contrat qui lie l'expéditeur d'un colis postal et la compagnie de chemin de fer transporteur est bien un contrat de transport ;

Attendu que le contrat de transport est un contrat *sui generis* qui contient en même temps les droits et obligations de trois contrats différents : le contrat de louage, le contrat de dépôt et le contrat de mandat ;

Que pour transporter il faut que la compagnie de chemin de fer loue partie de son wagon, qu'elle prenne l'objet en dépôt et qu'elle le remette entre les mains du destinataire :

Qu'ainsi, et la jurisprudence est constante sur ce point, un contrat de transport ne prend fin que par la livraison au destinataire :

Que, lorsque le destinataire n'a pas pris livraison, le transporteur ne s'est pas dessaisi de son dépôt, l'objet est toujours dans ses magasins, le mandat n'est pas terminé, le contrat n'a donc pas pris fin et il se continue par le retour à l'expéditeur, et ne prend fin que par la livraison à ce dernier ;

Qu'ainsi le retour n'est qu'une modification au trajet du transport primitif ;

Attendu que c'est ainsi qu'en matière de messageries ordinaires, la jurisprudence a toujours considéré le changement de destination ou le retour à l'expéditeur comme des modifications du contrat de transport primitif ;

Attendu que le fait de percevoir à cet effet une nouvelle taxe pour la réexpédition du colis postal, en vertu de l'article 5 du décret du 27 juin 1892, et de faire voyager le colis sous un nouveau numéro, ne sont que des mesures d'ordre intérieur, et de ces modes de rémunération qui ne sauraient avoir d'effet sur les conventions des parties et créer un second contrat de transport, qui n'existe pas entre elles :

Qu'ainsi l'expédition du colis litigieux devait être continuée et selon le contrat unique d'expédition avec valeur déclarée, et que le Syndicat des chemins de fer de Ceinture ne pouvant le restituer en doit la valeur déclarée, soit 465 fr. ;

Attendu qu'il résulte de ce qui précède que Nissen n'a aucun contrat avec la Cie du Midi, qui doit être mise hors de cause sauf le recours, s'il y a lieu, du Syndicat émetteur contre la dite société ;

Par ces motifs :

Le tribunal,

Statuant contradictoirement et en premier ressort :

Met la Cie du Midi hors de cause ;

Condamne Nissen au paiement des frais à l'égard de cette dernière, lesdits dépens liquidés et taxés à 16 fr. pour l'avertissement et la citation du 23 février 1923 sus-énoncés ;

Condamne le Syndicat des chemins de fer de Ceinture à payer à Nissen la somme de 465 fr. pour les causes sus-indiquées avec les intérêts de droit ;

Et la condamne au surplus des dépens.

17 bis. — Expédition refusée par le destinataire. — Action en référé de celui-ci. — Mesures urgentes. — Nomination d'un expert par le président d'un tribunal non compétent sur le fond. — Ordonnance de référé du tribunal de commerce de Romans du 14 mai 1924. — BT. 9/1924.

Faure fils contre Mayer.

Nous, Président,

Attendu que Faure fils a fait citer devant nous Mayer, à l'effet de voir désigner un expert avec mission de constater le poids réel d'une expédition de laiton, premier titre, du 14 mars dernier, en provenance de la maison Mayer, et la présence d'une proportion d'environ 15% de soudures dans ledit lot de laiton ;

Attendu que Mayer décline notre compétence, motif pris de ce que le tribunal de commerce de Marseille, où il a son domicile, étant seul compétent pour connaître du fond du procès, le président de ce tribunal serait aussi compétent, à l'exclusion de tous autres, pour statuer en état de référé

Mais attendu que si le tribunal consulaire de Marseille apparaît comme seul compétent pour connaître du fond du litige, il ne s'ensuit pas que le juge du lieu où les constatations doivent être faites soit incompétent pour les ordonner ;

290

Attendu, en effet, qu'en matière de référé civil, il est de jurisprudence absolument constante que les parties peuvent s'adresser au juge des référés du lieu où les mesures urgentes doivent être prises, alors même que la compétence pour juger le fond appartiendrait au tribunal d'un autre arrondissement (Cassation 12 février 1889 ; 23 février 1901 ; 26 février 1906 ; 4 mai 1910 ; 28 janvier 1919 ; 21 novembre 1923) ;

Attendu que la loi du 11 mars 1924 ne contient aucune disposition permettant de conclure que le législateur a entendu proscrire l'application au référé commercial du principe qui vient d'être rappelé ;

Attendu, en fait, que le lot de laiton refusé par Faure a été mis en transit chez Vacher, camionneur à Romans, en vue d'éviter les frais onéreux d'un stationnement sur gare ; que les mesures sollicitées ont un caractère d'urgence incontestable et que, dans l'intérêt de toutes les parties, il importe de faire constater régulièrement le poids, la nature et l'état des marchandises composant l'expédition du 14 mars dernier ; que ces mesures, présentant un caractère purement conservatoire, leur exécution ne saurait toucher au fond du droit, ni préjudicier aux droits des parties en cause ;

Par ces motifs :

Au principal, renvoyons les parties à se pourvoir mais, dès à présent, par provision, vu l'urgence ;

Sans préjudicier au fond, tous droits et moyens des parties leur demeurant expressément réservés ;

Commettons, en qualité d'expert, M. Champion, ingénieur-constructeur, demeurant à Romans, avec mission, serment préalablement prêté, s'il n'en est pas dispensé par les parties, et ces dernières présentes ou dûment appelées, d'examiner les trois barils laiton léger 580 kg., objet de l'expédition litigieuse actuellement en transit chez M. Vacher, camionneur à Romans ; de déterminer les tares, poids brut et net de cette marchandise ; d'en constater la nature et l'état, en consignant dans son rapport si le laiton est pur de tout mélange de soudures et exempt d'avaries ; de faire, en définitive, toutes constatations utiles ; éventuellement, et s'il y échet, de prescrire au transitaire les mesures qu'il jugerait nécessaires pour éviter l'oxydation assurer, dans l'intérêt de toutes les parties, la conservation des marchandises en souffrance, jusqu'à la solution des difficultés.

18. — Transport international. — Convention de Berne, art. 33. — Laissé pour compte non réalisé. — Absence de faute du commissionnaire. — Arrêt de la Cour de cassation (ch. req.) du 12 juin 1923. — Bessières et Cie contre : 1º Cie PLM ; 2º Puthet et Cie. — BT XII/1925.

La Cour,

Sur le moyen du pourvoi, pris de la violation et des art. 1134, 1138 et suivants, 1168 et suivants, 1181 et suivants, 1984, 1991 et suivants du Code civil, des stipulations de la Convention de Berne, art. 33, 7 de la loi du 20 avril 1810 défaut et contradiction de motifs :

Attendu que Puthet et Cie, agents de transports à Lyon, s'étant engagés à assurer l'expédition de 8 caisses de velours, de Cologne à l'adresse de Bessières et Cie, à Lyon, et 3 caisses, n'ayant pas été livrées en temps utile, Bessières et Cie ont assigné en responsabilité Puthet et Cie, qui ont appelé en garantie la Cie PLM ;

Attendu que le jugement du tribunal de commerce a condamné Puthet et Cie à rembourser à Bessières et Cie la valeur des trois caisses litigieuses et à leur payer 3.500 fr. de dommages-intérêts en admettant leur recours contre le transporteur, mais que, sur appel de Puthet et Cie, la cour de Lyon s'est bornée à allouer aux demandeurs une somme de 3.500 fr. pour toute indemnité ;

Attendu que, d'après le pourvoi, l'arrêt aurait dû reconnaître que Puthet et Cie avaient commis une faute engageant leur responsabilité entière pour n'avoir pas pratiqué vis-à-vis de la Cie PLM le laissé pour compte de la marchandise ainsi que la Convention de Berne en donne le droit en cas de retard excédant un mois ;

Mais attendu que l'arrêt déclare que Bessières et Cie n'ont cessé de donner des instructions à Puthet et Cie, leurs mandataires, et qu'il résulte de la correspondance échangée entre les parties qu'ils ne leur ont pas enjoint de laisser pour compte les trois colis arrivés en retard et de s'abstenir d'en prendre livraison;

Attendu qu'en l'état de cette appréciation souveraine, la cour de Lyon a pu décider que Bessières et Cie n'avaient droit, en raison des retards apportés au transport des marchandises, qu'à une indemnité de 3.500 fr. ;

D'où il suit que la cour d'appel a, abstraction faite des critiques du pourvoi contre des motifs surabondants, légalement justifié sa décision et n'a violé aucun des textes ni des principes visés par le pourvoi :

Par ces motifs :

Rejette le pourvoi formé contre un arrêt de la cour d'appel de Lyon du 26 mars 1923.

Observations. — Il est à remarquer que le commissionnaire en cause ne déclinait pas la responsabilité du retard des trois caisses livrées plus de trente jours après l'expiration du délai de transport, sauf, bien entendu, son recours contre le voiturier à qui il avait confié la marchandise ; mais les demandeurs lui reprochaient, en outre, de n'avoir pas pratiqué le laissé pour compte autorisé par l'article 33 de la Convention de Berne et, en conséquence, prétendaient s'en prendre à lui et lui faire payer la valeur des caisses en retard. La Cour de cassation n'a pas admis cette thèse ; l'article 33 de la Convention de Berne ouvre, en effet, au destinataire une simple faculté :

Si, dit cet article, la livraison n'a pas eu lieu dans les trente jours qui suivent l'expiration du délai fixé pour la livraison, l'ayant droit peut, sans avoir à fournir d'autre preuve, considérer la marchandise comme perdue.

Dans ces conditions, le commissionnaire, qui était resté constamment en correspondance avec son commettant, ne pouvait avoir à prendre l'initiative d'une mesure de cette nature ; il ne savait pas et ne pouvait pas savoir l'intérêt que le destinataire définitif pouvait avoir à prendre livraison ou à abandonner la marchandise au transporteur en retard ; il était, dès lors, prudent de sa part de s'abstenir et c'est au contraire s'il avait inconsidérément et de sa propre autorité pratiqué le laissé pour compte, que l'intéressé aurait pu, le cas échéant, lui demander la réparation du dommage qui s'en serait suivi.

20. — Perception, auprès de l'expéditeur et par le chemin de fer expéditeur, d'amendes de douane grevant la marchandise et prononcées dans le pays du chemin de fer destinataire. — Refus de la marchandise par le destinataire, à cause de l'amende de douane dont elle était frappée. — Perception dans la monnaie du pays où est née la créance. — Arrêt de l'Oberlandesgericht de Stuttgart, du 16 mars 1923. — Comp. CI art 20. — BTI 6/1924.

Faits. — Le 20 avril 1921, la défenderesse H a chargé la direction du chemin de fer du Reich à Stuttgart, demanderesse, de transporter de Stuttgart à Kreuzlingen, les caisses M. O. 959 et M. N. 1035, à l'adresse du destinataire, le directeur H. Le contenu des deux caisses a été déclaré comme vin, dans la lettre de voiture, signée G. H., à Stuttgart. La caisse M. O. 959 ne contenait que du vin, savoir 50 bouteilles de malaga brun, tandis que la caisse M. N. 1035 contenait, outre 30 bouteilles de Haut Sauternes, de l'alcool, savoir 10 bouteilles d'eau de cerises (kirsch) de la Forêt Noire. Cette dernière caisse a été séquestrée par le bureau de douane suisse de Constance et un procès-verbal a été dressé contre les chemins de fer fédéraux (c'est-à-dire en leur déclarant K.), lesquels se sont vus contraints de payer les droits de douane, ceux de monopole ainsi que des amendes, savoir 12 fr. 65 montant des droits de douane éludés, 75 fr. 90 pour amende de douane, 99 fr. 18 pour droit de monopole éludé et 500 fr. montant de l'amende de monopole, soit au total 687 fr. 73. Le destinataire H ayant refusé l'envoi, et l'expéditrice, défenderesse au présent procès, n'ayant pas disposé de la marchandise et n'ayant pas acquitté les frais de transport et autres frais, droits de douane, finances et amendes qui la grevaient, les deux caisses ont été vendues de gré à gré, le 29 octobre 1921, pour une somme de 141 fr., après un long échange de correspondance entre les diverses autorités et non sans que la défenderesse ait été informée à plusieurs reprises de la situation. Ensuite de réclamation, la régie fédérale des alcools a réduit l'amende de monopole à 369 fr. 72 et la direction générale des douanes suisses a ramené l'amende de douane à 52 fr. 40. D'autre part, la marchandise était grevée de frais, taxes de transport et finances d'entrepôt, pour un montant de 126 fr. 89. La vente des caisses a donc laissé un découvert de 545 fr. 04. C'est cette somme que la demanderesse a réclamée, avec intérêt, à la défenderesse en sa qualité d'expéditrice de la marchandise. Elle a donc conclu à ce que la défenderesse soit condamnée à lui payer 545 fr. 04 en monnaie suisse, avec intérêt à 5% dès le 16 novembre 1921, ou, au choix de la défenderesse, une somme en monnaie allemande du Reich, permettant d'acquérir à Stuttgart, au jour du paiement effectif, des francs suisses jusqu'à concurrence du montant précité, plus les intérêts. A l'appui de ses conclusions, la demanderesse invoque les faits, qui ne sont pas contestés, et elle allègue que le tarif impose le calcul des frais de transport et autres frais en francs suisses et que les droits de douane et les amendes doivent aussi être acquittés en francs suisses. C'est le 16 novembre 1921 que la défenderesse a été mise en demeure de payer. La défenderesse à conclu à libération en contestant que la demanderesse se soit exécutée vis-à-vis des autorités suisses et en contestant également qu'elle ait qualité pour ouvrir action ; d'ailleurs l'administration fédérale des alcools n'eût pas dû s'en prendre à la marchandise et la procédure qu'elle a suivie est irrégulière. La demanderesse a contesté ces allégations. Par jugement du 13 octobre 1922, la 4e chambre civile du Landgericht de Stuttgart a admis les conclusions de la demande. La défenderesse a recouru contre ce jugement en demandant que les conclusions de la demanderesse soient écartées. La demanderesse a conclu au rejet du recours. La recourante a invoqué, à l'appui de sa thèse, le contenu du document du 14 février 1923/12 II, auquel on se réfère. La demanderesse a contesté ces nouvelles allégations. Répondant à une question du tribunal, son représentant a déclaré que le règlement de comptes entre l'administration allemande et les chemins de fer fédéraux n'avait pas encore eu lieu et que ce règlement dépendait de la question de savoir si l'on obtiendrait ou non le paiement de la part de la défenderesse. Celle-ci n'a pas contesté ce dernier point.

294

Motifs. — Aux termes de l'art. 20 de la Convention internationale, le chemin de fer dernier transporteur est tenu d'opérer, lors de la livraison, le recouvrement de la totalité des créances résultant de la lettre de voiture, notamment des frais de transport, des frais accessoires, de ceux de douane et autres débours nécessités par l'exécution du transport, des remboursements et autres sommes qui pourraient grever la marchandise. Il opère ce recouvrement tant pour son compte que pour celui des chemins de fer précédents ou des autres intéressés. Si, comme c'est le cas en l'espèce, le destinataire refuse la marchandise, l'expéditeur demeure tenu vis-à-vis des chemins de fer d'exécuter les obligations résultant du contrat de transport, et c'est dès lors le chemin de fer expéditeur qui a le droit et le devoir d'exiger de l'expéditeur l'exécution de ses obligations ; voir Eger, CI, 3e éd., article 20, rem. 123, p. 245. Ce sont les deux chemins de fer intéressés au transport, savoir le chemin de fer suisse et le chemin de fer allemand (celui-là représenté par celui-ci) qui ont conclu avec la défenderesse, en sa qualité d'expéditrice, le contrat de transport international et, par conséquent, chacun de ces chemins de fer est devenu co-créancier, conformément au principe de la communauté de transport obligatoire (voir Eger, 2e éd., art. 28, rem. 153, p. 428) ; en d'autres termes, chacun d'eux est juridiquement qualifié pour exercer l'ensemble des droits résultant du contrat de transport, et il faut entendre par là non seulement les droits que possède la demanderesse en sa qualité d'administration de chemin de fer, mais aussi ceux qui, dans les rapports d'ordre intérieur entre administrations, appartiennent à l'autre chemin de fer non demandeur au procès. Or ce droit de recouvrement que possède la demanderesse et que la défenderesse conteste à tort, ne s'étend pas seulement aux frais de transport de l'envoi et aux autres frais et débours, mais bien aussi aux droits de douane et de monopole exigés des chemins de fer fédéraux comme débiteurs, ainsi qu'aux amendes prononcées contre eux ; en effet, ces droits et ces amendes font partie des autres sommes qui pourraient grever la marchandise, au sens de l'art. 20 CI (voir Eger, 3e éd., rem. 123, à l'art. 20, N° 247), et dont le recouvrement incombe au chemin de fer destinataire et, en cas de refus de la marchandise par le destinataire, au chemin de fer expéditeur. En outre, l'encaissement de ces sommes étant subordonné à la seule condition que celles-ci grèvent la marchandise, le recouvrement peut avoir lieu même lorsque ces droits et ces amendes n'ont pas encore été payés par les chemins de fer aux autorités compétentes. La défenderesse ne tient pas compte de ce facteur lorsqu'elle exige la preuve que les taxes de transport, les frais, les droits et les amendes ont déjà été acquittés par la demanderesse. A ce propos, il faut remarquer, tout au moins en ce qui concerne les rapports entre la demanderesse et les chemins de fer fédéraux, que celle-là a déclaré elle-même devant l'instance d'appel, par l'organe de son conseil qu'aucun règlement de compte n'est encore intervenu entre elle et les chemins de fer fédéraux au sujet de la somme réclamée parce que cette opération est subordonnée à la question de savoir si la défenderesse s'exécutera ou non. Celle-ci n'a, du reste, rien opposé à cette déclaration. La défenderesse est également dans l'erreur lorsqu'elle prétend que la demanderesse doit rapporter la preuve que l'administration fédérale des alcools avait le droit d'exiger des Chemins de fer fédéraux la remise de la marchandise afin d'assurer contre la défenderesse l'exécution de la peine prononcée. C'est le chemin de fer — et par là il faut entendre, en vertu du principe de la communauté du transport obligatoire (art. 7 CI) tous les chemins de fer intéressés savoir les Chemins de fer fédéraux comme les chemins de fer allemands du Reich (voir Eger, 2me ed., art. 10, ch. 71, p. 181) — qui, vis-à-vis des autorités suisses, répond seul des droits éludés et des amendes encourues, parce que la marchandise a été séquestrée en cours de transport. C'est pourquoi les autorités suisses n'ont pas réclamé le paiement de ces droits et amendes à la défenderesse, laquelle n'avait vis-à-vis de ces autorités ni droits ni obligations ; elles se sont adressées directement aux Chemins de fer fédéraux et c'est contre ces derniers, resp. contre leur déclarant K., qu'elles ont exercé la procédure de contravention et d'encaissement, à l'exclusion de la défenderesse. Mais, en tant que les chemins de fer se sont vus contraints de payer ces droits et amendes, c'est-à-dire pour un montant de fr. suisses 559,15 (primitivement fr. 687,73 ; réduction obtenue sur les amendes de douane et de monopole : fr. 126,89) ils possèdent un droit de recours contre la défenderesse conformément à l'art. 7, al. (1) CI ; en effet, celle-ci est responsable de l'exactitude des indications et déclarations contenues dans la lettre de voiture ; il importe peu, à cet égard, que la lettre de voiture porte la signature du titulaire de la raison sociale défenderesse ou celle d'un tiers apposée avec l'assentiment de ce titulaire. D'autre part, la défenderesse n'a établi aucun fait permettant de croire que le chemin de fer n'a pas accompli les formalités de douane, d'octroi et de police, conformément à l'art. 10, al. (3) CI, opérations dont il répond, vis-à-vis de l'expéditrice, en qualité de commissionnaire.

A cet égard, la lettre de l'administration fédérale des alcools du 16 août 1922 permet de constater que cette autorité a dressé régulièrement contravention contre le chemin de fer et a agi en conformité des prescriptions légales. Il n'est dès lors pas nécessaire d'exiger la production des documents des autorités suisses. Néanmoins, le demandeur n'est en droit d'exiger de la défenderesse le remboursement des taxes de transport, frais, débours, droits de douane, finances et amendes grevant la marchandise que dans la mesure où il (resp. les Chemins de fer fédéraux) n'a pas déjà été désintéressé par la vente de l'alcool à laquelle les Chemins de fer fédéraux (et non pas l'administration fédérale des alcools ainsi que la défenderesse paraît le croire) ont procédé. Cette vente a produit une somme de fr. 141,—, de sorte qu'il subsiste un découvert de fr. 545,04, somme réclamée. La défenderesse elle-même n'a pas cherché à prétendre que la vente de la marchandise par les Chemins de fer fédéraux n'aurait pas eu lieu conformément aux dispositions du droit fédéral suisse en vigueur (art. 22 et 24 CI). Cette vente a été motivée par le droit de gage grevant la marchandise (voir Eger, 2me éd., art. 21, rem. 125, ch. 4) pour toutes les créances résultant du contrat de transport (taxes, frais, débours, droits de douane, finances et amendes), sans distinction entre celles dont les vendeurs étaient personnellement titulaires et celles qui pouvaient appartenir à un autre chemin de fer intéressé (voir Eger, 2me éd., p. 340). La demanderesse étant admise conformément à ce qui précède à faire valoir l'ensemble des créances résultant du contrat de transport, c'est-à-dire non seulement les taxes de transport et les frais, mais encore les droits de douane, finances et amendes, il n'y a pas lieu d'examiner et de trancher ici la question de savoir quelles sont les créances, grevant la marchandise, qui ont été éteintes par la somme de fr. 141,— produite par la vente. La défenderesse est tenue, au contraire, de rembourser l'ensemble du découvert, quelle que soit l'individualité des créances qui le constituent, et cela en monnaie suisse, puisque c'est dans cette monnaie qu'est née la créance des Chemins de fer fédéraux et de la demanderesse. Il est toutefois loisible à la défenderesse de s'exécuter en monnaie allemande conformément au § 244 du Code civil et aux arrêts du Reichsgericht, vol. 101, p. 312, en effectuant la conversion d'après le cours en vigueur au jour du paiement effectif. C'est donc à bon droit que la chambre civile a admis la demande. Le recours n'est pas fondé et doit être écarté. (Communication directe).

Note. — Cet arrêt est devenu exécutoire.

Observations. — L'usager avait pu contester la bienfacture des opérations de douane par les CFF et il aurait gagné son procès.

21. — 18 novembre 1924. Jugement du Tribunal de commerce de la Seine (5a Ch.). BT 2/1925. — Baudin contre chemins de fer de Ceinture. — Balcons en fonte non emballés, brisés. — Absence de vice propre ; responsabilité du chemin de fer. — Laissé pour compte admis.

Le Tribunal,

Après en avoir délibéré conformément à la loi ;

Statuant sur le tout par le même jugement ;

Attendu qu'il est acquis aux débats qu'à la date du 19 juin 1923, un sieur Sabatier a remis à la gare de la Glacière-Gentilly, située sur le réseau des chemins de fer de Ceinture, et pour être expédié en petite vitesse à l'adresse d'un sieur Abet, en gare de Villefranche-de-Romergue ; un lot de 15 balcons arrivé complètement brisé, le sieur Abet refusa d'en prendre livraison ;

Attendu que c'est dans ces circonstances de fait que Baudin, lequel justifie être aux droits du sieur Abet, réclame au syndicat des chemins de fer de Ceinture, dans le dernier état de la procédure, paiement de la somme de 1.867 fr. 65, en réparation du préjudice qu'il a subi en l'espèce ;

Attendu que, résistant à la demande, le syndicat des chemins de fer de Ceinture soutient que le bris des balcons dont s'agit serait dû uniquement à leur vice propre et, en particulier, à leur défaut d'emballage ;

Que, dans ces conditions, il ne saurait être rendu responsable du préjudice dont excipe Baudin, et qu'au contraire, il serait fondé à se porter reconventionnellement demandeur, afin d'obtenir l'enlèvement de la marchandise restée en souffrance en gare de Villefranche-de-Rouergue, contre paiement des différents frais grevant la marchandise, énumérés en ses conclusions reconventionnelles ;

Mais attendu que s'il peut être exact que l'expert, nommé par application des dispositions de l'art. 106 du Code de commerce a reconnu que les balcons dont s'agit étaient excessivement fragiles et auraient dû être emballés pour supporter le voyage, il convient de remarquer que le syndicat des chemins de fer de Ceinture a accepté au départ la marchandise sans faire aucune réserve au sujet de l'absence d'emballage, lequel est du reste conforme aux usages du commerce en la matière ;

Qu'il appartient au transporteur qui a chargé lui-même la marchandise sur le wagon, de prendre toutes les précautions nécessaires pour qu'elle arrive en bon état à destination alors surtout qu'il n'ignorait pas la fragilité extrême de la dite marchandise ;

Attendu, dès lors, que le syndicat des chemins de fer de Ceinture ne rapporte pas, en l'espèce, la preuve du vice propre seul capable de la dégager de sa responsabilité et qu'il convient, par suite, de décider que ledit syndicat est responsable des avaries qui ont fait l'objet du litige, en l'obligeant à réparer le préjudice qui en a été la conséquence pour Baudin ;

Attendu que, faisant état de la valeur des marchandises avariées et rendues inutilisables, ainsi que du trouble qui en a été la conséquence directe subi par Baudin, ce tribunal possède les éléments suffisants d'appréciation pour fixer la somme de 500 fr. l'importance du préjudice dont justifie Baudin et que pouvait prévoir le transporteur ;

Attendu que c'est, par suite, au paiement de cette somme qu'il convient d'obliger le syndicat des chemins de fer de Ceinture, en accueillant la demande à due concurrence et en rejetant, par voie de conséquence, les conclusions reconventionnelles du syndicat des chemins de fer de Ceinture. Baudin ayant été fondé, en l'espèce, à laisser pour compte à la gare destinataire, les marchandises avariées devenues entièrement inutilisables ;

Par ces motifs :

Le tribunal jugeant en premier ressort :

Condamne le syndicat des chemins de fer de Ceinture, par les voies de droit, à payer à Baudin la somme de 500 fr. à titre de dommages-intérêts ;

Déclare mal fondés, Baudin en le surplus de sa demande, et le syndicat des chemins de fer de Ceinture en ses conclusions reconventionnelles ;

Les en déboute respectivement ;

Et condamne le syndicat des chemins de fer de Ceinture aux dépens.

Observations. — Cette décision, à laquelle les chemins de fer de Ceinture de Paris se sont soumis, est intéressante à un double point de vue : 1º le tribunal a admis très justement l'entière responsabilité du chemin de fer pour un transport de balcons en fonte non emballés, parce que le défaut d'emballage ne suffit pas à constituer un vice propre susceptible d'exonérer *a priori* le transporteur : 2º conformément aux principes rappelés pages 67 et suivantes de la 10e édition de notre *Manuel pratique*, il a estimé que le destinataire était fondé à laisser la marchandise pour compte à la compagnie, puisque, simple particulier, il n'avait pas l'emploi de balcons en fonte brisés.   LAMY.

22. — L'article 33 de la Convention de Berne ne donne pas au destinataire le droit absolu de laisser pour compte la marchandise non livrée dans les 30 jours qui suivent l'expiration des délais réglementaires, mais crée seulement à son profit une présomption de perte dont il ne peut se prévaloir qu'autant qu'il a fait connaître sa volonté au transporteur, avant toute mise à disposition de la marchandise. — (Arrêt de la Cour d'appel de Rouen, du 1er février 1924). — Comp. CI, art. 33. — BT 2/1925.

La Cour,

Attendu que, saisi par C. d'une demande en laisser pour compte à l'Administration des Chemins de fer de l'Etat, d'un wagon de verrerie expédié de Ludwigshafen à destination de Rouen, le 13 octobre 1920 et non livré à l'expiration du délai déterminé par l'article 33 de la Convention de Berne, et en paiement par ladite administration, sans préjudice de dommages-intérêts à fixer par état, de la somme de fr. 46.824,55, prix de la marchandise, le tribunal de commerce de Rouen a, par un jugement du 12 novembre 1921, débouté C. de son action tout en condamnant l'Administration des Chemins de fer de l'Etat, qui reconnaissait devoir une indemnité pour retard dans la livraison, à lui rembourser les frais de transport et à supporter, à titre de supplément de dommages-intérêts, les frais de stationnement du wagon ;

Attendu que, par son appel qui est recevable en la forme, C. demande à la Cour d'interpréter l'art. 33 de la Convention de Berne, aux termes duquel : « si la livraison n'a pas eu lieu dans les 30 jours qui suivent l'expiration du délai fixé pour la livraison, l'ayant-droit peut, sans avoir à fournir d'autre preuve, considérer la marchandise comme perdue » ;

Qu'il soutient que cette disposition consacre, au profit du destinataire, par le seul fait que la marchandise ne lui a pas été livrée dans les 30 jours suivant l'expiration du délai réglementaire et sans qu'il soit tenu de faire connaître au transporteur sa volonté de considérer cette marchandise comme perdue, le droit absolu de la laisser pour compte et d'obtenir l'indemnité fixée pour le cas de perte ; qu'il en conclut que le transporteur ne peut, en offrant la marchandise au destinataire, faire perdre à celui-ci le bénéfice d'un droit qui lui est définitivement acquis ;

Attendu que l'interprétation proposée par l'appelant donne à l'article 33 de la Convention de Berne une portée qu'il n'a pas ; qu'en effet, en se bornant à permettre à l'ayant-droit, sans qu'il ait à fournir d'autre preuve, de considérer comme perdue la marchandise non livrée dans le délai déterminé, cet article ne règle qu'une question de preuve ; qu'il décide simplement que l'expiration du délai peut à elle seule constituer pour l'ayant-droit une preuve suffisante de la perte de la marchandise ; que la preuve est ainsi admise est sans conteste, puisqu'elle n'établit pas que la marchandise est réellement perdue, une preuve indirecte, résultant d'une simple présomption de perte ; qu'ayant le caractère d'une présomption, elle ne peut en produire que les effets ;

Attendu que, de toute évidence, il ne s'agit pas là d'une de ces présomptions absolues qui opèrent *ipso facto*; qu'aussi bien il n'est pas dit dans l'art. 33 que la marchandise doit être considérée comme perdue, mais simplement que l'« ayant-droit peut la considérer comme perdue » ; que cette faculté est le seul avantage accordé au destinataire en cas de non livraison dans le délai prévu ;

Qu'il suit de là qu'à l'expiration de ce délai, le destinataire peut à son choix, soit considérer la marchandise comme perdue et, dès lors, invoquer la présomption admise à son profit, soit ne pas considérer la marchandise comme perdue et, par conséquent, demeurer dans l'expectative ;

Que s'il prend le premier parti, il lui appartient, sans aucun doute, pour faire jouer la présomption de l'art. 33, qui n'opère pas *ipso facto*, de faire connaître au transporteur son intention de lui laisser pour compte la marchandise ; que le bénéfice de la présomption de perte se trouvant ainsi acquis au destinataire par cette manifestation de volonté, le sort de la marchandise sera, dès lors, définitivement fixé par rapport à lui et ne pourra plus être modifié par la représentation ultérieure de cette marchandise ;

Que si, au contraire, le destinataire a jugé à propos de garder le silence et n'a pas, en conséquence, fait jouer la présomption de l'art. 33, son attitude doit être interprétée comme démontrant qu'il ne considérait pas la marchandise comme perdue et le rend, dès lors, irrecevable, si celle-ci est ensuite mise à sa disposition, à invoquer pour refuser d'en prendre livraison, une présomption de perte qui se trouve démentie avant d'avoir été formulée et qui ne se justifie plus en présence de la marchandise ;

Attendu, qu'en l'espèce le délai de 30 jours fixé par la Convention internationale expirait le 29 novembre ; qu'à l'expiration de ce délai, ainsi que le constate le jugement entrepris, C., destinataire de la marchandise, n'a fait ou fait faire aucune notification au Réseau de l'Etat pour l'informer qu'il considérait celle-ci comme perdue ; qu'il en a été ainsi jusqu'au 31 décembre, date à laquelle il l'a fait assigner en laisser pour compte de ladite marchandise ;

Mais attendu que la date de l'assignation coïncide avec celle de l'envoi à C., par le Réseau, d'un avis de mise à sa disposition du wagon de verrerie n° 6304, expédié de Ludwigshafen ; qu'en l'absence d'éléments certains d'appréciation quant aux heures de remises, cette coïncidence, qui est à tout le moins singulière, laisse entière la question d'antériorité ; que c'est là cependant la question capitale du procès, car, d'après les considérations développées plus haut, C. ne peut justifier son refus de prendre livraison qu'autant que la preuve sera faite que son intention était parvenue à la connaissance du Réseau de l'Etat avant que celui-ci n'ait mis la marchandise à sa disposition.

Attendu qu'il n'a ni fait, ni offert cette preuve, mais que l'Administration intimée, prenant les devants, se dit en mesure d'établir, au moyen d'une enquête, qu'il a été averti le 31 décembre, dans la matinée, de l'arrivée du wagon de verrerie ;

Attendu que l'appelant conclut au rejet de cette offre de preuve et demande à établir que, dès avant le 28 décembre, il avait donné des instructions pour assigner le Réseau de l'Etat en laisser pour compte ;

Mais attendu que la question est de savoir, non pas, si avant la mise à sa disposition de la marchandise, C. avait l'intention de la laisser pour compte, mais si, lorsqu'il a été avisé de l'arrivée du wagon, il avait déjà fait connaître son intention au Réseau, soit par une assignation, soit de toute autre manière ;

Qu'à cet égard, il n'y a que le fait offert en preuve par l'Administration qui présente quelque pertinance ; qu'il échet donc de le retenir seul et de rejeter comme non pertinent le fait allégué par C. qui pourra, d'ailleurs, la preuve contraire et tous moyens lui étant réservés, produire devant la Cour toutes justifications susceptibles de faire trancher en sa faveur la question d'antériorité dans les termes où elle est posée par le présent arrêt.

Par ces motifs,

La Cour,

Rejette comme non pertinent le fait subsidiairement offert en preuve par l'appelant ;

Et, avant faire droit pour le surplus, tous droits et moyens des parties réservés, appointe l'Administration des Chemins de fer de l'Etat à prouver par témoins,..... le fait suivant : C. a été averti, le 31 décembre 1920, dans la matinée, de l'arrivée du wagon n° 6394.

Réserve à C. la preuve contraire ;

Réserve les dépens. (Communication directe).

Remarque. — Arrêt définitif, M. C. s'étant désisté de son appel et du pourvoi en cassation qu'il avait formé contre la décision de la Cour de Rouen.

23. — 21 février 1924. Trib. com. Lyon. — Marchandises avariées. — 1° Art. 106 du Code de commerce. — Contestation entre expéditeur et destinataire. — Expertise inopérante à défaut des formalités des art. 315 et 429 C. pr. — 2° Vice propre. — Preuve incombant au voiturier. — 3° Marchandise inutilisable. — Laissé pour compte justifié.

1° Le voiturier et le destinataire peuvent seuls se prévaloir de l'expertise de l'art. 106 du Code de commerce dans leurs rapports entre eux, celle-ci étant inopérante dans les rapports entre

302

le destinataire et l'expéditeur ; dans ce dernier cas, c'est à l'expertise de droit commun qu'il importe de recourir. (Art. 315 et 429, C. Pr.).

2º Le voiturier est responsable de la perte de marchandises survenue en cours de transport, à moins qu'il n'administre la preuve du cas fortuit ou du vice propre ; en ne le faisant pas, il reste tenu de la bonne exécution du transport envers le destinataire.

3º Le destinataire ne saurait être tenu de prendre livraison d'une denrée alimentaire dont le transbordement par le chemin de fer a été fait sans aucune garantie de bonne exécution.

26. — 29 septembre 1924. Trib. Comm. St-Lo. Cl. 3/16. Nº 7. — Commissionnaire de transports-voiturier. — Contrat de transport. — Refus de prendre livraison. — Marchandise avariée. — Dommages-intérêts. — Remboursement.

Le chemin de fer prétendait que le destinataire ayant refusé l'envoi n'était pas partie au contrat, mais le Tribunal ne l'a pas admis et a condamné le chemin de fer pour retard, pour avarie et préjudice causé.

27. — Transports internationaux. — Laissé pour compte. —
1º Aux termes de l'art. 33 de la Convention de Berne, le destinataire est fondé à pratiquer le laissé pour compte des la marchandise qui n'a pas été mise à sa disposition dans les 30 jours
à partir de l'expiration du délai de transport.

2º Si, aux termes de l'art. 26 de la Convention de Berne, les
actions contre le chemin de fer qui naissent du contrat de transport international n'appartiennent qu'à celui qui a le droit de
disposer de la marchandise, le destinataire doit être considéré
comme ayant exercé et non pas comme ayant perdu son droit
de disposition, lorsqu'il a laissé la marchandise pour compte
pour défaut de livraison dans le délai de 30 jours prévu à l'art.
33. Il en est ainsi, tout au moins, lorsque le transporteur ne rapporte pas la preuve d'une contestation concernant l'exercice du
droit de disposition entre l'expéditeur et le destinataire et que
ce dernier est porteur d'un duplicata de la lettre de voiture. —
Paris, 5e Ch., 22 octobre 1925. (Sirey).

28. — Cour de cassation, 2 décembre 1925. — Dommages-intérêts. — Retard à l'exécution d'une obligation de payer. —
C. civ. art. 1153, § 4. — Mauvaise foi. — Faute. — Acheteur. —
Refus de prendre livraison en raison de la baisse. — Co-débi-
teur solidaire.

Le Comptoir des Ardennes s'est pourvu en cassation d'un
arrêt de la Cour de Paris (3e Ch.) du 13 juillet 1922, qui l'avait
condamné solidairement avec la Société Maritime Commerciale
de France vis-à-vis de la Compagnie Franco-Indochinoise.

Il a invoqué à l'appui de son pourvoi les moyens suivants :

Premier moyen,

Violation et fausse application des articles 1134, 1382, 1383
et 1587 C. civ. et 7 de la loi du 20 avril 1810, en ce que l'arrêt
attaqué, sans s'expliquer sur les conclusions dont elle était spécialement saisie et sans avoir égard au caractère essentiellement
temporaire de l'engagement pris par la demanderesse en cassation, a condamné cette dernière à payer à la Compagnie Franco-
Indochinoise le prix des marchandises qui avaient été mises par
celle-ci à la disposition de la Société Maritime et Commerciale
de France, le 30 juin 1920, alors pourtant, d'une part, qu'il était
formellement stipulé que le crédit ouvert par l'exposante Compagnie Franco-Indochinoise ne serait utilisable que si les conditions spécifiées au contrat étaient remplies, et qu'il est établi
que, pas plus au 30 juin 1920, date à laquelle la facture avait été
présentée, que le 15 juillet, date à laquelle expirait la garantie
de l'exposante, les documents à exiger, et notamment les cer-

tificats de qualité, n'étaient réguliers, et que, d'autre part, il n'avait pu être suppléé, après coup, à l'inexécution du contrat, dans le délai fixé, les expertises qui furent faites antérieurement à Saïgon n'étant pas opposables à l'exposante, celle-ci n'y ayant point été partie.

Deuxième moyen,

« Violation et fausse application de l'art. 1153 C. civ., ainsi que l'art. 7 de la loi du 20 avril 1810, en ce que l'arrêt attaqué a condamné l'exposante à payer solidairement avec la Société Commerciale de France, non seulement la somme de 5.630.000 fr., montant du crédit ouvert par l'exposante à la Compagnie Franco-Indochinoise, mais encore des dommages-intérêts indépendamment de la somme due, alors, pourtant, d'une part, que, dans les obligations soit civiles, soit commerciales, qui se bornent au paiement d'une certaine somme, les dommages-intérêts résultant du retard dans l'exécution ne consistent jamais, à moins de mauvaise foi constatée, que dans la condamnation aux intérêts fixés par la loi, et que, d'autre part, l'exposante, dans les conclusions prises par elle devant la Cour, avait soutenu que, « en ce qui touche les dommages-intérêts, elle ne saurait en être tenue, son obligation se bornant au paiement d'une certaine somme.

Troisième moyen,

Violation de l'art. 7 de la loi du 20 avril 1810, ainsi que, des art. 1101, 1103, 1109 et suivants C. civ., et 1273 du même Code en ce que l'arrêt attaqué a, non seulement donné effet à une convention sans constater le consentement réciproque des parties, mais s'est encore abstenu de répondre aux conclusions formelles prises par l'exposante, se bornant à déclarer que cette dernière s'était engagée, par une lettre en date du 15 juillet 1920, à garantir le paiement de toutes les sommes auxquelles la Société Maritime Commerciale de France pourrait être condamnée, alors pourtant, d'une part, que toute convention était l'accord de deux ou plusieurs parties sur un objet d'intérêt juridique, la lettre précitée ne pouvait constituer une convention, les parties n'ayant pas donné leur consentement réciproque aux stipulations qu'elle contenait, et que, d'autre part, dans ses conclusions, l'exposante avait soutenu qu'il était établi et non contesté que la prétendue lettre du 15 juillet n'avait jamais été envoyée à la Compagnie Franco-Indochinoise, qui n'en détient ni n'en produit aucun original, qu'elle n'avait jamais constitué un engagement ferme de la part du Comptoir des Ardennes, et que la prétendue obligation qui en résulte n'avait jamais été acceptée par la Compagnie Franco-Indochinoise ;

Arrêt :

La Cour,

Sur le premier moyen et le 3e moyen réunis :

Attendu que la Compagnie Franco-Indochinoise a vendu à des conditions déterminées, à la Société Maritime Commerciale de France une certaine quantité de riz dont le paiement était exigible le 30 juin 1920 ; qu'il était stipulé que le paiement serait garanti par un crédit irrévocable ; que la Société en commandite Claude Lafontaine, Prévost et Cie, dénommée Comptoir des Ardennes, a ouvert ce crédit valable jusqu'au 15 juillet ;

Attendu que l'arrêt attaqué constate que des difficultés se sont élevées au sujet de l'exécution du contrat ; que la Compagnie Franco-Indochinoise ayant introduit, le 13 juillet 1920, devant le Tribunal de commerce de la Seine une instance contre la Société Maritime et Commerciale et contre le Comptoir des Ardennes, cette dernière Société s'est engagée, par lettre du 15 du même mois, à garantir le paiement de toutes les sommes auxquelles la Société Maritime et Commerciale pourrait être éventuellement condamnée ;

Attendu que l'arrêt attaqué, qui n'a pas été frappé de pourvoi par la Société Maritime et Commerciale, a condamné celle-ci au paiement : 1º du prix de la marchandise avec intérêts de droit ; 2º des frais de magasinage ; 3º de dommages-intérêts ; qu'il a, d'autre part, disposé que le Comptoir des Ardennes serait tenu solidairement des condamnations ci-dessus indiquées ;

Attendu que le pourvoi reproche à l'arrêt attaqué d'avoir décidé que la lettre du 15 juillet contenait un engagement aggravant les obligations résultant de l'ouverture du crédit confirmé, alors que cette lettre qui n'aurait jamais été expédiée, n'était qu'un projet ; qu'en tout cas, elle constituait une simple offre qui n'aurait pu devenir définitive que par une acceptation, laquelle n'a pas été donnée en temps utile ;

Mais attendu que l'arrêt, appréciant la portée du document litigieux et les conditions dans lesquelles il a été produit, déclare, tant dans ses motifs propres que dans ceux du jugement qu'il adopte, qu'il ressort de la correspondance que le Comptoir des Ardennes a pris un engagement de payer solidairement avec la Société Maritime et Commerciale ; que la lettre du 15 juillet a été écrite à la Compagnie Franco-Indochinoise ; que le contenu de cette lettre constitue bien une obligation solidaire et coplète ;

Attendu que ces constatations souveraines, rapprochées de cette circonstance que la Compagnie Franco-Indochinoise s'est prévalue de cette lettre devant les tribunaux avant que sa por-

306

tée ait été contestée, impliquent que le Comptoir des Ardennes a fait une offre à la Compagnie Franco-Indochinoise qui l'a acceptée ;

Attendu qu'il suit de là que le grief relevé contre ce chef de l'arrêt est mal fondé ; qu'en statuant comme il l'a fait, l'arrêt a implicitement, mais nécessairement motivé le rejet des conclusions contestant que l'engagement proposé dans la lettre précitée soit devenu définitif ;

Attendu, d'autre part, que l'arrêt a décidé que le vendeur s'est conformé aux clauses et conditions du contrat ; que si les certificats de qualité, remis à l'acheteur, ont été irrégulièrement établis, il résulte d'une expertise ordonnée par le président du tribunal de commerce que la marchandise était de bonne qualité ; que les défectuosités, qui ont été relevées, tiennent à ce qu'elle a séjourné en magasin longtemps après la date fixée pour l'enlèvement ;

Attendu que ces déclarations, fondées sur l'interprétation de la convention et la recherche de la commune intention des parties, sont souveraines ; qu'elles justifient la condamnation à payer la valeur de la marchandise et les frais de magasinage, prononcée contre la Société Maritime et Commerciale; qu'il n'échet de rechercher si l'arrêt a décidé, à bon droit, que l'expertise à la suite de laquelle la teneur des certificats de qualité a été confirmée, est opposable au Comptoir des Ardennes qui n'y aurait pas été partie ; que le grief, fût-il établi ne saurait entraîner la cassation de l'arrêt, dont le dispositif est justifié par la constatation de l'engagement pris par le Comptoir des Ardennes de payer solidairement les condamnations, régulièrement prononcées contre la Société Maritime et Commerciale ; que cette dernière ne peut contester l'expertise, laquelle a été régulièrement ordonnée à sa requête; qu'en conséquence, l'arrêt, qui est motivé, n'a pas violé les textes visés au 1er et au 3e moyens ;

Sur le deuxième moyen :

Attendu que si, aux termes de l'art. 1153 C. civ., les dommages-intérêts pour le retard dans l'exécution d'une obligation qui se borne au paiement d'une somme d'argent ne peuvent consister que dans la condamnation aux intérêts fixés par la loi, il en est autrement si le juge du fait constate un préjudice résultant de la faute du débiteur ;

Attendu que, dans ses motifs confirmés par l'arrêt, le jugement déclare que la non-exécution par la Société Maritime et Commerciale de ses engagements a causé à la Compagnie Franco-Indochinoise un préjudice résultant de la perte des sommes qu'elle a décaissées en frais de télégrammes, frais de justice, d'expertises, d'avances d'argent et aussi du trouble apporté dans son commerce ; que l'arrêt ajoute que si cette société a refusé de livrer, c'est en raison de la baisse subite des riz sur les cours élevés desquels elle avait compté pour réaliser une lucrative opération ; que de cette constation il résulte que le débiteur a été de mauvaise foi ;

Attendu que l'arrêt attaqué a pu, dans les circonstances de la cause, retenir une faute préjudiciable à la Société Maritime et Commerciale et la condamner de ce chef à payer une indemnité solidairement avec le Comptoir des Ardennes ; qu'il a implicitement motivé le rejet des conclusions de cette dernière société, tendant à faire décider qu'elle ne serait pas tenue des dommages-intérêts compensatoires, par la constatation de l'engagement pré-rappelé de payer toutes les condamnations qui interviendraient contre la Société Maritime et Commerciale ;

D'où il suit que le 2e moyen n'est pas fondé ;

Par ces motifs, rejette...

33. — 10 juillet 1928. — Trib. Com. Bruxelles. CI 25 BTI 2/1929.

En matière de contrat de transport international régi par la CI, le transporteur a le droit, si le destinataire refuse de prendre livraison de la marchandise, de faire procéder à la constatation judiciaire de l'état de celle-ci, en recourant aux formalités prescrites par les lois et règlements du pays où a lieu la vérification. En principe, le transporteur peut obtenir de l'expéditeur le remboursement des frais qu'il a exposés de ce chef ; il n'en est autrement que s'il était lui-même en faute ou s'il faisait procéder frustratoirement à l'expertise ; soit que l'expéditeur ait reconnu l'irresponsabilité du transporteur, soit que le transporteur n'ait pas avisé l'expéditeur du refus de prise de réception et que les événements démontrent par la suite l'inutilité de l'expertise (glaces bombées).

ASSOCIATION SUISSE DE DÉFENSE
CONTRE LES ABUS DES
ADMINISTRATIONS PUBLIQUES
ET LIGUE DES CONTRIBUABLES

(Transports, Douanes Impôts, etc.)
A. S. D. A. P.

GENÈVE
20, Rue du Marché, 20
(Passage du Terraillet)

EXTRAITS DES STATUTS

But

Art. 3 — Elle a pour but :

a) de défendre les intérêts de ses membres contre les abus des administrations publiques tant fédérales que cantonales et de lutter contre l'arbitraire bureaucratique ;

b) de grouper les contribuables pour la défense de leurs intérêts ;

c) de contribuer à réunir en une vaste organisation tous les groupements que ces buts intéressent.

L'Association a déjà obtenu des résultats appréciables en faveur du public et des contribuables.

Elle aide à la rédaction des déclarations fiscales, elle vérifie les bordereaux d'impôts et se charge des réclamations auprès du fisc.